정신역동 코칭: 30가지 고유한 특징
현대 정신분석 코칭의 기초 2
Psychodynamic Coaching: Distinctive Features

PSYCHODYNAMIC COACHING: Distinctive Features
Copyright © 2021 by Claudia Nagel
Authorised translation from English language edition published by Routledge,
a member of the Taylor & Francis Group
All rights reserved

Korean Translation Copyright © 2023 by Korea Coaching Supervision Academy
Korean edition is published by arrangement with TAYLOR & FRANCIS GROUP
through Imprima Korea Agency

이 책의 한국어판 저작권은 Imprima Korea Agency를 통해
TAYLOR & FRANCIS GROUP와의 독점 계약으로 한국코칭수퍼비전아카데미에 있습니다.
저작권법에 의해 한국 내에서 보호를 받는 저작물이므로
무단전재와 무단복제를 금합니다.

호모코치쿠스 41

정신역동 코칭: 30가지 고유한 특징
현대 정신분석 코칭의 기초 2
Psychodynamic Coaching: Distinctive Features

클라우디아 나겔 지음
김상복 옮김

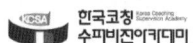

정신역동 코칭 소개와 시리즈

『정신역동 코칭: 30가지 고유한 특징』은 클라우디아 나겔Claudia Nagel이 정신역동 코칭이 가진 고유한 기능에 관해 포괄적 개요를 제공한다. 리더와 관리자들은 의사결정을 개선하기 위해 언제나 자신의 표면 아래, 내면을 살펴봄으로써 자기와 전체 맥락을 이해할 필요가 있다. 정신역동 접근은 이 점과 관련한 고유한 통찰을 제공한다.

이 책은 이론뿐만 아니라 〈코칭-실천〉, 〈코칭-관계〉, 〈시작-종결〉을 다룬다. 현대 세계가 지닌 복잡성 안에서 인간 행동을 이해하는 힘을 보여주고, 무의식의 역동과 영향을 구성적이고 전체론적 입장에서 접근할 수 있게 정리하고 있다.

조직에서 받는 도전 과제에 적응해야 하는 현대 리더를 위해 〈정서〉와 〈관계〉에 초점을 맞추며, 다양한 배경을 가진 코치, 학계, 코칭과 조직행동을 배우는 훈련생, 임상 활동가들에게 귀중한 도구를 제공한다. 이 저서는 고위 리더들의 개인 성장을 위한 핵심 자원이 될 것이다.

저자 **클라우디아 나겔**은 다국적 기업의 임원들을 위한 코치, 컨설턴트, 수석 고문으로 활동하며, 경제학자, 조직심리학자이며 공인 정신분석가이다. 리더십, 전략경영과 변혁과정 전문가로 비즈니스의 인간적 측면을 깊이 존중한다. 다양한 리더십 역할 경험, 재정, 투자은행 관련 업무를 통해 고위 리더들에게 귀중한 자원을 제공해왔다.

시리즈 소개와 편집자

이 시리즈는 실천가와 이론가들을 안내하기 위해 다양한 코칭 접근을 간략하게 소개한다. 각 책은 이론적, 실제적 요점을 중심으로 30가지 주요 항목으로 정리한다. 간단하고 쉽게 집필해, 코칭 전통에 푹 빠진 사람들과 그 전통에서 벗어난 다양한 코칭 이론을 접하려는 사람 모두가 이해할 수 있게 안내한다.

- 편집자 윈디 드라이덴Windy Dryden

코칭의 30가지 고유한 특징 시리즈

- 정신역동 코칭
- 인지행동 코칭
- 단일회기 코칭
- 게슈탈트 코칭
- 교류분석 코칭(예정)
- 수용전념 코칭(예정)
- 합리적 정서행동 코칭(예정)

목차

일러두기 ⋯⋯ 10
역자 서문 ⋯⋯ 12
저자 서문 ⋯⋯ 19

이론 1부. 기본 이론
1장. 정신역동 전통과 정신역동 코칭의 뿌리 ⋯⋯ 25
2장. 정신역동 코칭은 심리치료가 아니다 ⋯⋯ 35
3장. 정신역동 코칭의 기본 요소 ⋯⋯ 41
4장. 정신역동 코칭이 필요한 이유와 기회 ⋯⋯ 51

이론 2부. 기본 이론 개념 - 관계 중심
5장. 공통 기반인 무의식 - 영혼에서 무의식 인식으로, 그 역사적 관점 ⋯⋯ 61
6장. 정신역동 코칭에서 개인 개발, 성격과 개성 ⋯⋯ 75
7장. 인간관계와 직업 생활에서 정서와 갈등의 역할 ⋯⋯ 89
8장. 인간관계와 기본 작업 개념 ⋯⋯ 103
9장. 인간관계의 신경과학적 기초 ⋯⋯ 117
10장. 중요한 맥락으로의 시스템 ⋯⋯ 127

이론 3부. 관계 활용에 의한 코칭 응용
11장. 내면 풍경의 이해 ⋯⋯ 139
12장. 리더십 특성과 다섯 가지 유형 ⋯⋯ 151
13장. 저항과 방어의 도전에 직면하기 ⋯⋯ 165
14장. 집단과 조직 수준에서 방어와 함께 작업하기 ⋯⋯ 183
15장. 한계와 위험 알아차리기 ⋯⋯ 195

프랙티스 1부. 고객 준비시키기
  16장. 고객에 대한 코치의 가정　　　　　　　　　…… 207
  17장. 코치 자신의 태도 · 관점 · 훈련에 필요한 전제　…… 221
  18장. 일반적 구조화　　　　　　　　　　　　　　…… 235
  19장. 계약 - 첫 만남　　　　　　　　　　　　　　…… 241

프랙티스 2부. 코칭 세션 운영
  20장. 관계의 시작: 열기　　　　　　　　　　　　…… 251
  21장. 도구 통합과 분류 도구　　　　　　　　　　…… 261
  22장. 관계 안에서 관계와 함께 작업하기 - 코치를 도구로　…… 267
  23장. 고객 핵심 의문에서 작업하기　　　　　　　…… 281
  24장. 정서 다루기　　　　　　　　　　　　　　　…… 293
  25장. 상징 사용하기　　　　　　　　　　　　　　…… 307
  26장. 여성 리더의 코칭　　　　　　　　　　　　…… 317
  27장. 맥락을 이해하고 해결하기/다루기　　　　　…… 331
  28장. 조직 내 팀 코칭　　　　　　　　　　　　　…… 345

프랙티스 3부. 코칭 종결
  29장. 코칭 관계 종결　　　　　　　　　　　　　…… 359
  30장. 코칭 실천과 윤리　　　　　　　　　　　　…… 369

참고문헌　　　　　　　　　　　　　　　　　　　…… 384
색인: 주제　　　　　　　　　　　　　　　　　　　…… 392
색인: 인명　　　　　　　　　　　　　　　　　　　…… 399
동료 코치의 축하와 격려의 글　　　　　　　　　　…… 400
저자 및 역자 소개　　　　　　　　　　　　　　　…… 405
발간사　　　　　　　　　　　　　　　　　　　　…… 408

그림 목차

[그림 2.1] 정신역동 코칭과 심리치료의 차이 ······ 39
[그림 3.1] 사람-역할-조직 모델 ······ 46
[그림 3.2] 정신역동 접근을 위한 개인-상황-조직과 역할 모델 ······ 48
[그림 6.1] 성인 애착 모델 ······ 77
[그림 6.2] 리더를 위한 정서지능 영역과 역량 ······ 80
[그림 7.1] 네 가지 기본 두려움과 근본적인 성격 유형 ······ 92
[그림 8.1] 경험에 대한 자기self의 네 가지 태도 ······ 115
[그림 9.1] 정동의 기능 ······ 120
[그림 9.2] 장기 기억 개발 ······ 122
[그림 11.1] 장미정원의 목욕은 상호 변형과정의 상징이다 ······ 144
[그림 12.2] 3단계 변화 이론의 활용 ······ 163
[그림 13.1] 적절한 민감함을 방해하는 지적 방어기제 ······ 175
[그림 13.2] 자기 직면을 위한 연속 질문 ······ 179
[그림 16.1] 임상적clinical 패러다임의 네 가지 전제: 개인 변화의 입문 ······ 212
[그림 16.2] 코칭 개입의 기본 방식과 순서 ······ 214
[그림 16.3] 자원 개발을 위한 과거 탐색 ······ 219
[그림 20.1] 임원코칭의 여섯 가지 영역 모델 ······ 255
[그림 22.1] 변화와 정신 생활 삼각형 ······ 274
[그림 22.2] 갈등 삼각형 ······ 275
[그림 22.3] 관계 삼각형 ······ 278
[그림 24.1] 감정 처리에서 감정 관리로 ······ 304
[그림 25.1] 상징으로 작업하는 방법 ······ 310
[그림 27.1] 임원코칭의 맥락적 구조 ······ 332
[그림 29.1] 코칭 회기 구분 및 주요 과제와 종결 세션 과제 ······ 363
[그림 29.2] 종결 세션의 주요 과제/종결 세션과 지속성 관리 ······ 364
[그림 29.3] 종결에 대한 고객 저항과 대응 ······ 365

표 목차

[표 7.2] 경제적으로 관련이 높은 인지적 편향과 정신역동 ······ 95
[표 12.1] 성격의 발달적 차원과 유형적 차원 ······ 162
[표 14.1] 기본 가정 정신(상태)의 개요 ······ 188

부록 목차

[부록 1] 정신분석 코칭의 첫 이해 ······ 32
[부록 2] 정신역동 [분석] 코칭과 [정신분석] 심리치료의 차이 ······ 39
[부록 3] 정신역동 접근을 위한 개인-상황-조직과 역할 모델 ······ 48
[부록 4] 카우치 위의 리더: 고객은 누구인가? ······ 56
[부록 5] 애니미즘과 예술을 통해 이해하는 사회 구조 ······ 72
[부록 6] 정신분석에서의 몇 가지 인물 유형(1915) ······ 84
[부록 7] 숨겨진 정서와 갈등 다루기 ······ 97
[부록 8] 〈자기 자신을 활용하여 코칭한다〉는 의미(1) ······ 110
      [과제 연구 1] 경험에 대한 네 가지 태도 ······ 115
[부록 9] 신경정신분석에 대한 관심 ······ 125
[부록 10] 시스템 접근의 구체화와 독립 ······ 134
[부록 11] 정신분석 코칭 경청 ······ 148
[부록 12] 다섯 가지 유형 어떻게 다룰 것인가 ······ 161
[부록 13] 적절한 민감함을 방해하는 지적 방어 다루기 ······ 172
[부록 14] 집단 수준의 역동에 대한 이해와 대처 ······ 191
[부록 15] 〈자기 자신을 활용하여 코칭한다〉는 의미(2) ······ 201
[부록 16] 코칭을 위한 임상 패러다임과 내면 극장의 재구성 ······ 212
      [과제 연구 2] 과거 다루기 ······ 219
[부록 17] 〈자기 자신을 활용하여 코칭한다〉는 의미(3): 경계 관리 ······ 230
[부록 18] 코칭 관계 구조화와 코칭 관계 틀 ······ 239
[부록 19] 〈선 인식 후 반응〉에 관하여 ······ 245
[부록 20] 여섯 가지 영역 모델의 이해와 활용 ······ 259
[부록 21] 진단지 활용할 때 필요한 일반적인 점검사항 ······ 265
[부록 22] 개인의 변화와 변형을 위한 세 가지 삼각형 ······ 273
[부록 23] 소크라테스 방법론 ······ 288
[부록 24] 〈정서 다루기〉를 위한 전제와 감정 관리 코칭 방향 ······ 298
[부록 25] '호흡 맞춰 함께 춤추기', '옆에 두고 홀로 추기' ······ 314
[부록 26] 여성 임원코칭에 대한 사회적 관점 검토 ······ 322
[부록 27] 사례를 통해 검토하기 ······ 337
[부록 28] 팀이란 무엇인가? 왜 팀인가? ······ 352
[부록 29-1] 종결에 관하여 ······ 363
[부록 29-2] 길을 걸으며 함께 배우기 ······ 366
[부록 30] 코치 교육과 훈련 관련 윤리적 문제 ······ 374

일러두기

1. 여성, 남성 모두 특별한 경우가 아니면 '그'로 표시한다.
2. 본문 각주는 모두 역자의 '주'이며, 저자가 붙인 경우는 [저자 주]로 표시했다.
3. 본문에 없는 표현으로 이해를 돕기 위해 역자가 추가한 단어는 [ ]로 제시했다.
4. 동일한 단어를 두 가지 이상의 의미로 번역할 경우 이를 본문에 제시했으며, 정확한 이해와 소통을 위해 영어 표현이 필요한 경우는 병기해 두었다.
5. 저자가 본문에서 강조하는 단어, 역자가 강조하는 단어는 본문에서 진하게 표시했다. 저자가 나열한 문장은 내용 이해를 위해 윗 첨자로 번호를 붙였다. 또 〈정신분석 코칭〉에 필요한 개념이나 표현은 분명한 인식을 위해 〈 〉로 표시했다.
6. 저자가 인용한 정신분석 관련 논문 및 저서의 경우, 원 자료에 '환자patient-치료사'로 표현한 경우 이 표현을 그대로 '환자' '치료사'라고 했다. 최근에는 정신분석 일부에서는 '환자'라는 표현 대신 '분석수행자analysand'라고 표현한다. 이 경우에도 원문 그대로 두었다.

   반면에 코칭은 통상 '(코칭)고객', 코칭 관계 안에서의 관계를 설명할 경우 '코칭 주체coachee'라고 표현한다.

   〈정신분석 코칭〉의 경우 새롭게 시작하며 '코치 - 〈코칭 주체〉'라는 표현을 새롭게 사용하기로 했다. 전체적인 문맥에서 필요한 경우 이 용어를 적극적으로 사용하였다.

7. 역자 나름대로 장별로 필요한 핵심 단어, 주요 인물을 적어 관심을 기울였으며, 본문 내용의 이해를 돕기 위해 대략 240여 개의 역자 주와 저자의 그림에 해설을 붙였다. 또 필요한 경우 [부록]을 집필했다.

8. 네이버 카페: 〈정신분석 코칭〉 http://cafe.naver.com/psychoanalytically을 통해 저자가 인용한 참고 논문 소개, 핵심 단어에 관한 사전 번역, 임상 경험 등을 정리하며 독자와 교류한다.

9. 이 책의 역주와 부록, 카페에 올린 개념어 해석을 위해 참고한 자료는 다음과 같다.

『精神分析 事典』小此木啓吾. (2014) 岩崎學術出版社.

『정신분석 사전』장 라플랑슈, 장 베르트랑 퐁탈리스 저. 다니엘 라기슈 감수. 임진수 옮김. (2005) 열린책들

『정신분석대사전』엘리자베트 루디네스코, 미셸 플롱 저. 강응섭 외 옮김. (2005) 백의

『Freudian Dictionary』José Luis Valls. (2019) Routledge.

『Comprehensive Dictionary of Psychoanalysis』Salman Akhtar. (2018) Routledge.

『International Dictionary of Psychoanalysis』Alain de Mijolla Editor in Chief. (2005) Macmillan Reference USA

『비온정신분석 사전』Rafael E. Lopez-Corvo. 이재훈 옮김. 한국심리치료연구소. 2017.

『パーソナル 精神分析事典』松木 邦裕 (2021) 金剛出版.

『現代精神医学事典』加藤 敏, 神庭重信 外 (2011). 弘文堂

『The Language of Winnicott: A Dictionary of Winnicott's use of Words』 Jan Abram. Routledge; 2nd edition. 2007

『The New Dictionary of Kleinian Thought』 Elizabeth Bott Spillius 외. Routledge; 1st edition 2011.

『융분석비평사전』앤드류 새뮤얼, 바니 쇼터, 프레드 플라우트 지음. 민혜숙 옮김. 동문선. 2000.

역자 서문

호모 코치쿠스 41
『정신역동 코칭: 30가지 고유한 특징』
- 현대 정신분석 코칭의 기초 2

〈정신분석으로 코칭하기〉, 현대 정신분석 이론과 실천에 근거한 〈코칭 이론과 실천의 정립〉은 역자의 오래된 과제이다. 2014년부터 시작한 정신분석 배움은 아직도 끝이 멀다. 교육 분석과 수퍼비전으로 한 걸음씩 훈련 과정을 걸으면서도, 본업인 코칭은 〈정신역동 코칭〉 책으로 공부하며 탐색해왔다. 독서로 시작해 노트를 하다가 전체를 번역해 출판에 이른 것은 이 책이 두 번째이다. 첫 번째 책은 『정신역동과 임원코칭Executive Coaching: A Psychodynamic Approach(2011)』(2019)이다. 〈현대 정신분석 코칭의 기초 1〉라는 부제를 임의로 붙였다. 이론 소개와 50여 개의 사례를 제시한 이 책은 코칭 임상에 많은 영감을 준 것이 사실이다. 번역한 원고를 들고 영국으로 가서 저자 캐서린 샌들러Catherine Sandler 코치를 만나고 난 뒤 현대 정신분석 성과 전반을 검토해 〈정신분석 코칭〉을 입론하겠다는 결심을 하게 했던 책이다. 이 책 또한 이를 위한 또 한 걸음이다. 물론 정신분석과 리더십을 동시에 전공하고, 코칭에 접목한 맨프레드 케츠 드 브리스Manfred F.R. Kets de Vries 코치의 선구적이고 포괄적인 작업이 넓은 벌판을 개척해주었다. 그의 주요 저서는 번역서로 만날 수 있다. 그가 개척한 영역은 아직도 역자가 마음껏 상상하며 배우고 건너야 할 넓은 들판이다.

『정신역동 코칭: 30가지 주제와 특징』에 〈현대 정신분석 코칭의 기초 2〉라는 부제를 덧붙였다. 이미 오래전 노트하고, 초역을 했지만 내용이 압축 파일처럼 집약된 책이라 그대로 소개하기에는 그 진가를 알리는 데 어려움이 있어 역주와 부록이 필요했다.

저자는 현대 정신분석의 성과를 매우 넓게 포괄하고, 정신분석 이론의 핵심을 30가지로 요약하고 있다. 현대 정신분석가 윌프레드 비온의 주요 연구까지 포함한다. 그러나 요약한 각 장에는 임상 실천의 예시가 없다. 번역 작업은 내용을 상세히 뜯어보며 다시 2년 가까이 코칭 임상을 살피고 축적된 뒤에야 전체 번역과 부록을 완료할 수 있었다. 저자의 노고와 핵심을 요약한 이 책의 진가가 시간을 들여 숙고한 끝에 마음에 와 닿았기 때문이다. 당연히 각 장마다 사례 예시를 넣고 싶었다. 그렇지만 마지막 단계에서 드문드문 넣어 둔 사례를 삭제했다. 아직은 숙성되지 않은 과일을 시장에 내놓는 격이라 생각되어 240여 개 역주와 장마다 부록 설명으로 욕심을 자제했다. 이런 우여곡절 끝에 이 책 발간을 계기로 〈정신분석 코칭〉과 코치-되기를 나 홀로 할 것이 아니라 함께 갈 길동무를 찾자는 결정을 했다. 내면에 간직했던 갈증을 결심과 행동으로 옮기게 했다. 저자의 노력 덕분에 〈정신분석 코칭〉의 전체 체계를 세우고, 건물의 전체 모습을 연상할 수 있었기 때문이다. 오지 여행 지도를 얻은 격이다. 그 사연은 이렇다.

책을 마무리하며, 〈정신분석 코칭〉을 꿈꾸자 어릴 적 읽은 계몽사의 동화 전집에 나온 장편 동화 『보물섬』(로버트 루이스 스티븐슨 저)과 소년 주인공 짐 호킨스가 떠올랐다. 아버지를 잃고 어머니와 여관을 운영하던 어느 날, 여관에 손님으로 와 우여곡절 끝에 죽은 해적 선장 플린트의 짐에서 보물 지도를 발견한다. '지도'를 계기로 중요한 인물들과 보물섬을 찾아 항해를 떠나 온갖 고초를 겪는다. 등장인물이 보여주는 다양한 인간상과 권모술수를 악의 편에 놓고, 주인공 짐의 노력에 간절한 지지를 보냈던 유년 시절의 진한 감동과 기억이 새로웠다. 이야기 전개는 그 무렵의 어린 나를 다양한 공상으로 안내했다. 무엇보다도 그가 항해할 수 있었던 것은 당연히 '지도'를 손에 넣었기 때문이다. 이런 상념 때문인가, 이 책의 첫 번역을 완료했을 코로나 전 어느 날, 아마 그때도 첫 번역 책 『정신역동과 임원코칭』으로 강의하던 무렵이었다.

그때 출근길에 마주치는 연희동 철로 벽에는 언제나 그래피티graffiti가 어지럽게 중첩되었지만, 그 안에 뚜렷이 보이는 어울리지 않는 문장이 있었다. "목표 없는 항해는 표류이고, 목표가 있으면 항해는 탐험이 된다." 여기저기 보였던 복잡한 그림들 가운데 마치 흔한 암호 같은 그래피티 속에 이런 글귀가 잠겨 있었다. 이 문장이 새삼 이제 다시 떠오른 것이다.

첫 책은 정신분석 코칭을 **과제**로 갖게 했다면 두 번째인 이 책은 정신분석 코칭을 **구상**하게 했다. 이 두 가지가 병치juxtaposition되자 〈지도〉를 손에 들었다는 체감이 '지금-여기'의 내 안에서 환기喚起되고 **연결**이 일어난 것이다. 〈지도〉와 글귀는 어린 시절 탐독한 동화책 〈보물섬〉 연상으로 이어지고, 스토리와 우여곡절의 모험담은 과거 그래피티에 박힌 〈문장〉을 소환하고, 세 가지 조합과 **연동**되어 자유 연상이 연기가 되어 번졌다. 연기煙氣 바람은 이제는 내 타버린 일상 안의 '하얀 숯'을 건드려 불꽃을 일게 한다. 그리고 이런 나를 받아들이기로 '결심(?)'했다. 이렇게 〈스스로-자유 연상하기〉와 〈자기-해석〉이 만들어내는 '움직임'을 글을 쓰는 지금 다시 바라본다.

이 여정으로 정신분석 코치 양성을 지원하기 위한 (1) 기초, 필수, 선택 이론 세미나, (2) 임상을 위한 기법과 스킬 훈련, (3) 코칭 윤리 세미나 (4) 실습, (5) 자기분석과 (6) 수퍼비전 (7) 사례 연구발표 (8) 주제별 코칭 프로그램 설계로 이어지고 교재와 프로그램을 갖춰 갈 것이다.

맨프레드 케츠 드 브리스 이외에 정신역동 코칭을 다룬 최초의 책은 논문 모음으로 출판한 『Executive Coaching: System-Psychodynamic Perspective』(Halina Brunning edit. 2006)가 있다. 첫 책의 저자 캐서린 샌들러와 이 책의 저자 클라우디아 나겔Claudia Nagel 모두 이 책에 의존하고 있다. 이 논문 모음은 정신역동 코칭의 선구적 작업이다. 편집자는 그때까지의 정신역동 코칭 관련 주요 논문을 하나의 체계로 모아 발행했다. 각 논문마다 아직도 의미가 살아 있는 내용이다.

또 다른 저서로 덴마크의 연구자이며 코치인 울라 샤롯트 벡Ulla Charlotte Back 의 『Psychodynamic Coaching: focus & depth』(2012)가 있다. 이 책은 개인, 그룹, 커플 관계 중심으로 정신역동 코칭을 체계화했다. 위 『정신역동과 임원코칭』의 저자 캐서린 샌들러와 함께 정신역동 코칭을 처음으로 제시한 책이다. 참고로 세 분 모두 여성 코치들이다.

최근 독일에서 나온 『Psychodynamic Coaching and Supervision for Executives: An Entrepreneur and Psychoanalyst in Dialogue』 (Thomas Kretschmar & Andreas Hamburger. 2021)는 정신분석 학자와 기업 임원진이 대화하며 정신역동 코칭과 수퍼비전에 대한 독특한 통찰을 제공한다. 〈경영진을 위한 정신역동 코칭과 수퍼비전〉이다. 이런 책들은 모두 정신분석 코칭 항해를 위해 정박해 탐험할 많은 보물섬이다.

그렇다면 정신역동 코칭과 정신분석 코칭은 어떤 차이가 있는가? 먼저 내용의 핵심은 '정신분석으로 코칭하기'이다. 이때 정신분석 '**으로**'란 정신분석 이론, 윤리, 방법을 말한다. 정신분석 이론과 임상을 코칭에 적용해온 〈정신역동 코칭〉은 코칭 발전 초창기부터 시작되었다(『코칭의 역사』 비키브록 참조). 그때 정신분석이 보여준 폐쇄성과 엄격함, 부정적 인상과 거리를 두고, 정신분석 이외의 다른 이론(대표적으로는 시스템 이론, 갈등 이론)에 개방적인 자세로 구축하며 〈정신역동 코칭〉이라는 별도 용어로 사용해왔다. 이런 입장은 아직도 뚜렷하다. 이 책의 저자도 예외가 아니다. 이런 취지에서 저자는 〈정신분석〉과 별도의 길을 걸어온 분석심리학의 융 이론을 이 책에 함께 소개하고 있다. 반면에 라캉 정신분석은 포함하고 있지 않다.

'현대' 정신분석은 철학과 신경과학과 교류하며 인간 발달과제와 성장, 성숙을 위해 다른 이론 분야와 혼합해 새롭게 발전하고 있다. 이런 면모를 볼 때 '정신역동'이란 표현은 핵심을 드러내지 못하며 오히려 협소하고 불필요하다는 생각이다. 또 '정신분석**으로** 코칭하기'라는 점에서 정신분석과 정신역동은 본질에서 차이가 없다. 이런 입장은 역자만이 아니다. 우리나라 정신분석 심리치료의 교과서(『정신분석적 심리치료』 학지사)로 활용되고, 보급에 효시가 되었던 낸시 맥 윌리암즈Nancxy McWilliams는 정신분석적 심리치료와 정신역동적 심리치료psychoanalytic or psychodynamic therapies의 차이를 알 수 없다(p.14)고 밝히고 있다. 미국 심리학회American Psychological Association의 상담 및 심리치료 전문가를 대상으로 한 심리치료 이론 시리즈 가운데 하나인 『정신분석과 정신분석적 심리치료』(안명희, 신지영 옮김. 박영스토리. 2016)은 양자의 차이를 자세하게 설명한다(p.21-25). '정신역동을 정신분석 이론에 바탕을 두지만 명백한 특징 몇 가지가 부족한 것'으로 간주하여 온 그간의 사정을 설명하면서, 정치적 이유와 직업적 서열화, 수련 과정의 차이를 들어 정신분석이 희석되고 퇴화한 한 형태의 경향이라고 지적한다. 그렇지만 이제는 '많은 정신분석가가 더는 그런 경직된 구분을 하지 않는다'고 설명한다. 이론-윤리-방법 가운데서 '정신분석 훈련과 실천' 윤리에 해당할 뿐, **수련 과정과 수련 완료**(전문 자격 취득)를 둘러싼 쟁점만이 차이로 남는다. 쟁점이 깨끗이 정리되지 못한 해결책으로 정신분석'**적**'으로 표현하고 있다. 결국 쟁점을 피하기 위해 우리의 작업을 정신분석적 심리치료와 같이 '정신분석**적** 코칭'으로 호명하면 문제는 깨끗해진다. 그러나 이는 완고한 정신분석 수구파는 만족시킬 수 있지만 정신분석의 고유 정신 가운데 하나인 전복주의자들이나 일부 코칭 발전을 개척하는 코치로서는 아쉬움이 크다.

우리는 〈정신분석 코칭〉으로 부르고 〈정신분석**으로** 코칭하기〉로 설명하고자 한다. 정신분석 이론-방법과 더불어 정신분석 윤리와 코칭 윤리가 지닌 '차이/특징'이 우리가 서 있는 디딤돌이다. 〈정신분석 코치-되기〉를 위한 수련 과정과 〈코치 됨-모습〉은 정신분석 코칭 임상으로 드러남이 마땅하다. 맨프레드 케츠 드 브리스를 중심으로 프랑스 INSEAD의 정신분석 코칭 방법(『코치 앤 카우치』 참조)으로 제기한 〈임상적 패러다임〉과 〈치료가 아닌 치료적인〉이라는 접근은 이런 발전을 위한 훌륭한 정찰대가 아닐 수 없다.

〈현대 정신분석 코칭〉은 현대 정신분석 임상 실천과 이론과 기법/방법을 코칭 윤리와 임상에 함께 넣어 끓이는 도가니crucible를 통해 만들어진다. 〈정신분석 코칭〉을 이론적, 실천적으로 새롭게 구성하려는 역자로서는 〈정신역동 코칭〉이라는 제목은 이제 의미가 없다. 정신역동 코칭은 곧 정신분석 코칭이며, 현대 정신분석 코칭을 위해 선행적으로 의미 있는 시도일 뿐이다. 지금도 시도되고 있는 〈정신역동 코칭〉 연구와 실천 성과를 출발점으로 삼고, 최근까지의 현대 정신분석 연구와 윤리, 임상 실천을 살펴보며 만들어간다. 나아갈 방향은 당연히 현대 코칭의 이론적이고 실천적인 발전과 코칭 윤리이다.

정신분석은 '인문(연구) 정신분석', '임상(실천) 정신분석'으로 구분할 수 있다. 정신분석이 현대 인문학 연구와 발전에 끼친 영향은 지대해서 더 언급하는 것이 새삼스러운 일이다. 임상(실천) 정신분석은 참여하는 대상(이른바 분석수행자), 다루는 주제와 영역, 회기 구성과 운영에 엄격한 기준(국제정신분석학회)을 유지하고 있으며, 이를 근거로 정신분석과 정신분석 심리치료(주 3회 이하 세션)로 구분해왔다. 정신분석적 심리치료는 이 원칙을 수용하며 참여 대상과 주제 영역에서 심리치료가 필요한 병리적 부분을 감당해왔다. 그렇다면 이를 제외한 비병리적 영역과 대상을 〈정신분석(으로) 코칭〉이 감당한다. 새롭게 구성될 〈정신분석 코칭〉에 많은 분의 추앙(?)을 기대한다.

정신분석 코칭 카페 공간을 통해 경험적 정리를 계속 이어갈 것을 약속드린다. 이 책을 읽을 독자와 코치들을 위해 붙인 주석과 부록은 읽는 이들을 〈정신분석 코칭〉으로 함께 가자고 제안하려 애쓰는 역자 나름의 표현으로 이해하고 참고해주길 당부드린다. 물론 번역과 한글의 난삽함은 전적으로 역자의 한계이다. 사색하고 성찰하며 부지런히 고쳐나갈 것이다.

마지막 원고를 읽고 조언해 준 코치 박정화, 김정기 두 분에게 특별히 감사드린다.

함께 걷는 모든 동료와 발걸음을 맞추며

2023년 5월 31일
김상복

저자 서문

코칭은 매우 포괄적인 응용 프로그램이다. 직무 스킬, 커리어 개발, 작업장의 성과, 직업과 삶의 균형, 운동과 신체적 편안함$^{well-being}$, 친밀한 관계 등에서 개인의 성장 과정을 지원한다.

〈정신역동 코칭〉은 매우 구체적인 렌즈를 사용한다. '카펫 아래'에서 일어나는 모든 일의 **조직적 맥락/상황**과 작업에서 마주치는 **정서**와 **관계**에 초점을 맞춘다. **정신역동 코칭의 목표**는 무의식이라는 우리의 내면 세계를 인식하고, 개인적, 조직적[집단적] 맥락을 더 잘 다룰 수 있도록 돕는 것이다. 이는 우리가 사는 세계를 인식하는 방식에 - 우리가 세상에서 다른 사람들을 경험하며, 행동하고, 실천하고, 느끼고 결정하는 모든 것 - 무의식이 영향을 미치기 때문이다.

무의식을 이해하려는 현대적 접근은 20세기 초 프로이트, 융, 기타 정신분석가들에 의해 시작되었다. 무의식에 대한 해석은 이미 오래 전부터 문학,

예술, 종교 및 전통적 치유 방법에 활용되는 오랜 전통을 갖고 있다. 오늘날 **신경과학**은 서로 다른 뇌 영역이 어떻게 작동하고, 상호작용하고 반응하는지를 연구하여 이제까지의 직관과 관찰로 발견해온 것을 뒷받침한다.

오늘날 조직 안에서 관리 차원의 과제는 수요가 감소하는 반면, 이와 함께 조직 내 개인 개발, 리더십의 정서적, 지적 요구는 높아지고 있기에 이에 대응하는 코칭의 필요는 [상대적으로] 증가하고 있다. 개인들 역시 갈등을 해결하려는 요구와 함께 빠르게 변화하는 조직 환경에 역동적이고 창조적으로 적응해야 하는 상황이다. 사회적 〈관계-관리〉의 필요성은 정서에 대한 자기 알아차림self-awareness과 자기 관리self-management를 요구하고, 최고 관리자들이 갖춰야 할 핵심적 전제 조건이 되었다. 사회생활과 경영 전반에 디지털화가 증가함에 따라, 고위층 임원들에게는 이를 위한 〈의미-부여하기 sence-making〉 프레임을 제공할 수 있는 용량/수용력capacity을 새롭게 기대한다. 정신역동 코칭은 이런 역량을 개발하려는 경영진을 지원하는 가장 적합한 방법이다.

이 책은 목차에서 보는 바와 같이 이론적 틀에 대한 전체 개요를 제공하고, 정신역동 코칭의 실제 적용을 위한 기본을 마련하는 것이 목표이다. 코치, 컨설턴트, 고객을 위한 가이드와 접근 방식을 심도 있게 이해하려는 학자와 훈련생들을 위한 활용자료를 제공한다.

코치에게 이 책은 정신역동 접근의 여러 측면을 자신의 코칭 작업에 통합하고, 주제에 대한 지식을 어떻게 심화할지 결정하는 데 도움이 될 것이다. 당신이 이미 정신역동 훈련을 받은 코치라면 지식을 업데이트하고 새롭게 하는 서비스를 제공받는다.

고객이라면 정신역동 접근이 어떻게 작동하는지, 코칭 과정에서 그것을 어떻게 볼 수 있으며, 리더십 환경에서 개인 증진을 어떻게 지원하는지 배운다. 코칭, 컨설팅, 사회사업, 조직행동이나 조직개발을 지원하는 **컨설턴트, 학자, 연구자**는 코칭이나 컨설팅에서 정신역동 접근과 활용을 이해하고, 훈련생들에게 안내하는 역할을 할 수 있게 될 것이다.

정신역동 코칭을 소개하는 **이론 세션**인 1부는 역사와 목표, 목적을 간단히 소개한다. 2부는 정신역동 코칭의 이론적 기본 개념을 설명하고, 요약하며 더 많은 이론적 탐구를 위해 초대한다. 3부는 이런 개념의 적용 뒤에 있는 이론에 중점을 둔다. **프랙티스 세션**은 코치와 고객 사이의 관계 발전을 따라 구성했다. 코칭 〈시작에서 종결〉에 이르기까지 코칭 과정에 대한 안내 역할을 한다. 1부는 준비 단계, 2부는 코칭 관계, 3부에서는 코치 관계의 종결을 살펴본다.

이 모든 것을 하나로 연결하는 황금 실gold thread은 '**정서, 관계, 존재**와의 관련'이다. '사회적 동물'로서 관계는 우리의 정서적 편안함well-being과 개인적 성공에 중요하므로 정신역동 관점의 기본 특질이다. 직업 분야의 동료, 고객, 다른 이해관계자 또 개인의 생활 과정도 마찬가지다.

정신역동 접근은 쉽게-적용할 수 있는easy-to-apply 코칭 방법이 아니다. 그것은 매우 도움이 될 수 있지만 반면에 고객들에게는 위험할 수 있다. 정서와 마음, 특히 무의식으로 고객과 함께 작업하는 것은 까다로운 일이다. 훈련받지 않은 코치나 악의가 있는ill-intentioned 어떤 개인이 마음의 '판도라 상자'를 열 경우 해로운 결과를 초래할 수 있다. 따라서 건전한 이론적, 실천적 훈련이 매우 중요하다. 이 책은 이런 **훈련의 매뉴얼** 역할을 한다.

이론 1부
기본 이론

1장
정신역동 전통과 정신역동 코칭의 뿌리

코칭에서 정신역동 접근은 무의식과 그것이 인간 행동에 미치는 영향에 초점을 맞춘 통찰insights과 기술techniques, 개입intervention을 통합한다. 정신역동 코칭은 두 가지로 구성되어 있다. 시작을 정신역동 맥락으로 작업하고, 이어 정신역동으로 생각하기thinking와 기술이 적용되어야 하는 **근거**를 밝히는 것이다.

지난 40년 동안 **코칭**은 작업 현장에서 개인과 조직 두 부분에서 성과를 향상하는 유효한 수단으로 발전해왔다. 코칭은 조직에서 리더십과 전문 역할을 하는 사람들의 성장에 유효한 방안으로 알려져 왔다. 코칭이란 〈가르침 없는without teaching 배움〉[1]을 통해, 부드럽게, 어려운 기술skill의 특정한 부분을 개발하게 지원한다. 개인과 팀 작업에서 인간에 초점을 맞춘 경험

---

1) 〈가르침 없는 배움〉이란 코칭에서 특히 주목해야 한다. 자신을 위해 코칭을 선택하고 코치와 관계를 맺는 〈코칭 주체〉는 [1]자기 안에 있는 **앎**/이미 알고 있는 앎과 [2]생각해보지 않은 앎unthought known, [3]가진 **자원과 능력**, [4]실현하지 못한 **잠재력**을 상황과 조건, 시간을 검토하며 이에 적합하게 꺼내는 것이다. 밖에서 안으로 넣는 것이 아니라는 점, 가진 것을 꺼낸다는 점에서 새로운 탄생을 위한 **분만**分娩이며, 코치의 역할은 **산파**産婆이다.
　〈코칭 주체〉는 (외부로부터의) 가르침 없이, 자기 안에 있는 앎과 현재 경험을 통합하고 시도해보지 못한 잠재력으로 새로운 배움을 벼려낸다.

적 자문/협의consultation를 함께 나누는 것이다. 또 코칭은 조직의 목표 달성을 위해 상호 관계 맥락에서 복합적 과제를 구상하고 관리하는 임원 기능 executive function(Roberts & Jarrett, 2006, S.9)에 전력을 기울인다.

정신역동 접근은 프로이트가 무의식에 관한 연구를 시작한 후 125년 동안 발전해 온 다양한 정신분석, 정신역동 개념과 학파를 통합한다. 정신역동 이론은 인간 행동에서 무의식의 역할을 탐구하는 정신분석 연구에 깊은 뿌리를 둔다. 무의식은 우리 삶의 모티브, 선택, 행동에 영향을 미치는, 입 밖에 내지 못한 것unspoken, 생각하지 못한 것unthought, 부정, 억압, 잊어버린 것, 환상과 꿈 등, 이른바 '카펫 아래'에 놓여 있는, 인간 삶의 내면-세계 inner-world를 가장 잘 설명한다.[2]

정신역동이라는 용어의 '역동' 요인은 서로 다른 정신적 예시instances(초자아, 자아, 이드)[3] 사이에서 발생하는 '과정'을 의미한다. 이 용어는 처음부터 정신 내 갈등을 설명하고, 20세기 중반까지는 관계 측면과 결합해 발전해

---

[2] 「정신분석」이론과 실천의 발전 과정에서 「정신역동」이라는 용어를 별도로 사용하게 된 기원과 필요성에 대해서는 특별히 알려진 바가 없다. 이 점은 향후 과제로 넘긴다. 또 이런 구분이 현재에도 필요한 것인지는 의문의 여지가 있다. 역자는 사실상 구분할 필요가 없다는 입장이다. [역자 서문 참조]

[3] 인간의 무의식을 어떻게 이해하고 접근할 것인가? 이는 프로이트 이전부터 다뤄온 주제이다. 대표적으로는 스피노자, 니체 등을 들 수 있다[5장 참조]. 프로이트는 무의식 접근을 위한 비계를 설치해 접근한다. 먼저 마음의 지형학적 모델로 〈무의식, 전의식, 의식〉으로 무의식 접근의 위상에 근거한 비계를 제시한 뒤, 다시 1920년의 전환점(저서 『자아와 이드』)으로 〈이드, 자아, 초자아〉 등 구조(모델)론적인 입장에서 비계를 제시한다. 말년에는 분명하게 정리되지는 못했지만 1937년(『분석의 구성』)에는 〈고고학 모델〉을 추가한다. 무의식 관련 이런 용어와 설명은 무의식을 이해하기 위한 비계로서의 접근 방법이자 은유로 이해할 필요가 있다. 무의식은 의식 저편에 있는 또는 별도의 공간 개념이 아니다.
　라캉은 무의식에 대해 이런 언급을 한다. 「원초적인 것으로의 무의식, 시원적인 기능으로의 무의식, 아직 모습을 드러내기 이전의 존재 수준에 위치시켜야 할 무의식, 사유의 감춰진 현존으로의 무의식, 형이상학적 무의식, 특히 본능으로의 무의식, 이 모든 것은 프로이트의 무의식과 무관하며 우리의 분석 경험과도 무관하다」(『자크 라캉 세미나 11』 맹정현, 이수련 옮김. 새물결. p.191).

왔다. 오늘날, **관계**와 **정서**는 현대 정신역동 이론과 실천의 중심 주제로 남아있다.

정신분석적 사고의 근원에 대한 간단한 역사적 정리[4]

프로이트(1911. 「정신적 기능의 두 가지 원칙」 『정신분석학의 근본개념』 열린책들. 수록)의 역동 이론은 신경증적 갈등은 서로 다른 두 가지 정서 사이에, 즉 본능적 **소원**wish과 도덕적 **명령** 사이에 놓여 있어서 정신 병리적 반응의 원인을 유발한다고 지적한다. 이후에 〈구조 모델〉로 마음의 세 가지 [은유적] 예시인 자아, 이드, 초자아 사이의 갈등과 역동에 관한 아이디어를 제시했다(Freud, 1923. 「자아와 이드」, 『정신분석학의 근본개념』 수록). 갈등은 인간이 지니고 태어난 변증법적 긴장, 특히 자율성autonomy과 애착attachment이라는 인간의 근본적인 긴장에서 발전해왔다(Mentzos, 2009) (7장 참조). 특정한 상황에서 어느 쪽을 고수할 것인지에 대한 선택은 갈등과 불안을 야기하지만 동시에 개인의 성격 발달을 촉진한다. 결과적으로 개선renewal, 역동, 차별화와 발전으로 이어진다.

구스타프 칼 융C.G. Jung은 **개별화/개성화 과정**individuation process[무의식의 자

---

[4] 정신분석의 역사 자체를 어떻게 정리하는가는 학파마다 다르다. 또 현재는 자아심리학, 자기심리학, 대상관계, 관계학파, 상호주관주의 등의 주요 학파로 흐름이 이어지고 있다. 프로이트 이후, 멜라니 클라인/위니컷/안나 프로이트를 거쳐, 코헛, 비온, 멜쳐 등이 주요한 학자로 흐름을 잡는다. 또 라캉파 정신분석은 이와 다른 별도의 역사적 흐름이다. 현대 정신분석은 더 다양하고 혁신적인 변모를 하고 있다.

현대 정신분석은 우리가 통상 이해하는 프로이트나 대상관계 주요 학자까지 시야에 둔 정신분석의 통념적 이해와 매우 다르며, 새롭고 다양하게 발전(이론과 임상 실천 모두에서)하고 있다. 이런 현대 정신분석의 발전과 라캉파 정신분석은 〈정신분석 코칭〉의 주요 토대가 되어야 할 것이다.

기실현 과정으로]을 주조해냈다.[5] 그는 분석심리학을 확립하고, 자기Self, 원형archetypes, 콤플렉스complexes 등의 개념을 개발했다. 여기서 갈등은 개인의 내면inter-individual과 개인 사이의 관계 수준에서, 콤플렉스 내부 또는 콤플렉스 사이에서 나타날 수 있으며 신경증을 유발한다. 이는 초월적 기능에 의해 지원받아 해결할 수 있다(Jung, 1959)고 제기한다.

정신역동은 프로이트의 딸인 안나 프로이트의 자아심리학ego psychology을 받아들였다. 그는 내적 갈등을 다루고 그에 따른 불안을 예방하는 자아 방어ego defences 이론 개발에 기여했다(Freud, A. 1936.『자아와 방어기제』). 갈등 기반 정신역동 이론은 갈등 선택에 마주할 때 모습을 드러내는 **불안**과 **두려움**, 숨어있는 **갈등**은 무의식의 반응에 의한 중요한 충동driver으로 간주한다. 이런 설명은 정신분석 이론 구축과 정신분석 심리치료의 주요한 흐름 가운데 하나이다(Mentzos, 2009).

거의 같은 시기에 대상관계 학파의 최초 아동 정신분석가인 **멜라니 클라인**Melanie Klein(1882-1960)은 놀이play에서 **관계**라는 주제를 끌어냈다. 그는 무의식적 환상phantasy 안에서 어머니-자녀 관계를 성격 발달의 중심으로 이해했다. 대조적으로 영국의 또 다른 대상관계 학파의 창시자 **위니컷**Winnicott(1896-1971)은 [무의식의 환상이 아니라] **실제** 현실의 어머니-아이 관계에 초점을 맞추고, 삶의 초기에 **과도적 공간**transitional space과 과도적 대상object 개념을 제안하면서, '충분히 좋은 엄마good enough mother'(1954)라는 용어

---

[5] [6장 융 부분 참조] 융이 인성 발달 이론에 공헌한 주요 개념이다. 개성화는 자기, 자아, 원형과 풀 수 없을 정도로 뒤섞여 있으며, 의식과 무의식 요소들의 통합과 관련 있다. 이 가운데 가장 중요한 개념들의 관계를 설명하는 간단한 방식은 자아와 통합(사회적 적응)의 관계는 자기 개성화(자기-경험과 실현)의 관계와 같다. "개성화 과정은 통합되는 인격의 중심으로서 '자기 순환적 발전'이다. 인간은 그가 유일한 존재이며, 동시에 더는 평범한 남성/여성이 아니라고 여기는 점에서 의식적이 된다. (…)"『융 분석비평사전』(A. 새뮤얼, B. 쇼터, F.플라우트 지음. 민혜숙 옮김. 동문선. 2000)

를 도입했다. 이는 어머니와 아이 사이의 중간 공간intermediary space으로,[6] 의식과 무의식 수준에서 만나는 공간이고, 아이가 환상과 현실을 실험하고 시도하는 곳이다. 과도기적/[중간] 대상은 내부와 외부 현실 사이를 연결하는 다리 역할을 한다. 나중에 성인이 되어서 이 과도기적 공간은 **놀이와 창조성**을 위한 기반으로 발전한다.[7]

유아 연구를 기반으로 **볼비**Bowlby(1970)는 **메리 아인스워스**Mary Ainsworth(1913-1999)와 함께 **애착 이론**을 개척했다. 아인스워스의 초점은 안전 애착secure attachment을 위한 안전기지safe base를 갖고자 하는 유아에게 주어져야 할 필요need[요인]이다. 볼비는 애착을 '사람들 사이에 친밀한 정서적 유대를 형성할 수 있는 **능력**(Bowlby, 1998)이며, 위협을 받으면 친숙한 사람(유아기 양육자)과의 근접성proximity을 추구하려는 타고난 정신-생물학적 **욕동**psycobiological drive'이라고 하여 더 광범위하게 정의했다. 그는 이를 근거로 **내부 작업 모델**을 개발했다. 즉 아이가 시간이 지남에 따라 형성되고 결과적으로는 모든 사회적 관계에 영향을 미치는 애착 인물과 관련된 기본 모델이다.

비온Bion(1897-1979)은 **담아내는 자**container**로서 어머니**, 아이를 **담기는 자**contained로 제시하는 〈모자 관계모델〉을 통해 정신역동 이론에 큰 영향을 미쳤다. 이 이론은 견딜 수 없는 마음상태가 소화되고 정신적으로 아이를 위해 되먹임fed back하는 것을 제안한다 - 아이는 이것을 지각하고perceives 최초의 사고thought 형태로 경험한다(1962. 『경험에서 배우기』). 비온은 또한 〈작업 집

---

[6] 위니컷의 이 개념을 어떻게 번역하는가에 의견이 많다. '과도기'[공간/대상/영역/단계]라는 표현은 성장 발달 과정에서 거쳐야 하는 **과정**을 강조하는 표현으로 이해된다. 이는 지나고 나면 이 과정 유무와 중요성이 사라진다. 그러나 '**중간**'[공간/지대/대상/단계]이라는 표현은 거쳐야 하고, 앞으로도 없어지지 않는, 언제나 다시 돌아올 수 있는 공간으로 이해된다. [14장 주 참조]
[7] 참조: 제7장 「리더를 위한 안전한 장소 만들기」『정신역동 마음챙김 리더십』(멘프레드). 놀이와 인간 발달, 놀이와 놀 수 있는 능력의 회복, playology의 귀환.

단〉에서 집단역동 및 무의식적 프로세스에 의한 이론적 개념을 개발했기 때문에 〈작업-지향work-oriented〉 코칭 맥락에서 특히 관심을 가져야 한다. [14장 참조]

현대 정신역동은 신경과학, 특히 신경정신분석에서 정보를 받는다. 창립자 가운데 한 사람인 마크 솜즈Mark Solms는 피터 포나기peter Fonagy, 자크 판크세프Jaak Panksepp, 올리버 턴불Oliver Turnbull의 작업에 기반을 두었다. 정신역동 신경과학의 한 가지 목표는 정신적 과정을 신경과정만큼 실제적인 존재론적 수준으로 끌어올리는 것이다. 신경과학은 프로이트의 메타 심리학에 근본적으로 영감을 받은, 즉 정교하고 대규모 〈마음 모델〉을 생성해내는 것을 공유한다(Fotopoulou, 2012). [9장 참조]

요약하면 정신역동 코칭은 조직 내 리더십 역할이라는 맥락에서 고객의 내면에 초점을 맞춘다. 편견, 맹점blind spots, 왜곡, 정서적 반응을 개별적으로 이해하고 수정하여modifying, 외부 세계와의 관계와 오래된 관행/제도/인물institution을 현실적으로 볼 수 있도록, **내부 세계와 외부 세계를 연결**하려고 노력한다. 목적은 개인 성장과 발달을 도모하고, 자기 감정과 접촉하고, 더 나은 정서지능emotionally intelligent을 지니는 것이다.

접근 방식은 (1) 자신의 정서와 그에 이끌리는 [자기 자신의] 반응과 관계를 성찰하고, (2) 현재 상황에서 자신의 역할을 평가하고 (3) 이를 가장 잘 처리하는 방법을 결정하는 용량[수용력]에 작용을 가하는 것이다.

이 작업에는 **시스템 관점**이 필요하다. 외부 조직 세계가 개인과 그들의 지각과 행동에 지속해서 영향을 미치기 때문이다. 따라서 정식역동 코칭은 관계, 경계, 영향 등을 탐색하기 위해 〈사람-역할-시스템 모델Person-Role-System model〉을 활용하는 〈시스템-정신역동 코칭〉이라고도 언급된다 (Brunning, 2006. 3장 참조).

코칭에서 정신역동은 정신분석으로 〈생각하기thinking〉에 뿌리를 두고 있으며, 심리치료로 오해해서는 안 된다. 이는 정신 병리학이나 정서적 장애 emotional disturbances에 대한 치료가 아니라 심리적 정보에 근거를 둔 [인간 성숙을 위한] 발달 과정이다.[8]

[핵심 단어와 주요 인물]

- 정신분석
- 무의식
- 시스템 관점
- 프로이트
- 안나 프로이트
- 윌프레드 비온

- 정신역동
- 개별화 과정
- 사람-역할-시스템 모델
- 구스타프 칼 융
- 멜라니 클라인

---

8) 정신분석은 〈증상symptom과 직접 대면〉하는 과정(이 부분을 '치료'로 언급한다)과 〈증상과 함께하는〉 과정으로 나눌 수 있다. 정신분석 코칭 역시 증상을 주 호소/핵심 이슈로 주목하나, 증상과 함께 자신의 근원을 탐구해 들어간다. '알고 있음'을 다시 검토하고, '알고 있지 못함', 불확실성과 모호함을 마주 보는 작업을 통해 '가르침 없이 배우기' '의미 형성과 의미 개발', 자기-앎을 확대한다. 정신분석 코칭이 가는 길은 **진실과 진심**을 향한다.

[부록 1] 정신분석 코칭의 첫 이해

프로이트의 업적 외에도 정신분석 이론과 임상은 현대에 이르기까지 여러 방면에서 다양하게 발전되어 왔고 오늘날에도 여전히 발전하는 살아 있는 학문 영역이다. 정신분석이 인문학에 끼친 영향은 논외로 하고, 정신분석 임상 영역에서 이룩한 발전과 임상기법, 학자들의 면면은 오늘날 대인관계 조력 분야에 영향력이 지대하다. 이유는 정신분석 이론 한걸음이 대부분 임상 실천을 바탕으로 형성되었기 때문이다.

  향후 새롭게 입론해 가는 〈정신분석 코칭〉은 현대 정신분석의 모든 성과를 바탕으로 한다. 그러나 정신분석 역사 과정을 모두 총괄할 필요는 없다. 정신분석가나 치료사 역시 정신분석 이론과 학자 전반이 아닌 특정 학자나 이론을 자기 임상의 중심 근거로 두는 것과 같다. 〈정신분석 코칭〉은 현대 정신분석 임상과 이론의 성과를 코칭 현장과 코칭 실천 윤리를 바탕으로 전체적, 부분적으로 재구성한다. 정신분석이 지향하는 행복과 성숙을 위한 이론과 방법의 보물창고에 들어가 코칭에 필요한 근거 이론과 방법 개발에 촉을 세워야 할 것이다. 생애 발달 단계에 맞춘 코칭, 커플 및 관계 개발을 위한 코칭, 정서, 트라우마 다루기, 육아, 성격 특성 관리 등 정신분석 이론과 실천 임상을 적용할 영역은 매우 많고, 이런 다양한 각론을 정신분석 코칭으로 세분화할 수 있다. 우리 삶의 전반에 걸친 모든 영역과 주제에 조응한 정신분석 코칭이 백화만발하길 기대한다.

  오늘날까지 마치 '정신분석은 곧 프로이트'라는 세간의 언설言說이 유지되고 있다. 프로이트를 비판하며 자기를 설명하고 수립했던 주장들로 인해 정신분석에 대한 부정적이고 일방적인 인상印象이 올바른 이해를 방해해왔다. 물론 정신분석의 출발지는 프로이트라고 할 수 있으나 그가 높고 큰 산인 만큼, 깊은 골짜기와 크고 작은 봉우리로 백여 년의 정신분석 산맥이 오늘날까지 이어왔다.

정신분석 코치는 봉우리와 골짜기 그 어디에든 머물며, 정신분석 코칭을 재구성하고 코칭 임상을 새롭게 전개한다. 자크 라캉 정신분석의 새로운 발전, 윌프레드 비온의 초기 이론을 인용하는 정도를 넘어 후기 저작을 포괄하는 연구, 상호 주관주의의 새로운 전개까지 코칭을 위한 시각을 확대해야 한다.

코칭 개입에서도 자유 연상의 적극적 확립, 연상적 개입, 경청 이론과 수준의 실질적 전개, 침묵 기술, 역전이 성찰, 정신화, 훈습/극복하기, 진실과 진심 마주하기, 성격 변형을 위한 성숙화 등 특정한 분야를 새롭게 개발할 수 있다.

코칭을 중심으로 보면, 생명을 살리고 성숙을 위해 접촉해야 할 모든 주제를 정신분석 이론과 접근 방안에서 끌어와 이론과 개입 방법을 재구성할 수 있다. 이때 겉모습을 흉내내거나 빌려오는 앎이 아니라, 코칭 임상과 코칭 실천 윤리, 임상 정신분석의 윤리와 정신에 근거를 두어야 한다.

"정신분석 '현장'은 중층적이다. 첫째는 지금 우리 자신이 현재 임상 실천을 하고 **현재** 정신분석이 행해지는 <u>임상 현장</u>이다. 두 번째는 역사적으로 프로이트를 효시로 하는 그야말로 정신분석이 행해졌던 장으로서의 **과거** <u>임상 현장</u>이다. [프로이트는 오직 자기 분석과 환자와의 임상 경험에서 정신분석 이론을 구성해냈다.] 현대의 임상은 이를 계승하고 어떻게 하면 그것과 공통성을 지닐 수 있는가? 현재의 실천이 과거의 것, 정신분석과 어떤 공통성을 발견하지 않으면 안 된다. 유자격자라 할지라도 규정대로 하지 않거나 구성 요건을 구현하지 못하면 정신분석으로 보장받기 어렵다. 프로이트와 연결된 **과거**의 정신분석이 현재에도 살아 움직이는 것이다.

반면에 [현재] 정신분석 안에서 일어나는 것은 일상과 동떨어진 것은 아니다. 지평이 연결되지 않은 높이나 깊이를 산과 계곡이라 부를 수 없듯이 [정신분석이 걸어온 지평의 산과 계곡에는 모두] 정신분석의 실질을 구성하는 [정신분석-]정신이 존재한다. 이 정신분석 **정신이라는 현장**이 제3의 현장이며 이는 **미래**와 연결된다."[9]

이런 세 가지 정신분석 임상 현장의 중층성을 긴장으로 유지하는 것이 임상 정신분석 발전에 중요하다. 정신분석 코칭 역시 이런 현장과 연결해 발전해 가야 한다.

---

[9] 福本 修(후꾸모도 오사무) 『精神分析の現場へ: フロイト・クライン・ビオンにおける対象と自己の経験』(동경: 誠信書房. 2015), 3-5.

2장
정신역동 코칭은 심리치료가 아니다

많은 정신역동 코치는 스스로 임상 훈련을 받는다.[10] 이를 통해 정신분석 심리치료와 정신역동 코칭의 차이를 구별하는 것이 필요하다. 심리치료와 정신분석에 대한 편견 때문에 혼돈이 일어난다. 사실 [모든 대인관계 조력 helping 분야를 포함해] 두 분야 사이에는 **의미 있는 중복**이 상당하다. 두 분야는 ①정서와 ②인식 cognition, ③행동을 다루고, ④맹점 blind spots, ⑤방어 반응, ⑥왜곡된 사고와 ⑦비합리적 신념을 확인한다(Kets de Vries, 2006). 더욱이 양쪽 모두 ⑧무의식과 전의식 pre-conscious, ⑨생각 thinking과 감정 feeling, ⑩전이, 역전이 개념을 적용하는 데 공동의 초점을 맞춘다(Beck, 2012).

그러나 [정신분석적] 심리치료와 정신역동 코칭[정신분석 코칭]의 **중요한 차이**는 후자는 정신 장애를 **직접** 다루지 않으며, 장애를 위한 치료가 아니

---

10) 〈정신분석 코치-되기〉 훈련 과정은 이론 세미나를 위한 습득이 첫걸음이다. 이 과정과 병행해 자기 분석을 위한 〈코칭-받기〉로 자기 과제와 직면하는 과정이 이어진다. 〈코칭 주체〉로서 고객 체험과 자기 경험을 성찰하고, 임상 일선에서 〈코칭-하기〉에 도전한다. 〈코칭-하기〉는 일대일 수퍼비전 관계 안에서 진행한다. 이는 정신분석가 훈련과정을 원용한 것이다.

라는 사실이다(Peltier, 2010). 심각한 정신 건강 문제나 약물 남용은 정신역동 코칭의 범위를 벗어난다. 이런 이슈를 겪는 개인은 [정신분석적] 심리치료사나 정신과 의사에게 의뢰해야 한다.

자기-관리self-management 능력capacity은 코칭 고객에게 필요한 분명한 **전제조건**이다. 이런 전제는 자기-성찰self-reflection **개발**이 주요 목표가 되는 심리치료 사례에서는 거의 찾기 어렵다.[11] [코칭] 관심의 초점은 업무 영역에서 전문적 역할을 위한 개인적 성과이다.[12] 일반적인 코칭 고객은 높은 수준의 직무 기능성job-functionality과 성과를 보유한 관리 직위에 있는 사람들이다. 코칭은 목표와 행동 지향적이며, 개인 성장growth과 기술 개발에 중점을 둔다. 여기에는 해석, [작업] 가설과 투사를 통한 공개적이고 적극적인 작업을 포함한다.

대조적으로 심리치료의 목적은 고통과 병리적 증상symptoms을 줄이고 인격personality의 신경증이나 정신 병리 부분을 다룬다. 따라서 심리치료 과정은 상당한 시간이 소요될 수 있고, 빈번한 회기가 필요할 수 있다. 코칭은 [상대적으로] 단기, 중기적 개입으로 가능하다고 생각한다.[13] 심리치료 과정에

---

11) 정신분석 심리치료와 정신역동[분석] 코칭을 구별할 때, 고객의 〈자기-성찰self-reflection〉과 〈자기-관리self-management〉 능력을 주된 측면으로 삼는다. 심리치료는 〈자기-성찰〉을 중요한 목표로 하며, 자기-관리 능력의 수준이나 배양은 부차적인 결과로 기대한다. 반면 정신역동 코칭은 〈자기-성찰self-reflection〉을 주요 과제로 배제하는 것은 결코 아니나, 〈자기-관리〉 수준이 코칭 결정의 중요 요인이다. 코칭 선택에 대한 고객의 책임성responsible, 코칭 목표와 실천 행동, 상호 책임 방법을 중시한다. 이때 코치는 고객의 자율성autonomy을 보장하고 발전하게 지원하는 것을 핵심 역량 모델ICF에서 강조한다. 〈정신역동[분석] 코칭〉은 코치와 고객의 상호 동등성을 더 강조한다.
12) 저자의 이런 주장은 정신역동 코칭을 비즈니스 코칭, 조직 내 개인에 중점을 둔 코칭을 설명하는 것으로 이해된다. 그렇지만 정신역동 코칭, 정신분석 코칭은 개인 코칭, 라이프 코칭, 커리어 코칭 등 모든 영역의 고객 이슈와 주제를 다룬다.
13) 정신분석과 정신역동[분석] 코칭의 차이는 종결이 있는가로 구분된다. 코칭은 종결이 전제된 시작이고, 종결이 연기될 수 있다. 정신분석은 종결이 전제되지 않으며, 종결이 필요하다고 상호 인정될 경우 별도의 종결 세션(기간)으로 종결 '과정'을 갖는다.

대한 책임은 심리치료사의 손에 있으며, 수직적 관계와 치료사와 환자 사이의 수동적이고, 반영적 상호작용reflective interaction 스타일을 통해 [세션 안에서] 실연實演된다enacted.

정신역동 코칭에서 수직적 상황은 회피된다. 코치는 스파링sparring 파트너, 거울, 때로는 자문 역할advisor을 한다. 고객이 문제와 해결책에 대한 오너십을 유지하게 하고, 일반적으로 상호작용은 더 활발하다.[14] 구조화setting는 또 다른 특징이다.[15] 심리치료 세션은 언제나 치료사가 소유한 장소에서 진행되는 반면 정신역동 코칭은 이메일, 전화, 온라인 대화 또는 거의 모든 곳에서 대면 미팅을 통해 수행될 수 있으며, 고객의 작업 환경 안에서 관찰 기간을 갖는 것도 포함할 수 있다(Kets de Vries, 2006).[16]

정신역동 코칭이 고객의 행동 패턴과 발달을 이해하기 위해 아동기 경험 탐색이 필요하다는 점에 논쟁이 일어났다. 코칭 실천에서 많은 코치가 초기 에피소드를 통합하는 반면, 반시나Vansina(2008)는 고객의 **최근 과거와 실제 내면 세계**의 통합만을 주장한다. 반면에 샌들러Sandler(2011, 『정신역동과 임원코칭』 김상복 옮김)는 이런 아이디어에 더 개방적이지만, 개인의 역

---

[14] 코칭은 고객과 수평적 관계를 전제한다. 이를 더 분명하게 강조하기 위해 코치-⟨코칭 주체⟩라는 표현을 추천하다. 고객은 자기 코칭을 위해 코치와 대등한 관계로 영향을 주고받을 뿐 아니라, 자기 코칭의 주체이다. 코칭 여정(항해)에서 코치가 제공하는 역할 역시 더 다양하다. 열기 한 것 외에도 페이스 메이커, 내적 갈등과 불일치 통합을 위한 중재자, 도전 과정에 대한 버팀목, 진실과 진심의 목격자이자 증언자, 성숙을 위한 도반 등이 대표적이다. 『10가지 코칭 주제와 사례연구』(디마 루이스, 폴린 파티엔 디오송 지음. 김상복 옮김 p.104) 참조.
[15] 초기 정신분석 관계의 구조화setting는 정신분석에서 매우 중요한 부분이다. 정신역동[분석] 코칭에서 ⟨코칭 관계 설정/설계하기/구조화 역시 중요하게 다뤄진다. 설정 과정 자체가 관계의 성격, 이후의 과정, 성과 여부를 예견하기 때문이다. ⟨코칭 관계 구조화⟩를 위한 연구가 중요한 과제이다. 이를 위한 적절한 자료는 다음과 같다. 『정신분석 심리치료의 기본과 실천』(아가쯔마 소우 지음, 최영은, 김상복 옮김. 2021.)
[16] 팬데믹 이후 사회 상황으로 더욱 촉진된, 온라인 및 가상세계의 관계에서 제기되는 과제 등은 다양하고, 연구의 의미가 더욱 크다. 이를 위한 참고는 다음을 권한다. 『코로나 시대의 정신분석적 임상』(최영은, 김태리 옮김. 한국코칭수퍼비전아카데미)

사, 부모 관계 및 어린 시절 경험에 관한 심층 탐구는 필요하지 않다고 부언하고 있다. 내가 개인적으로 이해하는 바로는 어떤 접근 방식을 채택할지는 교과서의 세부사항보다는 사례의 구체성에 더 많이 달려 있다고 생각한다. 몇 가지 사례에서 **행동 변화를 가능**하게 하는 알아차림과 이해 개발 수단으로 **역기능적 행동패턴**을 아동기 경험과 **다시 연결하는 것**이 매우 도움이 된다(Nagel, 2014 사례 참조). 그러나 다른 경우에는 이런 접근은 추가적인 통찰을 제공하지 못할 수 있다.

정신역동 코칭은 정서와 관계 패턴을 이해하기 위해 그다지 많은 노력을 하지 않는 커리어 상담, 주로 선임 관리자와 하급 관리자 사이에서 이루어지는 멘토링, 컨설팅, 상담 실천가와 그들 고객과의 작업을 다루는 수퍼비전 등과 비교해 보면, 적극적이고 자문적인 기술적 안내라는 측면에서 차별화된다[보다 소극적이다](Schreyögg, 2010).

[핵심 단어와 주요 인물]

- 정신분석 심리치료
- 〈비대면〉과 〈대면〉의 차이점과 공통점
- 자기-관리

- 정신분석 코칭의 차이점과 공통점

- 자기-성찰

[부록 2] 정신역동[분석] 코칭과 [정신분석] 심리치료의 차이

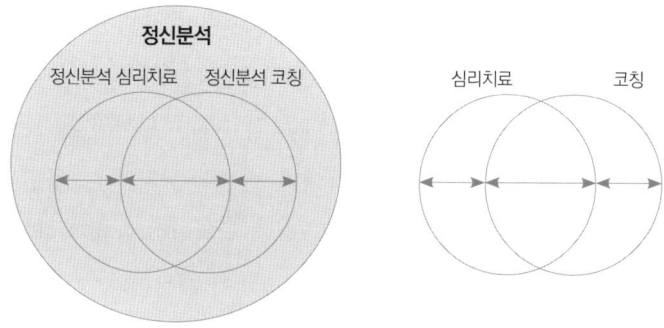

[그림 2.1] 정신역동 코칭과 심리치료의 차이

1. 정신분석은 연구 정신분석과 임상 정신분석으로 나눌 수 있다.
2. 임상 정신분석에는 정신분석 심리치료와 정신분석 코칭으로 구분된다.
3. 심리치료와 코칭은 상호 독자적인 영역이며 공통점이 차이점보다 많다.
4. 정신분석 실천윤리와 코칭 실천윤리 차원에서 각각 공통되지 않은 영역이 있다.
5. 코칭에서 심리치료와 공통된 부분은 〈치료는 아닌 그러나 치료적 접근〉이라는 점에서 심리치료와 공통된 접근이 가능하다.

참조: 「치료적 접근 그러나 치료가 아닌」 『코치 앤 카우치』(맨프레드 케츠 드 브리스 외 지음. 김상복 외 옮김)

코치는 ①과제를 인식하게 하기 위한 **직면**confrontation, ②과제에 대한 새로운 이해를 위한 **명료함**clarification, ③무의식적 갈등과 소망에 대한 검토와 **해석**interpretation 제공, ④자기 이해를 높이기 위한 **극복하기/훈습**working through을 진행한다. 또 고객이 얼마나 '깊이 준비하고' 기꺼이 함께하고 싶어 하는지에 따라 **맹점**blind sport, **방어**적 반응defensive reaction, 왜곡된 **비합리적 사고** 등에 도전한다. 그러나 이런 접근은 심리치료도 같이 공유하는 접근이다.

코칭은 치료하는 것은 아니나 이런 심리치료 방법을 활용한다는 점에서 치료적 접근으로 볼 수 있다(치료는 아니나 치료적 접근). 차이점은 코칭이 (가) 이슈의 당사자 외에도 코칭비를 지불하는 조직-고객의 요구도 반영한다는 점, (나) 고객이 자기-관리 능력이 있어야 한다는 점, 또 심리치료와 달리 (다) 한 세션의 시간이 한정되지 않는다는 점, (라) 치료사와 환자는 세션 밖에서 사회적 접촉을 회피한다는 점 등이다. 반면에 코치와 〈코칭 주체〉는 '회기와 회기 사이'를 새로운 도전을 위한 실천 영역이며 함께 공략하는 대상 세계로 다룬다. 코칭은 목표와 행동이 중요하기 때문이다. 이 같은 점은 심리치료와 공유되지 않는 점이다. 주요 코칭의 기술의 일부 기원이 심리치료 방법에서 비롯된다 할지라도 이는 치료를 위한 것이 아니다.

3장
정신역동 코칭의 기본 요소

이제 **정신역동 코칭의 다섯 가지 구성요소**를 살펴보자.

첫 번째는 정신역동 접근은 무의식과의 작업이다.

- 인간 정신 생활의 대부분은 무의식이다. 무의식의 출현을 경험하는 개인은 이해할 수 없거나 당황스러운 행동을 일으킬 수 있다.
- **생각**과 **감정**은 의식, 무의식이 동시에 작동하며, 상호 갈등이 일어날 수 있으므로 타협된 해결책이 필요하다.
- 안정적인 성격personality과 사회적, 무의식적인 행동 패턴은 대부분 유년기에 형성되고, 성인기의 관계에 상당한 영향을 미칠 수 있다.
- 어린 시절과 청소년기를 거치며, 점차적으로 자기self에 대한 안정적이고 정신적인 **내적 표상**(표현)representations이 형성된다. 이런 표상들은 언

제나 무의식적인, **사회적 관계와 정신적 증상**을 불러일으킨다provake.[17]
- 인격/성격 개발personality development[18]은 정서, 사고, 사회적 관계를 조절하는 방법을 배우게 되고, 어린 시절의 미성숙하고, 의존적이고 무의식적 상태에서 성인기의 성숙하고 독립적인 상태로 발전한다.(Kilburg, 2004)

두 번째로 위와 같은 핵심적 상정postulates은 코치의 구체적인 **안내 자세** guiding attitude가 요구된다. 코치는 기술적 측면에서 문제-해결자, 자문이나 컨설턴트가 아닌 고객의 개인적, 전문적 개발을 위한 산파midwife 또는 촉진자facilitator이다. 일부에서는 코칭을 〈프로세스 컨설팅〉[19]의 하위 범주로 정의하지만(Huffington, 2006), 컨설턴트들은 대부분 전문지식을 해결책으로

---

[17] 여기서 provoke를 **외부의 자극**을 전제한 '불러일으키기'로 이해한다. 외부에서 작용하여 출현한다는 의미로 외적 환경/대상과 관계가 일차적으로 주목된다. 과도한 스트레스 상황이 중요한 자극이다.
반면에 evoke는 내면에서 일어나는 연상적인 출현이 강조되어 의미를 구별한다. 자유 연상을 주목하는 정신역동[분석] 코칭에서는 연상적 대화evocative conversation가 중요하다. 코치 입장에서는 두 대화 방식의 관계를 스펙트럼으로 이해할 필요가 있다. 자세한 설명은 다음을 참조할 수 있다. 「Evocative 대화와 Provocative 대화」 『코칭튠업21』(김상복 지음)

[18] personality development: **성격발달**로 이해하는 게 일반적이다. 그러나 여기서는 성인기 필요한 인격 개발이라는 표현으로 한시적인 접근으로 보인다. 전 생애 발달 단계에서 미해결된 누적된 과제를 현 시점에서 통찰하는 것이 코칭의 주된 측면이다.
전 생애 발달 단계를 거치며 인격과 성격은 환경과 지속적 상호작용을 거쳐 성숙하고 발달한다. 발달 상태를 각 단계로 구분한 대표적인 연구가 정신분석적 발달 연구이다. 프로이트는 발달 단계를 구강기, 항문기, 남근기, 잠재기, 성기기로 구별하고, 에릭슨 부부는 이를 근거로 평생을 거쳐 9단계로 확장하였다. 『인생의 아홉 단계』(송제훈 옮김. 2019. 교양인) 참고.
정신분석적 발달 단계는 정신분석 코칭의 주요 영역으로 삶 전체를 자기 성숙의 과정으로 이해하고, 각 단계의 주요 성취 과제를 통찰하도록 안내하고, 노년기와 죽음의 의미 등을 새롭게 이해하는 내용으로 개발할 수 있다.

[19] 「프로세스 컨설팅」은 에드가 샤인Edgar H Schein에 의해 주도된 컨설팅의 한 분야이다. 참조. 「코칭과 컨설팅에 대한 재고」(에드거 샤인) 『리더십을 위한 코칭』(마샬 골드 스미스 편집. 고태현 옮김. 제4장).
컨설턴트는 전문적 정보 제공자, 진단과 해결을 위한 처방자, 고객이 스스로를 도울 수 있게 초점을 맞추며 활동한다. 이런 관점에서는 코치와 프로세스 컨설턴트의 역할이 유사하다

제공하는 데 더 적극적으로 자신의 역할을 정의한다. 반면에 코치의 태도는 다르다.

코치는 [1]메타 커뮤니케이션을 아우르는 지지하고 촉진하는 태도, [2]더 깊은 자기 성찰을 불러일으키고 [3]자신과 다른 사람들의 무의식 과정, 정서적 영향, 행동적 변화가 절정에 이르도록 통찰을 키우는 질문을 한다. 이를 통해 [4]고객의 내적 발달 과정을 지원하는 데에 초점을 맞춘다. 코치는 또한 [5]자신의 견해를 강요하지 않고 행동 정서, 사고 패턴, 인식을 [상호] 탐구하는 방식으로 고객의 현재 반응에 대해 신중하게 고려한 피드백을 제공한다. 코치는 촉진하는facilitation 자세로 [6]안전한 〈안아주기holding 환경〉을 구축할 수 있으며[17장 역주 참조], [7]신뢰 관계가 발전함에 따라 고객은 자신의 내면 세계를 코치에게 개방하고 공유할 만큼 충분히 편안함을 느낄 수 있다.

세 번째로 정신역동 코칭의 주요 요소는 개인적인 내면 세계와 그것에 영향을 미치는 내적/외적 요인을 **점점 더 의식하는** 과정이다. 이런 내면 세계 의식consciousness 개발 목표 이면에 있는 기본 생각은 무엇인가? 고객의 의식 외부에 있는 사건, 감정, 사고thoughts와 행동 패턴의 선택과 행동에는 내면 세계가 영향을 미친다(Kilburg, 2004)는 것이다.

외부 세계를 더 의식하게 되는 것은 자신의 내면 세계에서 일어나는 일에 대한 알아차림이 발전하는 것을 의미한다. 이 과정은 우리의 일상적 생각과 감정에 영향을 미치는 내적 통치inner-governing 요인들 - 정동, 패턴, 규칙, 가설, 갈등 - 을 보고, 느끼고 이해하는 것뿐 아니라, 다른 사람과의 관계와 사

(코치≒프로세스 컨설턴트). 상담counseling이나 심리치료therapy 분야가 코칭을 실천 과정이 특화된 하위 파트너로 보듯, 컨설팅 분야 역시 코칭을 컨설팅 결과를 조직 내 적용하고, 개인화하는 과정에 활용할 수 있는 하위 파트너로 간주하기도 한다. 코칭이 다른 분야와 다른 독자적 부분과 함께 상담과 심리치료와 겹치는 부분이 있듯, 컨설팅 분야와도 겹치는 분야는 불가피하다. 프로세스 컨설팅 분야는 〈컨설팅 베이스 코칭〉 분야와 겹칠 수 있다.

회적 사건과 같은 외부 사건에 어떻게 자신이 특정한 반응을 불러일으키는지 이해하는 것이다.

정신역동 코칭의 네 번째 요소로는 업무 영역에서 **개인 개발**personal development**과 성장**growth**을 통해 더 나은 성과**를 달성하는 것이다. 여기서 개인과 조직의 성장과 성과를 연결하는 근거는 1980년대까지 믿었던 더 명확한 목표를 설정하고, 동기 부여하는 접근 방식을 개선하는 그런 수준이 아니다(이런 식의 가정은 오늘날에도 여전히 존재한다). 오히려 숨겨진 개인적인 **관행**[제도/인물 같은 여러 요인institutional factors]이 성장과 발전을 지연시키고, 방해할 수 있다는 사실을 인정하는 것이다(Obholzer, 2006).[20] 그 이면에는 조직적 성공(예를 들어, 재정적 변수, 고객의 행복이나 조직의 성공을 정의하는 긍정적 상태 또는 조건)은 개인 행동에 기초한 높은 수준의 개인 성과를 통해 달성되는, 개인의 기여에 달려 있다는 전제가 놓여 있다. 작업장에서 개인의 성과를 관찰해보면 개인이 조직 목표 달성을 돕는 정도를 이해할 수 있다(Campbell, 1983, after Motowildo, Borman, & Schmitt, 1997).[21]

일반적으로 **개인 성과**는 개인 기술skill(4장 참조)에 따라 다르고, 조직이 판매하는 서비스 상품에 참여하는 것과 관련된 **업무 성과**task performance와 조직, 사회 심리적인 광범위한 환경을 유지하는 **상황 성과**context performance로 구분된다(Motowildo et al., 1997). 조직내 핵심 임원으로 올라갈수록 **관리 역할**manage role에 의한 상황 성과[맥락에서 오는 성과]의 중요성이 커진다. 업

---

20) 목표를 명확히 세우고(위에서 아래로/아래서 위로, 또는 이를 융합하든) 각 개인에게 동기 부여(적절한 보상)하면 된다는 개인과 조직 성장을 연결하는 방식만으로는 한계가 있다는 인식이다. 이는 조직 구성원-개인들과 조직문화-제도 자체 안에 성장의 방해 요인이 있다는 점. 이 점에 정신역동 코칭은 초점을 맞춘다.
21) 인적 자원, 개인 역량이 최종적인 차이를 만든다는 주장이다.

무 성과는 인지 능력cognitive capability에 의존한다. 반면에 상황[맥락적] 성과는 조직과 그 이해관계자 네트워크에서, 개인이 가설을 세우고, 맡아야 할 구체적 역할 안에서 효과적으로 관계 맺는 수용력capacity과 밀접하게 연결되어 있다(Motowildo et al., 1997).

요약하자면 **정서**와 **관계**를 관리하는 데 더 효과적인 리더는 변혁적 리더십 스타일로 최고점에 이르게 된다. 〈개인 개발〉은 조직의 **역동적 능력**capability에 긍정적으로 기여할 변혁적인 리더가 되기 위한 전제 조건이며, 전략적 성공과 기업 성과를 달성하는 핵심 요소로 이해된다(Teece, 2007). 이를 종합하면 리더십은 다음과 같이 설명할 수 있다.

- 개인과 팀 구성원에게 개인적 관심을 기울이고 개인의 관점을 적극적으로 포용한다.
- 카리스마를 갖고 비전과 사명을 안내하며, 팀원들에게 자부심과 자존감을 심어주고, 존경과 신뢰를 결과로 얻는다.
- 중요한 목표를 간단한 언어로 설명하고, 창의적으로 상징symbols을 사용해 성취 가능한 높은 기대로 따르는 부하들에게 영감을 준다.
- 현명하고 합리적이고 사려 깊은 문제해결을 통해 지적 자극을 제공한다(Bass, 1990)
- 유연한 마음가짐/사고방식mindset을 육성하고, 사고와 행동에 더 많은 옵션을 새롭게 만들어 개인의 역동적 능력을 개발한다.

코칭 고객 관점에서 리더십 역할로 성과를 달성하라는 요구는 곧 "나를 코칭해주십시오. 그래서 내가 특정한 상황/감정/상사/새로운 판매 목표/여성/남성/직장/나 자신/고용인들 등과 관계를 해결할 수 있게 해주세요."라는 것으로 요약할 수 있다(Beck, 2012, p.15).

다섯 번째 요소는 〈조직 시스템〉과 〈개인과 조직 시스템〉이 동시에 움직이고 상호작용interact하는 맥락 없이는 개인은 어떤 역할도 수행할 수 없다는 점이다. 1976년에 브로윅Browick이 처음 만든 〈개인-역할-시스템person-role-system〉은 [그림 3.1]에 있는 다이어그램diagram으로 개발되었다. 매우 기본적인 이 모델은 〈조직 역할 분석Organisational Role Analysis(ORA)〉(예: Newton, Long, & Sievers, 2006)으로 특정한 코칭과 컨설팅 접근 방식에 활용된다.

고객의 전문적 역할은 개인뿐 아니라 조직에 의해 의식적/무의식적으로 형성된다고 가정한다. 전문적 역할로 대표되는 두 시스템의 접속[체]interface에 작용하는 〈개인의 정신역동〉 및 〈조직 심리사회적psychosocial 역동〉의 복잡한 상호작용과 상호 밀접성interrelatedness에 초점을 맞추고 있다. 트리에스트Triest(1999)는 역동적 역할 개념에서 전문적 역할의 핵심을 **비공식적 역할**(사람이 인식하는 대로)과 **공식적 역할**(조직이 정하는 방식)로 구분했다(10장 참조).

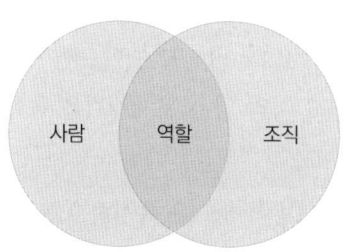

[그림 3.1] 사람-역할-조직 모델

- 그 사람의 '서클'은 삶의 스토리, 성격personality, 기술, 역량, 재능, 능력abilities을 포함하고, 가족 관계와 같이 업무 영역에 영향을 주는 개인 맥

락/상황도 포함된다.
- 중간[매개] 공간에서의 **역할**은 지금까지 그리고 미래에 대한 고객의 커리어 야망과 밀접하게 연결된 두 역할 요인과 문화적, 사회적 맥락에 영향을 받는 역할로 특징지어진다.
- 조직 수준은 실제 작업 환경뿐 아니라 조직문화, 구조, 과정도 포함하며, 조직적 맥락도 빠져서는 안 된다(Brunning, 2006).

이런 모든 측면은 의식/무의식적으로 **개인 개발**과 **성과**work performance에 영향을 미치며 결국 **조직 성과**에도 영향을 미친다. 그러므로 이런 점들은 정신역동 코칭의 필수 부분이다.

[핵심 단어와 주요 인물]

- 정신/심리-성적 발달
- 사회적 관계
- 안아주기 holding
- 개인-역할-시스템 person-role-system
- 공식적 역할과 비공식적 역할
- 에드가 샤인 Edgar H Schein

- 내적 표상
- 불러일으키는
- 개인적인 관행/제도/인물 institutional factors
- 조직 시스템

[부록 3] 정신역동 접근을 위한 개인-상황-조직과 역할 모델

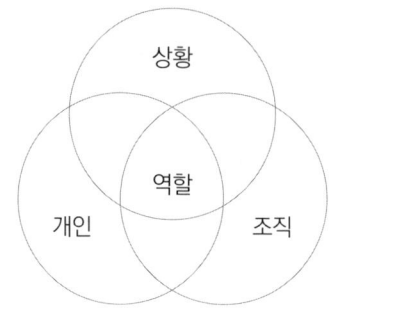
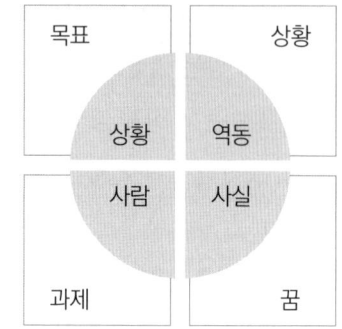

The person-role-organization Model
Claudia Nagel 『Psychodynamic Coaching: Distinctive Features』 (2019) Routledge. 참조 재구성

[그림 3.2] 정신역동 접근을 위한 개인-상황-조직과 역할 모델

- 필자가 인용한 개인-역할-시스템에 별도로 상황을 추가해 정리하는 것이 실용적이다.
  1) 코칭이 주목할 '역할' 영역에 대해 먼저 개인(생활)은 조직 생활과 상황에 영향을 미친다.
  2) 당연히 조직의 상황과 과제가 또한 역할 규정에 밀접한 영향을 준다.
  3) 상황은 조직과 개인의 시스템적 상황은 물론, 사회 현실 상황(예: 팬데믹) 등도 개인과 조직에 밀접한 영향을 준다. 객관적인 상황일지라도 이를 주체가 어떻게 수용하는가에 따라 상황 또한 달라진다.

그러므로 이런 삼원 구조를 머리에 담고 코칭 대화에 임하는 것이 매우 실용적이다. 질문 중심 개입을 예로 든다면 다음과 같다.

Q. 당신이 처한 상황은 어떤 상황인가요?

Q. 과거 비슷한 상황과 비교하면 어떤 차이가 있나요?

Q. 같은 상황을 두고 당신과 매우 다르게 보는 사람은 누구인가요?/어떤 차이가 있나요?

Q. 지금 앞에 있는 상황은 당신에게 어떤 이미지로 다가오나요?

- 두 사람 대화가 놓여 있는 콘텍스트는 주로 목표-과제-상황-꿈/비전/나아갈 방향 등이다. 이를 들으며 코치는 각각의 에피소드/내러티브에서 상황-사람-역동-당신이 보는 사실/현실에 주목하며 개입한다. 이를 통해 정신역동[분석] 코칭의 기본 요소에 접근할 수 있으며, 대화의 흐름을 좇을 수 있다.

4장
정신역동 코칭이 필요한 이유와 기회

정신역동 코칭의 필요성이 높아지는 것은 이른바 '4차 산업혁명'과 '제2의 기계시대'[22]에 대응하는 리더들의 수요가 증가함에 따른 [자연스러운] 현상이다(Brynjolfsson & MacAfee, 2014). 이는 단순히 새로운 비즈니스 모델, 산업 중단 및 새로운 생태계 조성의 문제가 아니다. 이제는 **마음**과 **기계**가 점차 더 통합될 것을 마음속으로 그려내고 상상할 수 있어야 한다.

- 디지털화, 빅 데이터와 알고리즘, (모든) 사물 인터넷
- 인공 지능, 신경-기술 두뇌 강화, 로봇, 트렌스-인간(Bostrom, 2014)
- 육체적, 디지털 및 생물학적 세계를 융합하는 새로운 기술의 추가 적용

---

22) 『제2의 기계시대』The Second Machine Age: Work, Progress and Prosperity in a Time of Brilliant Technologies』(에릭 브린욜프슨, 앤드류 맥아피 지음, 이한음 옮김. 2014) 이 책의 마지막 14장 「기술과 미래」는 인류의 오래된 환상 중 하나로 지루한 일을 하지 않고 모든 물질적 욕구를 충족시키고 진정한 관심사와 흥밋거리, 열정을 추구하는 날이 오리라는 것을 낙관한다. 그러나 풍요와 격차가 동시에 증대되는 것 외에도 사소한 결함이 예측 불가한 연쇄적 사건을 통해 확대되는 시스템 사고system accident, 정상 사고normal accident의 높은 위험과 중독성 게임, 디지털 산만함, 이익 집단들의 사이버발칸화cyberbalkanization(온라인에서 마음 맞는 사람들이 모이고 다른 이들을 적대시) 등이 심각하게 되는 것을 경고한다.

이런 변화는 일반적으로 인간성humanity에, 특히 작업 영역에 어떤 영향을 미칠 것인가? 현재 직업과 전문성은 점차 유행에 뒤떨어질 것이고be refashioned, 일부는 사라질 것이다. 세상은 가상현실이 더 강화되고, 유형이 줄어들 것이며, 개인적 의사소통은 직접 소통이 줄어들 것이다. 이것은 분명히 개인과 집단 정신collective psyche에 영향을 미친다. 우리는 **마음**과 **영혼**에 어떤 영향을 미칠지 아직 잘 모른다. 모든 것은 우리가 인간임be human을 무엇으로 정의내리고, 인간성humanness을 어떻게 다룰 것인가에 달려 있다. 정서, 공감, 환상, 창의성, 직관, 영성, 문제-해결, 자기-의식self-consciousness, 자기-알아차림, 예술, 문학, 시 등을 창조하는 능력 등은 어떻게 될 것인가. 인간이 사회적 동물이기에 타인들과 관계를 맺어야 할 필요가 깊고 크다는 점을 잊지 말아야 한다.

결과적으로 우리 시대의 근본 어조tone는 **불안**과 **두려움**으로 이어지는 **불확실성**uncertainty이다(Nagel, 2017). 물론 경영진들도 이런 느낌을 경험하며 노출된 지위로 인해 더욱 잘 대처해야 한다. 리더들은 끊임없는 변화의 시대에 자기와 팀이 이 도전을 극복하는 방향을 제시하기 위해 답을 찾는다. 미래는 언제나 불확실했지만, 지금은 모든 수준에서 기술적 향상이 [오히려] 〈접근 가능성accessibility〉을 제한하는 분위기를 양산하는 점이 다르다. 오늘날 리더들은 이런 기본 딜레마를 관리해야 한다. 스스로 불명확하고 미래가 불확실하지만, 그에 못지않게 불확실한 작업자들에게 확실성, 안정성, 신뢰성과 믿음직함reliability을 보여주어야 하는 기대에 직면해 있다. 자기 주장과 명확한 의사결정을 해야 하는 상황과 더욱 불확실성이 높아지는 이런 [현실의] 양면성을 관리해야 한다. 이는 리더십 수준에서 더 많은 개인적 기술을 요구한다.

동시에 생활의 중심이 점점 더 가상 세계로 나아감에 따라 소속 직원들이

소속감, 정체성, 목적 의식과 [상황] **인식**을 더 많이 갖게 할 필요도 느끼게 된다. 이 같은 시나리오는 매우 다른 리더십 스타일을 요구한다는 사실도 내포한다. 현실적이지 않고 개인적으로만 연결된 세계에서는 교류, 신뢰 구축, 인정을 제공할 기회가 제한될 가능성이 크다. 일하는 방식에 대한 접근은 변화에 **더욱 민첩**하고agile, **유연**해지고, 팀은 더욱 **다양**해지며, 수직적 계층 구조보다는 **수평**적 네트워킹 구조가 우선하게 된다. 이런 요구들을 충족하려면 임원이 **개인 기술**personal skill을 개발하는 것은 긴급하고 필수적이다.

개인 기술과 역량competencies이란 기본적으로 자신을 알고 이끌며, 이 앎/지식을 타인과의 관계에 적용할 수 있는 수용력capacity을 가리킨다.

- 더 현실적인 판단을 내리고, 의사결정에 대한 정서적 영향을 반영/성찰한다.
- 자기-알아차림을 개발하고, 내면 세계와 정서의 연결을 유지한다.
- 정서를 반영하고 관리하며, 행동 전략을 개발한다(Pooley, 2006; Huffmgton, 2006).
- 공감 능력을 개발하고 조직 시스템의 의식/무의식 기능으로 얻어지는 통찰gaining insights로 사회적 알아차림을 높인다.
- 자신과 타인과의 〈관계-관리〉를 효과적으로 한다.
- 자신의 〈회복 탄력성〉을 개발한다(Kilburg, 2004).
- 자기 자신은 물론 타인을 위한 〈의미sense of meaning〉를 개발하고 창조한다.
- 개인과 조직의 〈경계〉를 관리한다.

이런 능력 가운데 몇 가지는 '정서지능emotional intelligence'이라는 용어로 요약된다(Goleman, 1995). 그러므로 정신역동 코칭은 〈개인 기술〉 **개발을**

지원하고 개인뿐 아니라 조직 수준에서 **변화를 주도하고 구현한다.**

미시-정치micro-politics 메커니즘이 위에 언급한 개인적 기술과 밀접하게 관련되어 있으므로 정신역동 코칭은 **조직의 정치적 사고**를 이해하고 개발하는 과정을 지원한다. 불확실한 미래는 바로 정서를 자극한다. 더 높은 개인 기술로 좀 더 쉽게 식별할 수 있는 모든 종류의 편견biases을 활성화하기 때문에 **전략적 사고**도 높여야 한다. 정신역동 코칭은 다음과 같은 **특수한 상황**에도 도움과 지원을 제공한다.

- 이미 해왔던 역할 또는 직무에서 다른 역할이나 직무로 전환하는transition 동안 [리더십 전환과] 승계 문제를 해결한다(Peltier, 2010). [참고: 『경영자 코칭 심리학』 김정근 외 옮김]
- 개인 및 조직 수준의 위기, 실패, 트라우마적인 사건이 발생할 때 이에 대처한다. [참고: 『코칭과 트라우마』 줄리아 본 스미스 지음, 이명진, 이세민 옮김]
- ①저조한 성과, ②거친 행동, ③갈등 회피, ④과도한 완벽주의, ⑤관계의 어려움, ⑥이해할 수 없는incomprehensible 반응 등 개인의 경력 개발을 방해하는 '치명적인 결함fatal flaw'(Kets de Vries, 2006, 『The leadership on the Couch』 p.255)을 다룬다. [부록: 고객은 누구인가?]

요약하면, **정신역동 코칭**은 (1) 고위 리더가 자신의 내면 세계와 연결을 좀 더 개발하고, (2) 개인적으로나 정서적으로 성장하고자 할 때, 또는 (3) 강렬한 정서 상태에 마주칠 때, (4) 내면/대인관계의 긴장과 갈등을 해결할 수 없을 때, (5) 개인, 팀 또는 그룹 수준에서 성과 문제가 만연하거나, 역기능적 행동 장애가 발생할 때 효과적이다.

[핵심 단어와 주요 인물]

- 4차 산업혁명
- 디지털과 인공지능
- 회복 탄력성
- 맨프레드 케츠 드 브리스
- 제2의 기계시대
- 관계 관리
- 정서지능

[부록 4] 카우치 위의 리더: 고객은 누구인가?

고객은 누구인가?

리더십 코치는 시니어들이 추가 성과를 얻을 수 있는 매우 효과적인 방법이다. 리더십 코칭 상황에서 대부분 목표는 성공한 사람들이 훨씬 더 나아지도록 돕는 것이다. 효과적인 코치는 함께 일하는 사람들의 고유한 잠재력을 강조하고 발전시켜 그들의 성과를 극대화하기 위해 많은 노력을 기울인다. 코치들은 행동을 수정하는 것을 돕기 위해 고객들에게 질문하고 도전한다. 그들은 고객들이 변화에 더 개방적이 되도록 격려한다. 또 고객이 신뢰/자신감confidence과 검증/확인validation을 얻을 수 있도록 지원한다. 기업가 정신, 팀 행동, 책임감과 헌신을 육성한다. 그들은 고객들이 더 책임감 있는 기업 시민corporate citizens이 되도록 돕는다. 이런 강점을 고려할 때, 리더십 코칭이 수익을 향상하게 한다는 것은 놀라운 일이 아니다.

코칭은 언제나 지녀야 할 자산asset으로 그 이미지가 달라져 왔다. 처음 임원 코치를 두는 것은 직업적 난처함, 즉 임원에게 뭔가 문제가 있다는 징후였다. 그렇지만 이제 코치는 매우 탐나는 지위의 상징이다. 자존심이 강한 모든 임원은 적절한 리더십 코치를 두기를 원한다. 코칭을 받는 것은 최고 경영진이 그 사람이 투자할 가치가 있고, 패스트 트랙에 올릴 가치가 있다고 생각하는 지표의 하나가 되었다.

코칭에 대한 기본 경향은 나약한 경영진이 곤경에서 벗어날 수 있도록 돕는 것이 아니라 매우 효과적인 사람들을 훨씬 더 효과적으로 만드는 것이기 때문에 오히려 더는 나약한 경영진에게는 효용이 없다는 생각이었다. (때로는 '마지막 기회'로서의 코칭은 필요하지만, 주로 어려움을 겪는 부하 직원과 갈등을 피하려고 개인적으로 상대하지 않는 고위 임원에게 권장하기 때문에 그다지 효과적이지 않은 경향이 있다.)

그러나 코칭에는 새롭고 충분한 자격을 갖춘 흠모할 만한 특징cachet이 있다는 점에서 이제 개인, 팀 및 조직의 생산성을 높일 수 있는 훌륭한 전략으로 인식되고 있다. 리더십 코칭은 조직의 모든 레벨에 유용할 수 있지만, 최대의 영향력leverage을 발휘할 수 있는 조직의 고위 레벨에서 높은 성과를 내는 사람들에게 특히 유용하다.

리더십 코칭의 이미지는 크게 달라졌다. 과거에 고위 임원들은 자신의 거칠고 다듬어지지 못한 점rough edges을 다듬는 데 외부 지원이 필요하다는 것을 인정하기를 꺼렸다. 리더십 코치를 참여시키는 것은 자족self-sufficiency, 자율autonomy, 독립independence이라는 소중한 자기 이미지와 상충되었다. (…) 리더십 코치들의 역할은 과거 이유만큼이나 많고 다양하다. 예를 들어, 리더십 코치는 더 효과적인 팀을 만들고, 조직의 주요 담당자가 우선순위를 설정할 때 이를 지원하고, 임원이 일과 사생활의 균형을 맞출 수 있도록 돕기 위해 활동한다. 임원이 정신분석학자, 정신과 의사 또는 심리치료사를 방문한다는 사실을 사람들이 알게 되면 주목거리가 될 수 있기에 코치를 방문하는 일이 매우 유행했다. 사실 코칭은 심리치료가 필요하게 되는 오늘날 가장 수용 가능한 방법 가운데 하나다.

코칭에 대한 인식이 바뀐 만큼 코칭 자체의 성격도 달라졌다. 원래 코칭은 더 큰 가능성/장래성/약속promise을 보여주지만, 그들의 행동에서 경력 발전을 저해하는 한 가지(또는 몇 가지) 영역을 가진 임원들을 대상으로 하게 되었다. 그러한 사람들은 '치명적인 결함fatal flaw' - 아마도 거친 행동, 갈등 회피, 후속 조치의 부족 또는 미시적 관리 경향 - 은 경력 진행을 방해할 수 있다고 알려졌다. 그러한 고객들에게 주어진 메시지는 매우 분명하다. 만약 태도를 개선하지 못한다면, 심각한 결과가 있을 것이라는 점이다.

이 '치명적인 결함'은 기술적인 전문 지식technical expertise을 가진 사람이 경영자로 승진할 때 나타나는 특성이다. 정말 흔한 문제다! 우리 가운데 정서 지능이 부족해서 기업의 한계에 도달한다든지, 경력에서 급부상한 기술과 금융 마법사 출신과 마주치지 않은 사람이 있을까? 우리 가운데 누가 그들이 지닌 직업의 기술적인 전문 지식 이상으로 승진하는 데 어려움을 겪었던 임원들을 다루지 않았던 적이 있는가? 경력 초기에 그런 남녀들에게 잘 봉사했던 전문 기술들은 전형적으로 조직의 정상에서는 정확한 기술이 아니다. 코칭은 초기에는 이러한 리더들의 정서적 지수, 즉 대인관계, 팀 구성 및 경영 변화를 다루는 능력을 기술적 전문성과 균형을 이루도록 함으로써 그들의 경력을 정상으로 되돌리려는 의도였다.

비록 그런 '치명적인 결함'을 지닌 고객들이 여전히 존재하지만, 리더십 코치들은 이제 그들의 주요 고객으로 또 다른 임원 그룹을 가지고 있다. [치명적 결함일지라도] 그들의 역할에 꽤 효과적이지만 그들의 리더십 기술을 향상할 방법이 있다고 믿는 개인들이다. 이러한 성취 지향적인 사람들은 최후통첩을 받았기 때문이 아니라 자신이 되고 싶고 최선을 다하고자 해서 도움을 구한다. 그리고 목표를 달성하기 위해 기꺼이 열심히 일한다. 다만 자신의 약점을 알고 있지만 어떻게 해야 할지 모른다. 게다가, 그들은 중요한 결정을 브레인스토밍하는 것을 돕기 위해 **조직의 정치 시스템 밖에서** 누군가를 찾고 있을 수도 있다. 리더십 코치와의 성찰적 교류를 통해, 의사결정을 개선하고, 발견된 모든 문제에 대한 더 큰 오너십을 얻고 잠재력을 극대화하기를 희망한다. 간단히 말해, 리더십 코칭이 훨씬 더 뛰어난 성과를 달성하는 데 도움이 되기를 바란다.

Manfred Kets de Vries. 『The Leader on the Couch』(2006). p.254-256. 요약

이론 2부
기본 이론 개념
– 관계 중심

5장
공통 기반인 무의식
- 영혼에서 무의식적 인식으로, 그 역사적 관점

한때 영혼soul이란 개념과 밀접하게 연결되어 있던 무의식은 수 세기를 거치는 동안 신God과 연결된 찬란한 특성character과 신비한 연결을 잃어버렸고, 정신psyche과 동의어보다는 비종교적/세속적 일상 의미에 더 가까워졌다.

초기 역사부터 인간은 자신보다 더 큰 존재, 즉 달래주고 긍정적인 영향을 받을 수 있는 신God과 같은 초월적인 힘에 연결된 존재에 대한 믿음을 자신 속에 간직해왔다.

이런 점은 영혼이 육체에서 눈에 띄지 않을 정도로 분리되어 있는 동시에 물질 세계와 영적 세계 사이의 중개자로 이해되는 애니미즘적 사회 구조animistic societal structures 안에서 확인된다[부록 참조]. 샤머니즘적 의식 절차 Shamanic rituals는 영혼의 병을 치료하는 것으로 알려졌다. 이집트와 그리스에서는 치유 절차에 활용되었고, 이후에는 가톨릭 참회/고백confession에 활용되었다. 이런 의식儀式은 정신분석 치료의 전신으로 여겨진다(Ellenberger, 1970; Wulf, 2005).

고대 그리스인들은 서구 세계에서 처음으로 **영혼**과 **무의식**을 연결시켰다고 한다. 아리스토텔레스(BC.384~322)는 영혼soul(또한 정신/동물)을 모든 살아있는 유기체의 본질을 담고 있는 가장 중요한 (생명) 개념으로 가정했다. 그의 모델에서 '더 훌륭한 영혼'은 '식물성'(육체적), '민감한'(정서적), '**합리적**rational' **영혼** 등으로 구성된다. 후자는 마음mind, 이성reason 또는 **지성/상식**nous으로 이해할 수 있다. 중요한 영혼soul과 그 일부인 마음mind의 구별을 통해 심리학과 철학을 구분했다. 이 점에서 아리스토텔레스는 심리학의 창시자로 인정받는다.[23]

시간이 지남에 따라 **마음과 영혼**의 관계는 더욱 복잡해졌다. **종교적 영혼**의 개념이 아우구스티누스(354-430)에 의해 확립되었으며 신앙faith, 사랑, 희망에 초점을 맞추었다. 자기 성찰 능력과 내면 세계와의 연결을 위한 수용력capacity을 통해 하나님God, 진리truth 및 물질material 사이의 **영혼의 중재 역할**mediating role을 강조한다. 아우구스티누스는 또한 서구 기독교에서 **육체**body와 **영혼의 분리**split에 대한 아이디어를 소개했는데, 이는 오늘날까지도 여전히 이어져 정신/마음mind이 육체의 어디에 위치하는지 의문을 제기하게 했다.

---

23) 고대 그리스 철학에서 제기된 〈영혼〉에서 정신, 마음으로 구분되는 이해를 위해서는 다음을 참고할 수 있다. 『영혼이란 무엇인가』 장미란 지음. 서광사.
그리스어 psychê(프쉬케)는 오늘날 〈영혼〉이라는 말보다 더 큰 외연을 갖고 있다. 대표적으로 영혼을 의미할 때 이미 어떤 개별화된 개체를 전제하는, **개체의 영혼**을 말하나, 과거의 이 말은 **세계 전체의 영혼, 우주의 영혼**을 뜻했다. 이후 호메로스 시대에는 psychê(생명/영혼), thymos(정신/마음)으로 구별되어, 영혼이 아직 탈물질화되지 않은 어떤 자연적 실체라면, 마음이나 정신은 자연적 실체가 아니라 인간 고유의 그 무엇, 어떤 고유한 차원이다. 정신/마음은 인간 고유의 특수한 기능이기에 사람이 죽으면 없어지겠지만 영혼이라는 것은 적어도 남는 것으로 이해되었다. 이런 영혼관은 소크라테스, 아리스토텔레스에 이르기까지 그 의미가 변화했다. 『영혼론 입문』 이정우 지음. 살림. 참조.

합리주의 시대를 거치면서 영혼은 천천히 영적 측면spiritual aspect을 잃기 시작했다. 무의식이라는 개념은 라이프니쯔Leibniz(1646-1716)가 내면의 마음inner-mind과 외적인 신outer god의 개념을 통합하려고 시도했을 때 사용하게 된다. 그는 '미세 지각petites perception'과 '의식하지 못하는 어두운 지각unconscious and dark perceptions'이라는 용어를 무의식의 동의어로 사용했는데, '통각apperception' 안에서 의식conscious된다는 '미세 지각'은 불멸의 영혼과 유사한 형이상학적 수단으로 간주되었다(Liitkehaus, 2005, p.20).

칸트(1724-1804)는 **무의식의 인지적 측면**에 초점을 맞추기 위해 라이프니츠의 아이디어를 기반으로 삼았다. 그는 무의식이 정서적, 성적인 측면도 포함한다고 보고 무의식 개념을 보완했지만, 이 관점에 관해 자세히 설명하지는 않았다. 비슷한 시기에 요한 게오르크 줄쩌Johann Georg Sulzer(1720-1779)(Ltitke-haus, 2005, p.22)가 무의식을 소개하며 영혼 깊은 곳에서 출현하는 어린 시절의 흔적이라는 아이디어를 처음으로 제시했다.

다음 **낭만주의 시대**에 영혼과 무의식은 명확히 구별되지 않았고, 무의식은 형이상학적 본질을 되찾았다. 그것은 모든 의식consciousness의 근본적이고 비합리적이며 창조적인 토대로 영혼과 다시 연결됐고(Pohl, 1999), **시와 문학 세계**에서 지속해서 존재해왔다. 쉘링Schelling(1775-1854)은 무의식이라는 개념을 그의 작품에 명시적으로 사용하여, 그것을 의식의 절대적이고 영원한 기초로 묘사하고, 이를 스스로 볼 수 없는 태양과 비교했다. 같은 기간 동안 괴테와 쉴러Schiller는 자신을 무의식의 영향을 받은 창조적 천재로 이해했다. 장 폴Jean Paul(1763-1825)은 미지의 무의식을 명명하기 위해 '**알지 못하는 내면의 아프리카**'라는 용어를 만들기도 했다(Otabe, 2013).

19세기에 들어와 무의식에 관해 더 차별화된 이해를 하게 된다. **정신과 정의 역동적 측면**은 헤르바르트Herbart의 심리학Psychologie(1816/1824)에 소개되었으며, 프로이트Freud의 교사였던 테어도르 마이네르트Theodor Meynert[24]는 처음으로 '어떻게 지각들이 억제될 수 있고 또 서로를 억제할 수 있는가'를 설명했다.

나중에 에두아르트 폰 하르트만Eduard von Hartmann(1842-1906)은 영향력 있고 베스트셀러 작품인 『무의식의 철학Philosophy des Unbewussten』(1869/2017)을 통해 **무의식**은 더욱더 모든 **시대정신**Zeitgeist의 일부가 되었으며 헤겔, 쉘링과 쇼펜하우어는 무의식의 인지적, 비이성적, 의지적 측면을 연결했다.

테오도르 립스Theodor Lipps가 1896년 제3차 세계 심리학 회의에서 발표한 『심리학에서 무의식의 개념에 대해Uber den Begriff des Unbewussten in der Psychologie』도 큰 영향을 주었다. 이 연설의 한 부분에서 그는 "**심리학에서 무의식을 포기한다는 것은 심리학을 포기하는 것을 의미한다**."라고 말했다. 무의식이라는 개념은 20세기에 프로이트, 융 등이 정신분석을 개념화하기 시작했을 때 이미 상당히 광범위하게 퍼져 있었다. 와이트Whyte(1978)는 이 여정을 이렇게 요약한다.

> 무의식의 정신 과정 개념은 1700년경부터 생각할 수 있고, 1800년경에는 이미 화제를 불러일으키는 시사적인 것이 되었으며, 1900년경에는 많은 나라에서 다양한 관심사를 가진 수많은 개인의 상상력 노력 덕분에 더욱 효과적으로 되었다.

---

24) 테어도르 마이네르트Theodor Meynert(1833~1892): 오스트리아 해부학자, 신경병리학자, 정신의학자. 1870년부터 빈 대학 신경과교수, 빈 대학 부속병원 정신과에 근무했다. 단기간 프로이트의 선생이기도 했다. 중추신경비교해부학, 특히 세포구축構築 연구를 했다. 마이네르트의 기저핵은 그 이름을 붙인 것이다. 정신의학을 해부학에 근거한 학으로 확립하는 것을 목표로 했다. 정신박약amentia의 증상(중심 증상은 착란)을 자세히 설명하고 대뇌피질과 기저핵의 협동적 움직임에 장애의 원인으로 보았다. 『現代精神醫學事典』 加藤 敏, 神庭重信 外 (2011). 弘文堂. p.975

그러나 립스와 다른 사람들이 포기한 것은 무의식의 **형이상학적 근거**이다. "무의식은 가상hypothetical도 신비도 아니다. … (그것은) 사실facts의 표현이다. … 그리고 영혼soul의 신비한 힘forces과 활동을 대체한다."(Lipps, 1896/1989, p.246) 영혼은 이제 마침내 **그것의 형이상학적 함축성**connotation**을 잃었고** 정신과 무의식으로 대체되었다.

프로이트는 '영혼soul/seele[독]'이라는 용어를 직접적인 형이상학적 함축 없이 정신psyche과 교환 가능하게interchangeably 자주 사용하였고, 그것을 자기 메타 심리학의 중심으로 만들었다. 그의 관점에서는 세계에 대한 신화적 개념이 외부 세계에 투사된 것이다. 따라서 그것들은 무의식의 심리학으로 거슬러 올라갈 수 있으며, 형이상학metapshysics은 메타심리학이 되어야 한다(『일상생활의 정신병리학』 Freud, 1901). 그러나 프로이트가 사용한 독일어 단어 'seele'/soul를 '마음mind'으로 계속 번역한다면 여전히 문제가 있다. 왜냐하면 프로이트와 그의 동시대 사람들이 매우 잘 알고 있었고, 심지어 그들의 이론 구축에도 사용되었던 문학, 철학, 종교에 대한 연결과 연관성을 해체하기strip 때문이다(ua Bettelheim & Karlin, 1983).[25] 프로이트 자신의 고유한 용어로, "정신psyche은 그리스어이며 독일어 'seele'로 번역된다."(Freud, 1905, p.289.)라고 언급했다.

프로이트에게 무의식은 새로운 형이상학이 되었다. 그런데도 그는 신화적이고 종교적인 토대를 극복하려고 시도했다. 그의 70번째 생일 축

---

25) 이 같은 점을 상세하게 밝히고, 프로이트와 정신분석에 대한 소개가 독일어에서 영어로 번역되는 과정에서 손실된 다양한 문제 의식을 밝힌 저서는 다음과 같다. 『당신이 잃어버린 프로이트』 (브르노 베텔하임 지음, 정채연 옮김. 북하이브(타임 북스).
이 저서는 프로이트 저서 전체를 대상으로 하지는 못하고, 중요한 개념만 다룬다. 독일어 번역이 영어 번역을 통해 영미권에 알려지는 과정에서(국내와 우리 학계도 마찬가지다) 손실된 정신분석 개념의 혼동과 오류를 점검해 제기하고 있다. 이 저서만으로도 프로이트를 이해하기 위한 발상 전환에 도움을 얻을 수 있다.

하 행사에서 프로이트는 시인과 철학자들이 그에 앞서서 무의식을 발견했지만 그것을 조사하는 방법을 개발한 사람은 바로 자신이라고 자랑스럽게 설명했다(MacIntyre, 1958). 이미 잘 알려진 모델에서 프로이트는 전의식pre-conscious, 무의식, 의식을 구별했다. **전의식** 시스템 - 서술적이고 descriptive 잠재적 무의식으로 알려진(Freud, 1923) - 은 실제 의식의 일부는 아니지만 그것에 접근할 수 있으며 [독일어 표현으로] 단어의 개념/표현 wortvorstellungen(Freud, 1923)에 의해 언어에 연결된다. **무의식은 억압된 기억과 정서의 영역이며, 사회적으로 받아들일 수없는 소망**wishes**, 욕망**desires**, 생각**idea**의 영역이다**. 억압된 욕동drive은 현대 사회에서 달성할 수 없는 완전하고 원초적인 만족을 추구하는 것을 멈추지 않는다. 따라서 개인은 끊임없이 부재absence의 느낌, 궁극적으로 죽음에서 재발견될 낙원 상실paradise-lost의 느낌에 시달리게 된다(Rohde-Dachser, 2005).[26]

---

26) 「낙원 상실paradise-lost」이라는 주제는 존 밀턴 『실낙원』을 통해 프로이트에게 영향을 주었다. 낙원 상실의 느낌은 원초적 억압에 기인한다. "정신현상의 근본적 갈등은 '억압repression'과 '억압된 것의 되돌아 옴return of the repression'의 메커니즘이다. 이런 억압 가설로 프로이트는 인류의 시원적인 최초의 억압을 〈원초적 억압Urverdrängung〉이라 했다. 실낙원적 이 원초적 억압은 인간 존재의 동물성을 인간성으로 끌어올리는, 그래서 인간을 동물과 신의 중간에 위치시키는 인류 최초의 인간화, 사회화, 상징화 사건이다. (…) 이 원초적 억압은 전 오이디프스기에 아이가 어머니 타자와 겪는 밀월 같은 유착 관계가 제3의 존재인 아버지라는 타자의 개입으로 위기를 맞게 되고, 이 상황에서 아이가 취할 수 있는 선택은 낙원을 포기하고 목숨과 같은 탈낙원을 감행하는 '강요된 선택'뿐이다. 인간화의 길을 위해 선택할 수 있는 유일한 선택이다. 이 강요된 선택 속에 작동하는 것이 억압의 메커니즘이다. (…) 정통 억압이 위에서 누르는 힘(의식)과 아래서 끄는 힘(무의식)의 합작으로 이루어지는 반면, 원초적 억압은 위에서 누르는 힘만으로 이루어져 있다. 억압된 것the repressed이 무의식을 형성하는데, 이 때는 아직 억압된 무의식 층이 형성되지 않았기 때문이다. 프로이트는 이 오이디푸스기에 어머니 타자에 대한 아이의 근친상간적 충동이 억압된 것으로 관찰했고 이 관찰을 바탕으로 원초적 억압설을 내세웠다.(박찬부. 「라캉의 시선으로 본 프로이트-꿈의 해석과 쾌락원칙을 넘어서」, 『고전강연4』 참조)
27) 본문의 융이 영향을 받은 '카루스'라는 학자의 생애 연도가 의문이다. 카를 구스타프 카루스Carl Gustav Carus(1789~1869)는 의사이자, 과학자, 심리학자, 철학자로 알려진 인물인지 알 수 없으나 생애 연도가 다르다. 저자의 오류로 보인다.

프로이트와는 달리 **융**은 영혼soul을 카루스Carus(1831-1846)[27]가 개발한, 영혼의 고대 공식화formulation와 무의식의 보편적 요소와 개별적인 요소를 모두 가진 개념과의 연관성을 유지했다. 그는 이를 **집단과 개인 무의식** individual unconscious으로 해석했다. 무의식에 대한 융의 개념은 억압과 비수용 non-acceptance보다는 정신의 자기 조절을 뒷받침하는 상징적 창조에 더 가깝다. 그의 모델은 갈등이 주요 측면이 아니라 개인적인 경험에서 발전하는 개별 개인의 복합체에 기반을 형성하는 원형의 중요성을 강조한다.

라캉Lacan(1901-1981)은 무의식이 언어로 구성되어 있다는 인식을 발전시켰다.[28] 레비 스트로스Levi-Strauss의 유명한 논문인 「상징의 효과성The Effectiveness of Symbols」(1949)을 기반으로 라캉은 자신의 정신분석적 통찰을 설명하기 위해 다소 접근하기 어려운 특정 언어를 개발했다.

20세기 중반에는 초기 유아 연구와 더불어, '관계적 전환relational turn'으로 발전한 **대상-관계 관점**(예: 멜라니 클라인)은 무의식에 대한 지각을 유년시절, 언어의 배후, 고대의 유산에서, 또는 뇌 안에서 **상호작용하는 존재**로 변화시켰다. 이러한 변화는 초기 아동기 미러링, 애착, 관계의 내부 작동 모델

---

28) 자크 라캉은 「〈무의식〉은 언어처럼 구조화되어있다」(1958. 「치료를 이끌기와 그 권력의 원리들」『에크리』 수록). 이어 또 다른 표현은 「랑가주le langage(언어활동)는 무의식의 조건이다」. 무의식에 대한 언어sinifiant(기표)의 우위성에 기초하여, 개인은 말하는 것을 배우는 것이 아니라 언어에 이해 주체로 구성된다. 아이는 제3의 질서, 상징계의 질서이며 원초적 지주인 〈아버지의 이름〉의 은유에 곧바로 종속된다. 시니피앙의 세계에 갇혀 그의 언어parole가 말하는 것dire을 의식적으로 알기도 전에 말해 버린다. (…) 조엘도르는 "언어는 주체적 활동처럼 나타난다."라고 했는데, "사람은 말하는 것 속에 말한다고 믿고 있는 것과는 **아주 다른 것**을 말한다." '이 아주 다른 것'은 말하는 주체에서 벗어난 근본적으로 무의식처럼 만들어지는 것이다. 참고:『정신분석대사전』(강응섭 외 옮김. 백의. p.388).

라캉은 무의식 개념이 '단순히 본능의 자리'로 환원시키고 마는 대부분의 프로이트 추종자들에 의해 잘못 이해되고 있음을 지적한다. 이런 생물학적 사고방식에 반하여 라캉은 "무의식은 원초적인 것도 아니고 본능적인 것도 아니다."라고 주장한다. 참고:『라캉 정신분석사전』(김종주 외 옮김. p.127).

구축에 대한 통찰에서 비롯되었다. 인생의 후반부에 무의식적인 관계 측면은 전이, 역전이, 투사적 동일시와 같은 서로 다른 방식으로 두 사람 사이의 상호작용 안에서 표면화 된다(8장 참조).

신경정신분석neuropsychoanalysis**과 신경과학**neuroscience**은** 의식과 무의식의 의미에 대해 아주 다른 정반대되는 해석을 제기한다. 신경 과학자가 직면한 주요한 수수께끼는 무의식적인 마음이 아니다. 무의식적 마음조차도 지각perception과 통제의 모든 인지적 작동cognitive operations을 충분히 수행할 수 있으므로, 오히려 [수수께끼는] **의식이 무엇**이며, **무엇을 위한 것**인지로 이동했다(Dennet, 2017; Solms, 2015). 솜스Solms의 메타-신경 정신분석meta-neuropsychoanalytic 용어에서 **무의식**은 두뇌와 신체에 더 효과적인 상태, '더 좋은better' 상태이다. 왜냐하면 자동화된 대응은 세상과 인간 상호작용을 관리하는 더 효율적인 수단이기 때문이다(2015, p.188 ff).

의식(동시에 처리할 수 있는 정보의 양이 제한되어 있음)은 필요한 경우에만 발생한다. 어떤 일에 무언가 주의나 집중이 필요할 때, 예기치 않은 일이 발생하고 어떤 종류의 (재)행동(반응) 조치가 필요할 때 발생한다. 따라서 **의식**은 항상 사건에 대한 감정(생존에 대한 위협/혜택, 쾌락/불쾌)와 연결되어 있으며(Dama-sio, 2010), 이는 인간이 주어진 상황에서 어떤 행동을 취해야하는지 스스로 평가하고 방향을 잡을 수 있게 해 준다.

인지과학cognitive science에서 현재까지 이루어진 합의consensus는 정신 과정이 의식적이거나 무의식적일 수 있다는 것이다. **무의식적 정신 과정**은 지각perceptions과 인식cognitions 모두에서 알아차림awareness 없이 발생할 수 있음을 시사한다.

초기 인지심리학은 〈무의식〉을 다음과 같이 설명했다. (1) 주인이 없는unattended 또는 리허설이나 연습하지 않고 일어나는 이벤트의 **쓰레기통**, (2)

적극적으로 검색할 필요가 있는 기억들을 수동적으로 저장한 **꽉 찬 서류함**, (3) 의식적인 주의와 자동성을 기초로 특징을 감지하고 패턴을 인식해야 할 **사전-주의**pre-attentive **처리 과정**, (4) 광범위한 연습을 통해 **인지 및 운동 기술이 자동화**되는 경우이다. 이런 모든 것은 무의식적인 정신 과정에 초점을 맞추면서 동시에 의식적인 내용을 기반으로 둔다.

최근 들어 인지는 **정서**와 **동기**에 의해 보완되어야 한다는 생각으로 발전했다. **인지**가 현실의 정신적 표상/표현인 경우, **정서**는 현실의 주관적인 경험이며, **동기**motivation는 목표를 향한 안내의 활성화activation이다(Kihlstrom, Tobias, Mulvaney & Tobis, 2000).

정서적 측면에서 보면, '**정동 신경과학**affective neurosciences'(예: Panksepp)이 등장했고, 〈정서적 뇌emotional brain〉라는 개념과 감정이 없이는 아무런 생각도 없다는 개념이 함께 부각되었다(leDoux, 1998; Damasio, 1999). 판크세프Panksepp와 그의 동료인 루시 비븐Lucy Biven(2012)은 영향력 있는 저서에서 발달 경로를 따르는 **일곱 가지 기본 정서** 시스템을 개발했다. 추구SEEK, 분노RAGE, 두려움FEAR, 강한 욕망/성욕LUST, 보살핌CARE, 공황PANIC/비탄GRIEF, 놀이PLAY 등이다[9장에서 상세히 설명].

그는 대문자를 사용해 근본적인 역할을 강조한다. '대자연Mother Nature이 우리의 뇌에 구축한 원시 정서적 감정을 생성하는, 날것 그대로의 정동적 느낌raw affective feeling'이며 '일차 과정 심리 경험primary process psychological experiences'이라고 한다(Panksepp & Biven, 2012, p.9).

이러한 기본 감정은 정동적 강렬함으로 가득 찬 **에너지 형태의 의식**을 만들어낸다. 판크세프는 이를 '정동적 의식affective consciousness'이라 한다. 이를 통해 우리는 본능적으로 세상을 다루고 그 **잠재력**에 대해 배울 수 있다. 누구나 이런 정동적 상태를 느끼지만, 자신이 느끼고 있다는 것을 반드시 인식하는 것은 아니다. 이것이 무의식적일 수 있음을 의미한다. 세계에 대한 인지적 이해에 선행하고 정동적 형태로 경험되는, 비반사적이고unreflective, 생각하지 못하는unthinking 의식의 〈일차적 과정〉 형태이다. 이런 일차적 정서적 과정은 '뇌의 정신 장치apparatus의 기본 기둥'이다(Panksepp & Biven, 2012, pp.13-16).

역사적으로 인지신경과학 연구는 정서적 요인을 배제해왔다. 그러나 정서적, 인지적 과정과 내용은 더는 명확하게 구별될 수 없으며, 이제 둘 다 정신 과정으로 간주한다(예: Panksepp & Biven, 2012). 따라서 정동신경과학은 인지신경과학의 한 요인이 되었다(Kihlstrom et al., 2000).

킬스트롬Kihlstrom(2013)은 **무의식적 과정**을 두 가지 방식으로 요약한다.

> 첫째, 일부 과정은 특정 자극 조건에 응답하여 자동으로 실행한다. 그래서 엄격한 의미에서 의식이 없다/무의식 상태이다. 적어도 원칙적으로 자동 프로세스는 의식적인 자기 성찰introspection이 불가능하며 의식적인 통제와도 독립적이다.
> 둘째, 지각, 기억 등의 일부 정신적 내용은 현상적 알아차림으로 접근할 수 없지만, 그런데도 그 사람의 진행 중인 경험, 생각 및 행동에 영향을 미친다는 의미에서 무의식적이다(p.176).

무의식에 대한 단 하나의 결정적인 해석은 없다. 현재는 이론 학파마다 여러 가지 다른 이해를 제시하지만 감정, 사고, 행동이 세계에 대한 **의식적 이해를 넘어서는 요인**에 의해 영향 받는다는 데는 기본적인 합의가 있다.

[핵심 단어와 주요 인물]

- 영혼
- 무의식
- 낙원 상실
- 무의식적 정신과정
- 〈무의식은 언어처럼 구조화되었다.〉
- 〈랑가주le langage(언어활동)는 무의식의 조건이다.〉

- 마음
- 형이상학
- 무의식적 환상
- 일곱 가지 기본 정서

[부록 5] 애니미즘과 예술을 통해 이해하는 사회구조

애니미즘 이전의 시기, 구석기 시대는 마술과 자연주의가 특징이다. 아이들, 오늘날 원주민의 예술을 감각의 소산이라기보다는 이지理智의 소산이다. 그들은 실제로 그들 눈에 보이는 것을 그리는 것이 아니라 그들이 알고 있는 것을 그린다. 시각에 들어온 모습 그대로를 그리는 게 아니라 대상에 대한 이론적 종합을 제시하는 것이다. (…) 눈에 보이는 것과 보이지 않는 것, 눈으로 본 것과 머리로 아는 것 사이의 <u>이원적 대립 구도</u>는 구석기 시대 전체를 통해 찾아보기 어렵다. 예술은 마술적 행위의 수단이었으며, 기도, 신성한 힘이나 존재를 숭배하지 않으며 피안의 어떤 영적 존재들에 대한 신앙은 찾아보기 힘들다. 그림은 짐승이 그 속에 걸려들게 되어 있는 '함정'이었다. 아니 이미 짐승이 걸려든 함정이었다는 게 좀 더 정확할 것이다. <u>그림은 대상의 재현이자 대상 그 자체이며 소망의 표현임과 동시에 소망의 달성이다</u>. 그때 사냥꾼이나 예술가는 그 그림을 통해 실물 자체를 소유한다고 믿었고, 그림을 그림으로써 그려진 사물을 지배한다고 믿었다.

신석기 시대, 농경문화, 정주 사회가 중심이 되면서 인간은 비로소 자신의 운명이 일정한 섭리와 의도를 지닌 힘으로 지배된다는 느낌이 들게 되었다. 날씨 변화, 자연의 변화무쌍함, 전염병, 가축의 다산 여부 등에 의존하고 있다는 의식은 축복이나 저주를 가져다주는 선악 사이의 온갖 신령이나 정령의 개념을 낳으며 신비스러운 미지의 존재, 압도적 위력을 가진 초인적 존재, 초월적이고 절대적인 존재에 대한 관념을 낳는다. 그리하여 세계는 양분되고 인간도 자기 자신을 양분된 존재로 인식한다. 인류문화는 애니미즘과 정령숭배, 영혼 신앙과 사자숭배의 단계에 이른다. (…)

애니미즘 입장에서 본 세계는 현실 세계와 초현실 세계, 눈에 보이는 현상 세계와 눈으로 볼 수 없는 정령계精靈界, 한정된 수명을 지닌 육체와 영원 불멸의 영혼으로 갈라져 있다. 당시의 매장 의식과 관습에 비추어 볼 때 신석기 시대의 인간이 이미 영혼과 육체를 분리 가능한 별개의 것으로 생각하기 시작했다는 사실은 의심의 여지가 없다. [구석기 시대] **마술 중심의 세계관**은 일원론적으로 현실을 단순한 상호 연결의 형태로, 그리고 빈틈이나 단절이 없는 연속체의 형태로 파악하는 데 반해 **애니미즘**은 이원론적이어서 그 지식과 신앙을 이원적인 체계로 정립한다. 마술은 감각 본위로서 구체적인 것을 고수하는 반면 애니미즘은 정신적인 것, 추상적인 것에 기운다. 전자는 현세 생활에, 후자는 피안의 세계가 관심의 초점이 된다.

구석기 시대 예술이 사물을 있는 그대로 실물에 충실하게 그려내는 데 반해 신석기 시대 예술은 일상적인 경험 세계와 양식화되고 이상화된 초현실 세계를 대립시킨다. (…) 구체적인 모습과 형체 대신에 **상징**과 **암호**, **추상**과 **생략**, 일반적인 **전형**과 인습화된 **기호** 등이 사용되고, 누구나 알아볼 수 있는 현상이나 체험은 사유와 해석, 정리와 수정, 강조와 과장, 왜곡과 추상에 의해 대체된다. (…) 기원전 5,000년에서 기원전 약 500년에 이르는 세계사의 시기가 한 가지 예술 양식의 지배 아래 있었다. (…) 신석기 시대 어느 마을에서 발견된 토기들이 전부 똑같이 생겼다는 것은 주목할 만한 사실이다.

『문학과 예술의 사회사』
(아르놀드 하우저 지음, 백낙청 옮김) p.23-49 요약

6장
정신역동 코칭에서 개인 개발, 성격과 개성

정신역동 코칭은 오늘의 현실과 적절한 관계를 맺지 못하게 [방해]하는 **무의식 내용을 의식하게 만드는 과정**으로 작업한다. 이것이 정신역동 코칭의 핵심 시도이자 노력이고, 조직과 삶 자체에서 설정된 서로 다른 역할은 다양하게 구조화된 〈성과 요인〉들과 밀접하게 연결되어 있다. 특히 **개인 개발** personal development은 오늘날 개인과 조직 성과의 핵심 요소로 알려져 있다(3장 참조).

인간 개발 human development은 개인 개발보다 광범위한 용어이다. 성격 personality과 개성 character29)과 연결되고, 질quality[수준]과 [감정, 생각, 의도 등의 내적] 통합integrity의 몇 가지 개념, 윤리, 선한 마음good heart이라는 개념이 포함되어 있다. 이는 인류가 항상 연결하려고 노력해온 정신 체계의 더 깊은

---

29) personalities 복수가 될 때는 인격, personality는 (주관적 의미의) 성격, character는 (성격이 다른 사람과 구별되는 의미에서, 객관적인 성격 측면으로) 개성/(또는 보인다는 의미에서) (객관적) 성격 특성 등으로 문맥에 따라 번역한다.

층을 다룬다. 그러나 개인 개발의 〈성격과 개성〉은 생물학적, 역사적, 심리적으로 영향을 받는 기본적인 개별 요소를 나타내는 **복잡한 구성물**이므로, 인간 개발과는 다른 각도에서 이해할 수 있다.

여기서 우리는 1) 성격 유형과 특성traits, 2) 개성 개발character development에 대한 철학적 아이디어, 3) 마음과 정서지능의 고결함nobleness, 4) 발달 과정으로 개별화individuation라는 관점을 살펴볼 것이다.

성격 유형과 특성

성격personality을 타고난 특성trait으로, **개성**character을 평생 개발되는 것으로 간주한다. 성격을 이해하는 실질적 수단이 부족했기 때문에, 개념을 구조화하고 틀을 개발해서 설문지와 테스트를 통합해 측정해왔다. 이는 새로운 역할에서 개인의 성과와 성공을 예측하기 위해 조직에서 자주 사용된다. 예를 들어, Big5 성격 테스트는 성격 유형을 설명하기 위해 [경험에 대한] **개방성**openness, [성취와 노력을 하는] **성실성**conscientiousness, [활력과 자극을 추구하는] **외향성**exreaversion, [포용적이고 협조적인] **적응성**adaptability, [정서를 쉽게 경험하는] **신경증**neuroticism과 같은 특성을 구별한다. MBTIMyers-Briggs Type Indicator 설문지는 융C.G. Jung의 유형(21장 참조)에 근거한 열여섯 가지 성격 유형을 구별하는 반면, DISC 모델은 주도형, 사교형, 안정형, 신중형 등 네 가지 [행동] 유형으로 구분한다. 이런 진단들은 성격을 측정하고 설명하려는 노력과 유사하다. 서로 각기 다른 성격 유형은 특정 직위에 필요한 요구에 따라 그 유형이 더 적합하거나 그렇지 않게 작용하기에 이를 고려해야 한다고 안내한다.

성격에 대한 정신역동 접근은 애착 이론이다. 이 이론은 한 사람이 수행하는 모든 사회적 관계에 영향을 미치는 네 가지 애착 스타일을 설명한다. 이런 애착 스타일은 유아가 주요 양육자와 관계하는 방식에서 비롯되며, ①안전 애착, ②양가적ambivalent 애착, ③회피 애착, 또는 괴로움distressed과 무질서함disorganised[불안전 애착]으로 분류된다(Bowlby, 1988). 바르톨로메오Bartholomew와 호로비츠Horowitz(1991)는 '자기self 모델'과 '타인 모델'이라는 아이디어를 사용하여 2차원 다이어그램을 작성하고, 긍정적이고 부정적인 애착 스타일을 보여주고 있다([그림 6.1] 참조).

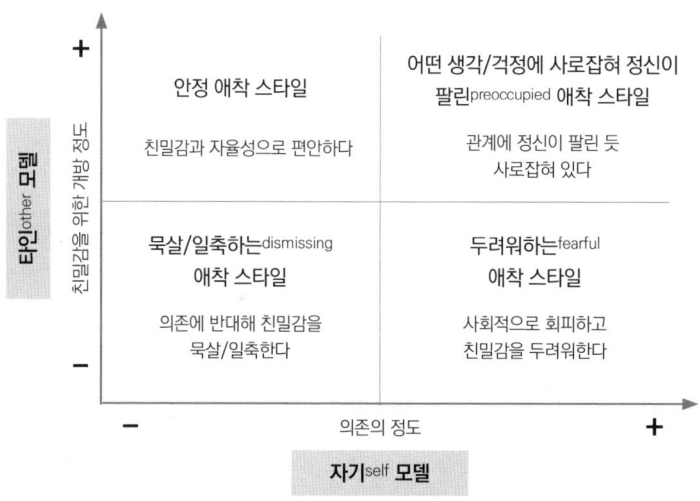

[그림 6.1] 성인 애착 모델

[활용을 위한 특성 검토]

- 의존성이 낮고 친밀감을 위한 타인에 대한 개방성이 높은 경우: 안정 애착
- 의존성이 낮고 친밀감을 위한 타인에 대한 개방성이 낮은 경우: 묵살/일축 애착
- 의존성이 높고 친밀감을 위한 타인에 대한 개방성이 높은 경우: 집중성이 부족한 애착
- 의존성이 낮고 친밀감을 위한 타인에 대한 개방성이 낮은 경우: 두려움, 회피 애착

이 같은 근거로 볼 때 성격의 다른 면들은 단호하고 쉽게 개혁reform되기 어렵다는 점을 시사한다. 집중적 테스트와 인터뷰를 통해 탐지할 수 있으며, 이는 조직 환경에서 자주 사용되는 관행이다. 세 가지 불안전 애착 스타일은 리더가 사람들을 연결하고 다루는 방식에 영향을 미친다. 따라서 그들은 자신이 직면한 어려움을 설명하고 실패한 이유에 대비할 수 있다.

성격personality을 바꾼다는 것은 쉽지 않고 매우 주저하는 일이지만 대화에 의한 상호작용과 조직 환경에서 자주 이야기된다. 그러나 변화가 어렵기 때문에 회피되고 쉽게 인정되지 않는다.

따라서 [성격 특성] **개성 개발**character development이 더 좋은 용어일 수 있다. 찰스 리드Charles Read(1814-1884)는 다음과 같이 표현했다.

> "우리는 생각을 씨 뿌리고 행동을 수확한다/우리는 행동을 씨 뿌리고 습관을 수확한다/우리는 습관을 씨 뿌리고 개성character을 수확한다/우리는 개성을 씨 뿌리고 운명을 수확한다."

그렇다면 [객관적 성격] 개성이라는 것은 실천 행동action과 행동 결정decision to act으로 발전한다고 말할 수 있다.

이런 관점은 고대 그리스인들이 이미 가졌던 관점으로, 개성character이라는 단어는 '새겨진engrained/각인imprinted'으로 정의했다. 가축의 소유 브랜드 표시에 스탬프로 사용되었다. 고대 그리스에서 개성의 발달은 지혜wisdom, 용기courage, 절제temperance, 정의justice가 주요 **미덕**virtues이라고 주장하는 플라톤이 시작한 '덕의 교리doctrine of virtues'와 밀접한 관련이 있다.

이와는 대조적으로 아리스토텔레스는 **인간의 최고 미덕**인 행복eudaimonia[에우다이모니아: 최상의 좋음이 곧 행복]에 기반을 둔 **좋은 삶**good life을 그 자체의 목표로 이해했다. 모든 인간은 삶에서 어떤 과제/임무나 기능/역할이 있다. 따라서 행복은 이 임무나 역할 활동에서의 **탁월함**이다. 여기서 '탁월하다excellent'는 것은 '덕과의 일치'를 의미한다. 미덕은 좋은 행동을 실천해서 달성된다. 미덕을 소유하고 행사하는 것은 인간에게 가능한 최고의 삶을 제공한다(Nicoma- chean[니코마코스 윤리학] 윤리 참조).

이에 대해 잠시 생각해보면, 우리는 행복과 충만한fulfilment 삶을 성취하기 위해 '좋은good' 개성character을 개발하는 것, 적절하게 반응함으로써 좋은 행동을 수행하는 것이 곧 지속적인 과제/임무임을 알 수 있다. 이것은 강한 정서, 부적절하고, 현실을 고려하지 않는 무의식적 편견biases 또는 일탈로 행동하지 않는다는 생각과 밀접한 관련이 있다. 또 개인의 존재 방식에 따라 의식적이고 자기 통제된self-controlled 결정을 내리듯이, 자신이 무엇을 하고 어떻게 반응하는지에 대한 결정을 의미한다. 따라서 **미덕은 선택과 관련된 개성의 상태이다**(아리스토텔레스 『니코마코스 윤리학』 II.6).

철학자 주장이라기보다는 여기서 말하고자 하는 요점은 두 가지이다. 첫째, 아리스토텔레스적 의미에서 높은 덕virtuously으로 행동하는 것은 사적인 생활과 조직 생활에 도움이 되는 나침반을 갖는 것이며, 둘째, 개성은 영구적이고 불변하는 것이 아니다. 개성이란 사람이 어떻게 반응하고 행동하는지에 대한 지속적인 성찰과 의사결정의 결과이다. 코칭은 이러한 성찰 과정을 지원할 수 있다.

마음의 고결함과 정서지능

19세기까지 교육 활동의 중심이고 가장 중요한 발전 목표는 '마음의 고결함nobleness of heart'이었다. '좋은 개성good character'과 밀접하게 연결되고, 이것은 지능을 보완하는 것으로 이해되었으며, 교육받은 방식대로 정서적으로 반응하는 **능력**이다. 오늘날의 언어로는 '정서지능'(Goleman, 1995, 4장 참조)과 가장 잘 일치한다. 과거식 표현은 친절kindness, 공감empathy, 친근함friendliness, 도덕교육, 존엄성dignity, 우아함elegance, 다른 인간 삶에 개방적일 수 있는 수용력capacity(평생 과정을 통해 정제되고 개발된 태도, 그리고 보이지 않는 태도)이다. 이는 바로 정신역동 코칭의 목표가 될 수 있다.

골만Goleman과 보야치스Boyatzis(2017)는 〈정서지능〉 개념을 확장하고 리더의 성과라는 관점을 통합하여, 관리자가 더 쉽게 접근할 수 있도록 했으며, 리더가 작업 환경에서 잘 수행하기 위해 개발해야 하는 열두 가지 측면을 소개했다([그림 6.2] 참조).

자기-알아차림	자기-관리		사회적-알아차림	관계-관리
정서적 자기-알아차림	정서적 자기-통제		공감	영향
	적합성adaptability			코치와 멘토
	성취 지향		조직적 알아차림	갈등 관리
	긍정적 전망			팀워크
				영감을 주는 리더십

출처: Adapted from Goleman &Boyatzis (2017)

[그림 6.2] 리더를 위한 정서지능 영역과 역량

[활용을 위한 해설]

1. 정서지능 개발을 위한 이해와 점검을 위한 좋은 그림으로 보인다. 자기 알아차림self-awareness과 자기 관리self-management, 사회적 알아차림social-awareness과 관계 관리relationship-management 네 영역은 가운데를 중심으로 보면 데칼코마니처럼 쌍을 이루듯 밀접하게 영향을 주고받는다.
   - 자기 관리와 사회적 알아차림, 자기 알아차림과 관계 관리
   - 자기 관리를 위해서는 자기 알아차림이 필요하고, 사회적 알아차림을 통해 관계 관리를 할 수 있다.
2. **자기 알아차림**의 핵심은 자신의 정서에 대한 알아차림이다. 자기 안에서 일어나는 감정, 느낌, 알 수 없는 정서를 무시하지 않고, 불명확한 순간이 명확하기를 기다리고, 알지 못함을 남겨둔 채, 현재-지금 알게 되는 것을 중시한다.
3. **사회적 알아차림**이란, 타인과의 관계에서 공감하고, 타인과 관계 중에 자기 안에서 일어나는 공감을 잘 살피고, (깊고 넓게) 공감할 수 있도록 개척하고 노력하는 태도이다. **조직적 알아차림**이란 조직 시스템의 반응, 시스템에 대한 이해, 시스템에 대한 자신의 반응을 이해하는 태도이다.
4. 자기 관리에서 적합성이란 넘치거나 부족하지 않은 적절성, 상황/맥락과 자신의 필요와 요구에 대한 적합성, 자기 비하나 자기 과장에 기울지 않은 평정 등을 찾아 나아가며 자신을 조정하는 태도에 의해 진전될 수 있다.
5. 공감의 폭과 깊이는 관계 관리를 위한 영향의 폭과 깊이를 좌우한다. 이는 코치와 멘토의 도움으로 개발할 수 있다.
6. 이러한 그림을 워크시트worksheet로 제시하고, 자기 점검(5점 척도)하며 개발과 훈련계획에 〈코칭 주체〉를 참여하게 할 수 있다.

발달과정으로의 개별화

이런 〈정서지능〉은 개인이 세상을 다루는 방법과 다른 사람들과 함께 일하는 데 더 기능적functional이거나 가동적operational인 접근이고, 〈정신역동 코칭〉은 **마음 내면 지향적**inward-oriented**인 목표**를 갖는다. 자신의 타고난 잠재력의 완전한 개발은 '**개별화/개성화**individuation'라는 용어로 가장 잘 설명된다. 개

별화는 개인의 독특함uniqueness을 발전시키고 그들의 성격personality을 차별화하는 과정이다 – '인간은 그가 의도한 대로 되어야 한다.' 또는 에리히 프롬이 말했듯이 '인간의 주요 임무는 태어날 때부터 그 자신이 지닌 잠재력 그대로 되는 것이다. 그의 노력의 가장 중요한 산물은 자신의 성격personality이다.'(Fromm, 1947.『자기를 위한 인간』강주헌 옮김).30)

융 학파Jungian의 용어로 개별화/개성화 과정의 핵심 활동은 자기Self의 전개와 발전이다.

> 경험적 용어로 [참] 나the Self는 인간의 모든 정신 현상의 총체성으로 정의한다. 그것은 전체 인격의 하나 됨oneness과 온전함wholeness을 표현한다. (…) 그것은 경험될 수 있는 것과 경험될 수 없는 것, 또는 아직 경험하지 못한 것으로 구성된다. (…) 의식적인 내용과 무의식인 내용으로 구성된 전체성이 [이론적 근거를 위해] 가정한 것인 한, 그것은 본질에 초월적이다(융, 1921, §891). [1장 주5) 참조]

〈초월 기능transcendent function〉31)은 개별화 과정의 핵심이다(11장 참조). 상징을 창의적 의미 형성/부여하기sense-making 메커니즘으로 사용해 한 쪽으로 치우친one-sided 의식을 상호 보완적인 무의식으로 연결한다.

---

30) 제3장「인간의 본성과 성격」은 본성, 인격personality, 기질temperament, 성격 특성character trait과 지향, 사회적 성격social character, 사회구조와 연결된 분석, 문학작품을 인용해 일관되게 설명되어 있다.
31) 초월 기능transcendent function: 대극을 중재해 주는 기능. '상징'을 통해 자신을 표현하면서 하나의 정신적 태도, 어떤 상황에서 다른 상황으로 전이를 용이하게 해 준다. (…) 의식과 무의식 사이의 심연을 건너게 해 주는 다리 역할을 한다. 대표적인 것이 은유적 진실(상징)이다. 참조:『융분석비평사전』p.244
 창의적 의미 부여가 가능한 〈초월 기능〉을 어떻게 이해해야 하는가. 코칭 관계 안에서 코치와 코칭 주체의 상호 교류로 어떻게 구현할 수 있는가. 초월이 기능하며 새로운 의미가 창발하는 순간을 마주하는 것은 경계에 서는 것, 인식과 시각 지평에서 경계 너머와 뒤를 인지하는 것, 백척간두 진일보百尺竿頭—步의 순간을 신체감과 함께 머무는 것으로 이해한다.

[핵심 단어와 주요 인물]

- 개인 개발/인간 개발
- Big5의 다섯 가지
- 인간 최고의 미덕
- 마음의 고결함
- 개별화/개성화
- 아리스토텔레스

- 성격과 개성
- 네 가지 애착 스타일
- 탁월함
- 정서지능 영역과 역량
- 초월 기능

[부록 6] 정신분석에서의 몇 가지 인물 유형(1915)

- 『예술, 문학, 정신분석』(정장진 옮김. 프로이트 전집 개정판14) 요약 소개

「성공했기 때문에 실패하는 인간」

스스로 근거가 있다고 생각했고 또 오랫동안 마음속에 품어왔던 어떤 욕망이 충족되는 순간에 병에 걸리는 일이 사람들에게 흔히 일어난다는 것, (…) 성공과 병 사이의 인과 관계가 있다고 의심할 수는 없으므로, 우리가 보기에 이런 사람들은 자신에게 찾아온 행복을 감당할 수 없었던 것처럼 보일 수도 있다. (…) 성공했기 때문에 병에 걸리는 예외적인 경우들은 내적 욕구 불만이 고립된 채 작용하는 경우인데, 외적인 욕구 불만이 욕망의 충족으로 인해 사라진 이후에만 내적인 욕구 불만이 나타난다. (…) 자세히 보면, 욕망이 환상 수준에 머물러 있을 뿐, 아직 충족되기에는 멀다고 생각되는 동안에는 자아가 욕망을 해롭지 않은 것으로 용납할 수 있지만, 욕망이 거의 충족되면서 현실이 되려고 할 때 자아는 이 욕망에서 자신을 보호해야 한다. (…)

성공을 위해 강인하고도 냉정하게 싸워왔지만 성공을 거둔 뒤 쓰러지고 마는 인물이 있다면 아마도 셰익스피어의 레이디 맥베스일 것이다. 그녀에게는 어떤 망설임도, 어떤 내적 갈등도 없었다. 그녀에게는 오직 야망을 갖고 있으면서도 동정심이 많은 탓에 망설이고 있던 남편을 설득하는 것만이 유일한 목표였다. (…) 덩컨이 죽고 마침내 왕비가 되었을 때 그녀는 비록 순간적이었지만 뭔가 환멸이나 염증을 느끼는 모습을 내비친다. 이런 감정이 어디에서 오는 것인지 의아해하지 않을 수 없다. (…) 맥베스는 당시 두 손이 피범벅이 된 채로 어찌할 바를 모르며, 자신의 더러워진 두 손을 씻기

에는 바닷물로도 모자랄 것이라고 괴로운 비명을 지르고 있었다. 이때 아내가 나타나 그를 위로한다. 〈이 행동을 씻어내기 위해서는 약간의 물만 있으면 충분해요.〉 그러나 약 15분 동안 손을 씻은 사람은 맥베스가 아니라 바로 그녀였고 아무리 해도 손에 묻은 핏자국을 지울 수 없는 사람도 바로 그녀였다. 레이디 맥베스는 성공을 거두었으면서도 낙담했고, 급기야 병에 걸려 무너져내릴 수밖에 없었다.

또 다른 인물로는 헨리크 입센『로스메르스홀름』의 레베카이다. (…) 목적 달성을 위해 〈발랄하고 당당하고 대담한〉 자신의 성격을 유감없이 발휘하며 도박을 즐기던 여인이 성공의 열매를 거둬야 하는 바로 그 순간에 자신의 손 안에 들어온 것을 포기한다. (…) 성공했지만 그녀를 파멸로 내몰았던 죄의식. (…) 그녀에게 이제까지 했던 행동의 결실을 단념하도록 했던 죄의식은 자신이 저지른 죄를 알기 이전에 이미 활동하고 있었고, (…) 행복을 단념하게 한 가장 강력한 동기가 바로 그 순간에 개입했다. (…) 다중동기다. 겉으로 드러난 피상적인 동기의 배후에 더욱 깊은 다른 동기가 숨어있다. (…) 이는 서로 긴밀하게 연결되어 있다. 겉으로 드러나 있는 동기는 숨어있는 동기의 약화한 모습이고 그로부터 파생된 것이다. (…) 어머니가 죽은 뒤 어머니를 대신해 베스트 박사 곁에 머물러 있을 때 그녀는 강한 충격을 받았을 것이고, 비록 오이디푸스 콤플렉스라고 하는 보편적인 이 환상이 그녀에게는 현실로 되었다는 것을 몰랐다 하더라도 이 환상의 무의식적인 지배하에 놓여 있었다. (…) 이 첫 번째 경험의 내적인 힘에 인도된 그녀는 아무런 잘못도 없이 처음에 겪어야 했던 경험과 동일한 경험을 반복하게 된다. (…) 모든 것은 어머니와 베스트 박사의 관계 속에서 이루어졌던 것의 재판이었고 오이디푸스 콤플렉스의 결과들이다. (…) 욕구 불만의 결과로 병이 생기는 것이 아니라 성공의 결과로 병을 일으키는 윤리 의식은 거의 모든 죄의식의 경우에서처럼 아버지와 어머니에 대한 관계, 즉 오이디푸스 콤플렉스와 밀접하게 관련을 맺고 있다.

「예외인」

(…) 우리 모두가 〈예외〉로 인정받기를 원하며 다른 사람들과 비교해 특전을 누리고 싶어 한다. 이런 이유로 자신을 예외로 선언하고 실제로 그렇게 행동하며, 흔히 볼 수 없는 특별한 동기가 있어야 가능한 일이다. 셰익스피어가 쓴 『리처드 3세』를 보자. 〈사람들에게 사랑받을 수 있는 균형 잡힌 몸을 내게 주지 않음으로써 자연은 나에게 심각한 불의를 저지르고 말았다. 이로 인해 인생은 나에게 피해 보상을 요구했고, 나는 이 요구를 뿌리칠 수 없었다. 나에게는 예외일 권리가 있고 다른 사람들을 망설이게 하는 번민들을 과감히 넘어설 권리도 있다. 나 자신이 불의의 희생자이므로 불의를 저지르는 것도 내게는 허락되어 있다.〉

주인공 리처드는 우리 자신 내부에 있는 이런 측면이 거대하게 부풀려진 것으로 볼 수 있다. 우리는 모두 어린 시절에 받은 선천적인 피해를 내세우며 자신과 운명을 당당히 비난할 수 있다고 생각한다. 일찍부터 손상된 나르시시즘과 자기애eigenlibe에 대해 우리는 모두 피해 보상을 요구한다.

「죄의식으로 인해 죄인이 되는 사람들」

정신분석을 통해 죄짓는 행위들이 금지되어 있기에 이런 행위들을 저질렀을 때 당사자들에게 정신적인 안도감을 주기 때문에 일어난다는 놀라운 사실을 발견하게 된다. 이런 행동을 하는 사람은 기원을 알 수 없는 무거운 죄의식으로 괴로워하고, 죄를 저지른 다음에는 죄의식의 압력을 훨씬 덜 느끼곤 한다. 죄의식은 어떤 식으로든 더는 확산하지 않는다. (…) 죄에서 죄의식이 흘러나오는 것이 아니라 반대로 죄의식에서 죄가 비롯된다. 첫째, 행위에 앞서 먼저 존재하는 죄의식은 어디에서 온 죄의식인가? 정신분석 작업이 끝나고 나면 이 기원을 알 수 없는 죄의식이 오이디푸스 콤플렉스에서 온다는 사실을 매번 확인할 수 있다. 죄보다 먼저 존재하는 죄의식은 아버지를 살해하고 어머니와 성적 관계를 갖는다는 두 개의 큰 죄에 대한 반응이다. 이 두 가지 무의식적인 의도와의 관계 속에서 볼 때 죄의식을 고정하기 위해 저질러지는 범죄들은 죄의식으로 고통받는 사람들에게는 분명히 안도감을 준다. 둘째, 범법자들이 저지르는 범죄 행위 속에서도 이런 방식으로 행동 결정이 이루어진다고 생각할 수 있을까? 이는 정신분석적 작업을 통해 찾을 수 있다. 어린아이들의 경우를 보면 처벌을 받기 위해서 〈나쁜 사람〉이 된다는 것과 벌을 받고 나면 조용해지고 만족을 느낀다는 것을 알 수 있다. (…) 죄의식의 선재성과 행위에 의존해서 죄의식을 합리화시키려는 성향은 〈창백한 범죄자〉를 두고 니체의 차라투스트라가 한 말들 속에 투명하게 드러나 있다.

7장

인간관계와 직업 생활에서 정서와 갈등의 역할

정서와 **갈등**은 매일 매일의 생활에서 중요한 역할을 할 뿐 아니라 조직 관리를 위한 상황/맥락에도 복합적으로 영향을 미치는 핵심 역할을 한다. **정서**는 동료, 부하 직원, 고객, 기타 이해 관계자와의 관계, 특정 조직 관리 상황에 대한 반응으로 발생할 수 있으며, 개인의 내면 세계에서도 일어난다. **갈등** 역시 외부 세계와 내부 세계의 관계에서 파생될 수 있다. 정서는 촉매 작용으로catalyse 사고와 행동에 영향을 미친다. **부정적 정서와 불편한 갈등**은 이런 정신 상태에 내재된 제한 요소가 개인, 조직, 발전과 성과를 방해하기 때문에 정신역동 코칭에서 핵심 역할을 한다. **긍정적 정서** 또한 의사결정 성향bias에 영향을 미치고 문제가 될 수 있지만, 여기서는 부정적 정서와 관련된 갈등 상황에 초점을 맞춘다.

두려움과 불안

조직 관리 상황/맥락에서 **불확실성**과 **모호성**은 의사결정 상황의 근본 특징이다. 경영진 위치에 있는 개인은 경쟁이 어떻게 작용할지 알거나 예측할 수 없기 때문이다. 의사결정은 언제나 [1]새로운 가능성, [2]아직 완전히 알려지지 않은 가능성도 포착해야 한다. 의사결정이 이루어질 수 있도록 [3]이질적인 가능성을 어떻게 비교하여 의사결정을 내릴 수 있는지, 결국 최종적으로 선택한 경로가 성공 여부를 결정한다(Bingham & Eisenhardt, 2011; Nagel, 2014). 높은 수준의 불확실성과 모호성은 **두려움**과 **통제에 대한 욕구**라는 두 가지 중심 반응을 유발한다(Hiither, 2005; Gilbert, 2006).[32]

두려움[33]은 일반적으로 '인지된 위협'에 의해 촉발되며 공격이나 **방어**(싸움), 후퇴(**도피**) 또는 죽은 척[**얼어붙기**] 하는 행동을 유도한다.[34] 학습한 것과 새로운 것 사이의 관리 가능한 격차는 일반적으로 호기심과 탐구에 대한 열망으로 이어진다. 그러나 그 차이가 관리 할 수 있는 범위 이상으로 커지면 미래에 대한 불확실성은 위협으로 인식된다. 이에 대한 초기 반응은 후

---

32) 불확실성과 모호성 안에서 의사결정을 해야 할 경우, 역자가 회기에서 경험한 어느 〈코칭 주체〉의 다음 발언이 인상적이었다. 결론적으로 〈의사결정 상황〉은 회피할 수 없기에, [1]현재 조직에서 최선을 다해 수집하고 판단한 내용, [2]현재 자신이 의사결정 사안에 대해 알고 있는 수준, [3]평소 자신이 의사결정 시 고려하는 판단 기준 등, 오직 이 세 가지를 갖고 결정한다. 정신분석 코칭 접근을 하는 역자로서는 회기 내 대화에서 한 가지 추가 제안을 했다. [4] 결정 순간 앞의 세 가지와 관련해 내면의 의심과 저항이 있는가 하는 의문을 제기하는 내적 대화(독백이 아니다)이다.
33) [저자 주] 두려움fear과 불안anxiety은 특정 자극에 의해 유발되고, 단명하며, 위협이 사라지면 감소한다는 사실을 통해 구분할 수 있다. **불안**은 특정한 신체적 위험 없이 발생 할 수 있으며 **지속적**인 두려움의 상태로 이해된다(Hartley & Phelps, 2012). 불확실성은 감정/느낌으로 경험할 수 있거나 특정 환경 자극에 의해 유발될 수 있기 때문에 불안과 두려움을 동시에 초래할 수 있다. 따라서 이 책의 맥락에서는 둘 사이의 차별화는 도움이 되지 않는다.
34) 참조: 『정신역동과 임원코칭』(캐서린 샌들러 지음. 김상복 옮김) 제7장 「정서프로파일 삼각형」은 싸움-도피-얼어붙기 유형에 대한 이론적 설명과 함께, 특성과 코칭 활용 방안, 두드러진 행동 패턴을 지닌 사례 세 가지가 상세히 제시되어 있다.

퇴와 포기이며, 결과적으로 실존적 공포, 행동 능력과 통제력 상실로 이어진다(Holzkamp-Osterkamp, 1975). **두려움**은 주의를 방향 전환redirection of attention, 재해석re-interpretation, 재평가re-appraisal와 같은 인지적 정신 내부 메커니즘을 통해 [두려움을] 완화시킬 수 있다(Hartley & Phelps, 2012).

또 다른 의식-인지-두려움 감소 메커니즘은 ①시도해 보고, ②[이를 통해] 검증된 해결책을 찾고, ③다시 적용하고, ④검증해서 확인하는 일련의 방법이다. 그렇지만 의식과 정서 수준에서 반성/성찰도 포함하고, 가까운 친구나 가족의 존재도 검토해야 한다(Hiither, 2005). 원인과 무관하게 경험한 두려움과 불안이 압도적이면, 코치는 **무의식적 정신 방어 메커니즘**을 다루어야 할 것이다(8장 참조).

무의식 수준에 영향을 미치는 다른 요인은 개인의 기본적인 **불안 반응**이다. 리만Riemann(1961)은 **네 가지** 불안을 기본 형태로 설명했다([그림 7.1] 참조). 모든 개인이 다 네 가지 방식으로 불안을 표현할 수 있지만 **한 가지 유형**이 일반적으로 지배적이다. 이 유형에 가장 두드러지게 영향을 주는 것은 애착 인물에 대한 초기 경험과 저마다 가진 개성character이다.[35] 리만은 사물의 **외부 세계에 의해 야기된** 불안과 **내부 세계 및 관계**로 인한 불안으로 이를 구별한다.

두 번째 기준은 자율성autonomy[36]과 애착에 대한 선호이다. 코칭의 경우 이러한 불안을 특정 목표 지향(변화, 유연성, 보존, 결단)으로 설명함으로써 긍정적 관점에서 이런 불안을 공식화하는 것이 더 도움이 된다. 자율성과

---

35) 초기 애착 인물과의 경험에 대한 '반응'에서 시작해 외적 현실과 대상에 대한 대응과정으로 확대된다. 성장과정을 통해 겉으로 드러나는 특성을 '개성/(객관적인 성격) 특성character'을 갖추게 된다고 이해할 수 있다. 이런 개성은 성격personality, 총체로서의 인격personalities 등과 때로는 대립, 갈등할 수 있다.
36) 고객/코칭 주체는 코칭 관계 안에서 코치와 코칭 과정을 함께 겪으며, 자율성을 인식하고 강화하고 발전해 나간다. 코치는 코칭 주제/목표와 별도로 〈코칭 주체〉의 이런 점에 민감하게 주의를 기울여야 한다.

애착의 극은 내면의 긴장inner-tension과 갈등으로 이어지는 **근본적인** 인간의 딜레마를 나타낸다.

정신역동 갈등 이론으로 넘어 가기 전에, 우리는 내적 및 외적 위협이 각각 불안과 두려움 반응을 유발할 수 있다는 점을 요약한다.

```
                        자율성/자유

         신경증적hysterical         분열적schizoid

내        미래와 결단에 대한 불안    애착과 전념/헌신에 대한 불안    외
부        목표: 변화                목표: 유연성                   부
세                                                                세
계                 ↕              ↕                             계
대                                                                대
상                                                                상
에        통제 상실과 변화에 대한 불안   분리와 자율에 대한 불안     에
대        목표: 보존/관리conservation    목표: 결정(력)              대
한                                                                한
관         강박적obsessive            우울적depressed             관
심                                                                심

                       애착/전념Commitment
```

출처: Modification of Nagel (2017)

[그림 7.1] 네 가지 기본 두려움과 근본적인 성격 유형

[실용적 이해를 위한 그림 해설]

1. 불안은 누구나 갖는 일반적인 기본 반응이다. 그렇다면 개인이 지닌 불안의 성격이나 **특성을 분류**하면 개인의 정서 반응의 특성을 파악할 수 있다.
2. 이를 위해 4분면으로 구분한다. 가로축은 내/외부 대상과 관계, 세로축은 자율성-애착 또는 자유-전념으로 구분한다. 이를 근거로 네 가지 유형을 분류한다.
3. 예를 들면, 외부 세계의 대상에 대한 관심 집중이 높고 자율성과 자유로움이 높으면 신경증적인 유형으로 분류하고, '미래와 [무엇인가를] 결정해야 한다는 점과 관련한 불안'이 높은 특성을 갖는다. 이때 **코칭 대화**의 주요 주제는 '변화'가 적합하다.

애착에 대한 두려움(다른 사람들에게서 독립할 필요성)과 분리에 대한 두려움(다른 사람들과의 친밀감의 필요와 함께)은 내면의 감정 세계와 관계에 영향을 미치며 다른

사람들을 의사결정 과정(우울적)에 통합하거나 혼자 결정(분열적)할 준비에 영향을 미친다. [출처: 저자 인용 논문, p.8]

4. 이 그림에 대한 심층 이해는 출처의 논문을 참고한다.

갈등들

외부 세계에서 갈등은 의사결정 상황에서 반대 선택을 하는 결과로 나타날 수 있다. 이런 경험은 경영진에게는 일상적인 일이므로 언제나 불안이나 두려움으로 이어지지는 않는다. 그러나 전략이 지닌 특성과 장기적 영향, 정서적 말려들기emotional involvement가 증가하기 때문에 이런 선택이 더 실존적으로 될 때 정서적 관여는 증가한다.

한정된 자원을 하나의 기술, 목표 그룹, 생산, 영역에 집중하기로 결정하는 것은 반드시 [우회하거나 회피할] 대안이 배제되기 때문에 고통을 감수해야 한다. [조직] 관리에서 손실에 대한 정서적 고통과 잘못된 길을 선택할 수 있는 위험은 일관되게 회피되고 금기시되는 주제로 다루게 된다. 그런데도 여기서 정서적 불안이나 두려움 반응을 조사하는 것은 유용한 통찰을 통해 대안적 선택을 밝혀낼 수 있기 때문이다.

정신역동 이론은 **내적 갈등**inner-conflicts이 모든 개인을 움직이고, 동기를 부여하는 **자율성과 애착** 사이의 근본적인 관계적, 변증법적 긴장에서 발생한다고 가정한다. 내적 갈등은 **자기 관련 자율성** 경향, 독립성, 자립성autarky과 애착, 헌신/전념, 담아주기containment 및 연대를 위한 정신내부intrapsychic 투쟁을 표현한다. 이런 내적 갈등은 불쾌한 내적 긴장감으로 이어진다. 왜냐하면 갈등의 한쪽을 실현하려면 다른 쪽을 포기해야하기 때문이며, 그 자체로 위험을 경험하고 불안감을 느끼기 때문이다. 샤드 외 연구진(Schad et al., 2016)은 이런 맥락에서 '긴장의 불안/고뇌angst'라고 말한다. 개별적인 정신 내적 세계에서 불안은 외부 물리적 위협과 신호 전달 기능을 공유한다. 따라서 프로이트가 불안이 기본 역동이라고 과거에 가정한 이후, 이제 불안은 정신역동 및 정신병리학의 중심 축 가운데 하나를 대표한다고 상식으로 받아들인다(Mentzos, 2009).

인간의 이런 기본적인 딜레마는 일반적으로 역동 과정으로 지속하고, 평생 균형을 이루려고 통합하며 점차 해결을 도모한다. 그러나 위협이고 고통스러운 성질로 막히거나 경직되게 반응하게 되고, 이로 인한 근본적인 두려움을 개인이 관리하고 해결하기는 쉽지 않다. 결국에는 심리적 장애로 이어질 수 있다. 정신역동 이론은 **신경증적 정신 장애**가 특정 **두려움**과 관련된 정신 발달의 어떤 단계에서 해결되지 않은 갈등으로 발생한다고 가정한다. 따라서 모든 신경증적 발달의 배후에는 이런 기본적인 딜레마 또는 갈등의 형태와 관련된 두려움이 있다(예: Mentzos, 2009). 〈신경증적 반응〉은 정신적 방어에 바탕을 두고 있으며 이런 방어는 정신역동 코칭에서 큰 역할을 한다(8장 및 13장 참조).

두려움-불안을 유발하는 위협에 대한 또 다른 반응은 **인지 편향**으로, 도움이 되지 않는 행동을 초래한다. 이런 편향은 카너먼Kahnemann과 트버스키Tversky가 새로운 이론과 관점을 제시해 노벨상을 받은 이후, 경영 문헌에서 상당히 많이 다루어졌다.[37] 이는 가정된 손실 기피 현상이 비이성적인 의사결정으로 이어질 수 있는 이유를 설명한다. 이후 많은 편향이 발견되었다. 여기에서는 리만Riemann이 제안한 네 가지 불안 유형과 관련된 것만 소개한다.

---

[37] 다니엘 카너먼 『생각에 관한 생각』(이창신 옮김), 『노이즈: 생각의 잡음』 (장진영 옮김)

[표 7.2] 경제적으로 관련이 높은 인지적 편향과 정신역동

주제	편향 유형	서술	정신역동
패턴 인식 편향: 패턴이 없는 경우에도 의심스러운 경우가 있다.	확증 편향	이미 개발된 가설을 반박하기보다는 확증을 개발하려고 시도한다.	변화에 대한 두려움과 통제 상실에 대한 근본적 두려움
	현저성 편향	최근 또는 특별한 이벤트는 일반적으로 과대평가된다.	거짓 기억의 위험, 가까이 있는 것을 신뢰하고 통제력 상실을 두려워한다.
활동 지향 편향: 사람이 행동하기 시작하는 것은 비록 지금이 그렇게 하기에 가장 좋은 시기가 아닐지라도 그렇게 한다.	지나친 낙관	계획과 결과 평가에서 확률을 과대평가하는 경향이 있다. 긍정적 결과와 부정적 결과의 확률을 과소평가하는 것	지는 것보다 이기는 것을 믿는 것이 더 효율적인 것 같다. 변화는 긍정적이고 필요하다. → 결단력/미래에 대한 두려움
			자기와 안정화에 대한 확인 필요성과 분리에 대한 근본적 두려움
	과신	타인에 비해 자신의 능력과 전문성을 과대평가한다. 사람은 성공을 공적으로 여기나 실패는 조건을 탓한다.	자기와 안정화에 대한 확인 필요성과 분리에 대한 근본적 두려움
안정성 편향: 현재의 짜임구조가 대안보다 우선할 것이다.	현상유지 편향	누군가는 특히 그것을 바꾸어야 한다는 압박이 없을 때는 현재 상황을 선호한다.	변화에 대한 두려움과 통제력 상실에 대한 근본적 두려움
	앵커링	평가할 때 기준점으로 이전에 결정된 가치에 근거해 방향을 잡는 경향이 있다.	실패의 두려움과 통제력 상실에 대한 근본적 두려움
	손실 혐오	상실/손실의 현재화는 대부분 피한다.	실패의 두려움과 통제력 상실에 대한 근본적 두려움
			자기와 안정화 확인이 필요하고, 분리에 대한 근본적 두려움
	매몰비용	되돌릴 수 없는 비용이 의사결정 과정에 포함된다.	실패에 대한 두려움과 변화의 두려움; 통제력 상실에 대한 근본적 두려움
이익 편향: 정서적 선호는 결정을 만든다.	집단사고	현실적 상황 평가 대신 공감도 합의에 역점을 둔다.	소속의 필요성, 분리에 대한 근본적 두려움

출처: Adapted from Nagel (2014, pp.67-68)

최근의 연구는 부정적 사건들이 긍정적 사건보다 더 큰 비중을 치지하기에 위와 같은 원칙이 비합리성을 나타낼 수 있다고 시사하며, 기본적인 심리학적 원칙인 손실, 혐오의 유용성에 의문을 제기한다.

　현대 연구에서는 행동 경제학의 기반이 되는 카너먼과 트버스키의 결과를 복제replicate할 수 없다는 주장도 있다(Yechiam, 2018). 다른 연구자들 역시 결과나 과도한 해석에 의문을 제기하며, 개념 자체가 근본적으로 잘못되었다고 주장하기도 한다(Peters & Gell-Mann, 2016; Taleb, 2018). 이런 새로운 연구 결과는 인지적 편향과 비합리적으로 보이는 행동에 대한 논의를 새롭게 조명할 것으로 예상한다.

　그러나 우리는 외부 또는 내부 위협과 갈등으로 인한 **두려움**과 **불안**과 같은 부정적 감정이 경영진에게 얼마나 많은 영향을 미치고, 따라서 의사결정을 제한하는지 알 수 있다. 두 가지 모두 **방어 메커니즘**과 연결되어 있다. 방어를 하는 태도에는 억압된 부정적 정서뿐 아니라 편향/편견biases을 감지할 수 있다는 실용적인 목적이 있다. 따라서 [코치는] 경영진이 관리에 미치는 영향을 제한하기 위해 이러한 [방어에서 보이는] 감정과 편향/편견에 대한 이해와 인식을 개발하는 것이 유익할 것이다.

[핵심 단어와 주요 인물]

- 부정적 정서와 불편한 갈등
- 싸움-도피-얼어붙기 세 가지 반응
- 내적 갈등
- 불확실성과 모호성
- 네 가지 기본 불안과 두려움

[부록 7] 숨겨진 정서와 갈등 다루기

정신분석 코칭은 정서와 갈등을 가장 일차적으로 다룬다. **정서**는 현재 회기 안에서 〈코칭 주체〉가 마주하는 현재 정서에 주목한다. 코치가 〈정서-알아차리기〉 관심을 주기적으로 표명하는 것을 통해 (상대에게) 영향을 제공한다. 회기 내 이런 관심 축적 자체가 '현재 삶의 생생한 정서에 접촉하며 생활하기'를 촉진할 수 있다.

갈등은 외적 대상인 시스템이나 타인과의 갈등에 한정하지 않는다. 내면 세계의 갈등을 포함한다. 어떤 면에서는 내면 극장에서 벌어지는 내적 갈등이 더 중요하다. 이것이 외적 세계(직장 생활, 일상 생활, 감정 생활)에 영향을 미치며, 상호작용하고, 삶의 에너지 집중을 방해한다. 내적 갈등 감소와 해소가 곧 내적 평화로 다가가는 길이다. 내적 통합/일치integrity 과정을 도모하고자 (내적) 갈등 요인을 하나씩 천천히 검토할 필요가 있다. 물론 코칭 주체가 허용하는 속도 조절이 필요하다.

대화 자체가 치료이며 코칭인 이유는 무엇인가. 이런 대화는 자기를 설명하고, 자기 이슈를 이야기로 풀어내는 것으로 시작한다. 스스로 자기 자신에 관해 이야기하는 것, 자기 이야기의 끝을 향해 중단당하지 않고 가는 것, 그리하여 경계에 도달하는 것이 필요하다. 그래야 그다음을 넘볼 수 있다. 깊게 듣고 있는 누군가가 앞에 있으면 이 지점까지 가능하게 된다.

말을 풀어내면서 당연히 말해 보았자 무슨 소용인가 의심이 들 수 있다. 먼저 혼자 속말을 하거나, 혼자 내뱉는 독백과 깊게 경청하고 침묵과 반응하는 상대가 있는 대화는 전혀 다르다. 상대가 있으면 오히려 〈말하는 화자〉는 자기 경청(자기 말을 자기가 듣기)이 깊어지며, 자기 말을 통해 자문자답이 어느새 촉진된다. '자기 혀로 상처를 핥으며 조용히 혼자 앉아 자기 안에서부터 점차 치료되길 기다리는 포유류'가 연상된다. '상대를 옆에 두고 홀로 마주하는 과정' 자체가 변화의 코칭 환경이자 치료 환경이다. 이때 옆에 있는 정신분석 코치는 이 과정이 지닌 의미를 숙고하고 알고 있으며 상황과 관계 안에서 함께 견디어야 한다. 결국에는 상처가 아물고 새살이 나와야 새 삶이 가능하다. 또 새 살이 잘 나와야 흉터가 작아진다. 이것이 코치의 〈대화하기〉이다.

코치는 코칭 주체와 그의 현재 정서, 현재 내면의 갈등에 주목하며 대화한다. 이 과정에서 고정적 패턴이 드러나고, 해결의 실마리가 두 사람 앞에 출현하기를 기다린다. 일차적으로는 불확실성과 모호함에 함께 머물고 이를 견디는 능력을 갖추게 한다. 당연히 〈코칭 주체〉는 내면의 갈등을 외면/회피/축소할 것이다. 그러나 코치가 여기에 함께 머물 때 견디는 힘은 증진된다. 갈등의 경계까지 이르러야 갈등-해결의 실마리를 찾을 수 있다.

두려움과 불안

코치가 모든 정서를 특별히 주목하지 않더라도, 두려움과 불안은 의사결정, 행동은 물론 사고에도 영향을 미치는 요인이라 이를 깊이 염두에 두어야 한다. 그러나 두려움과 불안은 어떻게 구분할 수 있는가? 두려움이 인지된 대상으로 야기되며, 대응 유형을 코치는 어렵지 않게 감지할 수 있다(세 가지 대응 유형). 반면에 불안은 대상이 없어도 일어날 수 있다. 프로이트 이후 정신분석에서는 '불안'을 인간 누구나 갖는 정동의 기본으로 이해한다. 저자는 불안과 이로 인해 갖게 되는 두려움을 구분하지 않지만, 불안에 의한 두려움으로 네 가지 성격 유형이 드러난다고 제시한다.[38] 불안으로 인한 두려움은 네 가지 성격 유형의 어느 한 가지 특성이 두드러지며, 그 원인이 무엇인지, 또 코치가 관심 기울일 만한 목표를 짐작하게 한다.

이를테면 외부 세계와 대상에 관한 관심은 높은데 변화를 요청받으면, 자율성/자유가 침해받거나 협소하다고 느껴서 인격 안의 신경증적 요인이 심하게 드러날 수 있다. 이는 미래에 대한 불안과 이에 대한 결단력을 내려야 하는 불안이 더 자극받기 때문이다. 코칭 대화의 목표는 미래 외부 대상의 변화에 대한 수용과 결단이다.

이런 식의 지도는 코치의 작업가설 가운데 하나가 될 수 있다. 이런 상황에 대해 싸움-도피-얼어붙기 세 가지 대처 행동 방향도 특성으로 결합해 이해하면 일단 상대와 마주하며 참조할 지도를 갖게 한다.

이런 유형 분류는 ①인격의 신경증적 요인, ②강박적 요인, ③분열적 요인, ④우울적 요인, ⑤자폐적 요인, ⑥자기애적 요인 ⑦경계성적 요인 등으로 확대할 수 있다. 마치 구멍 뚫린 치즈 이미지처럼 그 부분은 마치 다른 공간이라 드러나지 않으면 알 수 없다. 이런 요인들이 스트레스 상황에서 증상[39] 요인의 특성으로 코칭 주체의 호소를 통해 드러나며 코치가 이해할 수 있어야 한다. 코치는 이런 증상과 함께 어떤 지표를 통해 징후 요인을 판단하는 진단은 하지 않는다. 그러나 정신분석 코치는 증상을 듣고 진단하기보다는 분류diagnosis한다. 이 작업은 코칭 주체와의 여정을 준비하는 일이다. 동행자에 대한 사전 정보를 아는 것은 자연스럽고, 코칭 여정을 기획하는 참조 자료이다. 증상 요인은 내면 세계의 갈등이 심화하거나, 강압적 스트레스 환경

---

38) 저자가 불안과 두려움을 혼용하고 있고, 이로 인해 드러내는 유형은 근본적인 성격personality 인지, 더 개성/(객관적인) 특성character 인지, 양자의 대립인지는 알 수 없다. 이에 대한 상세한 구분은 후일 학습으로 미룬다.
39) 증상症狀symptom은 질병 또는 그 외의 다른 이유로 인해 환자나 내담자가 주관적으로 인식하는 신체의 비정상적 상태나 느낌을 말한다. 반면에 징후徵候sign은 의사, 간호사, 훈련받은 제삼자에 의해 객관적으로 관찰될 수 있는 현상/장애의 지표에 의한 판단을 말한다.

에서는 언제든 징후로 드러나고 발병 상태로 진입할 수 있다. 인격 안에 이런 다양한 증상 요인이 포함되어 성격 특성character을 이루는 것은 자연스러운 일이다.

인격의 성격적 특성과 병리적 증상 부분은 변화와 변형의 주체인 본인이 자각해야 한다. 이를 알아보는 정신분석 코치 등 조력 분야 성찰적 실천 전문가와의 협업을 통해 분출을 최소화하거나 지연할 수 있다. 두 사람이 상호 협력 관계 안에서 자각하고 관리하며, 성장과 성숙의 변화 여정으로 함께 가야 한다. 성장과 성숙의 힘이 크면 이 과정에서 특성과 병리적 부분은 굵게 자라는 나무의 옹이처럼 남을 뿐이다.

나무의 성장을 보자. 성장 과정에서 여러 방향으로 나뭇가지가 뻗는 것은 필수적이고, 성장 과정의 일부이다. 가지 대부분은 나무가 자라면서 없어진다. 성장 욕구가 좌절된 가지는 내쳐지고 자라는 과정에서 굳건하게 몸에 박힌 흔적, 자리, 그루터기가 옹이knot의 출처다. 나무가 성장 과정에서 많은 햇볕을 받아 가지를 만들기 때문에 생긴다. 생장을 위한 가지의 흔적이 바로 옹이다. 살아 있는 가지에서 형성된 것이 생절生節이요, 반대로 죽은 가지의 것이 사절死節이다. 썩은 옹이가 부절腐節desayed knot이고, 썩은 곳에서 옹이가 빠진 구멍이 바로 발절拔節loose knot이다. 이렇게 옹이에도 곡절이 있기에 이름이 다양하다.

물론 나무를 가공해야 알 수 있는 숨겨진 옹이도 있을 것이다. 당연히 나무를 연약하게 하는 원인이 되는 옹이도 있다. 옹이도 땜질이 필요하다. 이런 모든 것이 긴 세월 성장 과정에서 무엇인가 맺힌 게 있어 다른 가지로 자란 것이고 중심이 되지 못한 가지일 뿐이다. 결국 나무의 성장 과정에서 자유롭게 뻗어나간 가지가 기본 가지가 되지 않을 때 옹이가 된다. 옹이가 이렇듯이 인격이 가진 다양한 병리적 증상 요인도 이와 같다는 생각이다. 옹이가 결국 나무의 무늬가 되듯, 나무의 아름다움이자 개성이 되고 다양한 쓸모를 갖게 된다. 이처럼 증상이 인격의 무늬가 될 수 있다. 옹이가 썩어 약한 부분이 되는가, 무늬가 되는가는 나무가 얼마나 튼튼히 성장하는가에 달렸지, 옹이를 때우는 것에 있지 않다.[40]

우리는 모두 증상과 함께 살아가며, 많은 증상 일부가 성숙(되어 가는)한 인격의 한 부분으로 남겨진 채 변형transformation을 위한 여정을 가야 한다. 이 여정에는 반드시 누군가 함께해야 마땅하다. 아픔과 곡절 없는 삶이 없지만 적절한 관계를 통해 상처와 병리적 징후도 옹이로 남긴 채 성장해갈 수 있다. 나무가 옹이를 자기의 일부로 품고 커가듯 우리 역시 나무처럼 모든 (병리적) 증상을 품고 옹이로 남기는 지속적 성장을 필요로 한다. 성장과 성숙만이 증상을 옹이로 남겨둔 채 살 수 있다.

누구나 다 가진 인격의 다양한 요인과 증상을 이해하고 있는 것은 코칭 주체의 자유로운 연상을 통해 행동, 사고 패턴을 알 수 있고, 그 커튼 뒤, 카펫 아래로 내려가는 길을 염두에 두는 지도map를 갖는 것과 같다.

---

40) 나무와 옹이 부분은 『나르시시스트와 직장생활하기』(마리 린느 제르맹 지음. 문은영, 가요한 옮김. 2020) 발간사로 쓴 글을 다시 수정하였다.

8장
인간관계와 기본 작업 개념

전이, 역전이, 애착과 방어

앞에서 내적·외적 위협에서 자기 보호를 위한 정신 시스템으로 실행되는 방어 메커니즘 개념과 불안, 고통, 스트레스 등을 간략히 소개했다. 이런 방어는 세 가지 기본 정신 과정에서 비롯된다.

- 투사 또는 외재화externalization
- 부인denial과 억제suppression를 활용한 분리splitting
- 내면화internalisation, 동일시identification, 함입incorporation 개념과 비슷한 내사introjection

이 세 가지 과정은 정신에 의해 연주되는 방어 메커니즘의 세부 작동을 이해하는 기초를 형성한다. 정신역동 코치가 〈분류/식별 작업(진단

diagnosis)〉[41]과 〈개입intervention〉에 사용하는 두 가지 주요 정신적 도구인 〈전이 및 역전이〉 현상에 기초하고 있다. 이 용어의 정의는 정신분석 학파마다 다르다. 여기서는 간단한 개요를 제공하기 위한 기본적인 관점만을 언급한다.

투사의 라틴어 어근은 심리학에서 사용할 때 '표면에 그림을 던지다'라는 의미이다. '던지기'를 의미하는 [현재 활성 부정사] 'iacere'와 '앞으로, 위로'를 의미하는 'pro'라는 단어에서 파생되었다. 단어의 심리적 적용은 자신의 한 측면을 다른 사람이나 대상에게 '던지는' 행위를 나타낸다. 개인은 이 행위에 다양하게 참여하며 가지각색으로 연속해 깊이를 바꾸며 진행한다. 예를 들어보자.

- 개인은 외부 대상에게 자기 내부 대상의 한 측면을 전송하고, 이를 '본다'(예: 남성 상사가 아버지로 인식되어 혼동된 행동을 하며, 그는 이런 측면에 대해 실제인 것처럼 반응하는 행위).
- 개인은 자신이 다른 사람인 것처럼 자신을 볼 수 있다(예: 책 속의 인물 성격을 자기로 동일시한다).
- 개인은 자신의 전체 지각whole perception을 빚어내며 매우 개별적 관점에서 세상을 보고 파악한다(예: 전문적 변형professional deformation[더 광범위하고 전체적인 관점이 아니라 자신의 직업이나 특별한 전문적 관점으로 세

---

41) diagnosis. 통상 의학 분야에서 〈진단〉으로 번역되는 이 용어를 정신분석 코칭에서는 어떻게 번역해야 하는가? 이 단어는 특징을 기술하는 〈정확한 분류/식별〉, 문제의 원인이나 성질의 〈판단, 분석〉, 문제의 〈해결/해답〉 등의 복합적 의미를 지니고 있다. 정신분석 코칭에서는 이를 〈(문제의 원인이나 성질) **분류/식별 작업**〉으로 번역해 오해를 피한다.
42) 참고: 「전문가 지식: 신뢰의 위기」 『전문가의 조건: 기술적 숙련가에서 성찰적 실천가로』 도날드 쇤 지음. 배을규 옮김. 박영스토리.
  전문가들이 자신에게 보장된 자율성을 오용하는 행우, 실제 그들의 문제 해결 행위가 실패하는 경우, 전문가의 현실 이해 결핍, 전문가 처방의 부적절성, 전문가 자신의 딜레마, 전문직의 합법성에 대한 의문 등을 검토한다.

상을 보며 사실을 변형시킴]).[42]
- 개인이 지닌 고유한 속성을 다른 사람이나 대상으로 [간주하며] 자기 요소를 부정한다. 그것들을 자신이 지닌 자기self의 구성요소로 인정하는 대신 하찮은 사람straw man으로 자신을 다룬다(Laplanche & Pontalis, 1972 참조).

〈투사〉의 다양한 해석들은 내면-요소inner-aspect의 〈외재화〉와 외부 대상(사람, 구성물 또는 실물)과의 〈동일시〉라는 두 가지로 나눠진다. **내면-요소**는 내면-삶의 여러 가지 표상/표현, 즉 경험, 느낌, 태도, 특성, 꿈, 소원, 관계 등을 말한다. **투사**는 정상적인 정신 반응으로 작용하지만 방어적 반응으로도 나타날 수 있다. **정신역동 [코칭 관계] 설정**setting 하에서는 이러한 투사를 - [1]무의식적이고, [2]파괴적이고 [3]방어적이거나 [4]부적응적 성격일 때는 - [상대가 의식하게 하고, 의식적인 정신 시스템으로 그 내용을 (다시) 통합하는 것이다.

어떤 사람이 '투사-모드'에 있음을 인식하는 간단한 방법은 그 사람이 다른 사람에게 매우 짜증을 내고 화를 낼 때이다. 그러면 그 사람은 자신의 불쾌하고 원치 않는 측면을 다른 사람에게 투사한다고 가정할 수 있다. 이때 다른 사람의 특성이나 행동은 또한 투사를 유도하거나 불러일으킬 수 있다. 융은 이것을 다른 것에 투사하기 위한 '고리hook'라고 언급한다(Jung, 1916).

조직 관리에서 중요한 역할을 하는 투사의 중요한 하위 범주는 **투사적 동일시**projective identification이다. 이 용어는 클라인이 다른 사람에게 투사한 분리된 내용이 [상대에 의해] 무의식적으로 받아들여지는 과정을 설명하기 위해 만들었다. 그때 상대는 그 자신에게서 비롯된 것이 아닌 내적 요소를 [상대가 보낸 것과] 동일시한다. 이는 이상하게 들릴 수 있지만 일반적이다(미묘하거나 명시적인 조작으로도 적극적으로 영향받을 수 있다). 예를 들어, 개인이 인식하든 못 하든 자기 [내면에 있는, 갖고 싶은] '웅장함/과장grandiosity'이나 반대로 [자기가 갖고 싶지 않은] '죄책감'을 분리하여 다른 사람에게 투사한다. 이 투사의 대상은 이를 자기 것으로 만들고 결과적으로 전능감이나 죄책감을 갖게 된다.

내부 또는 외부 현실의 한 측면을 분리해 다른 곳으로 재배치하기 때문에 **분리**splitting는 투사에서도 일부 역할을 한다. 그러나 여기서 초점은 이 측면을 더 큰 전체의 일부로 유지할 수 없다는 데 있다. 프로이트는 행동을 통해 전경으로 번갈아 나타나는 두 가지 비통합적 측면 사이의 분리를 설명하기 위해 이 개념을 사용했다. 클라인 이론에서 돌보는 사람(대상)은 항상 좋은 면과 나쁜 면이 있지만, 유아는 이러한 면을 통합할 수 없고, 좋은 면과 나쁜 면을 '나누기/분할split'할 수 없으므로 한 면을 투사하거나 부인한다.

수평적 분리로 이해될 수 있는데, 한 측면 – 보통 더 이기적인ego-dystonic [자아 비친화적/자기 소외적인 측면] – 은 의식이 없는/무의식 상태가 되고, 다른 측면은 의식이 된다. **수직적 분리**는 두 가지 모순적인 측면 또는 경험을 **동시에 염두**에 두는 더 복잡한 과정이다. 도착적인/주물숭배fetishism와 변태/도착에서 역할을 하는데, 여기서 마음 상태는 현실과 동시적이다. [분리된 채] 연결되지 못하고 현실에서는 수용하거나 부인denial하는 특징을 지닌다. 분리는 통합의 결여[43]를 나타내는 표현이며, 자기심리학Kohut에서는 자기 교

---

43) 통합의 결여lack of integration: 이 상태를 코칭 일반에서 주목한다. 일반적으로 〈불일치한 여러 요인〉들을 (질문을 통해)구별distinction하고, 이를 통해 고객의 새로운 알아차림, A-ha, Eeek 등이 일어나면 이를 매개로 통찰insight하게 된다. 이때 불일치 요인은 다양하다. 말과 표정(행동), 생각과 감정, 의도, 내러티브의 차이/변화, 자신에 대한 이야기와 타인의 이야기와의 차이 등이다. 이런 점들이 회기 안에서 또는 과거 회기와의 불일치를 코치가 발견하는 것으로

란disturbance 또는 자기애적 붕괴disruption로 간주된다.

부인denial과 **억제**suppression[44]는 방어 수단으로 작용하며 투사와 분리와 밀접한 관련이 있다. 부인은 현실이나 현실의 한 측면을 받아들이는 것을 거부하는 것이고, 억제는 불쾌한 측면을 보류하거나 멀리하는 것이다.

내사introjection는 산도르 페렌치Sandor Ferenzci가 처음 개발하고 나중에 프로이트가 도입해 사용한 개념으로 투사를 보완하는 것이라 할 수 있다. 간단히 말해 '좋은good' 것들은 (대부분) 내사되어 자기의 한 측면으로 동화되고 '나쁜' 것들은 외부 세계로 투사한다는 의미이다. 클라인의 작업에서 내사는 주로 초기 양육자의 관계 경험인 대상관계의 내면화internalising이다. 동일시, 내면화 및 함입incorporating[45]은 자주 상호 교환적으로 사용되지만 내면화는 성격에 초점을 맞추고, 함입은 신체적 측면physical aspect에 초점을 둔다. 오늘날 〈내사〉라는 용어는 '내부 작업 모델'로 대체되었다(Bowlby, 1969).[46] 애착 이론에서 내부 작업 모델은 우리의 기대와 인식을 제어하고 모든 미래 관계에 영향을 미치는 특정한 기본 패턴을 만들어내는 저장된 무의식적 누적 관계 경험을 나타낸다. 결과적으로 무의식적인 수준에서 정서적으로 관련된 모든 관계를 통제한다.

전이와 **역전이**는 투사와 관련된 특별한 경우이다. 프로이트는 분석가가 고

드러난다. 정신분석 코칭은 이 수준의 통합을 넘어 인격/성격의 병리적 요소와의 불일치를 통합을 향해 더 나아가게 시도한다.

44) suppression(Unterdrückung)은 억제抑制, repression(Verdrängung)은 억압抑壓, 이렇게 구분하여 번역한다. 이 두 용어의 구분은 다양하다. 의식을 전의식으로 누르는 것을 억제로, 억압은 의식으로 올라오게 하고 싶지 않은 내용을 무의식으로 밀어 넣는 것으로 구분한다. 억압은 프로이트가 이론을, 억제는 안나 프로이트가 이론화했다고 알려졌다.

45) 함입incorporating: 주체가 대상의 한 성질을 내재화해 나가는 심리적 활동/상태이나, 원시적 수준이라는 점에서 내사와 구별한다. 그냥 신체적 수준에서 삼켜버리는 것을 강조한다. 정신에 의한 식인 행위이다. 이를 추상적인 마음의 기능으로 체험될 때 〈내사〉라는 용어로 수렴된다.

46) 저자의 주장이다. 내사, 함입 등은 여전히 정신분석에서 구분되어 사용하고 있다.

객 입장에서 어린 시절 관계 경험을 〈투사할 수 있는 표면〉이 된다는 점을 발견했다. 과거 경험은 분석가와의 관계에서 재-실연되어re-enacted, 분석가가 이전 양육자인 듯 과거 양육자와 관련된 감정이 복제된다reproduced. 이 현상은 일상적인 관계에서도 발생하며 **오해**와 **관계** 문제로 이어질 수 있다. 치료 또는 코칭 환경에서 무의식적 갈등을 접근하여 해석할 수 있으면 통합 가능성이 허용된다(Freud, 1912b).[47] 전이는 긍정과 부정 양쪽 차원에서 모두 일어날 수 있다. 코칭이나 치료 관계에서 신뢰할 수 있는 작업 관계를 생성하려면 초기 **긍정적 전이**가 필요하다(Roth & Ryba, 2016).

역전이는 2자 관계dyadic, 고객-코치 시스템의 코치 쪽에서 일어나는 일이다. 코치, 분석가, 치료사는 특정 정서적 반응을 유도하는 전이에 대해 무의식적 반응을 보인다. 이것은 고객/내담자의 정서적 상황에 의한 영향으로 볼 수 있다. 감정적 반응이 코치가 스스로 정상이라고 생각하는 것과 다를 때, 코치는 고객의 무의식 요소에 자신이 무의식 수준에서 반응하고 있음을 알게 된다. 역전이의 영향을 이해하기 위해서는 정신역동/[분석] 관련 훈련을 통해 [코치] 자신의 패턴과 방어를 이해하는 데 시간을 투자해야 한다. 고객을 위해 코치는 고객의 성격 중 어떤 측면이 연기하고 있는지 이해하고, 이에 대해 무의식적인 **공모**로 관여하지 않도록 주의하는 것이 중요하다.

여기에서 설명한 기본 메커니즘은 정신역동 작업의 기초에 해당한다. 코치가 성장하기 위한 많은 전제, 통찰, 아이디어는 자신의 정신 시스템이나 고객의 방어적 반응을 관찰하는 데에서 시작한다. 이런 메커니즘과 실제 현실 적용을 위한 깊은 지식과 이해는 고객과 작업할 때 필수적이다(13장 참조).

---

[47] 「전이의 역동에 대하여」, 『끝낼 수 있는 분석과 끝낼 수 없는 분석』, 이덕하 옮김, 도서출판b, 2004. 전이Übertragung/transference轉移의 개념과 의미, 출현 근거, 이를 활용한 정신분석 기법 등과 관련해 프로이트가 직접 집필한 중요한 저서이다.

[핵심 단어와 주요 인물]

- 투사
- 투사적 동일시
- 함입
- 부인
- 억압repression/억제suppression
- 내사
- 분열
- 전이
- 역전이

[부록 8] <자기 자신을 활용하여 코칭한다>는 의미(1)

이 장에 나와 있는 정신분석 기본 용어는 기본적인 것이며, 최소한의 것이라도 익혀나가야 한다. 기본 용어는 (1) 정확한 이해 (2) 일상생활에서 관찰 (3) 임상 경험에서 확인하며, (4) 집단 및 개인 수퍼비전을 통해 미세 조정하며 정확한 이해를 강화해야 한다. 이 과정이 곧 훈련과정이다. 어려운 점은 이런 용어에 대한 설명과 임상 예시가 학자와 학파마다 다르고 때로는 대립하기도 한다는 점이다. 그러나 이런 차이는 훈련과 자신의 임상 경험에 근거하여 자기 견해를 확립하면 크게 문제되지 않는다. 정신분석 코치는 사례 및 고객 분석에도 이 개념을 활용하여 현상을 설명한다.

정신분석 코치가 <자기 자신을 활용하여 코칭한다>는 의미는 무엇인가? 먼저 코치 **자신의 경험**과 **앎**으로 코칭한다는 의미가 떠오른다. 이렇다 해도 코치-경험에서 오는 <경험적-앎>은 경험 그 자체, 날 것으로서의 경험이 그대로 필요한 것은 결코 아니다. 코치의 경험은 발효, 숙성되어야 한다. 그래야 날 것의 경험이 지닌 거친 것, 일방적이고 한정된 것이 지닌 독성, 코치 자신의 성장 과정과 미해결 과제가 섞여 들어가 자리 잡은 독성이 제거되어야 한다. 이 같은 노력에도 우리는 어쩔 수 없이 <독이 든 양분>을 건네기 마련이다. 어미 새가 알에서 깨어나온 어린 새에게 먹을 것을 물어와 한입 먹어보고 다시 꺼내서 먹여주는 과정이 바로 이런 독을 순화하는 과정으로 비유할 수 있다.

<경험적-앎>이란 곧 지혜로 드러난다. 우리는 지식이 짧아도 오랜 삶이나 숙련에서 오는 경험의 지혜를 지닌 사람을 본다. 그의 말과 말에서 풍기는 기운이 언제나 부드럽고 순조롭게 자신에게 다가오는 것을 경험으로 안다. 심지어 욕쟁이라 할지라도 웃음이 나오는, 어떤 의도나 주장, 자기 유익

이 제거되거나 살균되어 있기에 자신도 모르게 자기에게 남는다.

설령 코치가 이런 〈경험적-앎〉을 활용한다 할지라도 경험을 자신의 앎으로 전환하는 코치 자신의 **방식**과 **속도**가 숨겨진 의도와 함께 전달되는지 먼저 유념해야 한다. 〈실천을 성찰하는 긴 시간의 여정/시습時習과 시숙時熟〉을 통한 것이 되지 않으면 안 된다. 적어도 경험에서 앎까지의 자기 방식과 속도는 코치의 것이지 상대의 것이 결코 아니다. 〈코칭 주체〉의 방식과 속도를 전제하고 그의 선택이 우선돼야 한다. 그는 결국 그만의 속도로 받아들이고 변하게 된다. 경험을 대하는 태도는 사람마다 서로 다르기 때문이다. 이 점은 정신분석 코치에게는 중요한 코칭 포인트이다.

경험에 대한 태도는 사람마다 다르다. 먼저 경험이 주는 다양성을 보지 못하거나 무시하는 태도가 있다. 이는 현재 경험에 접촉하지 않는 삶이다. 과거 영광이나 아쉬움만을 되씹기/반복한다. 강력한 고정관념이나 신념에 너무 사로잡혀 있어서 '나는 다 안다' '그럴 줄 알았다'라고 반응하며 현실 경험이 주는 변화를 차단하는 때도 있다. 절대 새로운 것을 받아들이지 않는다. 경험에 대한 이런 태도를 마주할 때 코치는 어떻게 해야 하는가?

이런 태도 앞에서 **코칭-관계 안의 코치**는 자기 경험에 대한 태도를 성찰하지 않으면, 코칭 주체 역시 경험을 앎으로 발효해 가는 성숙의 길을 안내받지 못한다. 이는 코칭 관계 밖에서의 일상 태도를 말하는 것이 아니다. 바로 〈관계적-앎〉이다. 여기에 정신분석 코치가 〈자기 자신을 활용하여 코칭한다〉는 의미의 두 번째가 드러난다.

먼저 〈관계적-앎〉은 현재 회기에서 직접 마주하는 코칭 주체를 보는 순간, 매 순간 다시 자신의 경험에 대한 태도를 〈회기-안에서-새롭게-다시 성찰〉하면서 갖게 된다. 이런 **현실의 동시성**이 코치가 상대를 다시 볼 수 있게 되고, 상대 역시 코치의 진면목을 알아차릴 수 있다.

코칭 주체가 코치의 안내를 보지 않거나 영향받기를 주저하는 이유나 근거를 코치가 **먼저 수용**하지 않으면 그가 자신의 기존 방식과 태도를 내려놓을 수 없다. 코치와 코칭 주체의 관계, 〈코칭 관계〉 자체가 코칭을 끌고 간다는 〈관계적-앎〉의 두 번째 요인이다. 이때 코치는 상대와 관계를 형성하고, 코칭 관계 안으로 초대하며, 적극적으로 함께 머문다. 신뢰와 친밀감이 새롭게 만들어지지 않으면 '관계-짓기'는 이뤄지지 않는다. 코치의 개방성 openness과 연결을 위한 전념은 그 자체가 코칭 주체에게는 경험해보지 못한 신선함을 주거나, 적어도 자신이 처음 만나는 낯선 사람과 관계 맺는 방식과 비교하게 된다. 이를 통해 (새로운) **정서 반응**을 하게 된다. 〈관계적-앎〉이란 정서 교류로 확인할 수 있다. 끝으로 코치의 '알고 있지 못함의 태도'가 분명할수록, 코칭 주체는 코치가 이미 '알고 있을 것이라는 기대'를 강화하게 되고, 이런 긴장은 높아진다. 이런 대립과 긴장, 반전이 〈관계적-앎〉을 강화하며, 〈가르침 없이 배우기〉에 이르게 한다. 〈관계적-앎〉을 함께 이루지 못하면 코치가 〈자기 자신을 활용하여 코칭한다〉고 보기 어렵다.

세 번째는 예측할 수 없게 전개되는 두 사람의 〈대화적-앎〉이다. 정신분석 코칭은 '자기를 알아가고, 새롭게 발견하는 작업'이다. 조건 없이 편한 상태에서 〈자유 연상으로 대화하기〉와 코치의 침묵과 경청을 통한 접촉, 반응과 질문에 의한 개입은 〈대화적-앎〉을 발전하게 한다. 코칭 주체는 대화를 통한 앎을 경험하며 자기 모습을 떼어내고 (새롭게) 조각彫刻하며 발견하거나, 새로운 것을 덧붙이며 소조塑彫로 자기 모습을 형성해 간다(조소彫塑에는 조각과 소조가 있다). 이는 코치 역시 마찬가지다. 두 사람은 〈대화적-앎〉 안에서 서로가 깎이기도 하고 덧붙여짐을 허용하기도 한다.

이런 〈대화적-앎〉은 미하일 바흐찐Mikhail bakhtin이 도스토예프스키 소설의 이야기 구조를 들어 새롭게 확장한 것에서 빌려온 것이다. 대부분 소설의 주인공은 작가 이외에는 전모를 알 수 없는 '사실'과 '진실'을 두고, 끊임없이 이야기를 나눈다. 사실 각자는 독백monologue으로 대화하는 것 같은데 이는 은폐되고, 대화하며[모른 척 하며] 어떤 사실/진실을 향해 대화가 진전된다. 결국 작가만 아는 사실/진실은 주인공 모두가 공유하고 있다는 게 밝혀지고, 작가만 아는 고유의 것은 없어진다. 작가가 과연 무엇을 말하려고 했는지 의아해지고, 각 인물은 각각 독자적 시각을 지니며 절대 융합되지 않을 뿐만 아니라 이야기의 종결도 없다. 각자의 이야기는 다성적polyphony 목소리로 표현된다. 사실/진실이 드러날 뿐이고, 다시 또 끝없이 사실/진실을 향해 끝나지 않은 채 지속할 수 있다. 이렇듯 정신분석 대화는 〈대화적-앎〉 안에서 여러 목소리가 공존하고, 사실과 진실은 드러나고, 또 드러나지 않은 채, 마지막 말은 남겨두고 끝없이 〈발화의 장〉에 지속하는 역동 그 자체이다.

> (…) 토의는 종결되지 않게 된다. 독백적인 임상 태도에서는 치료사의 해석은 '대답'을 말하는 행위라는 함축이 강한데 반해, 다성적 임상 태도에서는 치료사는 항상 부분적인 생각밖에 소유하지 못한다는 인식하에서 발언하게 된다.
>
> 다성적 상황에서는 '대답'이 없다면, 그 외에는 도대체 무엇이 있는가? 바흐찐은 다성적 대화 안에서 미美가 탄생한다고 논하고 있다. 그것은 무엇인가 공통의 '이해'가 돋아나온 것이 아니고, 대화라는 **사건 그 자체**에 의미가 있다는 것이다. 둘 또는 둘 이상의 인격이 만나는 것, 둘 이상의 관점이 만난다는 사실, 그것 자체가 **의미** 있는 것이다. 그것은 사건이라는 점에서 중요한 것이다. 러시아어의 사건이라는 말에는 '함께 있는 것'이라는 의미가 함축되어 있다고 한다.[48]

〈대화-장〉 안에서는 다양하고 출렁이는 마음이 내면 무대에서 서로 자

---

48) 히라히 쇼우조우平井正三(2020). 『의식성의 임상 과학으로서의 정신분석-포스트 클라인 파의 관점』 金剛出版. p.75

기 목소리를 내는 다성적 대화가 분출되며, 다성적 목소리는 일면적이 아닌 다면적 사고를 암시한다. 사실 우리가 〈아는 것〉, 〈안다는 것〉은 무엇인가. 이는 독백적인 혼자 아는 것이 아니라 대화적이고, 다성적이고, 특정한 사건과 결부된 사건인 성질이 아닌가? 안다는 것은 하나의 사건에 대한 다양한 목소리 자체다. "마음의 여러 부분이 **통합**이라는 것은 마음 안에 있는 다양한 〈목소리〉가 〈끝없는 대화〉 **상태**에 있다는 것을 의미한다(인용 저서. p.76)."

네 번째는 코치가 자기 안에서 새롭게 일어나는 반응, 특히 코칭 관계 안에서 대화의 장에 머물며 자기 안에서 일어나는 내면 세계의 실상을 포착하는 것이다. 불확실성, 모호함을 견디며, 애초 자기 것인가, 외부에서 주어진 것인가, 그것의 반응인가? 반응이라면 내 안의 무엇과 연동된 것인가? 외부의 목소리에 점령된 **내 안의 식민지**에서 발신한 것인가, 내 고유한 것인가? 이런 복잡한 상념을 뚫고 드러나는 이른바 〈역전이-앎〉을 발견하고 그것으로 코칭하는 것이다. 〈역전이-앎〉을 어떻게 쓸 것인가? 간직한 채 있을 것인가? 상대 앞에 내 팽개쳐질 것인가? 그냥 건넬 것인가? 이를 둘러싸고 코치 안에서 함께 일어나는 정서는 어떠한가. 이런 혼돈 안에 있다.

코치 안에서 일어나는 감정, 생각, 의도를 다양한 '방법'으로 코칭 회기에서 활용하는 것이지만 〈역전이-앎〉이란 그 발원지가 〈코칭 주체〉의 어느 일부 지점이라는 점이고, 반응 자체가 코치 자신의 것에 근거를 둔 것이 아니라는 점에서 다른 앎과 구별된다. 〈역전이-앎〉은 자기 자신으로 코칭한다는 의미의 정점이다. 코치는 이 앎을 통해 자기 자신이 극단으로 내몰리는 것을 인식하며 허용할 수밖에 없는 상황을 받아들이게 된다. 이는 코치 역시 사실/진실 그리고 진심이란 무엇이냐는 질문 앞에 끌려나가게 된다.

(출처: 김상복 '프로이트 das Einfallen 연구' 서론. 2023.)

[과제 연구 1] 경험에 대한 네 가지 태도

경험에 대한 자기self의 네 가지 태도를 아래와 같이 열거한다. 각각을 어떻게 정의내리고 평가할 수 있는가? 먼저 코치 자신을 코칭 도구로 할 때 코치의 경험 그 자체는 다양한 과정을 통해 앎으로 벼려 나가야 함은 분명하다. 다음 표를 활용해 자신의 경험에 대한 태도를 먼저 살펴보자. 상세한 논의는 먼저 사색한 다음 함께 논의해 나가자.

경험에 대한 자기self의 네 가지 태도

정신화mentalizing	성찰적reflective
파묻히다/내장하다 embedded	마음챙김mindfulness

출처: David J. Wain, (2007) Attechment in Psychotherapy 『애착과 심리치료』 김진숙 외 역, 2010. 학지사. 제9장.

9장
인간관계의 신경과학적 기초

정신역동 코칭을 위한 새로운 통찰

신경과학은 심리학과 정신역동 이론 분야에서 점차 많은 관심을 받고 있다. 정서는 어떻게, 어디에서, 사고thought와 연결되는지 이해하여 (악성적) 적응 행동에 영향을 끼치는 기본 요인을 더 잘 알고 조절할 수 있다.[49]

판크세프Panksepp와 비벤Biven(2012)은 **정서의 일곱 가지 기본 특성**(기본 정서)을 확인했다(5장 참조).

- [필요한] 자원을 얻기 위해 추구/구하기 SEEK resources
- 자원을 보호하기 위한 분노(불쾌) RAGE to protect resources (unpleasant)
- 방어의 두려움 FEAR as a defence

---

49) 참조: 『신경 정신분석으로의 초대』(Karen Kaplan-solms, Mark solms 지음. 려원기 옮김. 2020) 오래된 저서의 번역이다. Clinical Studies in Neuro-Psychoanalysis: Introduction to a Depth Neuropsychology(2002)

- 섹슈얼리티 통제 욕망(사회적 반응, 추구와 밀접한 관련이 있음)LUST controlling sexuality(a social response, strongly connected to seeking)
- 모성 및 양육 행동으로 보살핌(보상)CARE as maternal and nurturing behaviour(reward)
- 분리 고통으로 공황상태에 빠짐PANIC due to separation distress
- 사회적 참여(보상)인 놀이PLAY as social engagement(reward)

정동 시스템affective system은 인간의 모든 정서 기반을 형성하고, 개인이 자기 필요를 알아차리고 이에 대응하는 조치를 하게 한다.

판크세프의 **정동 신경과학** 연구를 기반으로 솜즈Solms는 신경정신분석 분야의 정신, 뇌, 신체, 의식에 대한 새로운 접근 방식을 개발하고 적용했다. **의식**은 일반적으로 뇌의 넓은 정면인 전두엽 영역인 피질에 위치하는 것으로 이해된다. 그러나 **의식**은 주관적인 관점에서만 관찰할 수 있다. 그것은 마음mind과 연결된 정신적 과정mental process이다. 솜즈가 나겔Nagel(1974)을 인용한 바와 같이 의식적 존재로서의 개인은 "그것(개별 존재)이 되는 것처럼 느껴야 한다."(Solms, 2014, p.50, 강조는 원본)라고 강조했다.

신경과학은 오랫동안 의식과 신경의 상관관계neural correlates를 연구해 왔으며, 신경 상관관계는 의식의 기본적 질로 정동되는 것be affects으로 이해된다(Panksepp, 1998). <u>①무언가를 느낄 때만 사람은 의식이 있고 살아 있음을 인식하고 자각할 수 있다.</u> 우리가 그것을 느낄 수 있고 상대적으로 복잡한 경험을 할 수 있는 것은 지각적 표상/표현representation에 대한 기억유지 mnemic[50] 표상으로 ②정동의 '확장'을 통해서만 가능하다. "나는 그것에 대해 이렇게 느낍니다."(p.50)라는 식으로 상대적으로 복잡한 경험을 할 수 있다. 이러한 정동 감정affective feelings은 동기 부여에 영향을 미치며, 특정한 욕

---

50) mnemic: relating to the ability to retain memory: Collins 사전. 기억력을 유지하는 능력

구(음식 등 생리적 욕구, 호기심 충족 등 심리적 욕구)가 충족되지 못하는 것을 나타내기 때문에 ③우리에게 무언가를 하게 만든다(더 많이 찾거나 도망가는 등). 이러한 **정동 감정**이 의식이 되면 우리가 그것을 해결해야 하며 어떤 조치를 해야 한다고 말한다. 이에 대응하여 우리는 해결책을 ④개발하려고 시도한다(모든 밑줄 강조. 역자). 요구needs가 충족되면 해결책은 뇌의 〈작업 기억〉에 인식으로 저장된다. 그것은 표현이 된다[표상을 지니게 된다]. 학습 과정의 첫 번째 단계이다. 이러한 인식cognitions/기억 흔적memory traces이 반복적으로 재사용되면 점차 **자동화**된다. 따라서 인식은 먼저 **인지적 의식**cognitive consciousness으로 발전하다가 나중에 자동화되면 통합 정리되고 **무의식**이 된다. 또 활성화된 정동activated affect을 통해서만 기억 흔적이 그 표상representation으로 의식이 될 수 있음을 의미한다. 정동은 동기를 부여하고 주의를 집중하게 한다.

솜즈의 접근 방식은 프로이트가 '에너지 투여[집중/부착]cathexis(Besetzung)'[51]로 설명하는 것과 유사하며, 정동은 기억 흔적과 연결된다([그림 9.1] 참조).

두뇌의 다양한 영역이 이 학습 과정에서 역할을 한다. 그 기능은 개인의 요구가 충족되도록 돕는 것이다. 여기서 우리는 선언적non-declarative이지 않는 암묵적 학습 과정, 특히 편도체와 관련된 정서적 반응에 의한 연상 학습associative learning을 한다([그림 9.2] 참조).

---

51) 카텍시스cathexis: 투여, 집중, 부착. [독] Besetzung. 정신분석의 경제적 개념으로 어떤 심리적 에너지가 표상이나 표상군群, 또는 육체의 일부분이나 대상 등에 달라붙는 것이다. Besetzung은 프로이트가 작업 내내 사용한 개념이다. 『히스테리 연구』, 「과학적 심리학 초고」에 처음 나타난다. '신경계에서 흥분성의 이동'으로 표현된다. 치료는 문제가 된 여러 표상들의 연결을 복구함으로써, 외상적 사건의 기억과 정동 사이의 관계를 재건하고 그렇게 해서 정동의 방출(해소)를 촉진하는 것이다. 역으로 증상의 생성은 심리 에너지가 〈신경 감응 에너지〉로 전환됨으로써 이루어진다는 것을 암시한다. 참조: 『정신분석 사전』(장 라플랑슈, 장 베르트랑 퐁탈리스 지음. 임진수 옮김. 열린책방. p.491.

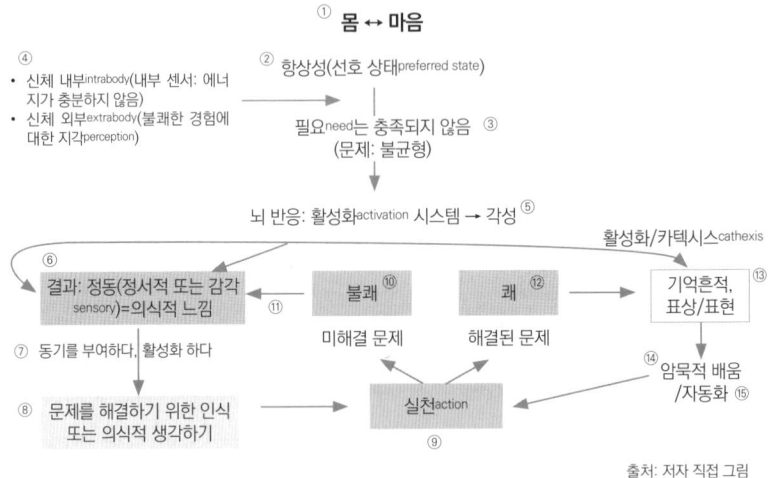

[그림 9.1] 정동의 기능

[이야기로 그림 이해하기]: 역자

1. 몸과 마음은 상호 영향을 주고받는 서로를 반영하는 밀접한 관계이다.① 때때로 마음의 상태와 몸이 분리되어 한쪽을 억압하는 경우 일시적으로 가능할 수 있으나 이런 상태가 지속되기 어렵다. 분리되어 전혀 소통되지 않는 경우 특별한 증상(예: 감정 표현 불능증Alexithymia[52])을 지니거나, 거짓된 삶이나 가장된 성격 특성을 보일 수 있다.
2. 몸과 마음은 밀접한 채, 자신이 선호하는 상태(반복하는 일상, 습관)로 항상성[53]을 유지한다.② 그러나 신체 내부와 외부의 자극과 이에 호응하며 갖게 되는 다양한 필요need③는 모두 충족되기 어렵고 불균형은 필연적이다.④ 이는 몸과 마음에서 거의 동시에 일어난다. 뇌기능이 활성화되고, 각성이 일어난다.⑤
3. 이는 정동affect(정서 또는 감각)이 되고 의식적 느낌으로 이어지며,⑥ 동기 부여되고 행동으로 활성화의 길을 간다.⑦ 그 결과 인지, 문제 해결을 위한 뇌 반응이 활성화(의식적 생각하기)⑧되고 이는 곧 우리 인간의 〈실천〉이다.⑨
4. 실천 결과 문제가 해결되지 않으면 불쾌가 되어⑩ 다시 새로운 〈정동〉을 유발

하며 반복과정을 거친다.⑪ 문제가 해결되면 유쾌한 경험이 되어⑫ 〈기억 흔적〉, 〈표상/표현〉이 되어⑬ 암묵적 학습/배움이 되고 실천으로 이어지고⑭ 차후 같은 경험이 될 경우 자동화된다.⑮

5. 반면에 〈2항_뇌반응 활성화〉 단계⑤의 정동은 언제나 새로운 경로로 이뤄지기 보다는 기존의 경험과 이어진다.⑯ 기억 흔적/표상과 이어져⑬ 과거 비슷한 경험과 연결되기에 (반복) 활성화된다. 이는 이미 과거 경험으로 에너지/주의 집중cathexis이 이루진 상태이기에 이것이 소환되어 자신의 암묵적 앎에서 자동적으로 연결되고⑮ 행동/실천⑨으로 이어져 불쾌⑩와 쾌⑫의 과정으로 이어진다. 여기서 쾌의 감정이 되면 기억 흔적을 찾아 암묵적 배움을 소환하거나 자동적인 반응을 한다(⑫~⑮). 반면에 불쾌의 경우 다시 정동=의식적 느낌, 새로운 행동을 위한 동기 부여의 길(⑥~⑨)을 순회한다.

52) Alexithymia: 미국의 정신분석 의사이자 단기 역동 정신치료 제창자인 시프니오스Sifneos, P. E.에 의해 제창, 그리스어 a=lack, lexis=word, thymos=emotion으로 되는 조어이다. 문자 그대로 감정을 표현할 말의 결여를 의미하며, 자신의 감정 인지와 그 표현이 결여된 환자의 상태를 가리킨다. 신경증 환자와 달리 환상성, 상상력이 부족하고, 자신이 처해 있는 상황이나 증상에 대해서는 장황하게 말하는 것과 대조적으로, 거기에 따른 감정 표출이 곤란하고, 면접자와의 소통성도 좋지 않다.

53) 프로이트가 기술한 원칙에 따르자면 심리장치는 그것이 보유하고 있는 흥분의 양을 되도록 낮게, 아니면 적어도 일정하게 유지하려는 경향이 있다. 항상성은 한편으로는 이미 있는 에너지를 방출함으로써 이루어지고, 다른 한편으로는 흥분의 양을 증가시키는 것을 피하고, 그러한 증가를 막음으로써 얻어진다. 자세한 참조는 『정신분석 사전』(장 라플랑슈, 장베르트랑 퐁티리스 지음. 임진수 옮김).

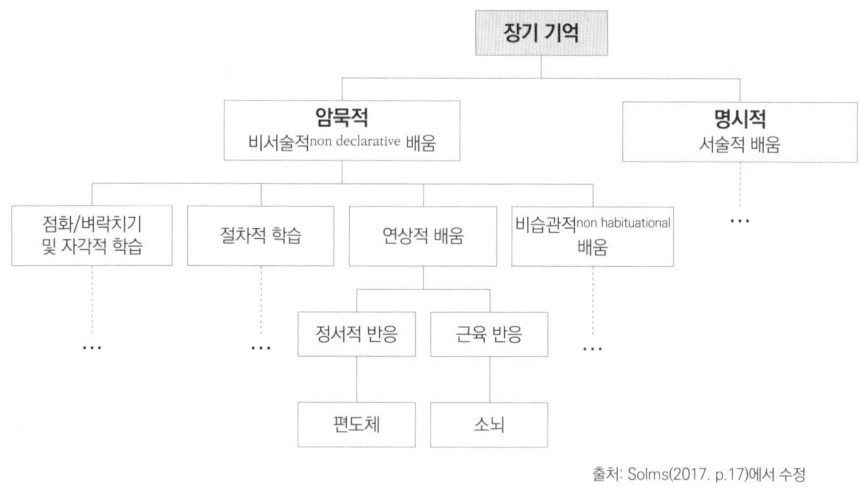

출처: Solms(2017. p.17)에서 수정

[그림 9.2] 장기 기억 개발

[그림을 이야기하기]

1. 〈장기 기억〉은 용량에 제한이 없고, 감각 통로를 통해 투입된 단기 기억을 거쳐 비교적 영속적이고, 평생 보존될 수 있는 기억작용으로 이해된다. 기억작용이란 경험한 기억이 뇌 속에 등록, 저장되었다가 의식 세계로 꺼내져 재생되는 현상이다. 해마와 편도체를 포함하는 측두엽 내부, 간뇌의 핵, 전뇌의 기저부 등 세 부위와 관련이 있다.
2. 장기 기억은 〈암묵 기억〉이며, 비서술적non declarative 기억이기에 명료함이나 논리적일 수 없다. ①점화되듯 순간에 출현하고, 순간의 자각을 통해 얻고, ②하나하나 이해하는 절차적 과정을 통해 배우고 ③연상적이며 ④습관적이 아닌 형태의 배움이다.
3. 정신역동/분석 코칭에서 중요한 연상적 배움/앎이란 자신의 정서적 반응, 신체 반응에 주목하고 이를 계기로 떠오르는 정서 반응에 대한 알아차림과 이미 사고해 둔 것이 아닌, 신체 반응에 주목하며 이뤄지는 (새로운) 생각하기thinking 과정을 통해 얻어진다.

솜즈(2013)의 결론은 이드id가 (프로이트가 추측한 대로 무의식이 아니라) 의식적이라는 것인데, 이는 정동은 작동하기 위해 먼저 의식되어야 하기 때문이다. 반면에 자아ego는 기억의 흔적을 담고 있으므로 주로 무의식적이고, 의식되기 위해 정동에 의해 자극되어야 한다. 그러나 이 표상/표현은 선언적이지 않은 시스템 일부이며, 의식 안으로 다시 되돌릴 수 없다. 오직 〈의식[이 된]인 정동〉일 뿐이다.

이 이론이 적용될 때 환자의 치료는 물론 코칭이 전달되는 방식이 바뀌게 된다. 그 사람이 ①경험하고 고통받는 **정동/영향**과 ②행동과 실제 정서에서 **정동 체계**로, ③남아 있는 미해결 **문제**unresolved problem로 초점을 전환하는 것이 필요할 것이다. 무엇이 주어진 필요need를 충족시킬지 예측하는 기능인 〈학습된 행동 패턴〉은 자주 작동하지 않고 그 사람을 불행하게 만든다. 판크세프의 정동적 체계는 질문이나 문제가 어느 시스템에 위치하는지 이해하는 내적 감정구조inner-feeling structures에 대한 중요한 지침이며, 이를 이해하고 함께 작업하는 것이 중요하다.

(다른 사람들과 마찬가지로) 이러한 관점에서 다른 사람의 감정 전이인 **역전이**는 어디에서부터 일을 시작해야 하는지에 대한 아이디어를 개발하는 핵심이다. 궁극적으로 고객은 불쾌한 사실에 직면하고 그에 따라 새로운 행동 패턴을 개발하는 법을 배워야 한다(Solms, 2017).

[핵심 단어와 주요 인물]

- 정서의 일곱 가지 기본 특성
- 투여/카텍시스
- 비서술적 기억
- 판크세프 Panksepp

- 정동 시스템
- 장기 기억

- 솜즈 Solms

[부록 9] 신경정신분석에 대한 관심[54]

신경과학과 정신분석의 결합을 위한 연구 성과는 정신분석에 새로운 영향을 주고 발전에 견인차가 될 것이다. 1856년생인 프로이트는 정신분석을 공공연히 드러낸 40대가 되기 전까지는 신경 해부학자였지만 이 사실은 강조되지 않고 있다. 그에게 정신분석 선언은 자신의 기존 정체성과 그때까지 연구 방법론을 버리고 새로운 연구 방법을 선택한다는 것을 의미한다. '동물 비교 신경해부학에서 인간의 신경과학 문제로 과학적 관심사를 바꾼 시점과 맞물려 신경과학에서 정신분석으로, 실험실 내 연구에서 임상적 방식 연구로 전환(p.19)'이었다.

신경과학에 많은 영감을 주었던 프로이트 논문 『과학적 심리학 초고』는 그가 1887~1902년에 집필 뒤 어떤 고민 장벽에 부딪혀 발표되지 않았지만 사라지기 직전 1950년에 우연히 발견되었다. 프로이트는 이 논문에서 "뉴런(1892년에 발견됨)과 시냅스 전달과 같은 신경생리학, 히스테리를 치료한 최근의 경험에서 얻은 임상적 관찰 자료들에서 빌려온 생각들을 나란히 놓고 어떤 과감한 사고를 추론해낸다."[55]

'임상에서 유래한 정신분석의 심리학적 개념'과 '실험실에서 알게 된 생리/해부학적 개념들' 사이에 존재하는 틈을 연결하려면 어떻게 해야 하는가(p.20)가 중요한 관심이다. 솜즈는 프로이트가 임상-해부학적 짝짓기 법에 근거한 위치 특정주의보다는 뇌/몸의 반反위치 특정주의, **역동적인 기능적 시스템**을 강조해 설명했다고 본다. 또 이런 흐름은 역동 신경심리학이라는 새로운 학문을 형성했다.

---

54) 이 글에서 특별히 출처를 밝히지 않은 부분, 내용의 기본 흐름 등은 다음 책을 참조한 것이다. 『신경 정신분석으로의 초대』(Karen Kaplan-solms, Mark solms 지음. 려원기 옮김. 2020)
55) 『리딩 프로이트』 장-미셸 키노도스 지음. PIP 정신분석연구소 옮김. NUN. p.50)

과학자 프로이트가 임상에서 관찰한 바를 설명하기 위해 상정한 정신 기구가 단지 **임시적인** 구성물일 뿐이며, 뇌 조직에서 **어떤 식으로든** 틀림없이 표상될 **기능적 관계** 체계를 나타낸 것일 뿐임을 전 생애에 걸쳐 계속해서 인정 (…) "실제 건물과 간이 비계飛階를 혼돈해서는 안 된다(꿈의 해석)."라고 끊임없이 주장한 이유 역시 마찬가지다(Solms, 2020, p.37).

정신분석 코칭에서 신경과학의 연구 결과를 어떻게 임상에 활용할 수 있는가? 먼저 신경과학의 성과를 코칭에 활용한 코치 에이미 브랜Amy Brann은 그의 저서 『뇌를 춤추게 하라: 두뇌 기반 코칭 이론의 실제Neurosience for Coaches』[56]에서 코치는 '자기-지시적 신경 가소성을 촉진하는 전문가'로 코치를 정의한다. 그는 〈잠시 멈춤〉은 두뇌에 '다시 그리고 재설계'를 가능하게 하며, 이를 통해 새로운 신경 연결 통로를 만들거나 보강한다는 점에 착상해 코칭의 주요 어젠다에 대한 개입을 개발했다.

일반 코칭 어젠다에 대한 신경과학적 해명을 정리하고, 이를 코칭 고객에게 제시할 방법을 사안별로 구체화했다. 정신분석 코칭 역시 코칭 주체와 코칭 관계에서 일어나는 현상이고, 정신분석의 일부 현상을 신경과학적 연구 결과로 재정리할 수 있다. 그러나 사실 여기까지이다. 신경과학 원리에 대한 앎이 자유 연상과 무의식의 접촉을 어떻게 안심하게 하고, 손쉽게 할 수 있고, 인간의 성장과 성숙에 기여할 수 있을지는 차후 연구 과제이다.

---

[56] 『뇌를 춤추게 하라: 두뇌 기반 코칭 이론의 실제Neurosience for Coaches』 에이미 브랜 지음. 최병현, 이혜진 옮김. 2017. 한국코칭수퍼비전아카데미)

10장
중요한 맥락으로의 시스템

정신역동 코칭은 단순히 두 사람의 상호작용만이 아닌 그 이상의 관점이 요구된다. 맥락 또는 상황context이 프로세스에 영향을 미친다고 보기 때문이다. 고객은 전문적 역할로 지원을 요구하고 있고, 그를 둘러 싼 맥락과 상황은 시스템인 조직에 의해 지배적인 모습을 하고 있다. 그러나 고객 역시 가족이나 친구 같은 작은 시스템, 사회나 국가 같은 더 큰 시스템의 일부이다. 〈시스템〉이 코칭 과정에서 하는 역할은 두 가지이다. 하나는 시스템이 고객의 내부 대상으로 모습을 띠고 고객에게 영향을 미치고 있다는 점, 또 하나는 고객이 영향 받는 외부 현실/실제outer-reality로서 작동한다는 점이다.[57]

시스템 접근은 개인을 자신의 피부에 얽매이지 않고 〈관계의 연결체nexus〉로 간주한다(Reed & Bazal-gette, 2006). 이런 관점에서 보면 "조직의 정

---

[57] 시스템 안에 있는 개인은 시스템이 내면화되어 고객의 내적 대상이 되어 고객에게 영향을 미친다. (반면에 고객은 시스템에 영향을 주고 있다. 이런 영향을 받은) 시스템은 고객에게는 외적 환경이 되어 고객에게 작동한다.

서 세계는 단순히 내부의 인간관계 기능이고, 일종의 인공물artefect로 볼 수 있다."(Armstrong, 2006a, p.93)는 점에서 중요하다.[58]

이런 **시스템-정신역동** 학파의 발상thought은 타비스톡 연구소Tavistock Institute에서 시작되고 개발되었으며, 밀러Miller와 라이스Rice(1967)가 처음으로 시스템화했다. 여기서 시스템은 작업하는 사람의 경험을 구조화하는frame 관점을 말한다. 이에는 ①조직 설계, ②권한 수준, ③노동 배분, ④관계 보고reporting 같은 구조적 측면은 물론 ⑤조직의 과업tasks, ⑥작업의 특성, ⑦프로세스, ⑧적극성activities, ⑨사명, ⑩기본 과제와 ⑪일차적 위험 등이 포함된다. 그 결과 집단과 사회적 과정이란 해결되지 않고, 인식되지 않는 조직과 개별 개인 사이의 어려움의 근원이나 결과가 될 수 있다(Gould, Stapley & Stein, 2001).[59]

따라서 시스템-정신역동 관점은 **내부에서 밖으로, 외부에서 안으로** 두 접근을 특별히 선호하기보다는 **동시에 작업**하는 것을 의미한다(Armstrong, 2006a). 〈시스템-정신역동 코칭〉의 초점은 〈역할을-담당하는-사람person-in-role〉이고, 다층 구조 조직과 사회분야로 맥락이 구성된다(Brunning, 2006).[60]

---

58) 시스템 입장에서는 각 개인보다는 그 개인들이 서로 어떤 〈관계〉를 맺고 있는가, 그 관계들이 어떤 모습이고, 어떻게 흘러가는가, 어디가 막혀 있거나 충돌하는가 등이 이슈가 된다. 이런 내용을 지닌 조직-정서, 관계의 결합체와 관계의 움직임이 만들어내는 이슈들은 객관적인 사물, 인공물로 간주하고, 시스템이라는 독자적인 흐름(시스템의 의도)으로 바라본다. 코칭 룸에서 두 사람은 잠시만이라도 이런 시스템의 전체 모습과 조직-정서를 떨어져 대상으로 바라보며 대화할 필요가 있다.

59) ①~⑪의 과제는 시스템이 지닌 과제이다. 집단 시스템이 작동하는 결과는 해결하지 못했거나 인식하지 못한 과제, 이를테면, 집단이 사회적 과정과 불화하거나, 일치하지 못하거나 오류에서 오는 과제, 또 이로 인한 개인의 특별한 어려움이 결과로 남겨진다면(이는 결과적으로 드러난다) 이는 시스템 접근의 한계가 된다. 근본 문제/한계가 된다. 이를 위한 해결은 〈사람-역할-조직 모델(3장, [그림 1] 참조)〉에서 〈사람-역할〉부분을 〈역할-조직〉의 검토 결과와 연동해서 검토하는 것이다.

60) 시스템 관점과 정신역동 관점을 결합한다는 입장에서 관련 논문을 모아 정신역동 코칭을 개척했고 여전히 효시가 되고 있다. 『Executive Coaching_Systema-psychodynamic perspective』 Edited by Halina Brunning. KARNAC. 2006.

타비스톡의 방법 Tavistock Method은 시스템-정신역동 코칭의 토대가 되었다. 제2차 세계대전 후 1940년대 후반, 클라인파 정신분석가 비온Bion은 런던의 타비스톡 인간관계 연구소에서 일련의 소규모 연구 집단을 수행했고, 나중에 『집단에서의 경험Experiences in Groups』(한글판, 현준 옮김, 2015)으로 출판했다. 집단 안의 개인 역할뿐만 아니라 권위, 리더십 관계와 경계 역동에 초점을 맞춘 집단적 실체로서 〈작업 집단〉에 초점을 맞춰 연구했다. 동시에 시스템 이론 관점은 조직 및 사회심리학(예: Buckley, 1967; Katz & Kahn, 1966)과 경제학(개인에 초점. Simon, 1947, 1957; March & Simon, 1958)에도 도입되었다(Cyert & March, 1963). 라이스Rice(미국의 A. K Rice Institute는 영국의 Tavistock Institute와 동등함)는 개인은 <u>자신의 참여하는 집단의 맥락에서 분리될 수 없는 개인</u>이라는 관점을 발전시켰고, 집단-관계 학회의 연구 윤곽을 구성했다. 라이스의 영향 아래 영국도 1960년대 집단 작업은 집단 관계에 초점을 맞추게 된다.

집단은 조직 작업의 근거인 과제를 수행하기 위한 의식적 선택으로 발전할 수 있다. 이는 정서적 위협에 대한 대응으로 개발할 수 있다. 이때 집단은 하나의 시스템으로 작동하며 집단이 전체로 이해될 수 있다.[61] 〈**전체-로서의-집단**group-as-a whole〉 접근 방식은 주로 마이클 폴크스Michael Foulkes[62]와 쿠

---

[61] '개별 개인'보다도 손쉽게 '집단'을 중심에 두고, 특정한 선동, 결의에 의해 특정한 행동을 의식적으로 선택(의사결정)하고 이를 행동 통일해 가며 집단은 발전을 거듭한다. 이런 와중에 (외부 대상에 대한) 정서적 위협을 계기로 조직 역시 정서적 태도를 결정하기도 한다(~싫다. 나쁘다. 위험하다. 들어오지 못하게 하자 등). 개별 개인은 뒤에 숨거나 위임하고 따라간다. 집단은 하나로 일체가 되고, 하나로 움직이게 된다.

[62] 마이클 폴크스Michael Foulkes: 이는 저자의 오기로 보인다. 인용한 논문에서 확인하면 〈폴크스Siemund. Heinrich. Foulkes〉이다. 논문은 개인과 집단 사이의 끊임없는 긴장, 권위주의와 민주주의 집단생활 패턴 사이에 존재하는 긴장 등을 다룬다.
　폴크스S. H. Foulkes: 독일계 영국인 정신과 의사, 정신분석가이며 그룹치료의 변형으로 그룹분석을 창시한 행동 이론을 개발했다. 집단 연구와 관련해 비온이 클라인 학파의 흐름을 따랐다면, 폴크스는 안나 프로이트의 노선을 따랐다고 할 수 있다. 또 그의 이론은 구스

르트 레빈Kurt Lewin[63])에 의해 개발되었다(Ettin, Cohen & Fidler, 1997).

- 모든 집단의 주요 임무는 생존을 위해 해야할 일을 하는 것이다.
- 집단은 구성원의 환상과 투사의 결과로만 자기 삶을 살아간다.
- 집단은 기본 과업을 수행하기 위해 자기 구성원을 활용한다.
- 집단 구성원의 행동은 **구성원** 자신들의 요구, 역사, 행동 패턴, **집단**의 요구, 역사, 행동 패턴의 표현이다.
- 집단이 논의하는 내용이나 수행하는 작업이 무엇이든 그것은 그 자체로 항상 반향을 일으킨다.
- 집단 프로세스를 이해하면 집단 구성원은 설정한 집단 안에서 자기 정체성과 기능에 대해 이전에 나눌 수 없었던 선택과 높은 알아차림을 얻을 수 있다.

(Banet & Hayden, 1977)

명확한 조직 과업에 따라 〈작업 집단〉으로 기능하는 경우에도, 집단은 언제든 스스로 탈선하여derail 방어적인 〈기본 가정〉으로 되돌아가는 경향이 있다(Ettin et al., 1997).(14장 참조) 코칭 과정과 관련하여, 시스템 차원의 집단 접근은 두 가지 용도를 제공한다. 집단이 구성원의 역할, 관계, 정체성을 형성하기 때문이고, 집단의 상황과 맥락이 개인에게 미치는 영향을 이해

타프 융과 알프레드 아들러의 주장도 수용한 것으로 알려진다. (참조: 『Psychodynamic Coaching: focus & depth』 Ulla Charlotte Beck, 2012, KARNAC, p.120) 관련 저서: 『Therapeutic Group Analysis』 (2018) Routledge.

63) 쿠르트 레빈Kurt Lewin: 집단역동과 조직개발, 사회심리학의 개척자이고, 장이론을 확립했다. 집단과 장이론에 빠짐없이 인용되는 학자이나 정작 내용 소개는 충분하지 않다. 그의 집단 역동과 장이론은 사회심리학, 사회과학에 영향을 주었다. 『사회과학에서의 장이론』, 『사회적 갈등 해결하기』 등이 소개되어 있다. 정신분석에서도 이와 별도로 〈장이론〉이 제기되어 있다.

하는 데 도움이 되며(Bion, 1962), 이를 〈정신역동 팀-코칭〉 접근에도 사용할 수 있다.

시스템이라는 조직은 목적과 관련하여 두 가지 기본 관리 개념을 갖는다. 〈일차 과제primary task〉와 〈일차 위험primary risk〉이다. 〈일차 과제〉는 시스템, 집단 또는 회사가 이행하기 위해 수립한 임무이다. 〈일차 위험〉은 새로운 방식을 도입하거나 새로운 방향으로 나아가며 이미 내재된 것이다(Hirschhorn, 1999). 전혀 다른 과업을 선택해야 할 필요성은 리더와 추종자 모두에게 불안과 같은 정서적 반응을 일으킨다. 이런 불안은 자주 의식적으로 표현되지 않지만 무의식 상태로 남아 의사결정을 방해한다. 따라서 두 가지 대안적인 〈일차 과제〉 전략 사이 양쪽을 오고가는 상반되는 〈진동〉은 가능한 반응이다.[64]

시스템을 바라보는 개인

시스템으로의 조직이 고객과 코치 사이의 담론 안에 존재 할 수 있는 방식은 두 가지 이다. 〈내적 현실〉이라는 〈마음 안의 대상〉으로, 또 고객과 코치와는 독립적인 〈외부 현실〉이 그것이다. 내적 현실로서의 '**마음 안의 대상**'은

> 고객 정신의 건축구조물construction이 아니다. 그/그녀에게 등록되어 있고, 그들을 감염시키고 있으며, 소유하거나 손절하거나disown[분리], 옮겨 놓거나[전치], 투사

---

64) 일차적, 기본적으로 주어진 과제와 이로 인한 기본적인 위험은 할까 말까, 이것인가 저것인가, 그렇다 아니다 등 이중적이고 상반되는 감정 상태로 진동하고 흔들리는 것은 언제든 출현하는 반응이다. 이런 시스템 작동 안의 개인 역시 영향을 주고받기 하거나 충돌하는 것은 극히 일반적이다. 코치는 이점을 인정하고, 감안해야 한다.

하거나 부인denied할 수 있고, 또한 알려지거나, 생각하지 못한 현실에 있는 **정서적 현실**이다(Armstrong, 2006b, p.52).[65]

조직이 그 스스로 일으킬 수 있는 정서 생활을 갖고 있는지 의문을 갖고 조직 대상을 검토해보면, 암스트롱Armstrong은 정신 경험의 발원 지점인 조직이라는 대상은 그 내부에 **정서 패턴**을 만들어내는 기업 나름의 프로세스, 구조 및 그것이 내재한 맥락과 같은 내부에 박혀있는embedded **경계 조건**에 의해 정의될 수 있다고 주장한다(Armstrong, 2006a).[66]

따라서 개인의 내적 현실inner-reality은 개인이 지닌 정서 패턴과 조직 환경/설정에서 나타나는 [분위기/정서] 이유를 이해하는 것이 도움이 된다. 이는 〈전체로서의 조직〉에 대한 통찰, 일차 과제의 본질, 조직 구조와 직면한 과제, 딜레마에 대한 통찰을 제공할 수 있다(Armstrong, 2006a). 이런 방식으로 개인의 내적 현실은 조직의 외부 현실outer-reality과 연결되며, 이해되고 개입된다.

〈마음 안의 조직organisation-in-the-mind〉과 〈**외부 현실**〉 사이의 연결 고리는 개인의 역할 안에 놓여 있다. **역할**은 개인과 사회 시스템 사이의 장소, 영역 또는 접속기interface로 이해될 수 있다(3장 참조). 역할이 지닌 이런 측면은 공식적(조직에 의해 정의됨), 비공식적(개인의 의식 및 무의식 측면 포함)으로 구분된다(Sievers & Beumer, 2006). 그러면 그 사람은 〈역할을-담당하는-사람person-in-role〉이 되며, 역할을 찾고, 만들고, 역할을 맡는 과정을 거친다(Reed & Bazal-gette, 2006). 조직 역할 분석Role Analysis은 이 역할 개념에

---

65) 건축물처럼 고정되어 있는 구성물이 아니다. 마음 안에 대상으로 존재하나 유동적이고, 그래서 정서의 형태로 감지할 수 있다.
66) 기업 조직 이미지만큼이나 정형화되어 있거나, 분위기 등으로 알 수 있는 정서적 패턴이 조직마다 지니고 있다는 의미이다.

적용되는 방법이다(3장 및 20장 참조).

[핵심 단어와 주요 인물]

- 시스템 접근
- 타비스톡
- 일차 과제 primary task
- 마음 안의 대상
- 역할 분석 role analysis
- 쿠르트 레빈 Kurt Lewin
- 비온

- 시스템-정신역동
- 전체-로서의-집단 group-as-a whole
- 일차 위험 primary risk
- 역할을-담당하는-사람 person-in-role

- 폴크스 Siemund. Heinrich. Foulkes

[부록 10] 시스템 접근의 구체화와 독립

모든 개인은 어떤 〈시스템 안의 개인〉이기 때문에 ①시스템 작동 안에서 살펴보고, ②시스템이 개인에게 미친 영향(환경), ③시스템에 의해 갖게 된 개인의 내적 현실(마음안의 대상)을 감안한다. 또 ④이 모든 요인이 일시적, 순차적, 비선형적으로 작동한다는 점을 알고, 이를 활용하여 코칭한다. 그렇다면 구체적으로 **어떻게** 코칭하는 것인가? 이에 대한 대답은 시스템 이론이 광범위한 만큼 방안도 다양할 수 있다. 코칭에서 시스템 접근을 강조하는 주장은 모두 서로 다른 나름의 방법을 각각 제시한다. A, B, C, D 등 나열되는 대로 이해하고 익히는 방법밖에 없다. 〈시스템 접근〉에 근거한 다양한 방식을 종합할 필요가 있다.

코치로서는 고객을 둘러싼 시스템을 고려하여 위 네 가지 대상이 어떻게 작동하는지, 주요한 요인은 무엇인지, 무엇에 의해 위와 같은 주요 요인의 비중이 변화하는지 파악하고, 이를 고객 분석과 코칭 기획(작업가설)에 활용한다. 또 코칭 주체 역시 자신을 중심으로 한 시스템 파악과 인식을 깊게 하는 과정에서 새로운 인식의 돌파구를 갖게 된다.

사건과 이슈는 시스템과 외부 환경, 시스템과 내부 환경, 시스템과 개인과의 관계 변화에 따라 수시로 바뀐다. 코치는 코칭 주체가 시스템의 희생자, 사건과 이슈의 희생양이 될 수 있다는 점을 유념해야 한다. 반대로 개인의 이슈를 시스템의 문제로 전가시키는 것 역시 경계해야 한다. 이는 해결책이나 행동 계획을 수립할 때도 마찬가지다(14장 [부록 14] 참조).

정신역동/분석 코칭은 초기부터 시스템 관점을 수용하고, 활용해왔지만 이는 상호 독립된 분야이다. 내면 세계 역동의 한 측면으로 시스템의 다양한 층이 내면 세계의 대상으로 작동한다는 점에서 시스템 이해가 중요하고 필요했다. 또 시스템의 반영에 의한 컨스텔레이션/짜임구조로 새로운 앎이 형성되는 점에서 더욱 밀접한 관계로 이해해왔다. 그렇지만 이른바 시스템(접근에 의한) 코칭을 독립된 주 측면으로 하고, 미세 방법으로 정신분석 코칭의 결합도 가능하다.

1. Clare Huffington. 「A contextualized approach to coaching」 『Executive Coaching: System-Psychodynamic Perspective』 Halina Brunning edit. KARNAC. 2007
2. 『시스템 관점에서 본 발달적 코칭』 『코칭앤카우치』 맨프레드 F.R. 케츠 드 브리스 외 지음, 조선경, 이희상, 김상복 옮김. 한국코칭수퍼비전아카데미. 2020
3. 『시스템 코칭: 개인을 넘어 가치로』 피터 호킨스, 이브 터너 지음. 최은주 옮김. 한국코칭수퍼비전아카데미. 2021
4. 『시스템 코칭과 컨스텔레이션: 개인, 팀 및 그룹에 대한 원칙, 실천 및 적용』 존 휘팅턴 지음. 가향순, 문현숙, 임정희, 홍삼열, 홍승지 옮김. 한국코칭수퍼비전아카데미. 2022.
5. Systemic coaching: systemic work without the constellation. Jan Jacob Stam, Bibi Scheuder, Babara Piper. 2017.

이론 3부

관계 활용에 의한 코칭 응용

11장
내면 풍경의 이해

의미 생성 및 변형

심리치료therapy든 코칭이든 〈의미meaning〉 또는 〈의미-부여하기sense-making〉[67]는 정신역동의 기본 개념 가운데 하나이다. 코치가 고객의 이야기에 완전히 몰입하는 과정에서 비온Bion(1970, 『주의와 해석』)은 '기억memory, 욕망desire, 이해understanding 및 감각인상sense impressions[자극에 대한 정교하지 않은 초기 인식/느낌]을 피하거나 중단할 것'(Vansina, 2008)을 강조한다. 여기에는 자신의 개인적인 정서 경험에 대한 인식을 유지하면서 동시에 듣고, 해석하

---

[67] 의미 부여하기sense-making: 자신이나 집단, 다른 사람들의 경험에 의미를 부여하는 과정이다. '자기가 하는 일을 합리화하는 그럴듯한 이미지의 지속적이고 소급적 개발' 과정이다. 개인은 〈이해하기 위한 과정〉이며, 〈알 수 없는 것을 소화하는 과정〉이기도 하다.
    코치와 〈코칭 주체〉는 외부 세계, 내면 세계에서 새롭게 발견하는 〈알 수 없음〉을 코칭 관계를 통해, 상호 대화를 거치며 (새로운)의미 발견-만들기-의미 부여하기를 통해 〈의미-구축〉을 한다.

고, 개입할 시기와 방법을 선택하는 것이 포함된다.[68]

고객의 무의식적 요구는 [겹겹이 쌓인] 다층구조multilayered 과정이고 복잡하기에, 무의식적으로 공모하지 않도록 적절한 훈련이 필요하다. 이 점을 염두에 두며 프로이트주의자들의 '고르게 떠 있는 주의free-floating attention'[69] 대신에 '균등하게 분할된 주의equally divided attention'[70](Bion, 1970. 『주의와 해석』)를 ①〈지금-여기here and now〉에서, ②개인의 정서적 상황과 시스템에, ③상대가 지닌 개인적 경험과 ④잠재적 개입에 적용하는 것이 더 적절해 보인

---

68) 먼저 중단하는 것이다. 이 상태가 경청하는 상태이다. 이에 머물러 있는 상태에서 점차 다음 개입 시기와 방법이 떠오른다. 그렇지만 이런 뒷부분 해석은 저자의 견해로 보이며, 일반적 이해와 다르다.
　비온은 이 원칙을 정신분석을 위한 〈경청의 기본〉이며 도달해야 할 지점으로 제시한다. 이는 정신분석 코칭에서도 마찬가지이다. 저자가 인용한 내용 설명은 그의 견해로 이해된다. 그러나 충분한 〈경청 후 개입〉이 직선적으로 연결되는 것은 아니다. 해석을 제공하는 개입까지는 아주 먼 여정이 놓여있다.
69) 고르게 떠 있는 주의free-floating attention: 정신분석 회기 안에서 분석가나 치료사가 회기 중에 자신의 주의를 어느 한 가지에 초점을 맞추지 않고 귀를 기울이며, 상대의 정동과 무의식에 채널을 맞추듯 주의 깊게 듣는다는 의미이다. 프로이트는 1890년대 적극적 경청, 해석 등의 주장을 해왔다면 '공중에 정지한 듯한 관심hovering attention'은 『꼬마 한스』(1909)에서 언급된 후에 시작된 기술적 발전으로 이해할 수 있다. 이 표현이 갖는 hovering '공중에 정지해 내려다보는', '주저하는 듯한' 의미를 지닌 이미지가 드러난다.
　독일어 Gleichshewebende Aufmerksamkeit은 Gleich(같은/동일한), schweben(둥실둥실 떠 있다/날고 있다/불안정하게 존재하다. 미결인 채로 있다), Aufmerksamkeit(주의, 관심, 집중력, 배려, 친절)의 의미이다. 〈동일하게 둥실 떠 있는 주의/관심/배려〉로 이해할 수 있다. 가장 근접한 표현인 「똑같이 떠돌면서 주목하기」(『프로이트 읽기』 강응섭 지음. 세창출판사)이다. 역자는 코치의 태도를 분명하게 표현하기 위해 「**한결같이 고르게 '배분된↔떠 있는' 주의**」로 제안한다(부록).
70) 균등하게 분할된 주의equally divided attention: evenly suspended attention와 함께 독일어의 영어 표현으로 소개되었다. 프로이트는 「정신분석 치료를 행하는 의사에게 하고 싶은 조언」(1912) 『끝낼 수 있는 분석과 끝낼 수 없는 분석』(이덕하 옮김. 도서출판b)에서 언급했다.
　요약하면, 모든 선입견이나 예단, 이론에 의한 취사선택을 배제하고, 의식적 영향을 멀리하고, 소재를 무의식적 기억에 위임하는 태도를 강조했다. "어느 정도 이상으로 주의력을 의도적으로 집중시키자마자 우리는 [상대가] 제공하는 재료를 대할 때 선택을 하게 되기 때문이다. 우리는 어떤 부분에는 특별히 강하게 매달리는 반면, 다른 부분은 간과하게 된다. 그리고 이러한 선택은 기대와 성향에 따라 이루어진다(p.49)." 이런 자세는 [분석수행자는] 떠오른 것을 비판과 선택 없이 모두 이야기해야 한다는 것에 필연적으로 대응하는 [분석가의] 침이다.

다.[71] 이런 다층적 접근 방식은 고객과 코칭을 통해[코칭-함] 모두 변화한다는 것을 의미한다.

우리는 언어 게임, 시간, 문화 등 사회적 과정에 따라 구조와 단어의 의미가 변화하기에 의미 귀인[속성attribution]에 대해 이야기할 수 있을 뿐이다. **의미**는 언제나 **사회적으로 구성**되며 객관적인 '현실'이나 '진실'은 없다. **의미**는 삶의 사건, 경험, 생각, 행동에 대한 개인적인 귀인/속성에서 발생한다. 오로지 인간은 지속적으로 의미를 찾고 내부 및 외부 세계에서 인식하는 것을 주관적으로 이해하려고 한다.[72]

고객이 직장에서 어떻게 행동하는지 보여주고, **관점을 확대**하고 **다른 각도**에서 상황에 접근하게 하는 것이 정신역동 코칭의 객관적 목표다. 이를 통해 [그에게] 귀속된 의미를 다시 탐구하며 전체적인 삶의 이야기를 변형시키는 **연쇄 반응**을 일으키는knock-on 효과를 가질 수 있다.

의미는 언제나 출현emerge할 수 있으며, 이러한 **출현**은 〈알지 못함〉과 〈소극적 능력negative capability〉[73]의 태도를 통해 **배양**된다. 〈소극적 능력〉은 '성찰

---

71) 저자는 '프로이트주의자'라는 표현을 빌려 분석가의 경청을 〈고르게 떠 있는 주의free-floating attention〉와 〈균등하게 분할된 주의equally divided attention〉 두 가지로 나눠 전자보다는 후자 또는 전자에서 후자로 진행하는 것이 더 바람직한 것으로 설명한다. 그러나 양자를 이렇게 표현하는 것은 저자의 견해이다. 자유 연상의 장field 안에서 이 두 개념은 다양하게 설명될 수 있다.
72) 이 같은 사고를 체계화한 것이 〈사회구성주의〉이며, 현대 코칭의 이론적 기초를 제공한다. 〈가정〉을 공유한다는 것은 관계를 지속적으로 유지하는 핵심이다. 우리의 관계는 공유된 존재론이 요구된다. 관계에서 주요한 것은 언어 공유만이 아니다. (…) 언어와 행동을 조율하는 과정에서 우리는 도덕을 세우는 기초 작업을 한다. 다양한 맥락에서 말과 행동을 조율할 때 무엇인가를 하기[위한] 올바른 방법을 정한다. 참고: 『사회구성주의로의 초대』(Kenneth J. Gergen 지음. 한유리 옮김). (p.50-51).
73) 소극적 능력negative capability: 정신분석가가 촉진시켜야 할 정신적 상태, 〈알지 못함〉, 불확실성, 신비, 의혹을 견딜 수 있는 정신적 상태이다. (…) 무지 또는 불확실성을 견디는 정신적 공간을 구축하지 못하는 무능력은 힘이 자의적으로 행사하는 행동의 언어를 유발한다. 마음의 능력은 무의식적인-소극적 능력의 크기에 달려있다. 텅 빈 공간을 견디지 못하는 무능력은 사용할 수 있는 공간의 양을 제한한다. (…) 무지의 공간을 견디는 소극적 능력은 새로운 발견들의 발생을 허용하는 반면, 의존적 집단에서는 싸움-도피의 기본 가정을 유발한다. 『비온 정신분석 사전』(Rafael E. Lopez-Corvo 지음. 이재훈 옮김)

적 무반응reflective inaction을 유지하는 능력'이다(Simpson, French & Harvey, 2002, p.1210). 이 개념의 기원은 영국 시인 키에츠Keats로 거슬러 올라간다. 키에츠는 "사람은 사실과 근거/사유reason를 찾으려는 어떤 안달irritable[화남/짜증냄] 없이 불확실성, 미스터리, 의심 안에 머물 수 있다."(Keats, 1970, p.43)라고 했다. 이런 출현 메커니즘은 "데이터 조각이 새로운 빛을 끌어당기고, 관련이 없는 것처럼 보일 수 있는 것에 의미를 부여하는, 크기와 형태가 전체로 합쳐지는 사전적/능동적pro-active 감각-형성sense-making 과정이 될 수 있다. 이것은 숨겨진 의미의 **발견**discovery이기보다는 **발명**invention에 더 가깝다."(Vansina, 2008, p.111).[74]

따라서 의미는 여러 **수준**에서 만들어질 수 있다.

- 고객이 겪고 있는 여러 상황의 의미: Q. 상황 자체가 고객에게 어떤 의미가 있는가? 어떻게 이해할 수 있는가? 어떻게 할 수 있는가?
- 특정 상황 안에 있는 의미: Q. 고객이 상황에 어떻게 들어갔는지/동참했는지, 이런 결과를 초래할 수밖에 없는 기존 패턴이 있었는가?
- 시스템에 대한 의미: Q. 상황이 시스템에 무엇을 전달하고 있는가?)
- 진화하는 라이프 스토리의 의미: Q. 고객의 전체 라이프 스토리에서 상황이 차지하고 있는 부분이 무엇이며, 고객의 내러티브 또는 미래를 어떻게 바꾸고 있는가?)[75]

---

74) 이를 위한 정신분석 코칭의 기술/기법으로 확대하면 다양하다. 대표적인 것이 컨스텔레이션이다. 〈코칭 주체〉의 자유 연상과 〈코치〉의 「한결같이 고르게 배분된(떠 있는) 주의」가 진전되어 두 사람이 (비온의) 〈몽상〉 안에서 일어난다. 이를 위해 필요한 전제가 코치의 소극적 능력이다. 그럼에도 코치가 이런 연상을 자극하기 위한 최소 개입을 몇 가지 모색해 본다. ①끼워 넣기/얹어 놓기[르네 마그리트의 데페이즈망dépaysement 기법], ②나열하기/병치하기juxtaposition, ③정합적 결합하기보다는 빼버리고 놓아두기[프랑소아 줄리앙(2017/2021)의 탈합치Dé-coïncidence] ④배경 바꾸기 등이다.
75) 저자는 의미-창발/출현을 위해 다룰 의미-지점을 네 가지로 정리하고 있다. ①상황 자체의

두뇌는 과거와 현재를, 기존 패턴과 새로운 경험을 지속적으로 연결한다. '아하a-ha' 또는 '유레카eureka'는 새로운 **연결**로 이어지고, 긍정적인 **에너지**를 가져오며, 새로운 **가능성**으로 마음을 열어 준다.[76]

코칭 룸에서는 여러 기술을 활용하여 **의미 개발**을 촉진할 수 있다. (1) 알지 못함not-knowing과 무지[낯섦]ignorance한 태도로 대하기, (2) 공동 창조 과정을 함께하며 일하기, (3) 모든 수준에서 상징으로 작업하기, (4) **정신화하기** mentalising 등이다.

코치의 **무지/낯섦은 태도**는 새로운 의미를 펼치는 열쇠이다. 이로 인해 고객은 **억제/금지**나 **검열** 없이 자신의 개인적인 정서와 관점을 ①침묵하고, ②숙고하고, ③표현하고, ④탐구할 수 있는 〈성찰적 공간〉을 만들어낸다. [코치에 의한] 해석은 제공되지 않지만 [관계 안에서] 고객은 안심하고 테스트하고, 용인되거나 또는 폐기할 수 있다. 로렌스Lawrence(2006)가 〈몽상 reverie〉[77]으로 이해하는, '함께 침묵 안에 머물러 있는 상황'은 코치와 고객이

의미 ②상황을 고객이 어떻게 대처하고 다루는지와 관련한 의미 ③시스템의 의미 ④이와 관련한 내러티브의 의미 등이다. 의미가 창발할 이 지점을 코치가 어떻게 접촉하는가, 다음에 이어지는 네 가지 기술이 중요하다. 이에 적합한 질문+톤과 표정을 함께 사용할 수 있다.

76) 반면에 '이크EeeeK'는 자신의 민감한 부분, 경계를 건드리며, 주춤에서 불안까지 여러 반응이 돌출된다. 코칭 관계의 공간 안전과 코치의 안정감은 코칭 주체의 내적 성찰을 가능하게 하며, 이런 관계의 장場 역시 또 다른 의미-형성 과정이 된다.

77) 몽상reverie: 비온Bion. W.R.이 제시한 유아를 보는 어머니, 분석수행자를 대하는 정신분석가의 정신적 태도이다. 〈깊은 생각에 잠김〉과 같다. 유아 또는 분석수행자가 자기 마음 안에 놓아둘 수 없는 고통인 심리적 체험이나 정서를 〈담아내기containing〉하고 있는 모친/분석가의 태도이다. (…) 몽상하는 것을 통해서 모친은 유아가 고통의 배설排泄(구체적인 수준의 투사적 동일시)하고 있는 정서 체험을 모친 자신의 마음에서 몽상[깊은 생각에 잠김] 안에 점차적으로 체류하게 해 남아있게 하고, 담아두게 된다. 그 정서 체험을 고통이 얼마간/다소 완화되고 한편 이해될 수 있는 것으로 용인시키고, 그것을 유아가 받아들여지게 되었을 때 돌려주는 것이다. 이렇게 해서 그 정서 체험은 유아 안에서 그의 마음 안에 자리 잡고 의미를 지닐 수 있는 사고로 변환된다. 또 여기서 모친의 몽상이 제공되지 않거나 부적절하게 되면, 유아는 배설된 자신의 정서 체험은 의미를 가질 수 없는 공포nameless dread가 되고, 유아 자신의 마음에서 처리할 수 없는/어찌할 수 없는 파괴적이고 구체적인 〈물자체thing in itself〉로 되어 정신을 파괴한다. 『精神分析事典』(小此木啓吾. 2014. 岩崎學術出版社)

갇혀/막혀 있고stuck, 말이 없을 때도 발생한다. 이런 관점이야말로 무의식의 **경계**에 이르게 되고, **무의식의 프레즌스**presence를 유지하는 상호 노력이 요구되며, 새로운 의미를 함께 개발할 수 있다.

이 연결 과정에서 사고thoughts, 아이디어, 감정에 대한 호기심이 일고, 상호 탐구는 의미의 **공동 창조**co-creation로 이어진다. 융(1946)은 이것을 철학자의 장미정원Rosarium Philosophorum의 목욕으로 아름답게 비교하는데, 두 목욕하는 사람은 무의식을 나타내는 물에 잠겨있는 과정에 의해[과정 안에서] 변형된다([그림 11.1]; 또한 Jung, 1935 참조).

[그림 11.1] 장미정원의 목욕The bath in the Rosarium은 상호 변형과정의 상징이다.

출처: Wiki commons
Wellcome Library, London. Wellcome Images images@wellcome.ac.uk. http://wellcome images.org.
꽃을 들고 돌로 된 욕조에 앉아 있는 왕과 왕비, 그 위를 맴도는 비들기를 묘사 한 판화.

성찰 공간reflective space은 코치와 고객이 만들 수 있지만, 공간 안에서 생겨나는 내용 그 자체가 이해되어야 의미가 전개되고 발전할 수 있다. 프로이트와 융에 따르면 무의식은 꿈, 환상, **상징들**symbols, 그로부터 발생하는 원형과 같은 공통 채널을 통해 자신을 표현한다. 신화, 동화, 예술도 무의식의 표현으로 이해할 수 있다. 프로이트는 꿈을 무의식으로 가는 '왕도'로 보는 반면, 융은 모든 상징과 이미지를 영혼의 언어로 이해했다. 언어가 없는 무의식에 다가가는 것은 상징이 지닌 의미로 작업해 달성할 수 있다.

코칭 과정에도 상징이 나타날 수 있으며 이는 여러 수준에서 해석할 수 있다(25장 참조). 상징 작업은 말로 표현할 수 없고, 상상할 수 없는 언제나 **강력한 정서의 순간**과 관련이 있다(Roth, 2003; Jacobi, 1957).[78] 이미지와 상징은 피상적이고 명백한 내용보다 더 많은 것을 우리에게 전달한다. 의미에는 하나 이상의 층이 있기에 작업할 때마다 새로운 상징, 새로운 의미, 제3의 새로운 것이 발생할 수 있다. 이 점이 무의식에 접근하는 **이상적 출발점**이자 근거basis이다.

상징화하는 능력capacity to symbolise은 정신화하는mentalise 능력과 밀접한 관련이 있으며 이를 바탕으로 한다. 피터 포나기Peter Fonagy와 그의 동료(Fonagy, Gergely, Jurist & Target, 2002)가 개발한 개념인 **정신화하기**mentalising[79]

---

78) 상징으로 이야기하거나 상징물을 갖고 연상적 대화를 진행할 수 있다. 그러나 그 대화 안에서 의미 형성에 주목하는 것과 더불어 **그 순간 일어나는 정서**를 함께, 또는 특별히 주목하고 다뤄야 한다. 정서 교류를 놓치거나 우선시하지 않을 경우 주지적이고, 해석적 대화로 미끄러질 우려가 있다. 그러나 이런 주지적 대화는 다음 회기에 해도 되며, 회기 후 각자 가능하다. 회기 내에서는 지금 현재의 정서 출현과 연상 그 자체를 말로 표현하는 것, 이를 위해 의미 출현/형성 직전에 잠시 머무는 것도 필요하다.

79) 정신화하기mentalising: 비록 이 용어가 다른 맥락에서는 치료법에서 사용했지만(Baron-Cohen, 1995), 정신분석학적 사용은 피터 포나기Peter Fonagy와 메리 타겟Mary Target의 연구(Fonagy, 1998, 1999; Fonagy & Target, 1997; Target & Fonagy, 1996)에서 시작되었다. 또한 이를 정신 기능psychic functioning의 '반영/성찰reflective 모드'라고 부르며, 이 저자들은 〈정신화하기〉를 자기 생각을 반성하고 정신 상태를 표현/표상representations으로 경험하는 능력으로 정의한다.

자신과 타인의 정신 상태mental states를 지각하고, 이러한 정신 상태가 다른 각도에서 현실을 나타낼 수 있음을 암시적, 명시적으로 인정하는 능력을 나타낸다(Allen, Fonagy & Bateman, 2008). 그것은 '마음 안에 마음을 담아두는holding mind 것' 또는 '가슴heart과 마음 안에 가슴과 마음을 담아두는' 능력capability이다.[80] 우리가 어떻게 우리 자신과 다른 사람들의 사고 과정과 정서 상태를 이해하는지make sense이다. 그것은 ①감정을 느끼고, ②감정을 인정하고/알아보고recognising feeling, **동시에** 이러한 ③감정에 대해 생각하는 것이며, ④외부와 내부에서 자신과 타인을 바라보는 것으로 표현할 수 있다. 정신화는 인간의 기본적인 능력이다. 공감empathy[81]이 다른 사람이 느끼는 것과 동시에/평행해서parallel 느끼고, 감정만 반영/성찰하는 것이라면 이 점에서 [정

〈정신화하기〉는 '정신적 동등성psychic equivalence'과 '가식pretend 모드(~인 척하는)'라 불리는 초기 정신 작동의 통합에서 발전한다. 〈정신화〉는 정신 내적 실체와 외적 실체를 연결할 수 있다. 이들 중 전자는 양자의 합성conflation을 의미하며, 후자는 둘의 분리splitting-off를 의미한다. 그것의 출현과 통합은 어린 시절 안전한 놀이의 맥락에서 그 사람의 정신 상태를 반영하는 것에 따라 크게 달라진다. 자라나는 아이가 '정신화'의 능력을 갖추기 위해서는 부모와 형제의 도움이 필요하다.

〈정신화하기〉의 중요성은 (1) 감정과 생각에 기초한 것처럼 보이기 때문에 아동은 사람들의 행동을 의미 있는 것으로 볼 수 있다. (2) 그것은 '내면과 외면의 진실'을 구별할 수 있는 가능성을 만든다(Target & Fonagy, 1996, p.462). 아이는 단지 누군가가 이런 식으로 행동하거나 그런 식으로 행동한다고 해서 일이 그렇게 되는 것이 아니라는 결론을 내릴 수 있게 된다 - 이것은 학대당하는 것에 대한 책임을 떠맡는 것에 대한 예방적 가치를 가진다 - (3) 다른 사람들의 관점을 염두에 두는 것은 듣기를 향상시키고 반응을 유도하기 때문에 의사소통을 용이하게 한다. (4) 그것은 '상호 주관성'을 향상시켜 삶의 경험을 심화시킨다. 이 모든 것은 심리치료와 정신분석을 위한 〈정신화하기〉의 중요성을 쉽게 나타낸다. 참조. 『Comprehensive Dictionary of Psychoanalysis』 (Sanman Akhtar. Routledge)

80) 마음mind은 두뇌에 근거하는가 심장에 근거하는가 (내)장에 근거하는가 이것들이 상호 연결된 시스템인가? 마음mind과 영혼soul, 정신psycho, 무의식unconsciousness은 어떻게 구별되고 신체와 관련되는가?

81) 필자의 공감 이해는 너무 협소하다. 물론 공감을 통해 상대의 감정을 알아차리지만 이는 감정과 정서에 한정된다고 보긴 어렵다. 그의 내면 세계 일부를 이해하는 청진기와 같은 역할을 한다.
정신분석 코칭을 위한 경청과 공감에 대한 깊은 이해가 필요하다. 참고: 『조력 전문가를 위한 공감적 경청』 고미야 노보루 지음, 이주윤 옮김. 『공감으로 완성하는 코칭』 앤 브록뱅크, 이안 맥길 지음. 김소영 옮김.

신화는] 공감과 다르다.

정신화 능력은 **의미 창조**의 전제 조건이며 리더십과도 매우 관련있다. ① 자기 알아차림, ②자기성찰self-reflection, ③정서적 자기조율self-regulation, ④이해 관계자 사이의 관계 창조relationship creation **네 가지** 모두는 정신화 능력의 바탕이다. 정신화는 훈련되고 개선될 수 있고, 경이로움wonder, 호기심, 탐구 및 새로운 관점을 (기꺼이) 개발하려는 의지willingness를 짜넣은/합친incorparting 알지 못함의 자세not-knowing attitude로 활용하는 것이 가장 바람직하다.[82]

〈성찰 공간〉 안에서 ①알지-못함, ②탐색하기exploring, ③정신화하기, ④숙고하기contemplating를 통해 상징적 측면을 개발하고 이해하는 것은 코칭 관계에서 의미 창조의 핵심 요소이다(25장 참조).

[핵심 단어와 주요 인물]

- 의미meaning
- 고르게 떠 있는 주의free-floating attention
- 균등하게 분할된 주의equally divided attention
- 철학자의 장미정원Rosarium Philosophorum
- 무지[낯섦]ignorance한 태도
- 상징화하는 능력capacity to symbolise
- 소극적 능력negative capability
- 피터 포나기Peter Fonagy
- 프랑소아 줄리앙

- 의미-부여하기sense-making
- 몽상reverie
- 정신화하기mentalising
- 성찰공간
- 르네 마그리뜨

---

82) 반대로 〈알지 못함의 자세〉는 그냥 조용히 있는 것이 아니라 속 깊은 내면에는 이런 네 가지로 직조되듯 짜여있는 움직임이 있다고 볼 수 있다.

[부록 11] 정신분석 코칭의 경청

경청은 정신분석의 경청 연구에 기반을 둘 때 더욱 풍성해진다. 침묵으로 만나기, 〈지금-여기〉에서의 전이-역전이 활용, 자유 연상으로의 안내 등은 모두 정신분석적 경청이 바탕이다.

프로이트가 1890년에서 1912년에 걸친 임상 경험을 통해 경청에 대한 생각을 구체화한 방안이 〈동일하게 둥실 떠 있는 주의/관심/배려 Gleichshewebende Aufmerksamkeit〉이며, 〈균등하게 **분할된** 주의 equally divided attention〉로 영역되었다. 이런 첫 착상은 〈꼬마 한스〉로 발표된 임상 경험의 성찰이 계기가 되었다(본문 주 참조). 그것을 구체화한 표현이 〈고르게 **떠 있는** 주의 free floating attention〉이다. 이 표현이 우리나라에서는 프로이트의 경청을 설명하는 일반 표현이 되었다. 이를 검토하며 정신분석 코칭에서는 경청의 첫 걸음으로 「한결같이 고르게 '배분된↔떠 있는' 주의」로 종합한다. 복합적 의미를 그대로 살리고 이를 '코치-코칭 주체'의 역동적 관계를 반영하기 위해서다.

코치는 코칭 주체와의 만남에서 침묵으로 시작하고, 그의 자유 연상 free association을 한결같이 고르게 자신의 관심/배려/주의를 배분하며 함께 있는다. 이는 자신의 반응이 〈자유 연상〉을 방해하거나 영향을 끼치지 않겠다는 의지이자 태도이다. 자신의 관심과 주의를 동일한 반지름의 원주로 배분하고 있는 것을 말한다. 움직임이 필요하다면, 아니 자연스러운 움직임으로 '공중에 정지한 듯한 관심 hovering attention', 주저하듯 공중에 정지해 내려다보는 듯이 위로 올라가 원주를 한 눈에 보는 듯 있는 것이다. 코치의 이런 태도는 코칭 주체가 자신이 하고 싶은 이야기를 주저없이 편하게 이야기하며, 코치의 관심과 배려의 경계선까지 가거나, 넘거나, 또 그 경계선까지 드러내지 않는/가지 않는 자신의 주저함을 인식하게 된다. 〈코칭 주체〉가 자신의 하고 싶은 이야기를 자유롭게 연상할 즈음 코치는 고르게 떠 있듯 공중에 정지해 조금 주저하듯 내려다보며 상대가 이야기하는 전모를 경청한다. 고르게 배분하며 공중에 떠 있는 위치는 어디일까. 아마도 코치의 〈관찰적 자기〉가 경험하는 자기와 분리되어 코치와 코칭 주체의 대화의 장을 보는 위치일 것이다. 또 이런 상정이 가능하다면, 그 반대의 위치 이동도 가능하다. 〈한결같이 고르게 배분된↔내려앉은 주의〉로 마치 내면의 위치에서 올려다 볼 수 있는 의치가 아닐까 한다. 내면 세계의 어떤 내적 대상의 위치에서 자유 연상을 올려다 보는 것이다. 그렇다면 코치는 코칭 주체와 함께하는 자유 연상의 장 field안에서 ①동일한 위치, ②주저하듯 떠 있으며 내려다보기, ③내면에서 밖으로 조금 올려다보기, 즉 상하로 움직이며 경청한다는 설정이 가능하다.

먼저 강조할 점은 코치의 관심이 고르게 배분됨이 중요하다. 갖고 있는 이론에 의한 취사선택이나 선입견이나 호기심조차 멀리하고 고르게 배분된 상태로 있는 것이다. 비록 사전에 코칭 주체에서 떠오르는 모든 것을 비판과 선택 없이 모두 이야기하도록 안내하지만 코치의 고르게 배분되는 배려/관심/주의가 전제되어야 가능할 수 있다.

경청 관련해 프로이트가 직접 언급한 내용의 일부분은 다음과 같다.[83]

> 그 기법은 아주 단순하다. 그 기법을 사용하려면 모든 보조 수단, 앞으로 언급하겠지만, 심지어 메모를 하는 것도 거부해야 한다. 그 기법은 그야말로 어떤 것에도 특별한 주의를 기울이지 않고 우리가 듣게 되는 모든 것에 내가 언젠가 언급했던[〈꼬마 한스〉1909] 바로 그 '한결같이 부유하는[유보적인] 주의력 gleichschwebende aufmerksamkeit(every-suspended attention'을 유지하는 데 있다. 우리는 이런 식으로 주의력의 긴장[집중]을 절약할 수 있다(p.48-49).

---

83) 「정신분석을 행하는 의사에게 하고 싶은 조언(1912e)」 『끝낼 수 있는 분석과 끝낼 수 없는 분석』 이덕하 옮김. 도서출판b. 2004. 인용문 중 [ ]는 원 번역자의 것이다.

의사는 주의력Merkfähigkeit(capacity to attend)의 모든 의식적 영향을 멀리하고 '무의식적 기억'에 모든 것을 맡겨야 한다. 또한 순전히 기술적으로technisch(in terms of techinique) 표현한다면 다음과 같을 것이다: 의사는 귀를 기울여 듣되 어떤 것을 알아챘는지merke(keeping in mind) 여부에 신경 쓰지 말아야 한다(p.50).

이것을 정식화하면 다음과 같을 것이다: 의사는 자신의 무의식이, 감각 기관 empfangendes organ(receptive organ)처럼, 송신하는gebend(transmitting) 환자의 무의식을 향하도록 해야 한다. 즉 전화기의 수화기가 [상대편 전화기의] 송화기에 맞춰 조율되듯 이eingestelt(adjusted) 자신을 피분석자에 맞춰 조율해야 한다. 수화기가 음파에 의해 만들어져서 전화선을 타고 온 전기 신호를 다시 음파로 바꾸어 주듯이 의사의 무의식은 환자가 이야기해준 무의식의 파생물abkömmlingen(derivatives)에서 환자의 연상einfälle(free associations)을 결정했던 그 무의식을 재구성할 수 있다(P.55).

12장
리더십 특성과 다섯 가지 유형

코치는 리더십 시나리오에 등장하는 다양한 사람들을 마주한다. 코치가 리더들의 ①성격 구조personality structures, ②특성characteristics, ③위험risk, ④짐작 가능한 장애possible disorders를 근거로 리더십 스타일의 이론적 이해를 높이는 데 활용한다. 그러나 사람들에게 라벨을 붙이는 것이 그 인격의 복잡성을 정당화하는 의미는 아니다. 지나치게 단순화하면 개인을 폄하하거나 라벨과 동일시하게 되고 결과적으로 [자기 충족적] 예언prophecies으로 이어질 수 있다.[84]

퍼스널리티는 사람의 본질essence을 포함하며(6장 참조), 초기에 형성된 심리 구조는 변화하기 어렵지만 변할 수 없는 것은 결코 아니다. 평생 영향을 받고, 발전할 수 있다. 성격 구조는 건강하고 기능적인 것에서부터 심각한 부적응 또는 정신적 질병에 이르기까지 다양하다. 정신적으로 **건강한 사람**

---

[84] '말이 씨가 된다'는 표현이 그럴 듯하다. 코치가 인간의 복잡성을 고려하지 않고 단순화한 유형론에 빠지거나, 진단 중심 사고로 리더십 유형을 고정화하고 이에 맞춰 상대를 보게 된다. "이렇기 때문에 이럴 수 있다."라는 식의 예언적 언급을 하거나 결국 자신에게 필요한 사실만을 보며 섣부른 결론을 갖고 탐색하게 된다.

들은 현실을 왜곡하지 않는다. ①긍정적인 심리와 ②육체적 에너지, ③삶에 관여하는 능력, ④공감, ⑤정확한 자기 인식, ⑥일치성integrity, ⑦일상적인 상호작용 기술, ⑧유연성, ⑨유머(Peltier, 2010) 등을 갖고 있다.[85] 대부분 고객은 이 범주에 속하거나 일부 영역에서 사소한 결함을 보일 것이다.

컨버그Kernberg(1998)는 합리적인 리더십에 바람직한 다섯 가지 퍼스널리티 특성을 제안한다(정신적으로 건강하지 않다는 의미에서 비이성적irrational인 것과 비교된다).

1. 지능intelligence
2. 정직성과 부패하지 않음/청렴결백함incorruptibility
3. 타인들과 집중적인 관계를 유지하고 개발할 수 있는 수용력
4. 건강한 나르시시즘
5. 순진함/소박함naivete에 반대되는, 건강하고, 충분한 근거 있는 예측 가능한 편집증적 태도

뒤의 두 가지 특성인 〈건강한 나르시시즘〉과 〈(근거 있는) 편집증〉이라는 표현은 이런 특성의 건강하지 못한 측면이 있음을 나타낸다. (성격상의) 특성trait과 정신 병리의 차이는 고통distress과 장애disability 정도를 말한다(**정신 장애 진단 및 통계매뉴얼**, DSM 참조). 정신 분열증, 양극성 장애, 치매dementia와 같은 **정신 장애**mental disabilities와 불안, 우울증, ADHD(주의력 결핍/과잉행동 장애) 등 **성격 장애**personality disorders와 같은 비정상적 행동psychopathologies을 구분할 수 있다. 이러한 성격 병리personality pathologies에 대한 알아차림은 코

---

[85] 정신 건강 여부를 판단하는 아홉 가지 요인을 들고 있다. 각각 정도의 차이가 있지만 코치는 이런 요인에 주목하기 마련이다. 다음에 이어지는 컨버그의 다섯 가지 특성을 포함하여 리더의 성격 특성이나 정도(가령 상, 중, 하로 구분)를 사정assessment하거나 자료 수집할 수 있다.

치에게 유익하다. 왜냐하면 이런 병리는 사람과 조직을 훼손 할뿐만 아니라 파괴할 가능성이 있기 때문이다.[86]

네 가지 불안(6장 참조)과 연결된 성격 구조는 리더십 스타일 프레임에 통합될 수 있다. 이 스타일들이 리더십 생활의 두 가지 주요 측면과 연결되어 있기에 이를 살펴보자. (1) 결정을 내릴 때 어떤 경향이 있는가, (2) 일반적으로 여러 역설paradoxes에 어떻게 대처하는가이다. 두 가지 모두 일반적으로 리더십 상황에서 언제나 요구받고 때로는 도전받는 기본 특성qualities이다. 우리는 분열, 우울, 히스테리, 강박적 리더십 유형 또는 스타일을 구별할 수 있다. 명확하게 구별하기 위해 조금 극단적으로 설명해보자(다음 설명은 Riemann, 1961; Kernberg, 1984 참조).

분열형schizoid 리더는 대규모 계층적 조직에서 찾을 수 있다. 그들은 고립되어 있고, [조직원]과 멀리 떨어져 있으며, 쉽게 만나거나/이야기 나눌 수 없는unavailable [대상]이다. 타인과 상호작용을 설정하고 유지하는 데 어려움이 있을 수 있다. 분열형 의사결정 스타일은 고립되고, 다른 사람의 요구와 의견을 잘 통합하지 못한다. 이런 유형은 **다른 사람**들에게 과도한 신중함과 과민성을 유발하게 만들고, **추종자들**에게 정서적 따뜻함이나 지원을 거의 제공하지 못한다.

우울한 특성depressive character은 자율성과 애착의 역설로 보완적인 리더십 자리이다([그림 7.1] 참조). 이런 유형은 자신의 경력에서 아무런 성과를 내지 못하거나, 자신이 왜 발전할 수 없는지 이유를 이해할 수 없다고 느끼기에

---

[86] 정신 장애로 분류되는 경우는 코칭 영역에서 마주하기 어렵다. 성격 장애는 조직과 사람에게 영향을 주기에 그 정도와 상태를 민감하게 검토하게 된다. 정신 건강에 특별한 어려움이나 장애를 발견할 경우 〈역기능적 장애〉와 〈기능적 장애〉를 구별하고, 코칭하기, 다른 분야 전문가에게 소개하기 등이 필요하다. 이에 대한 자세한 연구는 다음을 참조 가능하다. 『코칭과 정신 건강 가이드: 코칭에서 심리적 과제 다루기』(앤드류 버클리, 캐롤 버클리 지음. 김상복 옮김. 2022)

코칭을 찾을 수 있다. 이들은 과도하게 적응적이거나, 속수무책/무력감과, 의존적이라고 할 수 있지만, 공격적 충동을 무의식적으로 자주 드러낼 수 있다. 의사결정 스타일은 너무 많은 사람의 요구와 관점을 통합하려고 하여, 결과적으로는 어떤 결정도 하기 어려운 경우에 직면하게 된다. 불안이 우울한 성격의 〈개별화 과정〉을 방해한다. 왜냐하면 자율성과 독립성을 갖고 이 과정을 알아보겠다는 약속과 결심은 결국에는 홀로 남겨지고, 고립되고, 타인들로부터 분리되는 데 대한 두려움으로 이어질 수 있기 때문이다.

강박적 특성은 질서 정연함, 정확성, 명확함, 통제 등에 중점을 둔다. 이런 유형은 통계와 숫자 중심, 재정 또는 재정 통제 등의 위치에서 쉽게 찾을 수 있다.

강박적인 성격의 의사결정 스타일은 변화를 위한 공간과 새로운 것을 위한 공간을 허용하지 않는 선택을 자주 한다. 이런 스타일은 권위와 명확함, 안정적인 위임을 촉진하므로 조직적 관점에서(고전적인 계층적 조직에서) 다소 효율적으로 기능한다. 그러나 ①질서와 정확성, ②통제, ③미세 관리micromanagement, ④학자 같은 현학적 태도, ⑤위험에 대해 과도한 가학적 요소, ⑥위협에 대해 비이성적인 두려움을 조장하고, ⑦다른 사람들의 적극적인 참여와 피드백을 파괴한다. 또 ⑧창의성과 자율성을 저해하는 ⑨관료적 구조를 강화할 수 있다.

히스테리적 유형은 약간 순진하고 새로운 아이디어에도 흥분하고 활력이 넘치며, 적극적으로 위험한 결정을 내린다. 경험적이며, 미리 계획하지 않고, 따라서 헌신적이지 않으며, 피상적이고, 깊이가 없는 것처럼 보일 수 있다. 무엇인가를 위한 자유 대신에 무언가의 자유에 대한 필요성(예: 구속에서 자유로울 수 있고 헌신으로 자유로울 수 있다)은 이런 유형을 무정부적인 방식으로 행동하게 만들 수 있다. 규칙과 규정을 무시하고 아이디어는 언제나 최근 선택한 경로에서 빠르게 벗어난다. 또 이런 유형은 현실에 잘 적응하지 못하고 오히려 자신의 관점과 필요에 따라 현실을 적응시키는 경향이 있다[현실의 자의적 재구성].

인간의 복잡성은 네 가지 유형에 맞지 않는 또 다른 유형의 리더십을 볼 수 있다. **자기애 성격**/나르시시즘이다. 많은 리더가 점점 더 자기애 성격으로 진단받고 있다. 케츠 드 브리스Kets de Vries와 밀러Miller(1984)는 '만약 리더들이 중력에 끌리는 성격이 하나 있다면 그것은 자기애/나르시시스 컨스텔레이션constellation[87)][짜임구조]'이라고 주장했다(p.5/6). 자기애/나르시시즘은 리더십 지위를 얻고자 하는 **욕구의 원동력**이며(Kets de Vries & Miller, 1984), 조직의 정상에 오르려고 하는 모든 사람에게 전제 조건이 된다(Kets de Vries & Engellau, 2010). 권력과 명성에 대한 강렬한 필요need는 리더십 역할을 맡도록 역동을 일으키지만, 이들의 리더십은 조직이나 다른 개인의 요구를 고려하지 않는 권력과 감탄을 얻으려는 자기 중심적인egotistical 욕망에 의해 주도된다(Kets de Vries & Miller, 1997).

자기애/나르시시즘과 관련된 특성trait은 **매력**charm을 사용하고 **좋은 인상**

---

87) 컨스텔레이션constellation: 별자리, 성좌, 짜임구조, 자리 배열 등으로 번역한다. 단일한 별들이 모여 별자리가 되듯, 비슷한 그러나 독립적인 것들이 모여 특별한 현상으로 새롭게 인식되는 경우다. 하늘의 별들은 서로 관계가 없으며, 지구에서 올려다보는 사람에 의해 '별자리'로 짜여서 새로운 의미, 제3의 것으로 구조화되거나 인식한다는 의미에서 일종의 자리 배열에 의한 〈짜임구조〉로 이해된다.
정신분석, 정신분석 코칭 회기 안에서, 두 사람의 침묵과 대화, 이를 통한 새로운 접촉, 제3의 주체(코칭과 분석 관계 안에서 출현한다), 알아차림과 통찰의 나눔 등을 통해 코치는 누적적 경청을 한다. 코치는 어느 순간 자신 안에 담아 둔 누적적 경청물을 서로 비교, 연결, 새로운 의미 출현을 경험하게 되고, 이를 침묵 안에서 간직하고 있으며, 〈새로운 앎〉으로 발현된다(제 8장 부록 참조). 경우에 따라서는 코치보다 먼저 〈코칭 주체〉가 불안하고 알 수 없어서 코치에게 던져 둔 것, 자기를 위해 코치 안에 넣어 둔 자신의 일부 등이 상호 별자리처럼 연결되는 의미 창출을 경험하게 된다. 두 사람의 이런 통찰/의미 창출은 선후 또는 동시에 다양하게 일어난다. 이런 점에서 컨스텔레이션/짜임구조는 (정신분석)코칭에서 새롭게 활용될 기법이자 자세이다.

을 주는 능력이다. 따라서 이들은 리더십 역할을 달성하는 데 매우 능숙하지만, 한 번 그 자리에 앉더라도 반드시 그렇게 좋은 성과를 거두지는 못한다. 그러나 나르시시스트들은 **특별한 강점**을 가지고 있다. 매우 높은 비전, 선견지명이 있고, 많은 사람에게 영감을 주기도 한다(Maccoby, 2000). 이런 점들은 그들의 단체, 조직, 국가가 특별한 사명을 가지고 있다는 식의 대의의 정당성을 드러내고, 강한 확신을 통해 집단의 충성도와 정체성을 촉진한다. 얼마 안가 다른 사람들은 애석하게도 [이런 성향이] 과잉 투여되어 쉽게 고통받게 된다(Kets de Vries & Engellau, 2010).

이들은 **많은 약점**이 있다. (잘 숨겨져 있는) 열등감으로 인해 비판에 매우 과민하며hypersensitive, 인정recognition과 우월superiority에 대한 끝없는 욕구로 이어진다. 이들은 빈약한 청취자listener이다. 공감이 부족하고 착취적이고 [남들을] 업신여기고 비하할 수 있다. 매우 비이성적이고 화를 내며 융통성이 없는 경우도 있다. 멘토나 멘토링을 원하지 않거나 할 수 없다. 반면에 매우 경쟁적이다(Kernberg, 1984; Maccoby, 2000; Rosenthal, 2006, p.44). 과도한 자기참조self-reference와 자기중심self-centredness, 웅장함/과장됨grandiosity, 과대평가 등은 나르시시스트들이 외부의 존경과 추종자들의 사랑을 받고자 하는 욕구에 지나치게 의존한다는 사실을 숨기게 한다. 극심한 좌절감을 느끼거나 갈망하는 외부의 칭찬이 없으면 편집증적인 경향을 발전시킬 수 있다. 이들은 사소한 반대minor opposition를 위험한 반란이나 숨겨진 공격으로 해석해, 의심이 심해지거나 가학적으로 통제하거나 분노할 수 있다(Kernberg, 1984). 비판을 잘 다루지 못하기 때문에 이들은 동료와 거의 협의하지 못하고 스스로 결정을 내리는 것을 선호한다.

탈선derailment으로 인한 리더십의 또 다른 위험 유형은 현실로부터의 고립, 갈등 회피, 귀에 거슬리는 행동, 미세 관리, 사기꾼impostor과 같은 느낌[가면 증후군]이나 가벼운 조증/과대 망상적 행동hypomanic behaviour 등이 있다(Kets de Vries & Engellau, 2010).[88] 자기애 유형은 자신을 '예스맨'으로 둘러싸게 하는 경향이 있고, 날카롭고 재빠른 조작자shrewd manipulators(Kets de Vries, 2004)이기에, 손상된 시스템과 관계를 그 여파로 남기기 마련이다 (Rosenthal, 2006). 또한 추종자들은 공격자와 동일시하는 메커니즘을 통해 또는 망상delusion과 광기madness를 공유하는 시스템, 밀접한 두 사람 사이의 〈감응성 정신증folie a deux〉을 생성함으로써 무의식적으로 그들의 거대함/과장과 **공모**할 수 있다(Kets de Vries, 2004). 이런 유형은 "높은 지능, 근면한 태도, 뛰어난 재능이나 능력이 있지만, 그들의 자기애 요구는 조직에 대한 창의적 잠재력을 극적으로 무력화하거나 파괴한다."(Kernberg, 1984, p.56)

코치가 고객의 숨겨진 고통에 대한 통찰을 얻기 위해 자기애/나르시시즘의 기원을 이해하는 것이 필요하다. 이런 성격 구조personality structure는 자기에 대한 이상화된 신념과 자기의 부족한 현실을 통합할 수 없을 때, 유아기에서 [발생해] 성인기로 발전한다(Rosenthal, 2006). 건강한 나르시시즘의 만족감gratification에 대한 요구needs는 정상적인 개인의 만족감과 같다.

건강한 나르시시즘healty narcissism은 성숙하고 현명하고enlightened 깊다. 이상과 가치에 대한 헌신, 어린애처럼 유치하고, 천박한 [자기 영향력이나 권력을 높이기 위해, 자기가 중요하다며 관심을 끄는 식의] 자기 권력 강화/과시self-aggrandisement **없이** 타인에 대한 사랑과 투자할 수용력을 갖고 있다. 이는 이상주의와 이타주의를 통합하고, 정상적이고 피할 수 없는 좌절에 대한

---

88) 성격 특성이나 상황에 따른 특성을 분류할 수 있다. 또 분류와 대응 자체가 정신분석 코칭의 주요 과제이다. (1) 상실에 대한 대처 (2) 냉소주의 (3) 두려움 역동 (4) 극단주의 (5) 가면 증후군 (6) 타조 증후군 (7) 타인을 즐겁게 하기 (8) 완벽주의 (9) 미루기 (10) 수행 불안 (11) 충만함 추구searching for fulfillment (12) 극렬한 독립 추구. 참고: 『The Coach's Casebook: Mastering the twelve traits that trap us.』 Geoff Watts, Kim Morgen. 2015.

관용tolerance을 보여주며, 타인의 성공을 돕고 돌보는 데서 즐거움을 얻는다(Kernberg, 1984).

슬프게도 **병적 나르시시스트**pathological narcississ들은 자신의 결점에 대한 정서적 안식처로 이상적인 부모 대행자들에게 인정받기 위해 평생을 보낸다(Rosenthal, 2006). 그러나 나르시시즘적 구조의 이면에 있는 고통은 여기서 빠져있다.

오비디우스Ovid의 나르시소스Narcissus 이야기를 보면 더 깊은 이해를 얻을 수 있다. 아름다운 청년인 그는 많은 여성에게 숭배와 사랑을 받았지만 그 자신은 결코 사랑에 빠지지 않았다. 꼬마 요정 에코Echo도 나르시스와 사랑에 빠졌지만 다른 사람들과 마찬가지로 그는 에코에 대한 감정을 키울 수 없었다. 슬픔 속에서 요정은 사라지고 오늘날 우리가 메아리echo로 알고 있는 것이 되었다. 신들은 이것에 화를 냈고 나르시소스Narcissus가 다음에 자기 자신을 보게 되면 기필코 사랑에 빠질 것이라고 선언했다. 아아, 그는 그가 마시려 했던 연못에서 자신의 반사[된 모습]을 보고 빠져 들었다. 그가 그의 [연못에 비친] 거울 속 이미지를 만질 때마다 그것은 [물결로 인해] 분해되었다. 결국 그 자신은 슬픔으로 죽고 수선화narcissus flower로 다시 태어났다.[89]

---

[89] 사실 나르시소스 신화 이야기만 한정해 봐도 여러 등장인물과 암시의 키워드가 다양하다. 가장 첫 기록이라고 말해지는 『변신 이야기』(오비디우스 지음, 천병희 옮김)에는 나르시소스와 애코의 출생 과정에서 배경과 사연을 통해 그들 자신이 내적 원인(대상)을 지니게 되는 사연이 나온다. 즉 태어나면서부터 운명이 되어버린 이야기의 내적 구조에는 다양한 요인이 숨겨있다.

먼저 말하는 것이 허용되지 않았고 마지막 말만 따라 되풀이할 수밖에 없는 배경을 갖게 된 **에코**의 운명과 달리, 에코가 사랑에 빠지기 전에 나르시소스 이름의 의미에는 이미 '냄새로 마취시키는 자'라는 의미를 갖고 있었다. 그를 가까이 하면 냄새에 마취되는 것/유혹하는 운명이 아닌가? 나르시소스를 사랑하게 되는 모든 대상에 대한 그의 태도로 인해 그에게 거절당한 대상들은 모두 '그가 사랑하다가 사랑을 얻지 못하게 하는 벌을 받게 기도'하게 되었다. 그들이 실연당한 것에 대한 복수다. 이 정당한 기도를 응보의 여신(네메시스)이 들어주게 된다. 또 나르시소스가 스스로 보고 자기 모습에 반한 샘물의 정령은 마치 자신이 태어난 어머니의 음부를 연상하는 모습이며(엄마를 갖고 싶은 소원, 좌절된 오이디프스), 결국 자기 우리가 부모 같은 인물에게 보이고 [부모의 눈에/거울에] 자신이 충분히 비치지 못했기 때문에 자신이 거울과 거울 비추기mirroring에 대한 깊은 욕구를 갖게 된다. [이로 인해] 누군가 사랑을 위해 손길을 내밀면 결국에는 〈그 상대방이 자신을 사랑할 수 있는 능력〉을 파괴해 버린다는 의미를 담고 있다. 따라서 고통, 욕망 및 사랑에 대한 욕구는 결코 충족되지 않으며, 계속 반영되지/비춰지지 않는 한 존재하지 않는다는 것에 대한 두려움은 지속된다.[90]

이것은 고통스러운 상황이다. 진정한 자존감과 자신을 사랑하는 능력의 형성은 신뢰가 발달하고 정서적 요구가 충족될 만큼 충분히 오랫동안 반영된mirrored 것에 기반을 두기 때문에 치료는 매우 어렵다.[91]

일반적인 프락시스praxis[92]에서, 코치는 정신적 질환mentally ill을 지닌 리더를 만나지 않을 것이며 그래야만 한다. 그러나 우리는 모두 해결되지 않은 신

가 태어 난 곳(자궁)으로 되돌아가는 운명을 지니게 된 것이 아닌가. 또 나르시소스는 자신을 찬탄의 대상으로 만든 모든 것을 찬탄했으며, 그는 자신도 모르게 자신을 열망하는 … 태우면서 동시에 타고 있었다. 결국 그가 보는 것이 그를 불태웠다. 눈을 속인 바로 그 착각이 눈을 흥분시킨 것이다. 결국 제 눈으로 인하여 죽어갔다. 자기를 바라보는 **눈빛**이 자신을 죽인 것이다. 그러나 이 눈빛은 엄마의 눈빛에서 얻은 것은 아닐까. 신화에 의한 나르시시즘 연구는 더 많은 주제와 암시를 우리에게 던지고 있다.

90) 거울에 비친 자신의 눈빛이 자신을 쳐다보고 그 눈빛에 자기 스스로 빠져 버렸다. 그 눈빛은 어떤 눈빛인가. 〈눈에 비친 사람의 이미지〉 이른바 어머니의 흔들리는 눈빛으로 〈눈부처〉가 되지 못한 눈빛이다. 제 눈으로 인해 나르시소스는 죽어갔다.
91) 코칭의 경우도 쉽지 않다. 건전한 나르시시즘과 병적인 경우를 어떻게 구별할 것이며, 시스템 안에서 이 역기능 어떻게 드러나는지, 어떻게 리더십 발전을 도모할 것인가에 대해서는 많은 임상 실천이 요구된다.
92) 프락시스praxis는 그리스어의 '실천實踐'을 의미하며 통상practice와 같은 의미로 이해한다. 이론과 실천 두 개념과 의미 관계에 대해서는 아리스토텔레스 이후 철학 근본 문제의 하나로 오랫동안 논의해왔다. 인식과 행동의 출발 지점에서 과연 이론과 실천 둘 중 어느 것이 선차적인가? 또 양자는 어떤 관계로 상호 수렴되고 영향을 주는가? 어떤 의미에서라도 이론적 전제가 없는 실천이 없고, 실천과 관련 없는 이론이란 관념의 유희로 귀결된다. 역자 역시 코치의 실천을 '이론적 실천'이라는 의미로 praxis라는 단어를 쓴다. 이는 브라질의 교육 활동가 파울로 프레이리Paulo Freire(1921~1997)의 사상과 용법을 그대로 따른 것이다. 정신분석 코칭 임상 실천은 이론을 전제한 실천이고, 실천 경험을 통해 입론하는 이론이다. 이는 훈련 과정에서 이론 학습-수퍼비전 하에서의 실천 임상이라는 원칙에도 반영되어 있다.

경증적 경향을 가지고 있다. 그러므로 고객들이 그들 자신의 '행동적이고 정서적 정글emotional jungle'을 통과하는 길을 찾도록 돕기 위해 이런 구조 뒤에 있는 불안과 목표를 기억하는 것이 도움이 된다.

[핵심 단어와 주요 인물]

- 리더십 다섯 가지 유형
- 건강한 나르시시즘
- 눈빛/눈부처
- 나르시소스 신화
- 컨스텔레이션/짜임구조
- 병적 나르시시즘
- 프릭시스
- 감응성 정신증folie a deux

[부록 12] 다섯 가지 유형 어떻게 다룰 것인가

정신분석 코칭에서 성격 유형의 변화/변형을 위해 어떻게 접근할 것인가는 중요한 과제이다. 먼저 성격 유형에 대한 정의와 분류는 어렵고 쟁점이 많아 이 글에서는 논외로 하고, 코치에 의한 주관적 파악이나 코칭 고객의 제안과 호소를 형태별로 정리해서 분류하기로 한다. 정신분석은 필요한 경우 진단 단계를 거친다. 정신분석 코칭에서는 같은 단계와 용어이지만 코칭-윤리에 근거해 분류diagnosis라는 용어를 쓴다(8장 역주 참조). 당연히 코칭에서도 다양한 진단을 사전 단계에서 활용한다. 이 같은 작업으로 성격 유형 및 특성과 관련해 다양하게 분류한다.

  본 장에서는 다섯 가지를 대표적 유형으로 정리하고, 8장 부록에서는 이를 포함해 몇 가지를 추가했다. ①인격의 신경증적 요인, ②강박적 요인, ③분열적 요인, ④우울적 요인, ⑤자폐적 요인, ⑥자기애적 요인 ⑦경계성적 요인 등이며, ⑧마술적 사고가 특징인 인격의 유아적 요인을 추가할 수 있다. 일부 코치들은 열두 가지 성격적 특성traits과 빠져나가기 어려운 덫/함정trap으로 제안한다. 이 두 개념은 인격personalities, 기본적 성격personality, 객관적인 성격 특성/개성character 등의 개념과 함께 충분히 논의되어야 한다.

  [표 12.1]은 정신분석, 정신분석 심리치료에서 성격 유형을 분류하고, 각 유형의 심각성 수준을 3단계로 구분한다. 유형과 수준을 진단하고, 가설 수립에 활용한다.

  일반 코칭에서도 코칭 연구자들에 따라 성격적 특성을 유형별로 구분하나, 그 수준은 신경증 수준으로 한정한다. 물론 유형에 대한 이해는 경계성, 정신병 수준의 양태에 대한 이해가 필요하지만, 코칭 임상에서는 신경증 수준 또는 이를 배경으로 한, 행동, 사고, 정서 패턴으로 한정해 개입하고 다

발달적 차원	유형적 차원							
	정신질병	자기애성	분열성	편집성	우울성	피학성	강박성	히스테리	기타
신경증 및 건강한 수준 정체성 통합 및 대상 항상성 단계 프로이트의 오이디프스기 에릭슨의 주도성대 죄책감									
경계성 수준 분리 개별화 단계 프로이트의 항문기 에릭슨의 자율성대 수치와 의심									
정신병 수준 공생 단계 프로이트의 구강기 에릭슨의 기본적 신뢰대 불신									

[표 12.1] 성격의 발달적 차원과 유형적 차원

정신분석적 진단: 성격구조의 이해, Nancy McWilliams. 이기련 옮김. 학지사. p.141

른 수준은 전문 치료사나 분석가에 위임한다.

이러한 성격 특성에 대한 변화/변형 작업에는 먼저 1940년대에 쿠루트 레빈Kurt Lewin의 3단계 변화 이론인 〈해동unfreeze → 변화change → 결빙/동결freeze(또는 재결빙/재동결refreeze)〉을 응용해 볼 수 있다.[93] 우리가 지닌 성격 유형이나 특성은 변화하는 환경에 대한 대응과 욕망, 방어기제의 축적으로 갖게 된 고정된 패턴이자 틀을 지닌다는 점에서 성격 특성과 유형이 동결된 것으로 볼 수 있다. 먼저 얼려 있는 것을 해빙하고, 요구되는 새로운 유형으로 변형하고, 다시 재동결하는 과정을 설정한다. 성격 변화/변형을 위한 전략적 접근으로 〈결빙freeze → 해동unfreeze → 변형 → 재동결refreeze〉을 설정할 수 있다. 이런 전략은 구체적 대상과 상황 속에서 다양한 개입을 설계한다.

---

[93] 쿠루트 레빈Kurt Lewin이 모델을 개발한 적이 없으며 1947년 그가 사망한 후에 형성되었다는 주장도 있다. 또 3단계 모델을 개인에게 적용할 때는 좀 더 확장할 필요가 있다.

그 예시 가운데 하나를 검토해 보자.

[그림 12.1] 쿠루트 레빈Kurt Lewin의 3단계 변화 이론

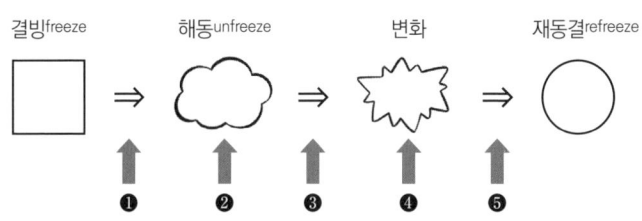

[그림 12.2] 3단계 변화 이론의 활용

❶ 결빙에서 해동으로: 고정적 패턴을 지닌 성격 유형과 특성을 어떻게 해동 할 것인가?

　주요 방어기제로 형성된 패턴에 대한 자기 알아차림, 이 같은 방어기제로는 더는 안 된다는 성찰, 현재 일어나는 감정과 정서(외면하게 했던 불안)에 접촉이 필요하다.

❷ 해동-됨의 과정: 자신의 일부, 경계가 해동되고 점차 중앙으로 변화/변형이 확대되는가? 아니면 반대 방향으로 진행되나 겉은 여전히 견고한 것인가?

　- 불안에서 오는 구체적 두려움을 극복하기, 〈터-틀-틈-탓〉의 순환적 질문, 비전과 새로운 정체성, 북극성에 대한 인식

❸ 변화/변형의 수용과 현실에 적용

- 해동에서 변화/변형에 이르기까지 많은 ①장벽barrier, ②함정traps, ③난기류turbulence, ④지뢰밭minefields을 마주친다.
- 변화 과정은 곧 현실 적용과정이며, 훈습하는 과정이다.

❹ 변화/변형-됨
- 새로운 정체성의 확립, 임계점 돌파, 상태에서 단계로의 전환, 질적 비약

❺ 재동결
- 통합-됨, 성숙의 여정
- 흐름 안에 일부로 머물기

13장
저항과 방어의 도전에 직면하기

고객은 코칭(치료뿐만 아니라)에서 코치 제안이나 작업가설hypothesis을 말 그대로 언제나 동의하는 것은 아니다. 저항resistance으로 표현될 수 있다. 〈방어 메커니즘〉은 정신 시스템의 균형을 위협하거나, 불안정하게 만들고, 경험이 정확히 무엇인지 이해하는 데 방해를 초래한다. 이런 저항과 방어defence는 그 사람의 심리적 면역 체계로 이해할 수 있다. 이는 사람이 위협으로 고통을 느끼거나 불쾌한 통찰unpleasant insight이 올라오는 것을 방지하는 동시에 의문을 형성하거나, 문제의 원인에 대한 단서를 제공한다(Messer, 2002).

저항은 기본적이며 다양한 형태와 목적으로 드러난다.

- **코칭에 대한 일반적인 저항**

  회사에서 보내진 고객 일부는 코칭 관계에 참여하기를 속으로 원하지 않을 수 있다. 정신역동 관점에서 공감을 통해 이런 내면의 복잡함을 회기에서 탐색하고 논의해야 한다. 코칭이란 무엇에 관한 것이고 코칭이 제공하는 것이 무엇인지 명확히 하는 것이 필요하다.

- **충동, 감정, 환상 및 모티브**motifs**를 인식해야 드러나는 저항**(Messer, 2002).

  코칭에서 우리는 불안 같은 부정적 감정을 인정/승인하면서 저항에 마주친다. 〈공감 제공하기〉는 시간이 지남에 따라 고객이 자신이 이해되고 있다는 느낌을 받으며, 기꺼이 더 개방할 수 있게 변하면서 점차 이슈를 다루는 데 유용해진다.

- 코칭 룸 밖에서 **행동을 바꾸지 않는 형태의 저항**(Messer, 2002).[94]

  행동 변화는 새로운 통찰을 현실에 적용하기 전에 더 많은 **시간과 느린 통합 과정**을 필요로 한다.

- 코치 쪽에서 공감하지 못해 초래된 **고객의 저항**

  이것은 고객에 대한 조율이 부족하여, 결과적으로 고객의 오해로 나타난다(Messer, 2002).

---

94) 결코 쉽게 변화/성장을 위한 〈실천 행동〉을 할 것으로 보지 않는다. 사실 코칭은 실천과 행동의 변화를 **우선 체험**하는 것이 중요하다. 성찰을 중시한다 해도 실천과 연결된, 즉 〈실천적 성찰〉이지 않으면 안 된다. 〈체험을 통한 성찰〉을 확인하고 축적하는 것을 더 중시해야 한다.

변화 행동과 실천에 (1) 필요성을 인식하거나 인정하는 수준에서 머무르거나, (2) 알고 있으니 실천계획이나 염두에 두겠다는 의사표시로 한정하거나, (3) 자기 이슈는 그런 행동/실천에 한정되지 않는 다른 무엇이 더 있다는 식의 부드러운 저항이 일반적이다. 나머지는 (4) 공공연하게 합의된 실천을 구체적으로 실행하기보다는 대충하는 것이다.

이에 대해 코치의 대처는 **첫 번째**, 고객이 자기 삶의 맥락에 걸맞은 주요 인물과 〈상호책임관계〉를 맺게 한다. **두 번째**는 실천 계획 자체가 그의 삶 생태계에 맞게 점검해 만들고, 다양한 수준에서 〈후원환경 설계〉를 통해 강화한다. **세 번째**로는 고객의 배움 방식(양과 질)과 속도를 중심으로 섬세한다. 이 과정에서 고객의 방어와 저항에 함께 구르데 대처하는 것이 불가피하다.

사실 지속적 변화 행동이란 어려운 일이며, 변화 행동 자체도 두려움과 불안을 가중한다. 일정 기간 소망스럽게 이뤄졌다 하더라도, 시간이 지나면 언제든 원위치로 되돌아간다. ①누구에게나 일정한 시간이 필요한 일이며, ②내면의 갈등과 저항이 통찰과 통합을 이루고, ③자기 합리화와 자기 부정이 소화되고, ④스스로 허락하는 만큼 천천히 진행되는 것을 코치는 용인해야 한다. 이 과정이 바로 **네 번째**인 훈습/극복하기working through 과정이다.

그러나 고객의 저항과 방어 메커니즘은 다양한 성격적 특성character[또는 personality]으로 패턴화를 보인다. 이것은 변화 행동은 물론 코칭 본연의 목적인 자원개발이나 시도해보지 않은 잠재력 발굴조차 방해할 수 있다. 정신분석 코칭은 이런 퍼스널리티와 성격 특성의 변형에 도전한다.

저항은 적극적 자세로 보이거나 실제 예시로 드러날 수 있고, 방어 메커니즘으로 나타난다. 프로이트는 군사적 은유를 좋아해서 이를 교육 방식으로 사용했다. 먼저 '방어'라는 용어(8장 참조), 다음으로는 억압repression과 전환conversion 등을 '일선first-line 방어'로 표현하고, 방어 기능을 **작동하는 과정**으로 이해했다. 압도적이고 불쾌한 감정으로부터 고객 자신을 보호한다고 표현한다. 그러나 이것은 고객이 완전한 삶을 살지 못할 때 지급해야 할 대가다.

방어는 불안, 슬픔/비탄, 혼란스러운 정서와 강력한 부정적인 감정에서도 자존감을 유지하고, 자신을 보호한다. 이를 통해 건강하고 창의적으로 적응하며 발전하는 것이 목표다. 자기와 외부 세계의 경계를 다룰 때, **원시적**이거나 **미성숙**(정신병적 분열 같이)한 방어가 드러나기도 한다. 성숙 수준은 정신적 비용과 방어의 무의식적 단점에 달려있다. 반면 고차원 방어는 자아Ego, 이드Id, 초자아Superego와 같은 다양한 정신 내부의 내적 경계[또는 관계]와 다음과 같은 메커니즘으로 드러난다.

먼저 세계를 '선과 악', '우리와 그들'로 분리(예: 경쟁자는 '적'으로 간주됨)해 나누는 **비정신병적 분열**non-psychotic splitting이 있다. 또 **투사**projection는 원치 않거나 억압된 내면의 그림자 요소를 다른 개인에게서 추정하는 것이다. **투사적 동일시**projective identification 역시 경영 상황에서도 발생할 수 있다. 두려움과 불안으로 과대함에 대한 개인적인 필요need가 CEO에게 너무 강하게 투사되어, CEO가 이런 투사에 동일시하기 시작해, 자신을 기업 영웅corporate hero 또는 웅장한 구조자grandiose rescuer(8장 참조)로 묘사하는 경우다.[95]

더 성숙한 메커니즘은 **주지화**intellectualising, **합리화**rationalising, 정동 **고립**isolation이다. 정서적 측면을 억제하고(주지화), 이성적 주장을 고안하고(합리

---

95) 물론 이는 기업 영웅에만 해당되는 것은 아니다. 조직원들의 투사와 리더의 투사적 동일시에 의한 과장과 웅장함을 드러내고, 이를 다시 찬양하는 순환 고리가 상호 맞물려 상승되는 경우를 볼 수 있다.

화), 감정을 무의식 상태로 만들고(정동 고립), 모든 것을 인지적이고 이성적 측면에 양보하는 태도이다.

억압repression은 프로이트가 만난 첫 번째 방어이며, 가장 기본적인 것이다. 정신적 내용(이름, 장소, 상황)을 (적극적으로) 잊거나 무시하고, 불안하거나 고통스러운 생각이 의식되는 것을 막게 한다. **전치**displacement란 충동(대부분 공격성)을 처음 대상에서 영향을 받지 않은 대상(이를테면, 보스 대신 파트너를 꾸짖음)으로 위치를 돌리는/재설정redirecting하는 것을 의미한다.

반동 형성reaction formation은 무언가를 반대로 [방향을] 바꾸는 능력capacity과 연결된다. 부정적인 영향을 긍정적으로 전환하거나 그 반대의 경우 모두에 해당된다. 예를 들어, 갈망/그리움을 경멸로, 매력에 대해 시기/질투로, 사랑을 증오로 변형한다[억압된 감정이나 욕구, 받아들일 수 없는 충동에서 벗어나거나 행동으로 나타나지 않도록 정반대의 행동으로 바꿔 놓는 것이다].

자기 탓으로 돌리기turning against the self는 공격성을 다른 사람/외부 대상에서 자기를 향한 방향으로 바꾸는 것이다. 외부 문제와 대상의 잘못을 모두 자기 잘못이라고 생각한다.

취소undoing는 분노, 죄책감, 수치심 때문에 이전에 한 것을 지워버리는 태도 또는 행동이며, 무의식적으로 균형을 이루는 과정이다(감정적으로 가해한 사람에게 무의식적으로 선물을 주는 것).

부인denial은 불쾌한 경험을 현실로 받아들이지 않는 것이다. 부인은 사건으로 인한 고통과 상관없이 우리가 계속 기능할 수 있게 해주므로 생명을 위협하는 사건을 경험할 때는 한시적이지만 실용적인 목적을 지닐 수 있다.

유머humor는 가장 적극적이고 성숙한 메커니즘으로 외부와 내부 갈등에 대처하고 스트레스를 완화하는 데 활용되며 다른 사람과의 상호작용에서 발생하는 어려운 감정적 상황에 대응한다.

승화sublimation는 내부 갈등을 창의적이고 사회적으로 수용 가능한 해결책으로 전환하는 것을 의미한다. 예술가가 창조한 작품을 보며 이를 참조해 우리의 일상 언어로 들어왔다.

이런 모든 방어는 다양한 색조와 변형을 취한다. 건강한 반응에 한몫하거나 성격 특성personality trait이나 장애로 굳어지는 것은 다른 것과 같이 정도의 문제이다(Mentzos, 2009 참조).

고객의 방어를 [코칭에서] 다루는 목적은 도움이 되지 않거나 파괴적인 반응 패턴에서 그 사람을 차단하기 위한 것이다. 자동화된 반응-덫reaction-trap에 빠지지 않고 적절한 대응을 선택할 수 있도록 하는 데 있다. (더 성숙한) 방어 및 콤플렉스를 위해 작업하는 것은 정신적인 위협psychic threats에 대한 새로운 태도와 반응을 개발하고, 이를 촉진함으로써 행동 레퍼토리를 풍부하게 한다는 점에서 고객에게 필요하고 보람을 준다.

케츠 드 브리스Kets de Vries는 이것을 방어, 정서, 자기-지각self-perception으로 구성된 '**내면 극장의 재구성**restructuring of the inner theatre'이라고 설명한다[『코치 앤 카우치』 김상복 외 옮김, 1장, 16장 부록 참조]. **방어**는 이를 인식하고 이해하고, 과도한 방어 패턴을 포기하고, 새로운 대처 메커니즘을 개발하여 재구성restructured한다.

정동적 구조 조정affective restructuring[96]은 정서 변화를 암시하는 **대안적인 반응**을 개발하여, 사람들이 〈정서를 얼마나 느끼고 표현하는 지〉를 점검한다. 정서 패턴 **수준**을 높이는 것이다.

자기-지각 역시 마찬가지다. 사람들은 타인과 관련하여 자신이 그들을 인식하는 방식을 변경할 수 있다. 특히 역기능적 패턴dysfunctional patterns이 부

---

96) restructuring: 재구성, 구조 조정 등 두 가지 의미를 모두 가지고 있는 것으로 해석한다. '구조 조정을 통해 재구성에 이르는 과정'이다.

정적인 자기-지각을 만들어 내고, 이로 인해 대인관계 교류가 방해받으면, **자기 존중감**과 긍정적이고 현실적인 자기-지각을 지지/지원하여(Kets de Vries, 2006) 자기-지각 수준을 변경한다.[97]

정신적 위협에 대한 융주의자Jungian의 관점은 **콤플렉스**와 원형이라는 개념을 중심으로 설명한다. 방어는 어려운 상황을 관리하는 건설적인 수단을 찾는 정신의 **자기 조절 기능의 표현**으로 이해한다. 분석심리학은 정신에는 내장된 보상 기능이 있다고 가정한다. 한 영역에서 너무 적으면 다른 영역에서 많이 생성된다[마치 풍선 같다]. 의식과 무의식도 보상으로 이해하기 때문에 심리적 위기psychological crisis는 진정한 자기the Self의 전체 차원에서 선과 악 또는 빛과 그림자와 같은 서로 반대의 것을 통합하고 단일화uniting함으로써 치유된다. **개별화 과정**에서 정신 에너지는 전체성wholeness의 성취를 향하게 되고, 자기Self에 의해 통제되고 주도된다.

콤플렉스는 정신적 측면[psychic aspect 영적 측면]의 상반되거나 반대되는 극으로 구성된다. 예를 들어, 무無nothingness와 전능omnipotence은 반대 극의 의미를 함께 지닌다. 열등감(콤플렉스)은 일상 언어로 들어와 있다. 융은 콤플렉스를 하나의 정서로 함께 유지되는 무의식적인 정신 내용[영적 내용]으로 이해했고, 높은 수준의 긍정 또는 부정 정서 에너지로 충전될 수 있는 원형archetype과 관련된 공통 핵심common core으로 이해했다. 부정적인 콤플렉스는 깊이 느껴지는 부정적인 정서적 사건, 심리적 외상 또는 부정적인 어린 시절 경험의 산물이다. '정신[영적] 구성 요소의 분열'(Jung, 1934)로서 콤플렉스는 무의식 안에서 정신적 소요disturbances를 유발하고, '피하기ward-off' 과정을 통해 정신 에너지를 차단할 수 있다. 그것의 원형적인 핵심archetypal core을 통해 콤

---

[97] 이를 전문적으로 검토한 것이 자기-지각 이론Self-perception theory(SPT)이다. 이와 달리 맨프레드 케츠 드 브리스는 별도로 정신분석 이론에 근거한 주장을 펼친다.

플렉스 증상들을 상징적으로 이해하고 해석한다.

코칭 상황에서 상징적 의미를 찾는 것은 병리학pathologies에 초점을 맞추지 않기 때문에 이해를 발전시키기 위해 **즐길 수 있고**playful, 위협적이지 않은 접근 방식을 제공한다. 초점은 신경증적[전전긍긍하는] 갈등을 제거하는 것이 아니라 그것을 **견디고 함께 사는 법**을 배우는 데 있다.[98]

이것은 방어에 묶여있는 정신 에너지the psychic energy의 방출을 가능하게 한다. 정신적 평형psychic equilibrium과 내면의 균형inner-balance이 재확립re-established될 수 있으며, **인격 통합**personality integration의 순간이 일어난다.

[핵심 단어와 주요 인물]

- 저항과 방어 메커니즘
- 내면 극장의 재구성
- 콤플렉스와 원형
- 상징으로 작업하기
- 정신적/영적 평형psychic equilibrium

- 주지화, 합리화, 정동 고립
- 정동적 구조조정
- 개별화 과정
- 감응성 정신증folie a deux
- 내면의 균형inner-balance

---

[98] 우리는 각종 증상을 알고 '증상과 함께 사는 것'이다. 증상은 마치 나무의 옹이가 무늬를 만들 듯 인격 안에 통합되고 성숙하여 개성으로 빛나게 된다. 과거의 상처가 옹이가 되어 무늬를 갖고 있는 인격, 우리는 모두 이런 무늬를 지니고 있다. 물론 그 옹이가 무늬가 아니라 구멍이 되거나, 약한 고리가 되기도 한다. 우리가 증상과 함께 생애를 살 듯, 옹이는 단순한 흉터이기 이전에 과거가 담긴 내러티브가 넘쳐날 샘터이다. 〈코칭 주체〉와의 만남은 언제나 경이로움과 함께하며 다양한 옹이와 마주하며 내러티브를 향유하게 된다. 코칭 여정에서 현재의 정신 건강에 대한 판단은 언제나 양쪽이 절벽인 외길과 같다(『코칭과 정신 건강 가이드』 역자 서문) 이런 외길에서 인격의 성숙과 통합을 지향하는 것이 정신분석 코칭이다.

[부록 13] 적절한 민감함을 방해하는 지적 방어 다루기

다양한 저항과 방어에서 정신분석 코치가 개입해야 할 지적 방어에는 격리/고립화isolation, 합리화rationalization, 주지화intellectualization, 도덕화moralization 등 네 가지가 있다. 모든 방어체계는 그 시작부터 개인 차원에서 암묵적으로 세상을 경험하는 포괄적이고 불가피한 적응적 방법이다. 당연히 모든 방어 현상에는 바람직한 기능이 있다. 시작은 건강하고 창조적 대응으로 출발한 것이며, 전 생애에 걸쳐 적응적 효과를 발휘했다. 또 위험, 슬픔에서 자기를 보호하는 기능을 하며, 커플이나 조직 안에서는 방어를 공유하기도 한다. 낸시 맥 윌리암스(2019)에 따르면 방어에 관한 핵심 연구 결과는 일곱 가지로 정리된다.

> 방어는 (1) 의식 밖에서 기능하며, (2) 아동이 성숙하면서 예측 가능한 순서대로 발달하고, (3) 정상적인 성격 안에 존재하며, (4) 스트레스를 받을 때 더 많이 사용되고, (5) 부정적인 정서가 의식적으로 경험되는 것을 줄여주며, (6) 자율신경계를 통해 작동하고 (7) 과도하게 사용하면 정신병리와 연관된다. (…) **일차적** 미성숙, 원시적 방어는 자기와 외부 세계 간의 경계문제를 포함한다. **이차적** 성숙한 방어는 내적 경계, 즉 자아 혹은 초자아, 또는 경험하는 자아와 관찰하는 자아 간의 경계문제를 포함한다. 또 전자는 미분화된 방식, 인지적, 정동적, 행동적 차원들을 융합하는 반면, 후자는 **생각, 감정, 감각, 행동**, 혹은 이들의 조합을 변형하되 그 작용이 보다 특수하고 분화되어 있다(p.146).[99]

원시적 방어, 일차적 방어는 코치가 알아차린 뒤 〈구석에 모아두며〉 코칭 주체의 이해를 심화해 가며 주제 현안에 집중하게 된다. 방어를 직접 코칭

---

[99] 『정신분석적 진단: 성격구조의 이해』 낸시 맥윌리암스 지음. 이기련 옮김. 학지사. 2019.

주제로 삼는 경우는 쉽지 않다. 반면에 이른바 고급 방어, 지적 방어는 상대적으로 직접 개입할 여지가 많다. 코칭 주체의 생각, 감정, 행동 등이 쉽게 반영되는 출구이고 코치에게는 입구이기 때문이다. 먼저 사람들의 주장이나 내러티브에서 쉽게 반복적으로 드러내는 행동 및 사고 패턴이다. 코치로서는 쉽게 소재로 접근이 가능하다. 코치는 이를 입구로 보고 상대가 〈현재 삶의 매 시간〉과 〈순간에 출현하는 생생한 정서〉와 접촉한다.

정신분석 코치는 처음에는 코칭 주체의 저항을 요리조리 피하거나 모른 척하면서 **현재** 자기 삶 안에서 이루지는 경험, 사건, 내적 역동/반응을 섬세하게 들춰내고 음미하도록 안내한다. 코칭 주체가 이를 무시하거나 억제하지 않고, 의미를 발견하며 발전해 가거나, 내면 세계 안에서 상연(실연enactment)되는 역동이나 갈등과 연결하며 자신을 더욱더 이해하게 한다.

다음으로 코치는 생생하게 출렁이며 느낌으로 다가오는 **정서**의 움직임을 몸으로 직접 느끼게 질문한다. 스쳐 지나가게 하기보다는 최대한 느낌에 머물게 한다. 이름을 붙여 본다. 이런 안내는 표현 가능한 **감정**에 국한되지 않는다. 알고 있는 감정도 다시 느끼며 정확하게 구별하게 한다. 또 알 수 없는 정서가 있다면 더욱 머물며, 그것이 무엇인지 분명해지기를 기다리며 힘을 배양하게 한다. 이로 인해 **매 순간 정서와 접촉**하고 느끼는 가운데 분명해지는 **긍정적 정서**는 삶과 경험에 대한 민감성을 높이고, 관심의 폭과 깊이를 개발하게 한다. 삶의 생동성이 높아지며 이런 리듬은 행복, 내적 평정, 순수한 호기심, 유연성은 물론 창의성의 기반이 된다.

반대로 **부정적 정서**도 마찬가지다. 회피하지 않고 오래 머물다보면 알 수 없지만 부정적인 정서로 감지된다. 습관적으로 부정 정서를 음미하면서도 이를 바라보지 못하거나 모르는 척 즐긴다. 그러나 이는 점차 무시, 시기, 질투[100], 무기력함[101], 사라지고 싶음, 드러내지 않기(않고 공격해 버리기)[102], 타인의 실패/불행에서 은밀히 느끼는 쾌감 샤덴프로이데 schadenfreude[103] 등으로 그 면모의 일단이 서서히 드러나게 된다. 그러나 이를 계속 부정하고 외면한다면, 자기 사랑으로 감싸지 않고 자기-무시를 지속하면, 이런 부정 정서는 속에서 부패하게 되며 자기 자신을 공격하게 되고, 결국에는 괴팍하고 모진 성격을 구성하게 된다. 내면 극장에서 다양한 이야기로 상연上演(재연再演)되고, 그 퇴적물이 진물이 되어 밖으로 조금씩 흘러나오게 하는 것은 그나마 부패를 지연하는 것이다.

반대로 이를 끌어안고 되씹다보면 발효되고 새로운 성찰로 귀결된다. 어떻게 부패에서 발효로 전환할 것인가. 스스로 어디까지 가능할 수 있는가? 코치가 내면 극장의 관람자가 되고 연출에 관여할 수 있기까지 시간과 노력이 필요하다[16장 부록]. 연출에 관여하게 될 경우에도 천천히 극적 구성과 전개를 바꿔 내거나, 각 등장인물의 성격이나 역할과 충돌하기에 변화가 불가피하다. 그러나 내면 극장으로 들어가기 위해서는 입구 찾기와 허락과 합의가 선행되어야 한다.

〈현재 삶의 매 시간〉과 〈순간에 출현하는 생생한 정서〉와 접촉은 쉬운 일이 아니다. 굳건한 방어 구조를 벽으로 둘러쌓고 그 안에서 오랜 시간 지내왔기에 더욱 그렇다. 기존의 ①자기 신념이나 사고 패턴에 의문을 제기하고, ②내면의 울림, ③신체 반응에 주목하는 일, ④이와 연결된 정동, 정서로 올라오는 경우 불안과 방어기제는 더욱 작동한다. 이 가운데 네 가지로 대표되

---

100) 『질투, 사랑의 그림자』 폴-로랑 아숭 지음. 표원경 옮김. 한동네. 2021.
101) 『나는 왜 무기력을 되풀이 하는가』 에리히 프롬 지음. 장혜경 옮김. 나무생각. 2022.
102) 『드러내지 않기: 혹은 사라짐의 기술』 피에르 자위 지음. 이세진 옮김. 위고. 2018.
103) 『샤덴프로이데』 나카노 노부코 지음. 노경아 옮김. 삼호 미디어. 2018. 『위로해 주려는데 왜 자꾸 웃음이 나올까』 티파니 와트 스미스 지음. 이영아 옮김. 다산초당. 2020.

는 지적 방어는 자유로운 대화, 자신과 관련 높은 주제를 중심으로 대화하는 코칭 현장에서는 쉽게 마주하는 반응이며, 코치 역시 이런 저항을 잘 타고 넘어 방어체계 안으로 스며들 필요가 있다.

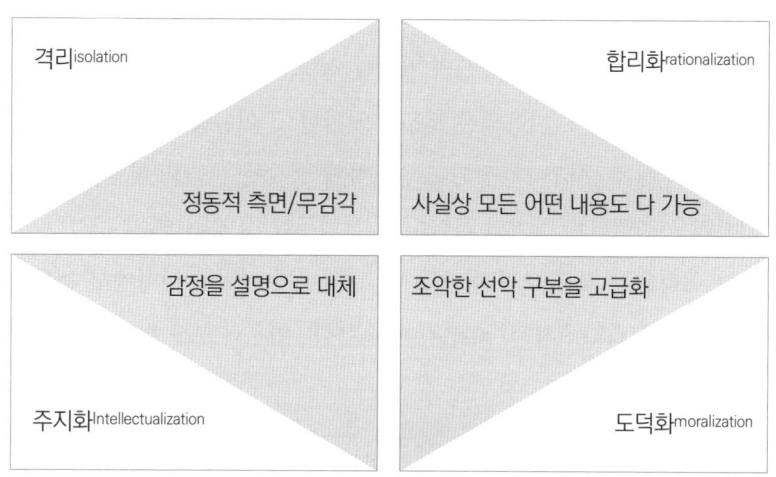

정신분석적 진단과 성격 구조의 이해, Nancy Mc.Williams(2014)

[그림 13.1] 적절한 민감함을 방해하는 지적 방어기제

일상 현실과 정서에 민감한 접촉을 방해하는 지적 방어기제의 하나로 **격리/고립화**가 있다. 내면에서 올라오는 정동이나 정서에 무감각으로 대처할 뿐 아니라, 대외 인간관계와 대상과의 관련, 그런 관계의 장에서 고립을 적극적으로 취하는 정서 및 생활 태도를 본다.

격리/고립화가 우세한 사람은 "독선의 완고함이 눈에 띄거나 관념이 우세한 의사소통으로 주의에 정서적으로 마음 터놓기 어려운 인상을 주게 된다." "어떤 환상이나 사고 내용에 있는 정서 요소를 분리하고, 그 사고 내용을 관념 차원에서만 다루려는 태도이다. 어떤 관념 내용에서 당연히 연상되는 별도의 관념을 분리하고, 그 연결을 인정하지 않고, 심지어 그러한 분리를 더 명확하기 위한 '**정화**'를 시도한다." 또 "본래 논리적 사고나 객관성을 가능하게 하여 전치와 함께 **승화**의 기초를 이루는 더 고차원의 기능이라고 생각된다."(p.63)[104] 이렇게 정화-전치-승화의 길이라는 유익함이 있기에 이 방어 안에 머물 수 있다.

합리화는 무의식적으로 자신의 결정을 정당화할 근거를 찾는 태도이다. 우리는 자신이 하려고 마음먹은 것은 무엇이든 그 이유를 만들 수 있다. "자신의 태도·행동·사고·감정이 그럴듯하게 생각될 수 있도록 의식적이고 무의식적으로 행하는 방어의 하나이다. 그럴듯한 설명을 해주는 것으로 인정하기 어려운 현실을 보지 않아도 되고, 견디기 어려운 현실에서 눈을 돌려 억압을 강화한다."(사전. p.138). 이솝우화 「여우와 포도송이」는 자주 인용된다.

> 배고픈 여우가 나무를 휘감고 높이 올라간 포도나무에 포도송이들이 주렁주렁 매달린 것을 보았다. 여우는 그 포도를 따먹고 싶었지만 그럴 수 없었다. 그러자 그곳을 떠나면서 자신에게 말했다. '저건 아직 덜 익은' 포도들이야.[105]

"이 우화는 소원이 이루어지지 않는다는 것을 알았을 때 그것은 현실적으로 바람직한 것이 아니었다고 말하며 자신을 속인다." 반면에 이 우화와 대비하여 인용되는 〈달콤한 레몬 이야기〉는 아무리 신 레몬일지라도 자기 것이라면 달다고 생각하는 것이다. "모두 무엇인가 나쁜 일이 일어났을 때에 그것은 그만큼 나쁜 것이 아니었다고 말하며 자신을 속이는 것이다. 그러나 포도를 먹고 싶다고 생각한 일도 포도를 손에 넣을 수 없었던 일도 주체에

---

104) 『精神分析事典』(小此木啓吾. 2014. 岩崎學術出版社) 이하 사전
105) 『이솝우화 전집』 이솝. 박문재 옮김. 현대지성. 2021

게 의식되고 있지만 무의식의 영역에서 일어난 일에 대해서도 합리화는 일어난다."(사전. p.138)

"지적이고 창의적인 사람일수록 합리화를 잘하는 사람일 가능성이 크다. 화를 적게 내면서도 어려운 상황에서 최선을 이끌어낼 수 있도록 이 방어가 긍정적으로 작용한다. 단점은 사실상 그 어떤 것도 합리화할 수 있다는 것이다(낸시 맥윌리암스 p.104)." 이 점이 변화를 거부하고 현재에 체류할 수 있는 강력한 근거가 되고 코치에게는 넘을 수 없는 벽으로 다가온다.

감정과 정서를 설명으로 대체하는 **주지화**는 "안나 프로이트Freud, A.(1937)가 주목한 방어기제 가운데 하나로 정동이나 욕동 갈등을 둘러싸고 그것을 의식으로 올리거나 해방 대신 논리적으로 생각하고 추상적으로 관념화한다. 그에 관한 지식을 얻거나 전달하는 등의 지적 태도에 의해 그것들을 컨트롤하려는 자아의 작용을 가리킨다. (…) 따라서 어느 정도의 지적 발달을 전제로 하고, 지적인 것에 긍정적인 현대사회에서 일단 적응적이고 용인되기 쉽기 때문에 승화의 의미를 갖기도 한다. 반면 합리화와 대비된다. 주지화는 과정 자체가 욕동의 의식화나 해방을 회피하기 위한 전치(대리만족), 현실 검토가 타당한 것인 반면, 합리화는 욕동의 해방 후에 합리적으로 그럴듯하게 그것을 정당화하는 것(때로는 생떼 같은 억지)을 의미하며 현실 부인과 연결된다는 점에서 구별된다."(사전. p.333)

"주지화하는 사람의 감정에 관해 이야기하지만 듣는 사람은 그의 감정이 메말라 있다고 느낀다. (…) 정서적 의미가 가득 찬 상황에서 이성적으로 생각할 수 있다는 것은 자아가 상당히 강하다는 뜻이며 긍극적으로 정서적 측면을 소화하고 처리할 수 있는 한 방어가 효과적으로 작동한다고 볼 수 있다. (…) 삶에 대처하기 위해 주지화에 의존하는 법을 배운 사람은 성, 농담, 예술적 표현 또는 만족을 주는 다른 방식의 성인들 놀이를 제대로 즐기지 못할 수 있다(낸시 맥 윌리암스. p.185).

프로이트는 「마조히즘의 경제적 문제(1924)」(『쾌락원칙을 넘어서』 박찬부 옮김. 열린책들)에서 마조히즘을 성애적·여성적·도덕적 세 가지 종류로 나눠 설명했다. 이 가운데 도덕적 마조히즘은 〈무의식적 죄책감〉 또는 〈처벌 욕구〉를 위해 자신을 고통스런 체험이나 굴욕적인 상황에 머무르게 하는 심리적 기제로 설명한다. 지적 방어의 마지막 **도덕화**는 이런 도덕적 마조히즘 성격 조직의 주요 방어이다.

"무의식적으로 자신의 결정을 정당화하는 인지적 근거를 찾는 합리화와 유사하며, 도덕화는 그런 결정을 따르는 것이 자신의 의무라고 느낄 수 있게 하는 방법을 찾는 것이다. 즉 원하는 것을 도덕적 의무 영역에 집어넣는다. 이를테면 합리화하는 사람은 실망을 안겨 준 일을 '학습 경험'을 했다고 이야기하고, 도덕화를 하는 사람은 '인격 수양'을 하는 데 도움을 주었다고 말한다. (…) 사회 정치적 상황에서 지도자들이 도덕적 우월감을 느끼고 싶어 하는 지지자들의 욕구를 이용해 힘들이지 않고 집단적인 도덕화를 만들어 내며, 이렇게 유혹을 받은 대중들은 쉽사리 그것을 외면하지 못한다(낸시 맥 윌리암스. p.188)."

이 같은 도덕화 방어는 이성과 논리 너머의 정서적 태도이기에 변형을 위한 접근이 쉽지 않다. 만성적으로 경직되었고 신념에 정서가 매우 강하게 결합되었으며, 타인으로부터도 일정 부분 인정받을 수 있기 때문이다. 코치는 도덕적 태도의 반대편에 있다고 간주한다. 오래 전부터 지녀온 양가감정, 선-악을 구별하며 대응했던 이분법적 인식이 점차로 필요한 이론으로 고급화되었고, 나름의 삶 경험 안에서 단련되었기 때문에 더욱 어렵다.

이 같은 지적 방어를 다루기 위해서는 앞의 [12장 부록]에서 검토한 〈결빙freeze→해동unfreeze→변화→재동결refreeze〉 과정을 염두에 두고 해동을 위한 대화를 좀 더 이야기해보자.

먼저 해동解凍을 위해서는 안전지대에 함께하는 코칭 주체는 충분한 안전감을 향유해야 하며, 두 사람사이의 신뢰 및 친밀감이 전제되는 선행 작업이 충분히 깔려야 한다. 무엇보다도 결빙된 상태에서 해빙으로 가는 여정의 주도권이 코칭 주체에게로 넘어가는 것이 필요하다. 충분한 안전감 안에서 자기-알아차림에 근거해, 기존의 방어체계로는 더는 안 된다는 자각, 변화/변형의 필요성을 스스로 인정해야 하기 때문이다. 이런 상황을 텃밭으로 하여 코치는 다음과 같은 질문으로 이를 촉진한다.

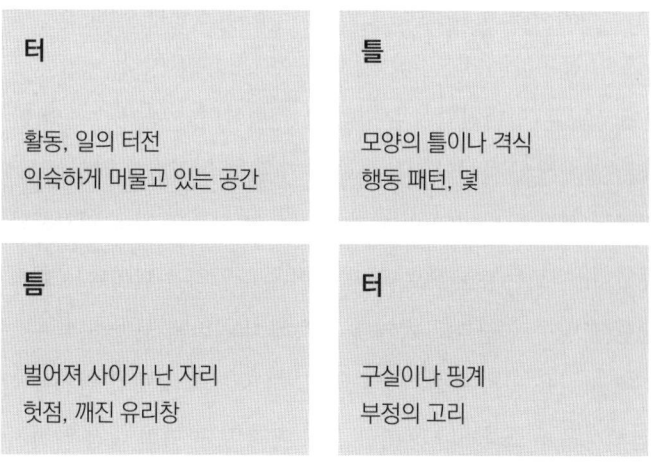

『코칭튠업21』 김상복, 한국코칭수퍼비전아카데미

[그림 13.2] 자기 직면을 위한 연속 질문

〈터-틀-틈-탓〉은 일반 코칭에서 고객에게 직면을 촉진하기 위해 개발된 연속 질문이다. 자신이 서 있는 위치, 살아온 환경과 조건이 〈터〉이다. 새삼스럽게 자신의 〈터〉와 관련해 랜턴을 비추듯 질문을 제공한다. 오늘/지금에 서서 바라보게 한다. 자연히 출생과 성장 지역에 대한 연상으로 이어지

13장. 저항과 방어의 도전에 직면하기

거나, 내가 가꿔 온 정원인 조직이나 가정으로 이어지는 것은 코칭 주체에게 자연스럽고, 코치의 질문도 부드럽게 연결 가능하다. 4대 지적 방어 가운데 어느 하나와의 접점이 중요한 〈터〉가 되었다면 연결은 자연스럽다.

어떤 사고, 감정, 행동 〈틀〉을 갖고 있는가. 어떤 틀에 안주하거나 갇혀 있는 것인가. 4대 지적 방어가 곧 자신의 틀을 만들게 되었고 이를 활용하였다는 자각은 매우 쉽게 연상되고 검토가 가능하다. 이런 인식은 〈탓〉도 마찬가지다. 타인이나, 환경, 돌아가신 부모, 상황이나 조건으로 문제의 원인이나 고리로 합리화를 해왔다. 〈탓〉에 내려 둔 닻을 거두지 않는 한 변화의 항해는 이뤄지지 않고 맴돌 뿐이다. 자신의 이슈와 문제가 반복되는 것이나 생활이 공존하는 것은 〈탓〉에 내려 둔 〈닻〉때문이다.

반면에 〈틈〉은 양면적임이 분명하다. 완벽함이나 자기 수준의 만족을 향해 우리는 지속해서 자신의 〈틈〉을 메꾸기 위해 노력하고 좌절해 왔다. 〈틈〉을 지적하는 중요한 타인에 의해 자주 자신의 고유의 것을 억압해왔거나 추출 당해왔다. 때로는 〈틈〉으로 밀려 들어온 타인의 신념이나 사회적 기준이 자기 내면에 항구적 영토와 기지를 구축해 내면화에 성공해, 타인 기준, 사회 기준에 자신을 맞추며 살아왔고, 뒤늦게 자신의 정체성 위기를 감당해야 했다. 정체성을 유보하거나 혼미한 것도 어찌 보면 이런 내적 식민지에서 벗어나기 위한 저항과 투쟁의 결과일지 모른다.

〈틈〉을 메꾸고 저항하기 위해 지적 방어 가운데 어느 하나를 적극 활용해 왔는데 아이러니하게도 이제 다시 자신의 주요 지적 방어체계를 뜯어내야 하는 데에 어려움이 있다. 완벽이나 자기 기준을 위해 틈을 갖지 않으려고 힘써 왔는데, 이제 이를 내려놓고 〈헐거움〉을 용납하고 지녀야 한다는 사실 또한 수용하기 어렵다. 그런 점에서 〈있는 그대로 괜찮다〉는 자신 인식, 〈완벽하지 않을 수 있는 용기〉의 단계가 필요하다.

정신분석 코칭은 누구든 언제든 가야할 길을 정하지 않으며, 꼭 가야 할 길이란 없다. 필요할 때마다 디딤돌을 앞에 놓으며 발을 내딛는다는 것이 사실에 가깝다. 다음 돌을 어디에 놓는가에 따라 흔들리고 비틀거리며, 갔다 왔다 하기도 하며, 뒤로도 앞으로도 나갈 수 있고 머물 수 있다. 이런 의미에서 〈틈〉을 알고 수용하는 것이 자연스럽다.

14장
집단과 조직 수준에서의 방어와 함께 작업하기

개인이나 팀에 관계없이 **코칭**은 언제나 **개인**이 조직 전체의 목적과 목표를 달성하기 위해 협력하는 **시스템적 맥락** 안에서 이루어진다(9장 참조). 따라서 집단 차원에서 방어를 이해하는 것 역시 〈정신역동 코치〉에게 필요한 역량이다. 코치는 불확실성이 증가하는 위협에서 오는 불쾌하고 초조한 감정에서 〈전체로서의 집단group-as-a-whole〉을 방어한다.

집단 차원에서 방어를 보는 방법은 **자아-방어**ego-defence의 렌즈를 사용하는 것이다. 브라운Brown과 스트라키Starkey(2000)는 집단이 공유한 ①자존감을 유지, 강화하고, ②조직 또는 집단의 정체성을 보존하고, 보호해야만 한다는 생각에 기초하여, ③부인denial, 합리화rationalisation, 이상화idealisation, 무의식적 환상phantasy[106], 상징화symbolisation 등 **사회적 방어**를 언급한다. 이런 방어들

---

[106] [저자 주] Phantasy는 일반적으로 사용되는 'fantasy'라는 단어보다 기술적 용어로, 기발함이나 기이함의 개념을 나타내는 경향이 있다. 정신분석적 사고에서 무의식적 환상 phantasies은 모든 중요한 인간 주관적 경험의 원동력이다(Laplanche & Pontalis, 1972).
　　[역자 주] 저자가 참고한 책은 『Vocabulaire de La Psychan alyse』 Jean Laplanche Et

은 조직 및 집단 학습을 방해하며, 필요한 발전과 의사결정 과정에 역효과를 낳는다. 그것들은 항상 현재 상황에서 새로운 정보를 처리하고 적용하는 데 기반을 두고 있기 때문이다. 시스템적이라는 이유로 이런 방어는 문헌에서 별도로 논의되지만, 현실에서는 동시에 나타나고 서로를 강화하는 경향이 있다.

조직적 상징은 현실을 왜곡하고 은폐하고, 정보를 인식하고 처리하는 능력을 제한할 수 있다. 이런 방어적 의미의 상징에는 신화, 유니폼, 명칭, 위계 구조 등을 들 수 있다. 이런 상징은 질서를 부드럽게 안착하게 하는 효과가 인정된다(Brown & Starkey, 2000).

문화적(그리고 조직적) 콤플렉스(Kimbles & Singer, 2004)는 집단적 무의식에 고착된 이전의 트라우마 또는 반복되는 차별discrimination에 대한 방어책으로 이해할 수 있다. 만약 다시 유발되면 과거의 경험들은 (집단의) 집단정신에 몰두하게 만들 수 있고, 문화적 무의식은 그들 자신의 논리를 따르는 인식, 행동 패턴 및 감정을 사로잡는다.[107]

기존의 신념 구조를 옹호하고 집단적으로 **문제를 부인**하는 것은 공통적인 방어이다. **합리화**도 역시 마찬가지이다. 이는 **집단사고**groupthink의 가장

J.-B. Pontalis의 독일어 번역본으로 보인다. 이 책의 한글 번역본이 『정신분석 사전』(임진수 옮김, 열린책들)이다. 그리고 이 사전의 독일어Phantasie/영어fantasy/phantasy. 〈환상〉은 주체가 등장하는 사상적 각본으로 방어 과정에 의해 다소 왜곡된 형태로 욕망의 성취, 무의식적인 욕망의 성취를 보여주는 각본이다. 환상은 다양한 양태로 나타난다. [1]의식적인 환상, [2]백일몽, [3]분석에 의해 드러나는 발현 내용의 하부구조로서의 무의식적 환상, [4]원환상 등이다. 독일어, 프랑스어, 영어 단어의 의미는 서로 조금 다르다. 또 멜라니 클라인의 경우 기존 영어 표기와 달리 〈phantasy〉로 표기해 별도의 〈무의식적 환상〉의 의미로 기존의 의미와 구분해 자신만의 정의로 사용한다.

107) 유사한 트라우마를 지닌 집단, 또는 외적 현실에 대한 공동 대응(이 또한 집단 내부의 일부에 의한 집단 대응이 선동될 수 있다)으로 〈집단 정신〉에 몰두해 독특한 감정과 인식 강화, 행동 패턴을 드러낸다.

중요한 요소이다. 반면에 무의식적 **환상**phantasy[108]과 **이상화**는 비온Bion의 [집단]〈기본 가정〉을 드러내는 공통 근거이다.

제니스Janis(1972)는 **집단사고**groupthink라는 용어를 도입해, 정보 검색과 평가 과정에 결함을 초래하고, 스트레스와 불안으로 고통받는 〈조기 동시 추구 행동premature concurrence seeking behaviour〉을 묘사했다(Chapman, 2006). 〈집단사고〉를 통해 특정 정치 사건에서 발생한 〈결정 함정decision trap〉 개념을 설명한다. 그는 진주만 침략, 워터게이트 사건, 베트남 전쟁, 한국전쟁으로 이어지는 의사결정 상황에서 의사결정 집단이 잘못했거나 적어도 비현실적인 결정을 내렸다는 사실을 발견했다. 이런 결과는 의사결정위원회의 위원들이 집단 의견의 **대상**이 되어 표면상의 조화를 깨뜨리지 않기 위해 자신의 견해를 유보했기 때문이다.

제니스Janis는 응집력, 고립, 높은 스트레스 수준 및 강력한 리더십으로 특징지어지는 구체적 상황에서 ①**자기 검열**, ②**동료 압박**peer pressure, ③[결코 자신은 실수/불행, 위험에 빠지지 않는다는] **불멸의 환상**invulnerability illusion과 ④단순화하게 **현실 축소**와 같은 행동이 일어난다. 이런 요인들은 가능한 대안을 간과

---

108) 무의식적 환상unconsciousness phantasy: 멜라니 클라인의 제자인 비온은 환상의 표기를 클라인의 용법에 따라 〈phantasy〉로 표현해, 이를 '무의식적 환상'으로 구별해 번역한다.
  〈무의식적 환상〉 클라인파 이론에서는 모든 정신적 과정의 기초가 되고 이에 의해 나타난다. 본능을 구성하는 육체적 사건들의 정신적 표현이며, 감각을 일으키는 물체와의 관계로 해석되는 육체적 감각이다. 이 환상은 성충동과 공격충동의 정신적 표현이며, 또한 그런 충동에 대한 방어기제의 표현이기도 하다. 정신분석 치료활동에서 상당 부분은 무의식적 환상을 의식적인 생각thought으로 전환하려는 시도로 묘사될 수 있다. 프로이트는 무의식적 환상과 환상(하기)phantasising 개념을 도입하고 그는 이것을 인간 정신의 계통 발생적으로 물려받은 능력이라고 생각했다. 클라인은 이 생각을 채택했지만, 어린이에 대한 그녀의 연구가 어린이 환상의 광범위한 내용에 대한 폭넓은 경험을 주었기 때문에 이를 근거로 상당히 확대했다. 클라인과 그 학파들은 (무의식) 환상이 경험과 상호작용하여 개인의 성장에 따른 지적, 정서적 특성을 형성한다고 강조한다. 환상은 생각, 꿈, 증상 및 방어패턴의 기조를 이루고 형성하는 기본 능력으로 간주된다. 『The New Dictionary of Kleinian thought』 Elizabeth Bott Spillus, Jane Milton, et al., 2011. Routledge.

하게 하고 결과적으로 결정은 현실에서 훨씬 더 멀어지게 한다고 주장한다.

〈집단사고〉는 안타깝게도 경영자나 정치인과 관련된 의사결정 상황에서 부정적인 집단 역동에 사용되는 용어가 되었다. 그러나 최근 연구는 이런 이론의 세부 사항과 테스트 결과에 의문을 제기한다(요약은 Chapman, 2006; Rose, 2011 참조).[109]

공적 영역에서는 잘 알려지지 않았지만 정신역동 관점에서 흥미로운 점은 비온Bion이 〈기본 가정basic assumption〉[110] 모드를 발견한 것이다. 순진한 정신적 관점에서 볼 때 이 모드에서는 집단 구성원이 해야 할 일과 암묵적으로 예상된 해야 할 일 모두를 가정한다(Ettin et al., 1997, p.332). 비온은 관찰한 집단 패턴을 '문화' 또는 '정신상태mentalities'[111]로 명명했다(French & Simposn, 2010). 집단은 의식적이고 합리적인 수준에서 〈작업 집단〉[112]으로 기능하는

---

109) 비온의 집단에 대한 연구는 조직 연구, 사회 현상의 집단 연구에 새로운 자극을 주었고, 이후 매우 활발하게 연구되는 분야이다. 인용 논문 두 편을 살펴보는 것이 필요하다.
110) 기본 가정basic assumption: 비온은 이 용어를 특정한 집단 작업 중에 비교적 자동적이고 자발적이고, 불가피한 방식으로 나타나서 그 집단의 방향을 바꾸고, 집단의 기능을 새롭게 결정하는 정서적 복잡성을 나타내는 데 사용한다. 세 가지 기본 가정으로 **의존, 짝짓기, 싸움-도피**이다. 짝짓기를 제외한 〈기본 가정〉에 머물러 있는 집단들은 지도자를 갖고 있다. 짝짓기 집단에는 아직 지도자가 출현하지 않았다. 이때 지도자는 어느 한 사람이 아니라 하나의 은유, 아이디어, 무생물 대상일 수 있다. (…) 『비온 정신분석 사전』 Rafael E. Lopez-Corvo 지음, 이재훈 옮김)
111) mentality, mentalities를 적절한 번역어를 찾지 못해 문장에 따라 정신, 정신상태(들), 때로는 사방식 등으로 번역한다.
112) 작업 집단working group: 세련된sophisticated 집단이라고도 한다. 집단이 현실과 접촉을 확립할 수 있고, 진화의 필요을 인식할 수 있으며, 〈기본 가정〉의 통제를 벗어나 공동의 목표를 위해 작업할 수 있는 순간을 나타낸다. 좀더 '과학적' 방식으로 갈등을 다루는 경향성에 지배받는데, 이 경향성은 프로이트의 가정에 따르면(1911. 『정신적 기능의 두 가지 원칙』, 『정신분석학의 근본개념』) **자아**에 해당한다(p.143 영어 표준판). 이 집단의 가장 큰 무기는 ①조직, ②구조, ③협력, ④언어적 소통이다. 작업 집단은 기본 가정에 의해 지배되지 않을 때, 집단이 따르게 될 방향을 나타낸다. (…) 이런 종류의 집단 지도자는 특정한 기본 가정의 내적 현실만 접촉하는 집단의 지도자와 달리 집단의 외부 현실에 접근할 수 있다(p.144-145). 비온 사전, 위와 같은 책.

반면, 더 의식적이고 합리적 수준이 덜할 경우 구성원들이 〈기본 가정〉 문화 또는 〈정신상태mentality〉의 요소를 경험하고 실연enact한다.

〈작업 집단의 사고방식[정신상태mentality]〉은 일차 과제를 완료하는 동시에 이 과정에서 발생하는 정서를 의식적이고 효과적으로 처리하는 것에 관심이 있다. 사실적factual이고 정서적 현실에 직면하기는 일차 과제의 일부이며 리더십의 중요한 측면이다. 리더와 구조, 규칙rules, 지침regulations이 근본적인 불안을 담아내기가 불충분inadequate할 때, 걱정과 두려움/전율trepidation을 논의하고 훈습하는 기회가 없을 때, 집단 차원의 사회적 방어는 강한 긴장과 정동을 변형하고 중립화하기 위해 시작할 수 있다. 그렇게 해 부정적인 정서를 다루고 위협받지 않는 집단으로 받아들여진다.

〈기본 가정 집단〉과 〈작업 집단〉이라는 용어는 사람을 의미하는 것이 아니다. "집단 정신 활동의 요인facets … 특정 종류의 정신 활동만 의미하며, 그것에 탐닉하는 사람들이 아니다(Bion, 1961, pp.143-144. 『경험에서 배우기』)." 이러한 구분을 더 명확하게 하기 위해 프렌치French와 심슨Simpson(2010)은 '기본 가정 정신(상태)mentality'과 '작업 집단 정신(상태)'이라는 용어를 제안한다. 두 가지 정신상태가 공존한다. 한 정신이 다른 정신보다 우세할 수 있다. 집단이 일차 과제와 작업 집단 정신(상태)/사고방식에서 기본 가정 정신(상태)/사고방식으로로 전환하면shift 집단 구성원들은 이러한 전환을 인식하지 못하고, 심지어 작업 분위기가 개선되었다고 생각할 수 있다. 집단 구성원이 패턴을 감지하고 이런 통찰을 다른 집단 구성원과 공유한다면 무시되거나 공격받을 가능성이 크기 때문에 기본 가정 정신(상태)/사고방식이 만연하게 될 것이다(French & Simpson, 2010). [표 14.1]은 알려진 기본 가정 정신(상태)의 개요를 제공한다.

[표 14.1] 기본 가정 정신(상태)의 개요

집단 환상 collective phantasy	기본 가정 정신(상태)	우세한 방어 메커니즘	지배적 정동 dominant affect
의존성	리더는 먹이를 주고 보호해야 한다.	리더 또는 그의 '말'을 이상화	우울, 질투, 죄책감, 숭배
짝짓기 pairing	두 집단원의 짝짓기 결과로 뭔가 새로운 아이디어/사람은 그 집단을 파괴, 증오, 절망을 제거할 것이다.	유토피아적 이상 대 [무의식적] 환상 phantasies	희망, 신뢰, 열정, 절망, 환멸
투쟁-도피	전투, 방어, 도주가 필요한 외부 적의 존재	투사와 분리	분노, 증오, 두려움, 의심하는 순간들
하나-됨 one-ness	전능한 힘과 강력한 연결, 통일적인 대양감	개별 차이를 부정	정체성, 두려움과 갈등, 분열, 적대감
나-됨 me-ness	개인 내면 세계는 안전 장소가 된다. 집단이 존재하지 않는다.	사회 안에서 분리와 투사	파괴, 자아 상실에 대한 두려움, 사디즘, 수동공격성
집단형성 group formation	집단은 하나-됨과 나-됨 사이에서 진동	동맹 및 통합시도에 대한 공격	집단 정체성 및 개인 정체성에 대한 위협

자료 : Nagel(2014, p.108, Kinzel(2002)에서 재구성

표를 설명하자면, 집단 구성원들은 집단 무의식적 환상 fantasies 으로 회귀 regression(첫 번째 열)를 통해 여섯 가지 태도를 취할 수 있다[첫 번째 열]. 이 태도에 근거해 방어 메커니즘(세 번째 열)의 조합된 내용으로 행동하고, "새로운"(무의식적) 집단 정체성과 정신(상태)(두 번째 열)을 만들어 행동한다. 이후 일차 목표 primary goal 달성을 지지하거나 방해할 수 있는 특정 정서 집합 set(네 번째 열)을 나타낸다[부록 14 참조]. 이렇게 일어나는 기본 가정 정신(상태)는 단기적으로 나타나거나 지배적 모드로 지속할 수 있다(Bion, 1961. 『집단에서의 경험』).

〈기본 가정〉은 원래 정서적 위협을 완화하기 위한 것이었지만, 불안을 줄

일 뿐만 아니라 연민, 공감, 알아차림, 의미를 통제control와 몰개성impersonality 으로 대체되기 때문에 시간이 지남에 따라 역기능과 관료주의bureaucratic로 변할 수 있다(Kets de Vries, 2004). 그 결과 현실에 대한 지각이 왜곡되고 의사결정이 손상된다.

고객이 조직에서 사용하는 〈사회적 방어〉를 이해하는 것은 두 가지 점에서 필요하다. **첫째**는 고객은 집단 또는 조직의 리더일 수 있다. 리더의 역할은 집단의 어떤 정서적 요구(예: 영감을 받고, 보호하고, 양육하고, 개발해야 할 필요성 등)가 충족되지 못했는지를 더 잘 이해하고 작업 상황/맥락에 작동하는 정신(상태)을 감지하는 능력이 요구된다. 리더는 조직의 지배적인 〈기본 가정〉 정신(상태)에 자신이 얼마나 기여하는지 인식할 수 있어야 한다.

에틴Ettin 등(1997) 연구는 집단은 "잠재적인 집단 역동과 이로 인해 드러나는 틈새와 힘의 원천을 찾는 놀라운 재주를 갖고 있다."라고 집단을 설명한다. 궁극적으로 일차 과제를 수행할 책임이 있는 사람은 리더이다.

둘째, 집단 구성원을 코칭할 때 기본 가정 정신(상태)에 의해 개인에게 작용하는 파괴적인 힘, 기본 가정 모드에 대한 개인의 기여, 그리고 이와 관련해 휘말리게 되는 개인 내부 고리inner-hook를 이해하는 것이 도움이다.

이런 무의식적인 집단 패턴을 감지하려면 **고객과 코치 간의 평행과정** parallel process을 분석하는 것이 건설적일 수 있다. 이 개념은 심리치료와 슈퍼비전 활용에서 비롯된다(Searles, 1955 참조).[113] 시얼스Searles는 환자와 치료사 사이의 성찰 과정이 치료사와 슈퍼바이저 사이의 관계에 반영된다는

---

113) 이런 〈평행과정〉과 관계 양상을 중심에 둔 코칭과 코칭 수퍼비전은 일각에 의해 크게 발전했다. 이를 전문적으로 다룬 저서이다. 『코칭, 컨설팅 수퍼비전의 관계적 접근』(에릭 드 한 지음. 김상복 외 옮김). 여기서 평행과정이란 전이 과정이자 결과이며, 하나의 관계가 또 다른 관계에 미치는 영향, 또는 하나의 관계 형성이 다른 관계에 어느 정도 지배되는 방식을 말한다(p.67). 코치-코칭 주체=수퍼바이지와 수퍼바이저 사이에 동일한 성격이 동시, 순차적으로 드러나는 경우가 그 한 예이다.

사실을 발견했다. 이 재-실연$^{\text{re-enactment}}$[114]을 통해 수퍼바이저는 환자의 심리적 과정에 대한 이해와 통찰을 개발할 수 있다. 평행 과정은 전이와 역전이 및 투사적 동일시를 기반으로 둔다. 이 개념을 고객[코칭 주체]과의 코칭 관계에 적용하면 고객과 코치 사이의 관계에서 평행과정이 각 작업 집단 또는 조직에서 실연된^{enacted} 방어를 반영^{mirror}할 수 있다. 이를 위해 코치는 **이중 경청**^{duallistening}[115]을 할 수 있는 역량이 있어야 하고, 코치가 누구를 위해 일하는가. 조직인가 고객인가라는 딜레마가 뒤따른다.

[핵심 단어와 주요 인물]

- 집단 차원의 방어(반응)
- 집단사고^{groupthink}
- 동료 압력/압박
- 작업 집단

- 조직적 상징
- 자기 검열
- 기본 가정 집단
- 이중 경청

---

114) 코칭 주체는 코치와 코칭 관계 안에서 일상생활, 조직생활에서 보이는 자신의 관계, 행동 패턴, 반응을 그대로 회기에서 재연/실연^{enactment}한다. 이는 코치도 마찬가지다. 코치는 이를 수퍼비전 관계 안에서 그대로 다시 재-실연한다. 수퍼바이저는 이를 통해 코치가 자신의 코칭 고객에게 어떻게 대응하는지를 알게 된다.

115) 이중 경청$^{\text{dual listening}}$: 평행과정을 통해 드러나는 현실과 맥락을 경청하는 의미로 이해할 수 있다. 그렇지만 상대의 이야기뿐 아니라 〈지금-여기라는 상황〉, 〈코치와 코칭 주체의 코칭 관계 안에서〉 자신에게 일어나는 내면의 목소리 등을 동시에 듣는 것을 의미하기도 한다.

[부록 14] 집단 수준의 역동에 대한 이해와 대처

집단을 대상으로 한 그룹 코칭, 팀 코칭을 위한 정신분석 코칭의 접근은 별도 논의가 필요하다. 정신분석은 이 분야를 위해 선도적으로 연구해왔다. 여기서는 〈조직 안의 한 개인〉의 대처와 변화를 위한 〈일대 일 코칭〉에서, 집단 수준의 역동에 어떻게 대처할 것인가를 한정해서 검토하기로 한다.

〈일대 일 코칭〉에서 조직의 집단 움직임은 개인에게 환경/시스템으로 작용하며, 이 시스템은 개인의 내적 세계의 한 (내적) 대상으로 자리 잡고 있다가 내부 세계에서 상연되는 내면 극장의 스토리나 배우로 참여한다. 어떻게 참여하는가, 어떤 성격 배우로 출연하는가는 개인이 시스템을 내면화하는 조건과 상황에 따라 상호 다르게 주고받는다. 이를 위한 기본 이해 가운데 하나로 비온이 개발한 『집단에서의 경험』(현준 옮김. NUN)에서 언급한 연구 결과이다.

군집masse은 최소한의 대상에 관한 관심으로 일시적이고 우연히 익명성을 갖는 무리를 말한다. 상대적으로 집단group이라고 할 때는 **공동의 목적**, 구성원 사이의 **상호작용**과 최소한의 **이해**를 함께 나누고 겨룬다. 집단이 형성되어 공동 목적을 위해 구성원 사이에 상호작용이 일어날 때 어떤 상호작용이 일어나는가?[116] 집단 안에서는 집단을 주도하는 〈작업 집단〉이라는 무형의 실체가 힘으로 작동하게 된다. 물론 현실에서는 주도자/지도자 집단으로 실체화될 수 있고, 그 집단 역시 내부 경쟁이나 대립이 격화될 수 있다.

---

116) 집단이 갖는 내부 역동이 집단-구성원 사이에 어떤 점에 근거를 두는가는 중요한 주제이다. 집단 안의 개인이 집단과 관계, 구성원 사이의 개인과 개인 관계 역동이 어떻게 집단 역동에 영향을 주는가 등의 이해가 필요하다. 「집단심리학과 자아분석」(1921) 『문명속의 불만』(열린책들. 2018), 「토템과 터부」(1913) 『종교의 기원』(열린책들. 2017). 이 글에서는 이를 반영하지 못했다. 다만 저자가 인용한 비온 이론의 일부를 이해하는 것에 한정한다.

그렇지만 실체 중심보다는 역동의 주체로서 〈작업 집단〉으로 표현되고, 이 집단은 일차/최초/주요primary 과제 해결에 집중하게 된다. 집단이 최소한의 공동 목표가 있고, 구성원 사이의 상호작용을 전제한다면 역동의 주체로서 〈작업 집단〉 형성은 자연스러운 흐름이다.

〈작업 집단〉과 이에 속하지 않은 조직 집단 전체 구성원이 상호작용하며, 조직 집단의 역동은 〈작업 집단〉의 내적 구성에 상호 반영되는 관계가 된다. 이때 조직의 전체 구성원 사이에는 〈기본 가정〉 정신 상태로 몇 가지 현상이 일어난다.

기본적 가정/전제되는 태도로 〈짝 짓기〉, 〈싸움-도피〉라는 대립적 양극화, 작업 집단에 〈의존〉하여 위임해버리는 태도 등 세 가지이다. 나머지를 포함해 [표 14.1]에 여섯 가지를 재구성한다. 이를테면 구성원에게 전적으로 먹이를 주며 보호해주고 구성원은 〈작업 집단〉에 의존하는 것과 다르게, 혼연 일체가 되는 〈하나-됨one-ness〉으로, 개별의 차이를 무시하고 전능한 힘과 강력한 연결감으로 일체가 되는 경우다. 반대로 개인 내면 세계로 집단을 그대로 내면화하여 내가 곧 집단이 되는, 사실상 집단은 없고 나만 있는 〈나-됨me-ness〉이다. 마지막 하나는 이 양자 사이에서 진동하는 경우이다.

이런 여섯 가지 태도는 [표 14.1]의 〈우세한 방어 메커니즘〉 세로축의 내용으로 방어를 구축하고, 〈지배적 정동〉의 세로축 내용을 드러낸다. 즉 이 두 개의 세로축은 〈조직 안의 개인〉이 〈일대 일 코칭〉에서 그 개인의 내면 극장에 등장하는 내적 대상물의 역할과 성격으로 작동한다는 것이다. 예를 들면, 조직 시스템의 작동이라는 〈작업 집단〉의 일차/최초/주요 과제 수행의 결과에 특정 임원-팀장이 '깐부'가 되어/짝짓기로 밀착하여 반응하거나, 조직 움직임이라는 보이지 않는 실체 〈작업 집단〉을 비난하고 대립하는 투쟁 태도, 무시 또는 복지부동(도피)의 태도로 모든 것을 무시하고 다른 일에 몰두하는 식의 도피이다. 이런 투쟁과 도피 태도는 은밀한 사내정치에 직간접으로 작용할 수 있다. 이런 기본 가정 태도를 취하는 코칭 주체는 이에 걸맞은 내적 대상을 지니게 된다. 반대로 독특한 내적 대상의 역동에 의해 기본 가정의 여섯 가지 태도 가운데 어느 하나를 취할 수 있다.

예를 들면, 기본 가정 정신(상태)/사고방식이 만연하게 되면, 리더에 대한 〈의존성〉으로 회귀한다. 의존성이 높아지는 반대편의 리더는 집단에게 먹이를 주고 집단원을 보호해 주어야 한다는 식의 상호(기본 가정) 정신상태에 빠진다. 결국 집단원은 리더를 이상화하거나 그의 '말'을 이상화하며 다른 것을 배제하는 방어 메커니즘이 작동하고, 집단 전체와 집단원은 우울, 질투, 죄책감에 빠지고 리더 숭배가 지배적 정동이 된다.

〈조직 안의 개인〉이 조직 시스템과의 관계에서 취하는 기본 가정의 어느 태도를 취할 수 있다는 사실은 일대일 정신분석 코칭에 유효한 지도를 갖는 것이며, 작업가설 수립에 유효하게 활용할 수 있다. 이미 내재화된 내적 대상이나 개인의 주요 방어 시스템이 환경인 외부 시스템, 즉 개인이 속한 조직 집단과 상호작용하며, 상충되거나 결합되는 것 양자 사이에서 개인의 갈등은 지속된다.

정신분석 코칭이 개인과 외적 대상, 개인 내면 세계의 갈등을 다루고, 축소하는 것이라면, 또 개인이 조직 안에서 역량을 개발하고 영향력을 확대하는 것이 코칭의 목표라면, 〈기본 가정〉에 의한 이 같은 태도는 코칭으로 인해 얻을 수 있는 유익을 방해할 것이 분명하다.

재난 시대, 재난 사회에서 일상화된 외상은 정신분석 코치의 내면에 침윤되어 기존의 코칭 관계에 영향을 준다. 자신을 사수하고, 살아남기를 넘어 정신분석-삶을 어떻게 생산해내야 하는가. 집단화된 행동 소용돌이에서 어떻게 주체를 확립할 것인가. 전 사회 단위의 대규모 트라우마를 경험하는 코칭 주체 역시 마찬가지다.

비온 이론을 확장한 호퍼Hopper. E.는 강력한 전 사회적 트라우마로 인해 드러나는 기본 가정 집단은 '비응집incohesion 곧 응집cohesion하지 못한, 지리멸렬함' 상태로 전락할 수 있다. 그 형태로는 더 큰 어려움으로 인해 왜곡된 결과를 지닌 채 단순히 결합하는 집합화aggregation와 몰개성적인 대량 무리 짓기massification 두 가지로 구분해 논한다. 하나는 객체들이 모여 한 몸으로 움직이는 플라밍고 무리flock of flasmingos, 또 하나는 온몸을 밀착해 한 덩어리로 무리지어 뭉쳐 있는 바다코끼리 떼herd of walruses 모습이다.[117] 이런 양상은 집단 움직임의 또 다른 형태이다. 〈하나 됨〉과 다른, 주체가 사라진/없는 〈집단-됨〉이며 구성원 내적 상호작용이 상실된 형태이다.

정신분석 코칭은 6+2로 제시되는 조직 집단 움직임에 개인이 함몰되지 않고, 집단 역동을 개인이 의식하도록 안내한다. 함몰되어 있는가 합류해 있는가. 어떤 식으로 합류하고 있는가. 이로 인해 개인 내면 세계에 어떻게 내적 대상이 되어 작동하고 있는가? 반대로 개인의 어떤 내적 역동이 집단 안에서 기본 가정 패턴을 선택하게 했는지 검토하도록 안내한다.

---

117) Earl Hopper. 『Traumatic Experience in the Unconscious Life of Groups』. London: Jessica Kingsley Publishers. 2003. pp.66-90.

15장
한계와 위험 알아차리기

코칭 **관계** 안에서 고객의 **정서**를 함께 다루며 일할 때 내재한 위험은 다양하다. 코치는 당연히 이를 염두에 둔다. 이는 안아주는 환경holding environment인 안전한 기지secure base(Bowlby, 1988)를 만드는 것이 전제된다. 고객은 이 안에서 ①자유롭게 자신을 개방하고, ②불안과 걱정을 공유하고 탐색하며, ③방어에 집착하지 않고, ④새로운 통찰과 창의적인 솔루션을 개발할 수 있다. 이를 위해서는 명확한 시간 경계time boundaries와 적절한 물리적 공간physical space이 필요하다. 어려운 정서와 상황은 ①판단하지 않는non-judgemental 태도, ②신뢰도reliability, 고객에 대한 ③진정한 관심genuine interest, ④철저한 훈련을 바탕으로 한 일련의 전문 기술을 요구한다.

고객의 정신적 위험

정서적 의존emotional dependency은 실제 살아온 생애 이야기와 조직 구성의 맥락을 살펴보면, 고객의 〈안전 애착〉이 부족한 상황에서 발생한다. 조직의 계층 구조가 너무 해체되었거나, 리더들이 안전한 보호 환경을 만들어 낼 능력이 없거나, 만들 의사가 없는 현대 조직에서도 이런 정서적 의존은 자주 발생한다. 고객은 코치를 **애착대상**으로 지정할 수 있다. 물론 긍정적인 고객-코치 관계에서 〈긍정적 전이〉는 고객을 위한 성장을 지원할 수 있는 필수 요소이다. 그렇지만 **부적절한 의존성**은 발전 과정의 어뢰가 되고, 고객을 퇴행적이고 미성숙한 상태로 남아있게 한다.

코치와 고객 사이의 **무의식적 유착/공모**unconscious collusions는 상호 학습 과정의 일부이다. 코치에 의해 감지될 때 이런 공모는 고객의 방어와 정서적 반응에 통찰을 제공한다. 그러므로 수퍼비전은 코치가 전이, 역전이 고객과의 관계 성찰을 위해 사용할 수 있는 유용한 도구이다. 코치가 수퍼비전을 받지 않거나 자신의 정신 시스템에 대해 성찰하지 않으면, 이런 유착은 감지되지 못하며, 고객의 기존 패턴을 강화하고 근본적 정신역동을 위장할 수 있다. 이런 상황에서 코칭 과정은 긍정적 정신 발달에 결코 기여하지 못할 것이다.

고객은 정서적으로 중요한 개인들과 관련된 정신적 외상을 초래하는 [트라우마] 사건을 경험했을지 모른다. 외상을 유발하는 사건은 정신 시스템에 완전히 압축/캡슐화된encapsulated 방어체계에 의해 억압되어 있을 수 있다. 코치가 ①충분히 훈련되지 않았거나, ②적절한 돌봄을 보여주지 못하거나, ③정신적 신호를 잘못 읽는 경우에는 고객을 보호하고 정상 생활을 할 수 있게 역할을 하더라도 ④방어를 '철거pulling down'해야 한다는 주장으로 인해 재-트라우마화re-traumatisation가 발생할 수 있다. 이 정신적 상처를 여는 것은 고객에게 상처를 줄 뿐 아니라, 그들의 직업에서 역할을 할 수 없게 만들 수도 있다. 코치가 고객을 다룰 수 있는 충분한 심리적 배경이나 훈련을 받지 못한 경우 전문 심리치료사에게 의뢰하는 것이 좋다.

[사실 (사회에서)] 타이틀이 보호되지 않기에 누구나 적절한 훈련 여부와 관계없이 자신을 (정신역동) 코치라 부를 수 있다. 이런 공개 시장은 사기꾼이나 자신의 이익과 [자기] 어젠다를 [해결] 위해 일하는 사람들도 끌어들인다.[118) 이런 경우 코치에 의한 **정서적 학대**emotional abuse와 **조작적 행위** manipulative behaviour로 고객의 성장 과정이 위험에 처할 수 있다. 자신의 정신을 위해 고객은 코치에게 이런 〈관계 기반 접근〉으로 작업하는 데 필요한 기본 수준의 역량을 보유하고 있는지 확인하는 교육 훈련 인증서를 제공하도록 요청해야 한다.

코치의 정신적 위험

고객은 코치에게 웅장함[과장/떠벌림]grandiosity, 반대로 평가절하를 하며 자신의 필요need를 투사할 수 있고, 코치들은 무의식적으로 이런 투사를 동일시를 할 수 있다. 코치가 구별하지 못하고undifferentiated, 인정받지 못하는unrecognized 나르시시즘적/자기애적 또는 마조히즘적/피학대적 요구needs는 과

---

118) 세 가지 경우가 상정된다. 첫째로 자신의 미해결 과제를 해결하기 위해 코칭이나 정신분석을 받기보다는 교육을 받는다. 자기 과제와 직접 대결을 회피하고, 교육받는 편한 길을 선택한다. 이는 마치 알고 배워서 써먹고, 자신도 전문가가 되면 일석이조라는 생각으로 **교육으로 대치**하거나, 배우며 슬그머니 전문가 영역(자격증 취득을 하며)에 들어오는 경우다. 둘째로는 다른 분야 전문가 경력으로 코칭 분야에 들어와 손쉽게 교류하며 코칭 영역에 또 하나의 아이템으로 장착하는 경우다. 이는 코치-되기를 위한 변형, 성찰이 무의식적으로 생략될 수 있다. 코칭 진입을 손쉽게 보며 피난 오듯 하는 것이다. 셋째로는 자격증을 취득하고 돌아서서 바로 뒤따라오는 동료들을 지도하거나, 값싼 반복연습과 (자기 성장을 위한 명목으로) 훈련하듯 하는 일이다. 2학년이 바로 1학년을 교육하는 일과 유사하다. 이런 모든 것은 (정신분석) 코칭받으며 성장하는 고객 경험이나 수퍼비전 없이 활동하며 남게 되는 개인의 미해결 과제는 더디게 성찰되고, 코치로서의 성장도 늦어진다.

장이나 평가절하와 **동일시**가 가능하다. 이는 그들의 심리적 건강을 해칠 수 있다. 이런 사실은 코치가 자신의 〈정신 시스템〉psychic system〉[119]과 고객의 〈정신 시스템〉을 구별할 수 있도록 자신의 정신적 경향과 패턴을 인식하는 것이 얼마나 중요한지 잘 보여준다.

유혹temptations은 〈작업 집단〉 또는 조직 차원의 〈사회적 방어〉에서 발생할 수 있다. 〈기본 가정〉 정신(상태)mentality인 〈짝짓기pairing〉는 코치와 고객을 이 모드로 유혹할 수 있다. 그것은 코치의 자기애적 요구needs와 자존심pride에 먹이가 될 뿐 아니라, 집단 작업의 효과를 위태롭게 한다.[120] 이런 무의식적인 〈짝짓기〉 요구need는 작업 수준으로 표현될 뿐 아니라, 우정이나 성적 관계를 통해서도 나타날 수 있다. 이런 무의식적 힘은 매우 매혹적일 수 있지만, 코치의 **직업윤리**를 고수하는 것으로 부분적으로 승리하는 것을 막아야만 한다.[121] 〈짝짓기〉에 의한 도전 외에도, 코치가 조직의 일원이 되고 싶어 할 수 있다.[122] 특히 코치가 리더가 되고자 하는 무의식적이거나 의식적 필요need를 해결하는 리더십 공백vacuum이 있을 때는 더욱 그렇다.

고객 관계를 누가 후원하는가, 조직인가, 아니면 고객인가 여부는 추가적인 위험risk이 강화된다. 정신 병리적 측면이 드러날 경우와 고객이 코칭 중

---

119) psychic system: 영soul적 시스템으로 번역해도 무방해 보인다(5장 참조).
120) 〈짝짓기〉를 임상에서 보면, 코치와 코칭 주체가 마치 2인조가 되어, 둘만의 가정과 비밀을 공유하며, 조직 시스템에서 유리되어 있는 경우를 상정할 수 있다. 코칭 주체가 HR 또는 조직에 코칭과 코치에 대한 만족도를 표시하며, 조직의 요구에 대처하고 **둘만 만족하는 코칭 관계/결과**가 이에 해당된다.
  집단 내 구성원의 정신 상태와 패턴의 하나인 둘만의 〈짝짓기〉 현상과 관계는 코치가 시스템 관점을 균형추로 인식하고 염두에 두지 못하면 언제든 미끄러질 수 있다.
121) 짝짓기 함정은 성적 경계 침범이나 관계 전환으로 이어지기도 한다. 참고 『성적 경계 위반』 앤드리아 셀렌자 지음, 김신애 옮김)
122) 코치의 포지션 이탈이다. 코치의 미해결 과제인 전능감이나 신처럼 굴기godlikeness 등으로 이 같은 현상이 강화된다. 코치 자신이 사장인 양 조직을 대표하는 위치에서 질문하게 된다. 고객 역시 그런 영향력이 있을지 모른다는 기대로 대응하며 짝을 이루기도 한다.

이거나 뒤에 이직을 원하는 경우, 누구에게 이를 제기해야 하는지 코치의 딜레마가 된다. 조직에 고객의 병리적 측면이나 이직 의도를 밝히는 것이 필요한가? 어떤 종류의 기밀유지 계약을 체결하고 있는가, 어느 정도까지 병리 수준이 지켜져야 하는가? 코치는 누구에게 어떤 책임을 지고 있는가? 이는 실제적인 관점에서 매우 중요한 질문이며 다음 장에서 더 자세히 살펴볼 것이다.

정신역동 코칭이 정신분석과 심리치료에서 진화했다는 사실은 접근 방식의 한계limitations에 원인으로 작용될 수 있다. 코치가 문제를 지나치게 강조하고, 고객의 강점과 창의적 역량에 충분히 중점을 두지 않을 위험이 있기 때문이다. 우선 코치는 고객의 성과를 지원하고 축하해야 하며, 그의 강점과 지닌 능력capabilities을 [우선] 평가하고 세워내야 한다.[123]

정신역동 코칭 접근 방식의 깊이를 고객이 항상 원하거나 필요로 하는 것은 아니다. 고객들은 언제나 근본적인 패턴과 구조에 의문을 제기하기보다는 단기적이고 실용적인 개입을 찾는다. 빠르고 짧은 개입의 경우 확실히 유용한 프레임이다.[124] 반면에 좀 더 탐구적이고 발달 지향적 고객의 경우에는 정신역동 코칭이 매우 효과적임이 입증되었다(Lee, 2014).

---

123) 고객이 지닌 장애와 인격의 병리적 부분은 스트레스 상황에서 출현할 수 있다. 이에 대한 대처 역시 코칭 과정에서 확인한 강점, 특성character에 근거해 창의성을 개발할 뿐 아니라, 발휘하지 않은 잠재력을 활용한다.
124) 코치는 고객과 동행하는 과정에서 고객과 호흡을 맞춰 함께 걷는다. 속도, 회복력, 방향 조정에서 고객의 의견을 우선한다. 이런 〈함께 걸음〉에 충실할수록, 한정된 영역에만 머물지 않게 된다.

[핵심 단어와 주요 인물]

- 안아주기 환경
- 시간 경계 관리
- 무의식적 유착/공모
- 정서적 학대
- 코치의 포지션
- 안전기지
- 물리적 공간 관리
- 조작적 행위
- 둘만 만족하는 코칭 관계

[부록 15] <자기 자신을 활용하여 코칭한다>는 의미(2)

"사람이 온다는 건/ 실은 어마어마한 일이다.// 그는/ 그의 과거와/ 현재와/ 그의 미래가 함께 오기 때문이다./ 한 사람의 일생이 오기 때문이다.// 부서지기 쉬운/ 그래서 부서지기도 했을/ 마음이 오는 것이다.// 그 갈피를/ 아마 바람은 더듬어 볼 수 있을 마음./ 내 마음이 그런 바람을 흉내낸다면/ 필경 환대가 될 것이다."(방문객. 시인, 정현종)

코치가 코칭 주체를 만나 코칭-관계를 이루는 일은 남다른 소중한 일이다. <방문객>을 맞는 시인의 마음 그 이상이 아닐까 한다. 시인처럼 설렘을 지니면서도 그냥 부드럽게 스치듯 더듬는 바람을 흉내 내든, 마음 안에 간직한 바람을 흉내 내든 이는 분명 쉽지 않은 일이다. 그래도 애를 써볼 일이다. 코치를 찾아오는 주인공은 방문객처럼 자신의 일생과 마음 안의 바람만 들고 오지 않는다. 그는 코치가 자신의 이슈와 과제에 대해 **이미 답을 알고 있을 것**이라는 전제와 자신이 **온전히 수용받을 것**이라는 기대를 들고 찾아온다. 그의 전제와 기대를 알고 있기에 이를 맞이하는 코치는 바람 같은 손길이나 소망 외에도 설렘과 함께 **알고 있지 못함의 자세**를 갖고 맞이하며, 이를 헤어지는 순간(코칭 종결)까지 지닌다. 어찌 보면 방문객을 맞이하는 시인의 마음일 수만은 없는 일이다.

코치가 <자기 자신을 활용하여 코칭 한다>는 두 번째 의미는 코치가 <알고 있지 못함>의 자세로 시종일관 코칭에 임하는 노력에서 일어난다. <이미 알고 있다고 전제>하는 코칭 주체와 씨름하며, 두 사람 **관계를 유지**하며 <가르침 없는 배움>을 나누는 일이기에 그렇다.

우리 모두는 세상과 자기 자신에 대해 알지 못하며, 끊임없이 알기 위해 노력하고 탐구한다. 세상과 자기에 관해 「우리는 무지의 바다에 둘러싸인 섬에 살고 있다. 우리 앎의 섬이 커지면 무지의 해안도 길어진다.」[125] 앎을 추구하면서도 변화하는 현실이 주는 새로운, 그러나 알고 싶지 않은 앎이나, 내면에서 올라오는 정동과 정서의 낯선 신호를 외면하기 위해 방어기제(주지화, 합리화, 정동 고립, 도덕화 등)를 작동해왔다(부록 13). 어쩌면 무지의 해안가에서 되도록 멀리 떨어져 있고, 그 섬 한 귀퉁이에 〈이미 알고 있는〉 감옥을 짓고 자신을 가두고 있는 일인지 모른다. 그렇기에 코치를 찾아오는 코칭 주체가 코치를 〈이미 알고 있다〉고 전제하는 것은 보통의 무게가 아니다. 코치에게 앎, 즉 답을 구하고, 앎과 알지 못함(무지無知)에 지친 자신을 들고 오는 절실함에는 하나의 우주가 담겨 있다.

코치가 〈알고 있지 못함〉의 자세를 갖는 건 당연하다. 처음부터 알 수 없고, 시종일관 알지 못하기 때문이다. 코치가 자기 앎을 앞세우는 일은 그 즉시 경청에 실패하고 함께 걷기도 어려워 뒤쳐진다. 코치가 알고 있지 못함에 실패하며 수시로 한 줌의 앎을 내세우는 순간마다 쉽게 무지로 미끄러지고 발길이 어지러워진다. 알고 있다는 〈'자만'은 '기만'을 낳고, 내 길로 가자는 '교만'의 길로 이끌어, 결국은 '나만'의 길이 되어 '오만'에 이른다〉. 이런 길은 결국 〈길을 걸으며 함께 배우기〉(부록 29-2)마저 잃어버린다. 결국 코칭의 힘은 코치의 〈알고 있지 못함〉의 자세에서 나온다.

머물러 있다면 변화 항해의 닻을 걷어 올릴 수 없다. 닻을 올리지 않고 어떻게 항해를 하는가. 〈알고 있음〉을 내려놓기, 자신이 〈지금-알고 있음〉에서 벗어나야 한다. 코치의 〈알고 있지 못한 자세〉에 서서 제공하는 질문은 코칭 주체로 하여금 안심하며 알고 있는 것의 경계로 다가갈 수 있게 한다. 이미 〈

---

125) "We live on an island surrounded by a sea of ignorance. As our island of knowledge grows, so does the shore of our ignorance." 존 아치볼드 휠러[John Archibald Wheeler](1911-2008). 미국 물리학자

알고 있는 것〉을 들쳐보고 의문을 던지는 힘은 코치의 질문을 통해 가능하고 예리해진다. 〈알고 있음〉에서 벗어나 무지의 해안에 도달하는 힘도 마찬가지다. 의심에서 벗어나 의문에 답하는 힘도 모두 이런 코치의 자세와 질문에서 촉진된다.

코치를 〈이미 알고 있다〉고 전제하며 온전히 수용받기를 원하는 코칭 주체에게 코치의 〈알고 있지 못함〉의 자세와 순수한 호기심은 그를 긴장하게 한다. 이에 따라 코칭 주체는 자신이 알고 있는 것과 자기 자신에 대해 더 설명하는 '위치'에 서게 된다. 이런 두 사람의 긴장과 어우러짐은 그들을 앎의 경계이자 무지의 해안에 닿게 하고, 무지 너머를 넘볼 수 있는 수평선이 눈에 들어오는 경이로움을 보게 한다. 코칭 주체는 앎의 해안선에 서서 무지의 바다와 수평선까지 인식 지평의 확대를 경험한다.

코치가 자신을 〈알고 있지 못함〉의 위치에 두고 이런 자세를 견지하는 것은 곧 세 가지 효과를 얻는다. 먼저 코칭 주체의 이야기를 〈한결같이 고르게 '배분된↔떠 있는' 주의〉(11장 및 부록)로 마주하며, 자신의 주의를 **수평적 위치**에서 배분하고 **조금 떠서** 머물며 바라보는 상하의 움직임은 미러링되어 상대(코칭 주체)에게 다양한 반응을 불러일으키게 된다.[126]

다음으로 사물-대상을 진정으로 숙고하기 위해서는 그것에 이르는 초연한 내맡김die gelassenheit zu den dingen과 사물-대상의 비밀을 사색하기 위한 열려-있음(개방성Offenheit)[127]이 허용되는 공간에서 존재론적 접촉의 길이 열린다.

---

126) 코칭 주체는 자유롭게 자신의 이야기를 연상하며 풀어낸다. 질문과 대답이라는 문답식 대화에서 자유로운 연상으로 진전되는 것까지도 긴 여정이다. 그렇지만 코치가 **한결같이 고르게 배분된 주의**를 제공하는 경청은 상대가 알고 있는 것, 말하고 싶은 것 외에도 말하지 않으려고 담아 둔 것, 말하며 떠오르는 새로운 것을 판단과 비판 없는 공간으로 흘러나오게 한다. 한결같이 고르게 **떠 있는** 주의로 경청할 경우 상대는 자신이 풀어낸 이야기를 다시 보거나 자신의 회상 공간 안으로 들어갔다 나오기를 반복하게 된다. 이런 장 안에서 코치는 연상을 촉진하는 반응을 추가할 수 있다.
127) 『동일성과 차이』 마르틴 하이데거 지음, 신상희 옮김. 민음사. p.135

마지막으로 코치가 상대 앞에 눈부신 상태나 위치를 선점하고, 이로 인해 상대를 눈 멀게 하는 일은 결코 피해야 하며 코칭 윤리에도 벗어나는 일이다. 코칭 회기를 칭찬으로 가득 채우고, 상대의 과장됨과 전능감을 자극해 실천을 독려하는 일은 〈포화된 코칭〉을 자초하는 길이다. 이는 코칭 주체의 자율성을 억제한다. 코치에게 요구되는 소극적 능력negative capability은 코칭 회기를 조금 부족한 채 남겨두기에 〈뜸들이기〉라는 꼭 필요한 시간을 갖게 한다. 이 시간은 코칭 주체가 필요한 것을 스스로 채우게 하는 시간이며, 회기의 성과와 한계를 자기 것으로 만드는 공간이 된다. 〈알고 있음〉보다는 〈알지 못함〉에 머물며 불안을 견디게 하고, 앎이 서서히 자신을 드러내는 일출을 경험하게 한다. 이렇게 코치의 알지 못함의 자세는 비온의 소극적 능력에 머무는 첫걸음이다.

알지 못함에 머물러 있는 것은 '생각하지 않는 것', '생각을 멈추는 것', '생각-없음' 등과는 다르다. 무지無知를 사랑하는 것이며, 진리/진실의 출현을 기다리는 것이기에 진리/진실 즐기기relishes turth에 이르는 길이다. 알지 못함에 머물러 있는 것은 코칭 주체가 가진 진실이 출현하거나 그가 말하는 것 배후에 있는 것, 그가 이미 알고 있지만 한 번도 생각해보지 않은 것unthought known, 두 사람 관계 안에서 일어나는 다양한 앎(경험적 앎, 관계적 앎, 대화적 앎, 역전이 앎, 부록 8)에 대한 기대에 찬 기다림이다. 그러므로 알고 있지 못함의 자세는 기대와 설렘 안에서 편안하다. 이것이 바로 〈코치 자신으로 코칭하기〉이다.

프랙티스 1부
고객 준비시키기

이 장은 〈코칭 관계〉 발전을 위해 기획된 일정을 따르는 코칭 프랙티스를 소개한다. 코칭 회기 진행 방법과 일반적 의문에 앞서 고객과 코치가 가진 가정/추측assumption과 암묵적, 명시적 태도를 먼저 검토한다. 정신역동/분석 코칭의 실질적 기초는 코칭 관계를 어떻게 구조화하는가. 고객이 [코칭을] 준비하게 안내하는 방안과 〈코칭 계약〉이다. 코칭 계약은 조직 또는 개인과 체결하고, 첫 번째 중요한 개입으로는 흔히 진단이라고 일컫는 분류 단계diagnostic phase가 있다.

16장
고객에 대한 코치의 가정

정신역동 코칭 프랙티스는 먼저 고객의 마음mind을 이해해야 하며, 중요한 전제가 필요하다[128](Sandler, 2011 참조.『정신역동과 임원코칭』캐서린 샌들러 지음, 김상복 옮김).

무의식의 존재

정신역동 코칭은 사고thought와 감정, 행동으로 표현되는 [배후의] 어떤 것으

---

[128] **첫째**로 정신역동 이론에 근거한 접근은 개인의 아동기와 부모와의 관계, 양육방식과 필연적으로 상당한 관련성을 지닐 것이라고 가정한다. 그러나 항상 그런 것만은 아니다. **둘째**로는 정신분석학, 정신치료, 상담 훈련을 받은 사람들만이 정신역동 접근법을 사용할 수 있다는 주장이다. 정신역동 모델이 상대적으로 잘 알려지지 않고 앞서 언급한 특정한 분야들 외에는 잘 사용되지 않는 것이 사실이다. 그렇지만 이 분야의 전문가들이 아닌 비임상가non-clinicians들도 정신역동 모델을 적절하게 적용하면, 특히 상당히 사려 깊은 돌봄을 제공하는 코칭에서도 가치 있게 사용될 수 있다. **셋째**로는 정신역동 접근은 정신치료의 위장된 형태이며, 효과를 보기 위해서는 언제나 고객이 속한 조직의 요구보다는 고객 개인의 요구에 더 중점을 두게 된다는 근거 없는 믿음이다. 정신역동 임원코칭은 심리치료와 상담과는 다른 목적과 맥락을 가지고 있다(위 책 p.28-29)

로 무의식의 존재를 전제한다. 이 점은 다른 코칭 접근과 구별된다[1장 역주 3 참조]. 이 무의식이 우리의 의식적 경험과 정서, 사고와 행동에 영향을 미친다.[129]

무의식을 의식하기

정신역동 코칭은 먼저 **무의식을** [의식으로 올라오게 허용해] **의식하게** 한다. 무의식적 사고 패턴이 고객을 제한하고 때로는 역기능적일 수 있다. 또 이에 대한 자기 알아차림self-awareness을 통해 자유를 찾고, 행동과 정서 반응을 넓게 확대할 수 있다. 코치는 이런 점을 고객이 인식하도록 최선을 다해 지원한다.

두려움과 다른 감정들

이런 작업을 위해 중요한 것은 정서, 특히 **불안**에 대한 이해이다. 불안은 꼭 필요한 신호 기능인데도 가장 원치 않는, 불쾌하고 금기시되는tabooed 감정 가운데 하나이다.[130] 이는 ①분노, ②불안, ③죄책감, ④두려움 및 ⑤수치심 등 여러 **불쾌한 정서**를 갖고 작업하는 것은 고객에게 심리적 고통을 안겨준다는 의미이며, 결코 단순한 과정이 아니다.

 정서로 가득 차 있고, 정당한 이유로 숨겨져 있는 무의식의 자료를 발굴

---

129) 고객의 내러티브에는 하고 싶은 주장과 의도는 물론 사고-행동-감정이 함께 뭉쳐 갈등하고 있으며, 이를 움직이는 무의식의 움직임이 있다는 점을 염두에 두고 마주한다.
130) 참조: 『불안은 우리를 삶으로 이끈다: 프로이트 세미나』 강우성 지음, 문학동네. 2019.

하려면 숨겨진 정신적 위험과 '얕은 물shallow waters' [131])처럼 민감하기 때문에 심리적, 육체적으로 〈안아주기〉 환경을 조성할 수 있는 특별히 훈련된 코치의 안내를 받아야 한다. 그런데도 [이런 무의식의] 내부 자원의 재활성화re-activation를 허용하고, 성취를 축하하고, 유머를 사용해, 도전적인 통찰을 흔쾌히 받아들이게 안내하며, 오로지 문제에만 몰두하지 않도록 하는 것이 중요하다.[132])

해결되지 않은 내적 및 외적 갈등

의식적이든 무의식적이든, 해결되지 않은 내적, 외적 갈등은 정신과 개인, 직업적 발전을 방해한다. 이를 탐지하고, 같이 작업하고, 이상적으로 해결해야 한다. 이런 갈등은 개인 및 사회적 방어 메커니즘에 의해 은폐되는 경우가 많다. 또 굳어지면 〈역기능적인 정서 및 행동 패턴〉을 가져올 수 있다.[133])

---

131) 얕은 물shallow waters: 선박이 수심이 얕은 해안을 들어서면 물의 저항이 증가하고, 암초를 피하기 위해 속력을 감속하고, 특별한 안내를 받아야 한다. 마치 큰 선박이 항구에 들어올 때 해당 선박을 안전한 수로로 안내하는 도선사導船士pilot가 필요한 것과 같다. 정신분석 코치는 마치 전의식, 무의식 탐험을 안내하는 도선사와 같다.
132) 먼저 시시때때로 자신의 행동, 사고, 감정, 판단 등에 영향을 미치는 ①무의식의 출현을 인지하고 의식으로 올라오게 한다. 그렇지 않으면 무의식 자체를 알기 어렵다. ②온갖 불쾌한 정서와 이유(방어기제)를 재검토한다. 그러나 ③이런 탐험 과정은 수심이 "얕은 물"의 항해와 같은 위험하고 민감한 일이기에 〈안아주기 환경〉 조성이 필요하고, ④마치 선박이 항구에 들어오기를 안내하는 도선사 같은 전문적 접근이 요구된다.
　　반면에 무의식에 의해 초래되는 자신의 반응을 재검토한다. 새롭게 무의식에서 올라오는 그 무엇은 곧 〈내적 자원의 재활성화〉이다. 코치는 성취 축하, 유머 활용으로 도전적 통찰을 쉽게 수용하고, 문제에만 몰두하지 않게 해야 한다.
133) 〈기능적 정서행동 패턴〉과 〈역기능적 정서행동 패턴〉을 코치가 구별하고 잘 관리하며 대처해야 한다. 필요하다고 판단되면 고객과 코칭 관계 안에서 다른 전문 분야로 안내한다. 실제 코칭 실천에 적용하는 것은 수퍼비전을 통한 훈련과 임상경험이 필요하다.
　　참고: 『코칭과 정신 건강 가이드: 코칭에서 심리적 과제 다루기』(앤드류 버클리, 캐롤 버클리 지음, 김상복 옮김. 2022)

이런 패턴은 우리가 정서를 조절하는 방법을 보여주며 애착 인물과의 초기 관계에 근거한다. 이를 이해하고 관리하는 두뇌의 루틴/일상 반응에도 영향을 끼친다.

관계들

관계는 핵심이다. 관계는 우리가 사는 세상을 형성하고, 우리가 행동하고, 생각하고, 느끼는 모든 것을 위한 기초가 된다. 이는 과거 양육자와의 관계 또는 현재의 다른 중요한 관계든 상관없다. 고객의 일반적/전형적 관계 패턴을 이해하는 것은 코치가 해야 할 중요한 노력이다. 코치는 전이, 역전이 현상을 활용하여 이런 패턴을 해독하고decipher, 고객이 더 넓은 자기 알아차림을 개발해 역기능적 반응을 줄이도록 지원한다.

코치는 고객 삶의 〈지금-여기〉를 주로 다룬다면, 정신역동 코치는 작업 방식의 하나로 때로는 과거 관계를 파고 들기도 한다. 〈지금-여기〉든 〈과거 다루기〉[134]든 모두 **관계**를 다루는 것은 필수이다. 강조할 점은 기술적 역량technical skills 보다는 개인 발전과 인간 능력human capability에 중점을 둔다는 점이다.

고객 입장에서는 정서적으로 흥분하거나 위협을 느끼는 경우 또는 우울증이나 약물 남용과 같은 정신 장애의 영향으로 필요한 〈정신화 능력mentalising capacity〉이 제한될 수 있다. 이런 상황에서 고객에게 다가가려면 코치가 균형 잡힌 행동을 해야 한다. 실제 상황을 관찰하고 숙고하기 위해서 한 발은 고객의 정서 시스템에, 다른 발은 외부 상황에 있어야 한다.

코칭의 '주요 동기leitmotifs' 가운데 하나[특정 인물, 곡조, 주제, 중심 사고]

---

134) 〈과거 다루기〉: p.219 [과제 연구2: 과거 다루기] 참조

는 고객이 자신과 공감하는 관계를 발전시키는 것이다(Lawrence, 2006). 고객들은 그들의 개인적 **약점을 감수**하며 약점과 함께 살며, **자신**에게 친절하게 대하는 법을 배워야 한다.

고객이 계약 단계의 한 부분으로 〈코칭 계약〉을 체결할 때 이런 전제와 작업 개념에 대한 설명을 제공하는 것은 꼭 필요한 일이다.

[핵심 단어와 주요 인물]

- 무의식에 대한 이해
- '얕은 물'에서의 항해
- 몇 가지 가정과 전제
- 〈과거 다루기〉
- 불안과 불쾌한 정서
- 관계, 갈등
- 〈지금-여기〉 다루기

[부록 16] 코칭을 위한 임상 패러다임과 내면 극장의 재구성

〈치료가 아닌, 그러나 치료적인〉 입장에서 정신분석을 코칭 임상에 적용해 맨프레드 키츠 드 브리스를 중심으로 임원코칭을 해온 프랑스 INSEAD 프로그램(『코치 앤 카우치』 참조)은 네 가지 〈임상 패러다임〉을 개인 변화를 위한 코치 접근의 전제로 다음 네 가지를 제시한다.

[전제1] 인간의 모든 행동은, 심지어 매우 이상하고 비정상적일지라도, 나름대로 합당한 이유를 갖고 있다. All human behavior, even in its most odd or deviant forms, has a rational explanation.	[전제2] 무의식이 우리의 행동, 사고, 상상, 희망, 두려움을 결정하는 데 엄청난 역할을 한다. Our unconscious plays a tremendous role in determining our actions, thoughts, fantasies, hopes, and fears.
[전제3] 정서가 우리의 정체성과 행동에 기여한다. Our emotions contribute to our identity and behavior.	[전제4] 인간 발달은 상호 대인관계이고 자기 성찰적인 과정이라는 것이다. Human development is an interpersonal and intrapersonal process.

「제1장. 임상적 패러다임-개인 변화의 입문」, 『Coach & Couch』 Manfred & Konstanin

[그림 16.1] 임상적clinical 패러다임의 네 가지 전제: 개인 변화의 입문

 (1) 인간의 모든 행동은 심지어 매우 이상하고 비정상적일지라도 나름대로 합당한 이유가 있다. (2) 무의식이 우리의 행동, 사고, 희망, 두려움 등에 매우 중요한 역할을 한다. (3) 정서가 우리의 정체성과 행동에 기여한다. (4) 인간 발달은 상호 대인관계적이고 자기 성찰적 과정이다. 이 전제의 특징은 코칭 주체의 어떠한 행동이나 주장에도 기본적으로 개방적 자세를 견지해야 한다는 점, 정서의 중요성, 관계와 자기 성찰의 강조이다. 사소한 듯하고

기본적인 내용이기에 자주 망각할 수 있다. 이 점에 작은 의문이라도 있다면 충분히 숙고하여 말끔히 받아들일 수 있어야 한다. 코치의 임상 실천을 통해 자유롭게 추가하는 것도 필요하다.

여기서 "임상 패러다임이란 경험적 과학의 확실성에서 인간 마음의 모호성에 이르는 가장 좋은 다리로, 정신분석 개념과 기술을 기반으로 인간 요소를 인식하고recognize 거행할 수 있는celebrate 개념 구조이다". [135]

개입 방식과 순서와 관련하여

코칭 현장에서 만나는 (조직 내) 개인에 대한 임상적 패러다임을 전제로 내면 탐사에 발을 딛는 일은 무의식의 작동 결과로 드러나는 행동, 사고, 감정을 살피고 접촉하는 길이다. 이때 코치의 접촉 과정도 다음과 같이 정리할 수 있다. 흔히 쉽게 접할 수 있는 자기계발 과정과는 달리 정신분석 코칭은 내면과의 접촉, 안에서 밖으로 향해야 한다는 점에서 출발하게 된다. 방식과 순서를 정리해 보자.

(1) 무엇보다 먼저 코치의 순수한 호기심의 작은 발걸음이 고객의 마음을 움직일 수 있어야 한다. 코치는 자신이 낯선 자를 처음 대하는 기분으로 〈알고 있지 못함〉의 자세에 상대의 합당한 이유와 존재 자체에 대한 순수한 〈호기심〉을 결합한다. (2) 밖에서 안으로, 겉에서 속으로 상대가 허락하는 만큼 조금씩 진전해 가는 섬세함이 필요하다. 도달해야 할 곳을 정하고 〈파고 들기〉보다는 안내를 따르고, 어두운 길에 필요한 랜턴을 비추는 정도가 최대치이다. 이런 점에서 코치는 〈질문 후 경청〉보다는 〈경청 후 질문〉으로 전환

---

135) Manfred Kets de Vries. 『The Leader on the Couch』(2006). p.4

[A] 순수한 호기심으로 한 모금씩	[B] 겉에서 안으로 보여주고 보이는 만큼씩
언제나 낯선 자에 대한 첫 방문자의 자세를 견지, 고객의 세계로 초대받기	고객이 허용하고 안내하는 대로 뒤따라 가기 필요한 곳에 가볍게 랜턴을 비추는 것이 최대치
[C] 고객이 알아차린 후 코치 반응 (先인식, 後반응)	[D] 이면 탐색 후 관점 접촉
고객 알아차림 우선 보장, 코치의 재확인(돌려주기, 재구성하기, 은유가 최대치)	고객의 불일치에 랜턴을, 고객 불일치 자각 후 아기 발걸음으로 관점 전환 시도를

「코칭튠업21」 (2017) 김상복 재구성

[그림 16.2] 코칭 개입의 기본 방식과 순서

하는 것은 당연한 일이다. (3) 코치는 자신의 알아차림, 다양하게 올라온 앎이나 해석을 먼저 상대에게 제공하기보다는 고객의 알아차림, 새롭게 구성하는 앎이 충분히 전개된/경청한 다음에 반응하는 소극적 태도를 견지하는 능력이 필요하다. 끝으로 (4) 이야기로 드러나는 다양한 불일치(내용, 내용과 태도, 내용과 감정, 자기가 설명하는 타인과 자기와의 차이 등)가 충분히 드러날수록 하는 것이 바람직하다. 자신의 불일치를 인식하고 이를 스스로 이야기하도록 기다리거나, 그 배후를 드러내게 질문할 기회를 얻는다.

자기에 관해 이야기하는 것에는 몇 가지 기능이 있다.[136] 먼저 이야기하는 과정에서 자기 **경험을 조직화**한다. 이야기는 흘러가는 시간을 분절하고, 경험에서 의미를 발견하며, 세계를 해석한다. 다음으로는 **인생의 의미**를 만

---

136) 이 부분은 전적으로 다음 자료에 근거한다. 野村晴夫(2008)『自己を語ることと想起すること: 心理療法場面を手掛かりとしたその機能連関の探索』Japanese Psychological Review 2008. Vol. 51, No. 1, 99-113

든다. 의미는 시간의 흐름 안에서 2개 이상의 사건을 하나로 묶는 이야기 행위 속에서 발생한다. 세 번째로는 **자아 동일성을 구성·유지**한다. 이는 과거에서 현재, 미래와 연결된 시간 축 안에서 자기의 연속성을 발견하는 주관적 감각이다. "프로이트는 증상을 이야기의 일관성coherence 붕괴로 간주하고, 그러한 붕괴한 이야기는 무의식의 의식화를 통해 수정될 수 있다고 생각했다(p.105)."

이런 점에서 정신분석 코칭은 상대의 내러티브가 충분히 발화되고 전개되거나, 자유 연상이 더 자유롭게 드러나는 것이 바람직하다. 코칭 주체는 반복되는 이야기를 통해 자신의 불일치를 해명하는 기회를 갖고, 자기에 관한 이야기를 풀어내면서 위와 같은 자기-이야기하기의 효과를 소유한다. 스스로 커튼을 제치며 안으로 한 발씩 나아가게 되고 코치는 뒤를 따른다.

방어 다루기와 고객 내면 극장의 재구성

임상 패러다임과 개입의 순서 진행은 필연적으로 고객의 방어와 저항에 직면한다. 13장에서 코치가 고객의 방어를 다루는 목적과 과정을 〈내면 극장의 재구성〉 작업으로 표현하고 있다. 이런 표현은 정신분석 코칭 내용에 해당하기에 이를 위한 세 가지 접근 포인트를 설정한 내용을 조금 자세히 살펴보자.[137]

---

137) 전체 내용은 다음의 요약이다. Manfred Kets de Vries.『The Leader on the Couch』 (2006). p.239-243. 앞의 13장 내면 극장의 재구성 관련 상세 설명이다.

방어 재구성 defense restructuring

부적절하거나 지나친 방어적 행동 패턴을 포기하는 것은 변화를 원하는 누구에게나 중요한 도전이다. 첫 단계, 아마도 가장 어려운 단계는 개인이 자기가 사용하는 방어 종류를 인식하는 것이다. 〈안아주기 holding〉 환경 안에서 내면의 옹호자 champion가 변화 필요성을 감지했을 경우 [코치는] 방어 행동의 패턴을 관찰하게 하고, 그 패턴의 강도와 기간을 결정하고, 그것을 설명하는 가설을 세워 둘 필요가 있다. 그렇다고 그 사람의 방어와 정면으로 부딪쳐 성공적으로 태클을 걸고 이를 처리해 성공하는 경우는 거의 없다. '저항 유도 resistance judo'가 필요하다. 공동 협력자 collaborator로 그 저항 유도와 함께 움직여야 한다. 그렇지 않으면, 저항은 깊이 파고들어 파묻혀버려 어떤 도움에도 더욱 저항하게 될 수 있다.

    가설의 첫 요소는 방어 행동을 인식하고 그 기원을 이해하는 것이고, 다음 요소는 더 나은 대처 메커니즘을 구축하는 것이다. 특정 방어를 사용할 경우의 비용과 이점을 따져본 뒤 대안을 고려하게 한다. 특정 방어를 포기하는 것은 무엇을 의미하며, 현재에 더 초점을 맞춘 다른 접근 방식을 채택함으로써 무엇을 얻을 수 있을까요?

정동적 구조 조정 affect restructuring

성격 변화를 위한 내면 극장 재구성의 두 번째 측면은 사람이 어떻게 정서를 경험하는지 그 방법에 관한 것이다. 근본적으로 변화에 관심있는 사람은 누구나 감정을 표현하는 방법을 평가하고 건강하지 않은 감정 패턴을 찾아야 한다. 개인적으로 감정을 표현해본 경험이 거의 없는 최고 경영진에 있는 사람들이 이 단계에서 고군분투한다. 다음과 같은 질문을 함으로써 평가를 시작할 수 있다.

Q1. 특정 상황이 나에게 어떤 감정을 불러일으키나요?
Q2. 특정한 유형의 감정적 반응이 갈등으로 이어지나요?
Q3. 이런 저런 감정을 표현할 때 신체적으로 어떻게 [또는 어디에서] 느끼나요?

일단 사람들이 현재의 정서적 경험과 표현 패턴을 파악하면, 대안을 찾기 시작한다. 그런 대안들 가운데 일부는 자신의 정서적 역사를 그릴 수 있는 동료들에게서 나올 수 있다. 환상 또한 유용한 도구이다. 사람들은 갈등이 많은 상황에 대처하기 위해 다른 방법들을 연기할 수 있고, 그 대안들이 어떻게 그들과 함께 앉아 있는지 바라볼 수 있다.

자기-지각 구조 조정self-perception restructuring

변화의 세 번째 영역은 특히 자아가 다른 사람들과 관련될 때 자기에 대한 **지각의 재구성**에 관한 것이다. 유아기에 우리는 다른 사람들이 우리에게 어떻게 반응할 것으로 예상하는지에 관한 정보를 처리하는 습관적인 패턴을 개발한다. 이러한 기대 패턴은 스스로를 확인하는 것일 수 있다. 이를테면 다른 사람들과 미래의 상호작용을 결정할 수 있다. 공감적 존중과 이해로 대접받는 아이는 자신을 좋아하고, 인간관계를 즐기며, 지지적 관계를 맺는 데 어려움이 없는 어른으로 성장할 가능성이 크다. 대조적으로 학대받은 아이는 성인이 되어 도움이 되지 않는 방식으로 관계를 이해하고 마치 사람들의 부정적인 기대를 증명하기라도 하는 듯 행동한다. 우리가 현실을 구성하는 방식은 우리가 과거 마주했던 현실대로 만드는 경향이 있다.

다른 사람들이 우리를 어떻게 인지하고 우리가 자신을 어떻게 인지하는지에 대한 부정적 감각을 갖는 것은 심각한 대인관계 문제로 이어진다. 이런 역기능적 인식을 바로잡기 위해서는 적응적, 부적응적 내적 표현을 구별하고 후자의 기원을 찾아야 한다. 자기 확인 과정을 시작하며, 자기 강점을 보고 인정할 수 있게 함으로써 자신에 대한 인식을 재구성해야 한다.

우리는 모두 자신에 대한 더 긍정적이고 현실적인 인식을 만들기 위해서는 다른 사람들의 도움이 필요하다. 모든 것은 변화가 가능하다는 믿음을 격려하면서 자기 효능감을 뒷받침하는 데 도움을 줄 수 있다.

[과제 연구 2] 과거 다루기

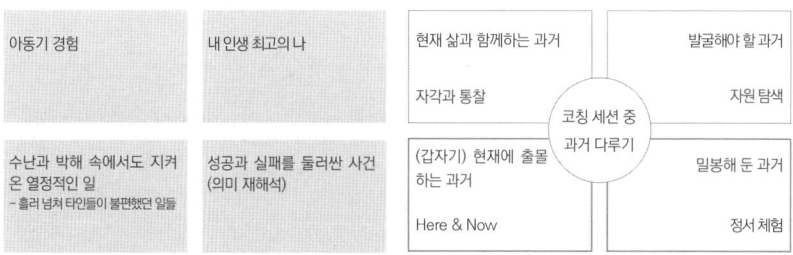

[그림 16.3] 자원 개발을 위한 과거 탐색

코칭에서 〈과거 다루기〉는 자원 개발을 위한 필요가 있을 때 〈코칭 주체〉와 함께 과거로 여정을 떠난다. ①학교 들어가기 전 아동기 경험, ②일반적으로 스스로 생각하는 '인생 최고의 나'에 대한 기억과 사건들, ③너무 좋아 수난과 박해를 받으면서도 해왔던 일이나 취미, ④성공과 실패 경험 등이다.

그런데도 코칭 회기에서 코치는 다양한 형태의 과거와 만나게 된다. 그러나 정신분석 코칭에서는 이런 다양한 과거의 출현은 자연스러운 일이며, 코치에 의해 보장되고 설계 및 관리되는 자유 연상의 장은 이를 촉진할 수 있다.

* 위 두 개의 사분면 내용을 이해하고, 관련된 질문을 만들어보자.

17장
코치 자신의 태도·관점·훈련에 필요한 전제

코치에게 요구하는 마음mind의 전제는 〈특정한 태도〉와 〈보살핌care의 의무〉이다. 고객의 상처받기 쉬운 취약성vulnerabilities과 탈선derailment 등 심리적 위험을 다룰 때, 코치는 무엇을 테이블에 가져와야 하는지, 어떤 문제에 직면할 수 있는지 이해하는 것이 필요하다.

〈알고 있지 못함의 자세not-knowing attitude〉, 인간 존재와 진실truth에 대한 관심

인간 존재와 개인의 진실에 대한 진정한 관심은 고객 웰빙well-being을 위한 〈진실한 태도〉를 요구한다. 코치는 개인, 조직, 문화든 상관없이 주관성subjectivity을 명확히 하고, 이런 전제에 스스로 의문을 갖고 음미해야 한다.

〈진정한 관심genuine interest〉이란 코치가 ①선량하고good, ②세심하며/주의 깊

고attentive, ③호기심이 많고 ④비판적이지 않고, ⑤판단하지 않는 경청자여야 함을 의미한다. 탐구에 개방적인 마음가짐/사고방식mindset은 **알고 있지 못함의 자세**를 전달하는데 필수이다. 코치의 〈알지 못함not-knowing〉의 성향disposition이 진정성 있고 경험을 지녀야만 고객은 ①창의적이고, ②고통스러운 통찰을 실험하고, ③반성하고 테스트하며, ④자신의 개인적 **진실**을 발견할 수 있다. 너무 서두르지 말고 겉보기에 뻔해 보이는 설명에 섣부르게 뛰어드는 것을 삼가는 것이 요구된다.[138]

해결책이나 조언을 지향하는 코치에게 이런 점들은 그들의 개인 스타일에 맞지 않고 **직관에 반하는 것**처럼 보일 수 있다. 이런 코치들은 정신역동 코칭이 자신의 레퍼토리에 적합한지를 재고해야 한다.

〈알지 못함의 태도〉는 코치가 개인적인 이야기와 경험을 공유해야 하는지에 대한 질문과도 관련 있다. 정신역동 관점에서 이는 권장되지 않는다. 고객들은 코치의 공유가 코치와 '평등'하다고 느끼는 데 도움이 되기 때문에, 때로는 개인적인 '전쟁 스토리'에 잘 응답하기도 한다. 여기서 **위험**은 고객이 오해하거나 해석이 잘못되었다고 느낄 수 있다는 점이다. 말하자면 중요한 세부 사항이 잘못되었거나, 더는 탐색 없이 이야기를 너무 개인적으로 받아들이는 식으로 잘못 반응하게 된다. 코치의 임무는 언제나 **적절한 균형**을 찾는 것이다.[139]

---

138) 〈알지 못함의 자세〉에 머물며 기다리는 시간을 제공한다. 반응하지 않고 성찰적 위치에서 관여하지 않는다. 초연한 내맡김die gelassenheit zu den dingen, 소극적 능력negative capability 등이 이와 유사하다.
139) 코치가 자기를 개방하고 자기 의견이나 이야기를 제공하는 것은 중요한 개입의 하나이다. 코치-〈코칭 주체〉의 수평적 관계를 강화하는 데 필요할 수 있다. 그렇지만 때로는 오해하거나 오류의 길로 흘러가고 걷잡을 수 없어진다. 모빌처럼 계속 흔들리며 수평을 지향하는 균형추 역할이 필요하다. 저자는 일반 코치들의 자기 이야기나 개방에 민감한 태도를 가져야 한다고 주장한다.

자신의 취약함

고객과 함께 일할 때 코치는 ①자신의 취약성vulnerabilities, ②기본 정서, ③행동 패턴, ④주요 방어 경향을 인식하는 것이 중요하다. 이는 정신역동 훈련 과정의 중요한 내용이다. 목적은 상대방과 자신과의 공감을 키울 뿐만 아니라, 자신의 **취약성**을 이해하고 자신의 감정과 어려움을 상대의 취약점과 혼동하지 않기 위한 것이다. 이것이 확립된 뒤라야 **역전이 작업**에 성공적으로 통합될 수 있다(8장 참조).

공감

자신의 감정을 지각하고perceive 이해하는 사람만이 다른 사람과 **공감**할 수 있다. 코헛Kohut(1966)은 공감을 '(다른 사람의) 복잡한 정신적 구성 configuration[140])에 대한 안전한 지식을 포착하는 단일한 행위'라고 설명한다. 그것은 자기 자신의 관점을 **완전히 버리지 않고** 상대의 입장이 되어 상대방의 세계에 자신을 몰입시키는 수단이다.[141])

---

140) configuration: 구성, 형태를 의미하지만 이는 '심리적/내면적인 구성/형태'라는 의미를 갖는다. 내부와 외부를 구별한 경계선으로 구성된 형태라면 frame이라는 용어가 적당하다. 이 용어는 마치 점으로 그림을 그리듯, 파스텔 톤과 같이 경계가 분명하지 않으며, 경계의 불확실성, 불분명하고 애매한 회색과 같은 경계 이미지를 연상한다. 고정된 틀로 보지 말아야 한다. 이런 인식하에 코칭의 복잡성에 두 사람이 함께 머문다면 새로운 의미, 진실(진심)이 일출과 같이 물들어 오듯 분명해지는/그 과정을 설렘과 호기심으로 기다리게 된다. '(마음의) 구성/형태'라는 표현이 적당하다.
141) 코치에게 공감은 상대의 내면 세계를 이해할 수 있는 청진기와 같다. 공감을 통하지 않고서는 알 수 없다. 이어지는 설명을 볼 때 저자는 공감, 연민, 동감이 포함된 〈정신화하기〉를 코치의 자세로 주장한다.

신경 과학은 다른 사람의 감정을 공유할 때, 마치 당신이 그것을 ①직접 경험하듯이 동일한 신경 구조가 움직인다는 것을 보여준다. 이 과정의 일부는 말하자면 ②'자동적'이지만 ③주의, 맥락, 의식적인 관점의 변화와 ④다른 사람과의 관계의 질이 공감에 영향을 준다(Singer & Lamm, 2009).

타인의 고통에 대한 알아차림을 의미하나 타인의 고통처럼 직접 고통을 받지 않는다는 점에서 공감과는 다른 연민compassion이나 동감sympathy도 필요하다. 이것은 자기 행동과 정신 상태mental states가 [어디에서 시작된 것인지] 귀인attribution을 통해 자신과 타인의 행동을 주의 깊게 관찰하고 성찰하는 정신화하기mentalising이다(11장 참조 〈정신화하기〉 관련 역주 79).

안아주기와 담아주기 환경

고객들이 자신의 감정, 특히 불안과 실패를 공유할 때는 **안전한 환경**에서 그렇게 해야만 한다. 안전safety과 보안security에 대한 느낌은 ①안전한 물리적 공간과 ②코치가 판단하지 않고non-judgemental, ③비판적이지 않는non-critical, ④개방적인 마음 자세open-minded attitude에서 비롯된다.

〈안아주기holding〉[142] 환경 개념은 **안아주는 엄마**(1965)에 대한 위니컷의 아이디어에 기반을 둔다. 코칭 맥락에서는 고객의 정서적 요구에 응답하

---

142) 안아주기holding: 어머니나 대리인이 의존하는 아이를 팔에 안고 이를 **일관되게 지탱하는 것**을 가리킨다. 치료적 측면을 육아의 비유로 그리는 임상적 기술記述이다. 환자의 의존을 떠맡는 치료 환경의 존재와 지지적 대응을 의미한다. (…) 'holding'은 일상어의 다의성을 살린 개념화이기 때문에 유지, 지속, 수용, 포용, 내구耐久, 고정 등 복수의 의미이며, 다의성을 살린 「안아주기」와 육아에 사용하는 말로는 「어부바」가 대표적이다. 『精神分析事典』(小此木啓吾. 2014. 岩崎學術出版社. p.61)
　코칭에서는 지지와 지원, 공감, Acknowledgement, 격려 등을 축적하며, 스파링 파트너가 되어주고, 버팀목이 되고, 목격자로 옆에 있기 등의 기능으로 확대할 수 있다.

고 조응하며 유연하게 [파장을 맞춰] 조정하는 귀기울임을 제공한다. 〈담아주기containment〉143)는 한 단계 더 나아간다. 이에 따라 코치는 고객이 더 쉽게 이해하고 받아들일 수 있도록 미리 사전 개념화하고pre-conceptualising, 재구성하여reframing 고객이 고통스러운 통찰을 소화하도록 도울 수 있다.

〈의미 [만들기]meaning〉는 공동 창조 과정을 통해 나타난다. 그러나 고객은 자신의 감정과 정서를 소유할 수용력이 없을 수 있다. 따라서 코치의 임무는 이러한 감정과 정서를 유지하고 반영하고 〈적절할 때〉144) 고객에게 돌려주는 것이다.(Pooley, 2006)[담아내기 후 돌려주기가 진행될 때 의미가 만들어진다].

전이와 역전이

코치는 고객이 다른 관계의 경험을 [코치와 관계에서 그대로 반복하는] 재-실연re-enactment에서 비롯된 감정을 **전달하는** 투사적 지면 역할을 할 수 있다.

---

143) 담아내기containing: 원래는 자기와 대상 간에 〈투사적 동일시〉를 통해 투사된 부분이 받아들여지는 모양을 표현하는 말로 사용한다. 비온Bion, W.R.이 그 의미를 정신분석적으로 세련시켜, 오늘날에는 클라인파를 넘어 영국 정신분석 전체에서 사용하는 전문용어가 되었다. 그 내용이란 상대의 투사물인 감정이나 사고를 수용적으로 받아들이는 심리적 태도의 특성을 말한다. 비온은 container(담아내기)와 contained(담기기)라는, 투사적 동일시가 역동적으로 작동하는 양자 관계의 주체와 객체의 변용變容을 탐색한다. (…) 담아내기는 포함, 감싸안기, 포용 기능 등의 의미이다.(위 사전 p.145)
  정신분석 코칭에서는 생각 조각, 불확실한 정서, 알지 못함에 대한 불안, 무의식적 충동 등을 코치가 담아내되, 이런 '담고 있는 동안' (두 사람 관계 안에서)의미 연결과 생성, 통찰, 믿음의 도약leap of faith을 가능하게 한다.

144) 적절하다appropriate: 계약 기간과 코칭 회기의 전 과정에서 〈코칭 관계〉 유지, 관리를 위한 적절성, 한 회기 안에서 코치-대화 중 〈코칭 관계〉의 적절성 등이 두루 중요하다. 적절함이란 완전하지 않을 수 있는 용기, 완벽하기보다는 충분히 좋은 정도, 꽉 차거나 흘러넘치지 않는/포화되지 않은, 그런 소극적 능력 등이 서로 관련되어 적절성을 조율할 수 있다. 〈적절함〉은 안아주기, 담아주기에 필요한 전제이다.

이는 대부분 부모 인물 및 보호자와의 관계에서 비롯된 것이다. 고객이 작업 조직 환경에서 타인에 대한 자기 행동을 설명하는 내용에서도 이런 **전이**를 관찰할 수 있다. 코치가 이를 제대로 인식하려면 자기-알아차림self-awareness과 자기 성찰self-reflection에 초점을 맞춘 훈련과 수퍼비전이 필요하다.

반대로 **역전이**는 코치만이 경험할 수 있다. [코치] 개인의 정서 상태와 혼동하지 않고, 고객도 느껴지지 않는 감정을 느끼게 되는 이 과제[145]는 코치가 직면하게 될 가장 어려운 작업 가운데 하나이다. 구체적인 기능을 개발하는 데는 많은 시간이 필요하며, 수퍼비전 하에서 실제 코칭 사례를 성찰하며 훈련할 수 있다. 교과서나 프레젠테이션을 통해서 이해한 것으로는 충분하지 않다.

과도기 사고

코칭 관계는 고객이 자신의 행동, 사고, 느낌을 반영하고 변화할 수 있는 안전한 공간을 제공한다. **과도기 사고**transitional thinking(Spero, 2006)는 코칭에서 고객이 스스로 실험할 수 있는 〈과도기 공간〉, 즉 안전할 뿐만 아니

---

145) 첫째, 코치 개인이 평소 자신이 알고 있는 정서 상태와 다르게, 회기 안에서 알 수 없게 느끼는 정서가 올라온다는 점을 혼돈하지 말고 주목해야 한다(이 점은 코칭 주체도 마찬가지일 수 있다). 둘째, 회기 안에서 코칭 주체도 느끼지 않은 감정을 구별해 코치가 느끼게 된다. 먼저 이 두 가지 모두 중요하다. 셋째로 코치가 회기 안에서 느끼는 이 정서의 출처는 도대체 어디인가 의문이 든다.
  [1](상담에서는) 내담자가 상담자의 무의식에 끼치는 영향 때문에 상담자에게 일어나는 반응, [2](정신분석에서는) 내담자의 경험이나 문제와 동일시함으로써, 또는 [3]자신에 대한 내담자의 사랑이나 증오에 대해 바로 같은 식으로 반응함으로써, [4]상담자 자신의 억압되었던 느낌이 표면화된 경우 등으로 설명한다. (이상『상담학 사전』, 김춘경 외. 2016. 학지사.『정신분석 용어 사전』미국정신분석학회. 이재훈 옮김. 한국심리치료연구소. 2002)

라 현실과 비현실을 모두 통합할 수 있는 **창의적 공간**을 제공한다. 이 공간은 의존성과 독립성, 애착과 분리의 감정이 [남아 있는 것이] 특징이며, 놀이, 상상력, 지어냄invention에 도움이 된다. '창조적 은유적 접근creative metaphoric approach'(Lawrence, 2006)을 통해 무의식적 사고가 과도기 공간에서 출현해, 인간 그 자체로 그리고 조직적 환경 안에서 삶과 자신에 대한 새로운 관점으로 발전할 수 있다.[146]

방어에 대한 존중

무의식 자료로 작업할 때 코칭 과정의 모든 단계에서 **무의식과 그 영향에 대한 존중**이 필수적이다. 정신 방어 시스템에는 그럴 만한 이유가 있다. 방어가 향하는 목표가 자신의 정서적 고통을 보호하는 목적이기에, 그 자체를 무력화하는 것이 목표가 되어서는 안 된다. 고통pain은 불쾌하고 불편uncomfortable할 뿐 아니라 견딜 수 없는 경우도 있다. 이 경계를 허물고 이에

---

[146] 과도(기) 사고transitional thinking, 과도(기) 공간transitional space, 과도(기) 대상transitional object 등, '과도기~' 대신, '중간~', '이행~' 등으로 번역되나 내용은 도널드 위니컷Winnicott, Donald W.의 주장에 근거한다. 이행이나 〈과도기〉라는 표현은 대상이나, 공간이 다음 과정으로 옮겨가는 **과정**을 강조한다. 반면에 〈중간〉이라는 용어는 필요성, 언제나 다시 되돌아와 머무를 수 있다는 의미를 포함하며 이를 강조하는 번역 표현이다.

이행/과도/중간 **대상**은 유아가 어머니와 동일시된 대상을 현실의 대상으로 바꾸기 위해 필요한 대체물/매개물을 대상으로 (놀이)하는 것을 말한다. 내가 아닌Not-me 유아 최초의 소유물이며, 일차적 사랑 **대상**(어머니)과 분리되는 과정에서 필요하다. 신체 일부, 담뇨, 인형, 장남감 등이다. 유아는 이를 대상으로 함께하는 과정을 충분히 거치는 것이 필요하고, 이런 **단계**는 다음 단계로 가기 위한 것이다. 심리적 안정감, 충분히 머물러 있기, 놀이를 향유할 필요한 단계로서의 공간이다. 유아기의 이 경험은 성인기 새로운 영역과 과제에 도전하고 경계를 넘는 데 필요한 과정/대상/단계에서 반복될 수 있다. 성인 관점에서는 중간 지대로 돌아가 머무는 것이고, 필요한 것이다.

따라 재-트라우마화re-traumatisation로 인한 취약성을 조성하는 일은 코칭 상황에서 엄격하게 피해야 한다.[147]

은유적으로 말하면 무의식은 삶과 그 경험을 검토/고려하는 데 매우 건설적이다. 그렇지만 악몽, 정신병적 반응, 불안 장애가 보여주는 것처럼 매우 파괴적일 수 있다. 무의식에 대한 존중은 인간에 대한 존중, 그 기쁨, 고통과 한계에 대한 존중을 포함한다.

훈련과 완벽함

정신역동 코치는 실용적이고 이론적인 정신역동 훈련을 적절히 받는 것이 필수적이다. 이론은 교과서를 통해 확실히 배울 수 있다. 정신역동 접근의 실천praxis[148]으로 작업하는 것은 코칭 구조(치료 구조도 마찬가지다) 안에서 자기-경험뿐 아니라 수퍼비전 하에서 고객과 함께하는 사전 훈련이 요구된다.[149] 이 장에서 논의된 내용을 기본 수용력basic capacities으로 보고 탐색하고

---

147) 정신분석 전문가조차도 함부로 커튼을 여는 일은 하지 않는다. 커튼 너머보다는 커튼 앞에서 충분히 머무는 것이 더 중요하고 필요한 일이다. 분석 수행자의 연상에 함께하며 '커튼 사이 빛'을 바라볼 수 있을 때까지 존중과 침묵과 기다림만이 유일하게 할 일이다. 정신분석 코치도 이와 같다.

영화 《엘 마르. Between Sea and Land》(2016. 마놀로 크루즈)의 엔딩 자막이 시사하는 바가 크다. 「조금의 균열만 있으면 된다. 작은 틈으로 들어온 빛이 인생을 바꾸기 때문이다 Solo se necesita de una pequeña grieta para que la Luz entrey nos cambie la vida.」

148) praxis는 〈이론적 실천〉이다. 정신역동 접근에 필요한 이론적 훈련을 먼저 습득한 뒤, 이를 전제로 이론적 훈련과 병행하며 임상 훈련을 한다는 의미에서 기존의 프랙티스와는 다르게 **프락시스**라고 표현한다고 이해된다(12장, 주 91 참조). 이런 인식은 정신분석, 정신분석 심리치료, 정신분석 코칭 등도 마찬가지이다.

149) 〈①이론 훈련-②고객 체험-③코칭 실습을 위한 훈련-④수퍼비전 구조 안에서 코칭 고객과 코칭-⑤사례 발표 에세이 작성〉이라는 정신분석의 훈련 구조를 바탕으로 〈정신분석 코치-되기〉를 구축해야 한다.

개선해 가야한다.

코치가 작업하며 갖게 될 마지막 관심은 현대 사회에 만연한 〈완벽에 대한 추구〉이다. 고객들과 함께 일하는 것은 매력적이고 즐겁고 실험적인 학습과 성장 분위기를 상쇄하기 때문에 [이런 추구는] 오히려 해로울 수 있다. 위니컷(1965)은 '**충분히 좋은**good enough'이라는 용어를 들어 부모의 '완벽하지 않으나 충분히 좋은 것'을 표현했다(Pooley, 2006). ①실수를 저지르고 이를 받아들이는 것, ②(아직도) 알지 못하는 것[상태에 머무는 것], ③심지어는 너무 섣부른 언급도 허용될 뿐 아니라[스스로 헐거워지는 것이다] ④코치가 과도기[중간/이행] 공간의 일부가 되기 위해 요구되기도 한다.[150]

[핵심 단어와 주요 인물]

- 개인의 진실과 진심
- 자신의 취약점
- 과도기/이행/중간 단계
- 도널드 위니컷

- 진정한 관심
- 안아주기/ 담아주기
- 충분히 좋은/완벽하지 않는

---

150) 위니컷의 〈충분히 좋은 엄마good enough mother〉는 우리에게 〈완벽하지 않을 용기〉를 갖고 머물게 한다. 정신분석 코치가 지녀야 할 태도이다.

[부록 17] <자기 자신을 활용하여 코칭한다>는 의미(3)
: 경계 관리

<경계-다가가기>와 <경계-접촉하기>

〈알고 있음〉에서 벗어나 무지의 해안에 도달하는 힘은 어디서 나오는가 살펴보았다. 누구든 현재 자신의 〈알고 있는 것〉을 내려놓는 것, 그것에서 나오는 일은 쉽지 않다. 우리는 대상이나 상황에 대해 알고 있으면 안심이 되고, 알지 못하면 그 자체로 불안을 느낀다. 이 때문에 자기가 〈알고 있는 것〉을 더욱 내려놓기 어렵다. 새로운 앎을 추구하는 것은 그 자체가 즐거움이지만 이는 다르게 보면 내적 불안에 대처하기 위한 일일지 모른다.

코치는 자기를 포함한 모든 대상에 열려-있음, 열린 마음으로 호기심으로 탐구하며, 한 걸음씩 코칭 대화를 열어간다. 이때 자기 발걸음으로 가기보다는 상대인 〈코칭 주체〉의 속도와 휴식-회복의 반복 리듬을 염두에 두며 호흡 맞춰 함께한다. 이 리듬이 충분히 이뤄지며 함께 걷는 과정에서 신뢰와 안전감을 몸으로 느끼면 두 사람은 〈알고 있음〉을 내려놓기가 가능하지 않을까 생각한다.

깊은 불안도 두 사람 사이의 상호 신뢰와 안전감이 높아지면 완화되고, 무엇보다도 코치의 〈알지 못함의 자세〉와 코칭 주체의 〈이미 알고 있다는 기대〉가 만들어내는 긴장마저도 성격이 변화될 수 있다. 〈알고 있음〉을 내려놓고 이런 긴장이 완화되면, 두 사람은 자신이 **알고 있는 것의 경계이자 무지의 경계**로 더 분명하게 걸어 갈 수 있게 된다. 〈경계-다가가기〉, 〈경계-접촉하기〉이다.

경계 관리boundary management는 코칭에서 자주 만나는 일반적 이슈이다. 자기가 누구인지 확인하거나 자기를 강화할수록 타인이나 외부 대상과 구별하게 된다. 이는 상대에 대한 자기의 기대, 또 자기에 대한 상대의 기대가 차이나고, 마찰과 갈등으로 드러나기 때문이다. 자기 먼저 타인과 기대가 다르다는 점을 인정하는 것이 해결의 첫걸음이다. 개성, 취향, 의견, 가치 등에서 타인과 자신이 다를 수 있고 다르다는 점을 수용하는 과정(이는 곧 아픔의 과정이다)은 곧 자기 자신을 확인하는 과정과 일치한다. 자기 것을 확인하면 할수록 타인과의 차이가 드러나고 마찰과 갈등을 지불한 이후에나 이런 차이가 결이 다를 뿐이고, 각자 자기다움이라는 것을 수용할 수 있게 된다.

결국 이런 인식에 도달하고 효율화하는 것이 **경계 관리**이다.[151] ①타인과의 (관계) 경계 관리, ②감정과 행동이 타인/자기에게 미치는 영향과 대처 관리, ③공적, 사적 일의 영역과 지위/힘/권력에 의한 경계 관리(윤리 기준), ④역할과 책임의 경계 관리 등이다. 시스템은 물론 개인이 지닌 방어 패턴과 가치가 경계 영역에서 다양한 상황과 갈등으로 연출될 수 있다. 이는 코치와 코칭 주체 두 사람 관계도 예외가 아니다. 코치의 포지션 이탈이나 미해결 과제의 출현, 〈코칭-주체〉의 대인관계 소비 방식에 따른 코치 사용하기, 기본적인 가치와 문화의 충돌이 경계에서 일어날 수 있다.

경계 관리에 대한 대처의 기본은 온화한 〈사랑으로 경계 짓기boundary setting with love〉[152], 사랑의 칼날로 경계 관리하는 것이다. 삶의 모든 영역에서 경계를 설정하고, 상대의 가치를 존중하는 관계 맺기와 이를 유지하는 노력이다. 이쪽은 자기 영역이고, 밖은 타인이자 다른 영역이다. ①타인과 외부 대상을 향해 〈열려-있음〉으로 대하는, ②사랑으로 대상을 품는 노력은 ③현재

---

151) 전체 의미를 포괄해 〈경계 관리〉라 칭하고, 순차적으로 네 영역(경계-다가가기, 경계-접촉하기, 경계-머물기, 경계-넘기)으로 세분화한다.
152) ILCT. Advanced Coaching Skills Practicum.

자기만(=자만自慢)의 경계를 넘어야 가능한 일이다. 그렇기에 ④〈경계 관리〉
란 곧 〈경계 머물기〉로 진전되며 〈경계-넘어가기〉의 전 단계이다.

<경계-머물기>와 <경계-넘기>

〈경계 관리〉를 위해 경계를 살피고, 경계 안에 주저하며 머무는 일 역시 불안이 출현하고 높아지는 상황이다. 경계라는 곳은 코치 역시 양가감정이나 복잡한 사고가 격화되며, 자신이 쌓아 둔 방어 패턴이 흔들리는 시간이다. 경계 안에 머물러 있는 것은 이럴까 저럴까 흔들림에 자기를 내맡기는 일이며, 복잡한 감정, 주저와 눈치에 사로잡혀 있는 기간이다.

코치는 과감하게 경계를 넘보거나 넘을 수 있고 주춤하며 머물 수 있다. 그러나 이 길은 한 번도 가보지 않은 미지의 길이다. 이다-아니다, 있다-없다, 알 수 있다-알지 못한다와 같이, 양극으로 흔들리고, 긴장이 높아지고, 왔다갔다 비틀거릴 수 있는 위험지대이다. 심지어 코칭 회기 안에서의 언뜻 출현하는 〈앎과 알 수 없음〉의 경계 지대는 때로 무자비하다.[153] 전부 아니면 전무全無, 백척간두百尺竿頭와 같은 상황이다. 현실 세상의 모든 경계지대가 그러한 것과 같은 이치다.

또 이 같은 상황은 두 사람 관계 안에서 구축된 〈안아 주기〉 환경이 일부 붕괴되거나, 〈담아내기〉의 한계가 초래될 수 있다. 코칭 주체의 불안과 두려움, 주저와 저항, 생각 조각과 불확실한 정서, 환상이나 무의식적 충동 등

---

153) ①먼저 누구든 무슨 질문을 할지 막막한 상황을 경험한다. ②코칭 대화를 하며 이야기 흐름은 물론 자신이 던진 질문의 흐름조차 알면서 질문하기가 쉽지 않다. ③코치의 견해를 요청받으면 어떻게 할 것인가? ④코칭 주체의 진심과 진실에 대면하면서 코치 자신도 어떻게 해야 할지 정말 망설일 수밖에 없는 상황에 처한다.

을 담아내는 데 위기를 초래할 수 있다. 이런 경우 '담고 있는 동안' (두 사람 관계 안에서) 의미 연결과 생성, 해독解毒과 통찰, 믿음의 도약leap of faith이 실패하는 파국에 직면하게 된다.

〈경계-넘기〉전에 〈경계-머물기〉는 코치 임상패러다임 첫 번째인 〈인간의 모든 행동은 심지어 매우 이상하고 비정상적일지라도 나름대로 합당한 이유가 있다〉는 전제에 대한 최소의 신뢰만 있으면 가능한 일이다. **코치**가 〈알고 있음〉을 내려놓고, 〈알지 못함〉의 경계에 접촉하고 〈경계에 머물기〉를 감당하는 것은 곧 코칭 주체에게도 자극이자 도전이 된다. 코치는 〈이미 알고 있다고 전제〉해온 **코칭 주체**로서는 코치의 알지 못함의 〈경계-머물기〉는 격렬한 불안이 올라오는 순간이다. "경계에 머무는 동안 코칭 회기 공간에는 불안을 간직한 두 사람만 남게 된다(비온의 Hommage)." 알지 못함의 자세를 간직해온 코치가 〈알고 있음〉의 경계 밖, 알지-못함의 경계 안에 머물러 코칭 주체를 기다릴 수 있는 힘은 역설적으로 코칭 파트너이자 코칭 주체의 변화와 진실추구의 열망에 대한 믿음에서 온다.

반대로 코칭 주체 역시 코치가 이미 알고 있을 것이라는 기대를 스스로 허물고, 내 앞과 내 옆에 있는 것이 아니라 오로지 내 안에 가장 중요한 것이 있다는 점을 발견하는 순간은 중요한 순간이 된다. 변화의 가장자리인 경계로 다가가고, 경계와 접촉하기까지 일관되게 보여준 코치에 대한 신뢰와 믿음을 경험으로 확인하게 되었기 때문이다.

이행/중간/과도기 지대: 간척지에서의 <경계적-앎>

〈알지 못함〉에서 여명黎明처럼 앎이 드러난다. 알지 못했던 것이 점차 분명해진다. 일출과 같다. 번쩍이는 앎과는 또 다른 것이 분명하다. 경계-머물기를 감당하며 드러나는 〈경계적-앎〉이다. [1]낯선 경험, 비슷한 경험에서 새로운 앎을 건져내기, [2]외부 자극의 자기-반응에 주의 기울이며 드러나는 앎, [3]다른 사람을 만난 뒤 변화할 줄 아는 능력이 회복되며 따라오는 앎, [4]조용히 고집을 내려놓고 자기 스스로 부인하기 어려운 그런 앎이다.

이런 경계에 머물며 건져 올리는 〈경계적-앎〉은 코치가 알 수 없는 회색지대에 머물 때 가능하다. 앎의 섬 해안선에서 바다로 내미는 갯벌로 나가거나 간척지를 내야 얻을 수 있다. 적어도 코칭 주체를 그곳으로 내몰 수는 없다. 코치가 자신의 불안, 상대에게 해가 되지 않는다는 분명한 내면의 (윤리적) 확신, 진실에 대한 추구심이 있어야 발을 떼고 들어갈 수 있다.

18장
일반적 구조화

장소

코칭 작업을 위한 이상적인 구조는 개인적이고 조용하며 방해가 되지 않는 지정된 코칭 룸이다. 고객의 일상적인 생활 구조와는 **대조적**이며, 가구가 잘 갖추어져 있고 편안한 분위기를 제공해야 한다. 플립 차트[강연 시 뒤로 한 장씩 넘겨가며 보여주는 큰 차트]와 다과를 준비하는 것이 도움이 된다.[154] 어떤 전화도 울리지 않을 것이며, 침입이나 방해로부터 멀리 떨어져 있어야 한다. 좌석의 위치도 중요한 역할을 한다. 고객과 코치는 얼굴을 마주 보지 않고 서로를 볼 수 있게 한다. 좋은 해결책은 작은 테이블을 사이에 두고 두 개의 의자를 작은 각도로 약간 비켜나가게 배치하는 것이다. 이러

---

154) 해석 제공 시 이해를 돕기 위한 그림이나 차트가 활용될 수 있다. 최근에는 아이패드나 인터넷에 올려놓고 필요할 때 찾아서 보여주는 방식도 가능하다. 그렇지만 '다과'는 필자가 속한 문화권의 사례로 이해된다. 역자의 경우는 필요한 경우 생수를 제공한다.

한 배치는 코치에게 불편함 없이 관찰할 수 있게 한다(Beck, 2012).[155] 고객이 원하는 경우 앉을 위치를 선택하고 위치를 변경할 수 있도록 허용하는 것은 고객이 편안함을 느끼도록 돕는 것 외에도 고객의 정신 안에서 무슨 일이 일어나고 있는지에 대한 힌트[156]를 줄 수 있다.

나는 또한 고객과 **함께 걸으며 코칭 세션**을 진행하기도 했다. 걷기는 아이디어의 자유로운 흐름에 도움이 되며 코칭에도 큰 도움이 될 수 있다.[157] 다른 코치들은 고객의 사무실이나 회의실, 카페, 레스토랑 및 호텔 로비와 같은 더 많은 공공장소에서 만나고, 일부는 고객과 함께 운동하며 코칭하기도 한다(예: 조깅 또는 자전거 타기). 개인적으로 이런 공개 장소는 기밀유지 및 개인 정보를 훼손할 가능성이 있어 문제가 있다고 생각하며, 되도록 코칭 룸에서 일하는 것을 선호한다. 내 코칭 룸은 모든 것이 고객이 편안하게 느끼도록 구조화되어 있다.

고객이 직접 올 수 없을 때는 전화, 온라인 또는 화상을 사용하여 코칭 세션을 진행할 수 있지만 고객을 직접 대면하는 것을 선호한다. 전이와 역전이는 직접 대면에서 쉽게 경험하게 된다.[158]

---

155) 완전히 마주 보는 배치가 아니라 각도를 두고 배치하거나, 90도 각도로 의자를 배치할 수 있다. 반면에 역자의 경우 자유롭게 회전할 수 있고 뒤로 누울 수 있는 의자를 배치한다. 이는 상대가 스스로 자유롭게 각도나 등받이를 움직여 조정할 수 있다. 이야기 하는 도중에도 이야기 내용이나 내면의 반응에 따라 아주 손쉽게 스스로 조정할 수 있다.
전통적인 카우치의 경우, 분석가는 약간 누운 의자의 머리 부분에 (90도 방향으로) 앉아 다른 곳을 보는 경우이다.
156) 처음 들어오자마자 의자의 각도나 위치에 변화를 준다든지, 말하는 과정에서 표정 움직임과 행동, 자세의 변화는 중요한 표현이다.
157) 이른바 '(함께) 걷는 회기'는 사전에 설계해 두고, 도심 내 고궁이나 공원 등을 산책 코스로 이용하며 운영할 수 있다. 비형식적 편안한 대화, 자유로운 (연상) 대화를 지향한다면 의미 있는 방식이다.
158) 온라인(화상, 아바타 활용) 회기와 대면 회기의 차이, 신체성과 가상 현실의 차이에 대한 세심한 연구는 향후 중요한 연구 과제이다. 다음의 저서가 참고 가능하다. 『코로나 시대의 정신분석적 임상』 오키모도 카이 저, 김태리, 최영은 옮김. 2022.

전체 기간 및 간격

정해진 규칙은 없지만, 고객의 입장에서 낮 동안 매우 다른 환경에 있다가 코칭 룸에 도착한 뒤 한 시간 동안 함께하는 것은 쉬운 일이 아니다. 대부분 임원이 자신의 전문적인 업무와 조건을 뒤로하고 [코칭 룸에서] 내면 세계를 개방하고 [함께] 들어가는 경우는 어느 정도 시간이 필요하다.[159]

코칭 회기는 최소 2시간, 최대 3시간 또는 4시간이 가능하다. 어떤 코치는 온종일 고객과 함께 일하기까지 한다. 간격은 또한 고객의 필요와 능력에 따라 다르다. 회기 사이의 시간 간격이 너무 길면(예: 몇 달) 코치는 고객과 조정하고 이전 회기를 기억하는 데 어려움을 겪지만 너무 짧으면 고객이 충분한 시간을 확보하는 데 문제가 발생할 수 있다. 내 경험에 따르면 3주에서 6주 사이의 간격이 가장 효과적이다.[160]

---

[159] 코치 방문이 아니라, 고객 방문의 경우 코칭 룸으로 오는 과정, 코칭 룸에서 자신의 일터로 돌아가는 과정 역시 당일 회기의 일부이다. 고객은 기대와 불안을 갖고 오며, 회기에서 나눈 이야기와 경험에서 얻은 통찰과 은유의 여진을 들고 자기 세계로 들어간다.

[160] 한 회기를 2~4시간을 진행하는 저자의 입장에서는 회기 사이의 간격을 3주~6주까지로 설계하는 것도 한 예로 참고할 만하다는 생각이다.

　회기 시간이나 회기 간격 역시 코치의 자유로운 기획과 고객과 합의/계약에 달려 있다. (비연속적) 단일회기, One-day 코칭 역시 가능하다. 참고: 『단일회기 코칭과 비연속 일회성 코칭: 30가지 고유한 특징』 (윈디 드라이덴 지음, 남기웅, 안재은 옮김. 2022).

　반면에 코칭 계약 기간 동안 코칭 회기를 진행할 때 정기성, 지속성, 개별 맞춤 세 가지를 코칭 설계의 3원칙으로 주장하는 입장이 있다. 『コーチング・リーダーシップ Coaching Leadership』(伊藤守, 鈴木義幸, 金井壽宏 지음)

　정신분석 코칭에서 이런 회기 설계와 관리에 대해 유연하게 설계 가능하다. 〈정신분석 코칭 관계의 구조화와 설계〉이다.

[핵심 단어와 주요 인물]

- 의자의 각도
- 회기 시간과 회기 간격-지속성과 정기성
- 코칭 관계 구조와 틀
- 분석가의 네 가지 태도
- 걷기 회기, one-day 코칭 설계
- 코칭의 혼종성이나 융복합적 성격
- 정신분석 윤리와 코칭 윤리

[부록 18] 코칭 관계 구조화와 코칭 관계 틀

코칭 관계 구조화setting와 코칭 관계 틀frame 만들기는 코칭 여정의 **초기 조건**을 형성하는 민감한 영역이다. 이런 초기 조건은 여정 과정과 종결에 이르기까지 기본 경로를 설계하는 것이며, 코치가 제공하고 위치해야 할 역할을 주문받고 정하는 일이다. 이 과정에서 코칭 주체 역시 자신의 자율성을 경계 짓고, 변화 의지와 동력을 확인한다.[161]

코칭 관계 구조와 틀은 ①계약(과정)으로 만들어진다. ②코칭이 딛고 걸어갈 수 있는 현실의 틀로 작용하며, ③코치가 감당하는 안아주기, 담아내기의 환경이 된다. ④코칭 주체에게는 성장을 위한 거처로서 신체와 같으며, ⑤퇴행과 발진을 위해 머물고 숨 쉬는 자기만의 공간이다. 이런 특징은 정신분석 코칭의 특징의 두드러진 부분이며, 코치의 역량 또한 구별되고 드러나는 부분이다.

코치를 시험해볼 시험 회기 보장, 계약 내용 설계와 합의 과정의 유연성, 비밀보장에 대안 믿음 확인, 시간과 비용, 코칭 회기와 회기 간격, 정기성과 지속성 여부, 휴일과 회기 취소 절차 등이 세부 항목이다. 정신분석 코칭을 위해서는 기존의 코칭 윤리와 정신분석 윤리가 교차하는 지점이기에 임상 실천을 토대로 새롭게 검토해야 한다. 특히 정신분석적 태도와 관련해서 분석가의 절제, 익명성과 자기-노출, 중립성 등의 논의는 정신분석 코칭 차원에서 다시 검토하여 계승과 변형을 해야 한다. 이런 첫걸음은 정신분석의 평가 면담과 사례개념화/공식화, 작업가설 수립 작업과 관련해 정신분석

---

161) 〈코칭 주체〉의 코칭에 대한 책임감, 자율성, 주체성을 확인하고 정비하는 작업은 첫 접촉부터 코치가 염두에 두어야 한다. 이를 위해 코치는 코칭 주체에게 〈고객 준비시키기〉, 〈고객 세우기〉를 갖추고 있어야 한다. 이 점 또한 코칭이 다른 부문과 다른 주요한 특징 가운데 하나이다. 이를 위해서는 다음을 참고한다. 『첫고객·첫세션 어떻게 할 것인가』 김상복 지음. 2019.

코칭은 어떻게 구비해 갈 것인가와 내용상 관련이 깊다.

    코칭은 발전 과정 초기부터 내용에서 유사 분야, 다른 분야를 융복합적 시도로 혼종성hybrid/혼종화hybridity를 특징으로 발전했다. 이는 최근 인문학의 발전 흐름과도 괘를 같이 한다. 코칭은 오직 〈잠재력 발굴과 인간의 가능성 확대〉를 위해 상호 관계를 맺고, 관계 안에서, 관계 발전을 통해 개인의 성장과 성숙을 도모하는 것이기에 가장 효율적이고 유효한 것이 바로 기준이다. 이런 점은 코칭 관계 설계, 구조와 틀을 형성하는 데도 중요한 근거가 된다.

19장
계약 - 첫 만남

첫 계약과 분류/진단

첫 번째 접촉은 잠재 고객과 코치 사이에 이루어진다. 때로는 양 당사자와 조직의 대표[또는 책임자]와 함께 만나기도 한다. 고객과 첫 미팅 전에 후원 조직과 연락한다. 첫 미팅 코칭 룸에서 만난 사람들은 [향후] 코칭 과제를 할 때의 모습을 예상하는 데 도움이 된다. 화학적 결합chemistry, 서로에 대한 직관적인 반응, 첫인상, 신뢰할 만한 요소, 말하는 방식, 같은 언어로 말하기와 행동 등, 이런 요소들이 서로가 코칭 계약의 체결 여부를 결정할 것이다.

동시에, 이 첫 만남은 코치가 상황, 관련된 사람들, 그리고 가장 중요한 것은 개인적 감정 및 **역전이**를 주의 깊게 관찰해야 하는 첫 분류(진단diagnostic) 단계이다(가장 좋은 프랙티스는 모임 중 또는 직후에 메모하는 것이다). 〈지금 이 순간〉(Stern) 또는 〈초기 꿈initial dream〉(융)의 개념과 유사하게 〈첫 번째 회기〉는 한마디로 고객의 **전체 이야기**와 **주요 이슈**를 담고 있다. 그 전개는 작업 과정에서 [다시] 일어날 것이며, 결국에는 마지막에 이르러서야 비로소 사람들은 처음부터 무엇이 내재되어 있었는지 완전히 깨달을 수 있을 것이다.162)

코칭 장면 설정

코치는 세세한 부분까지 세심하게 신경을 집중하고, 접근하기 쉽고, 비-판단적이어야 한다. 동시에 [부드럽고 따뜻하게] 경계boundaries를 설정하고, 자연스러운 권위natural authority, 평등, 존중을 바탕으로 암묵적이고, 명시적인 작업 계약을 준비하고 작성한다. 이 계약은 코칭 장면을 구조화하는 과정으로 이어진다.163)

〈개별 고객〉으로 작업할 때 일부 코치는 개인 치료에 참석하는 고객에게 요금이 부과되는 방식과 유사하게 시간당 요금제로 계약을 체결한다[1회 코칭비 × 회기 수]. 물론 미리 결정된 계약 기간 동안 얼굴을 맞대고 진행하거나 패키지 등을 제시해 추가 코칭비를 제시할 수 있다. 전화 또는 온라

---

162) 대체로 첫 회기에는 향후 코칭 과정 전개를 예감하고, 특히 코칭 주체의 주요 요소가 다 담겨 있다는 데 이견이 없다. 〈코칭 문의〉하는 단계에서 코칭 계약과 〈첫 회기〉까지, 또 자기 소개 방식에서 감지되는 특징 역시 대체로 지속한다. 이를 근거로 코치는 향후 회기 관리를 전기-중기-후기-종결 과정으로 중간 매듭 두고 진행하며 각각의 핵심과제를 제시한다. 그러나 정신역동 코칭/정신분석 코칭의 첫 만남과 첫 회기와 회기 관리는 어떤 점에서 다른가는 향후 과제로 넘긴다. 네이버 카페《정신분석 코칭》공간에서 탐구가 진행될 것이다.
163) 이러 내용을 이미 알고 익힌 코치들은 추가 연구를 위해 「코칭 계약」, 「코칭의 윤리강령」, 『10가지 코칭 주제와 사례연구』(디마 루이스, 폴린 파티엔 디오송 지음. 김상복 옮김)을 참고할 만하다.

인 등과 같은 다른 수단을 섞어 제공하기도 한다.

〈조직 고객〉에 대해 일부 코치는 다양한 코칭 도구와 커뮤니케이션 도구를 결합해 묶음 판매로 가격bundle price을 조정한다. 예를 들면, 진단 인터뷰를 포함한 6개월 코칭, 20시간 대면 코칭, 이메일 코칭 및 20분으로 제한된 긴급 전화 코칭 등을 포함한다. 이런 지불 조건을 구성하는 방법에는 제한이 없다. 패키지는 코치를 위한 유동적 계획을 단순화하고, 조직 고객들은 이에 익숙하다. 결국은 개인 선호도의 문제이다.[164]

규칙

조직이 코칭을 위해 개인을 '보낼' 경우, 프로세스가 시작되기 전에 **역할과 책임**을 명확히 설정해야 한다. 예를 들어, 조직의 대표와 코치가 [코칭 내용 관련] 대화를 나눌 것인가? 그렇다면 어떤 조건에서? 이 대화를 위해 향후 코칭 회기에서 [코칭 주체에게 미리 알리고] 준비할 수 있는가? 아니면 세 사람이 모두 한 테이블에 앉아있을 때만 대화가 허용되는가? **기밀유지**confidentiality에 대한 명확성이 필요하다. 삼각관계에는 분리splitting 및 일탈divergence의 위험이 내재되어 있다(Huffington, p.99).[165]

---

164) 역자의 경우는 기업과 연간(150회~200회) 단위로 계약하기도 한다. 이런 경우 그 조직의 역사와, 향후 전략은 물론 조직에 대한 정보, 시스템 등을 더 깊이 이해하며 접근하게 된다.
165) 저자가 인용한 저서의 해당 페이지에는 내용이 없다. 저자 오류로 보이며 추후 과제로 한다.
  삼자관계는 양자관계로 붕괴되고, 양자관계는 삼자관계를 지향한다. 일반적으로 양자 대립은 제삼자를 끌어들여 삼각관계를 구성해 양자 대립의 완화, 회피, 대리 활용(열기를 완화하는 변압기, 희생양, 피뢰침, 가짜 종마, 연합 파트너, 패배자 만들기, 모략으로 싸움 붙이기 등)를 한다. 반면에 삼자 관계의 대립은 이탈과 분리를 통해 양자관계로 움직인다고 이해된다(주 213 출처 참조).

또 다른 필요성은 코칭 관계를 **평가**evaluated하는 방법을 어떻게 할지 정하는 것이다. 전문화professionalization[166]가 높아짐에 따라 고객의 기대치가 점점 더 까다로워지고, 작업 방법과 방식이 더 투명해질 수 있도록 근거와 증명, 효율성, 교육 및 자격 인증서를 요청하는 것이 일반적이다.

최종 계약 작성 시에는 계약 규정과 규칙만 아니라 지급 예산과 지급 계획이 기록된다. 그러나 고객의 우려와 목표는 계약에 포함되어서는 안 된다. 조직 시스템 내에서 남용될 위험이 너무 높기 때문이다.[167] 목표를 정의하고 성취도를 측정하는 방법은 계약 단계의 일부이어야 하며, 코치와 고객 모두가 주목해야 한다.

[핵심 단어와 주요 인물]

- 사전 접촉과 첫 회의/ 첫 회기
- 개별 고객/조직 고객
- 기밀유지
- 삼각관계의 분리와 이탈 가능성

- 고객 분류/진단diagnostic 단계
- 역할과 책임
- 코칭 결과 평가
- 전문화

---

166) 특정 분야의 직업이 전문화된다는 것은 일반 수준과 다른 높은 통합성integrity과 역량competence을 갖추는 사회적 과정을 통해서 가능하다. [1]전문성에 대한 정의(다른 영역과 다른 독자성, [2]다른 사람들이 수용 가능한 자격 과정, [3]모범 사례, [4]구성원이 속하는 하나 이상의 전문 조직, [5]윤리 강령 [6]일반 아마추어, 자격 구비를 하지 않는 사람의 진입 차단, [7]전문성의 유지와 지속적 훈련을 위한 구조 등이 요구된다.

167) 코치와 고객 두 사람의 합의 사항에는 가능할 수 있다. 저자는 조직 대표자와의 삼자 합의 내용을 직접 말하는 것인지 여부는 정확하지 않다. 삼자 합의 내용은 코칭 계약에 반영되어야 할 것이다. 이와는 별도로 고객(개인)의 목표와 우려를 계약(서)에 반영하는 것은 조직 내에서 남용되고, 고객(코치 역시)이 불이익을 당할 수 있다고 저자는 주장한다. 특히 코치가 시스템적 관점을 갖지 못한 경우, 조직 내 희생 전가 과정을 통한 〈희생양 만들기〉로 활용될 우려가 있다. 「복합적 어젠다」(위의 책 참조)

[부록 19] <선 인식 후 반응>에 관하여

코칭 대화에서 코치는 코칭 주체가 자신에게 올라오는 것들, 즉 ①넌지시 알려준 것이나 눈치챔inkling, ②직관intuition, ③알아차림awareness, ④알 듯하면서도 동시에 알 수 없는 앎, 그냥 어렴풋이 올라오는 다양한 앎 등을 접하게 된다. 이때 이를 성급하게 비언어적 표현(표정주름/톤)으로 드러내거나, 언어로 표현하기보다는 먼저 속으로 간직하고 기다리라고 권한다. 코칭 주체가 자신에게 올라오는 것을 스스로 말로 표현하도록 기다리는 것이다. 어떤 의미에서 상대는 말하거나 잠시 멈추거나 침묵하는 것 자체가 이미 말하는 것이다. 내면 극장에서 다양한 상연上演이 이뤄지는 것이자, 그 반영이 드러난 것이다. 필요한 것은 이를 드러나게 허용하는 '공간'이다. 한 발 더 나아가 문득/불현듯 떠오름der Einfall이 드러나 연결이나 이야기 전개를 끊어내기도 하고, 어떤 연결을 위한 연상die Assoziation으로 '이어지기'를 시도할 수 있다. 이야기 구성이 새로운 차원으로 이동하기도 한다. 코치의 겉모습으로 대표적인 것이 '지극한 부드러운 침묵'이다. 이를 창밖에서 바라본다면 '선先 인식 후後 반응'이다.

무엇보다 코칭에서 일관되게 코치가 견지해야 할 것은 〈가르침 없는 배움〉이라는 자세이다. 코칭은 아는 사람이 모르는 사람에게, 조금 알고 있거나 잘못 알고 있는 사람에게 앎을 더해주고자 가르치거나 수정하는 것이 결코 아니다. 또 코치 스스로 '알고 있다'는 전제 위에 서서 대응이나 대화하는 것은 더욱 아니다. 두 사람의 만남은 누가 누구를 깨우치고 알게 하는 계몽적 만남이 아니다. 만남에 의해서만, 또 만나서 대화하는 이 순간에만 나타나는 앎, 스스로 알고자 하고, 자기 안에서 이미 알고 있는 어렴풋한 것을 꺼내 기필코 알기 위한 상호 주체의 만남에 의해 구성되는 앎을 위한 것이다. 그렇기에 밖에서 안으로 어떤 생각을 넣는 것(out-in)이 아니라, 상대 안에 있는 것을 꺼내는 것(in-out)이다. 코칭 주체는 자신의 것을 꺼내서 다시 살펴보고, 연결해 보며, 자기 것을 빛나게 벼리고 다시 소중하게 자기 것으로 간직한다. 사실 우리는 언제나 자기 앞에 있는 것들을 줄기차게 좇아 왔고, 자기 옆에 있는 것을 부러워했지 자기 안의 것을 소중하게 여기도록 배려받지 못했다. 자기 안에 있는 것이 가장 소중하며 귀한 것이라는 사실을 깨닫기까지는 많은 대가와 후회를 '지불'한 뒤에 알게 된다.

코칭 대화 중에 코칭 주체가 자기 안에서 일어나는 앎과 알아차림을 꺼내고, 이를 살펴보는 순간은 매우 귀한 순간이다. 희미하고 불확실하고 어렴풋한 것이라도 서로 비교하고 맞추고 연결하며, 또 기다려보면서 자기 것을 만들거나 시험적으로 코치에게 드러내기 때문이다. 코치가 이를 모르고 성급하게 자기 앎을 내세우거나, 이미 알고 있는 (자신의) 낡은 것으로 덧칠해 버리거나 오염하게 하는 것은 삼가야 한다.

코칭 주체는 자기 안의 것을 귀하게 여기고, 자신의 모든 출발에 '디딤돌'로 삼는 일을 충분히 보장받아야 한다. 자기 문제와 이슈에 관해 누구보다 잘 아는 코칭 주체가 〈이미 알고 있다고 가정하고 있는 주체〉인 코치에게 자기 문제와 이슈, 미해결 과제를 꺼내는 이유는 진정 무엇인가. 알고 있는 자에게 듣는 답으로 자기를 분칠하기보다는 문제와 이슈, 과제 뒤에 숨겨진 자신의 진정한 관심과 숨겨진 진심, 진실이 무엇인지 스스로 궁금하기 때문이다. 귀한 것일수록 더욱 깊은 곳, 낮은 곳에 있기에 다가가기가 쉽지 않고 더 깊이 더 낮게 내려가야 할뿐더러, 이를 찾는 만큼 제대로 본심대로 살아온 경험이 적기 때문에 조금이라도 새롭거나 다르거나 만족하지 못하면 이를 보아도 불안과 의심에 흔들리기 마련이다.

그렇다면 코치는 언제 어떻게 코칭 주체의 앎에 반응할 것인가? 자기가 알고 있는 것을 인식하고 드러낸 뒤 얼마나 있다가 반응하는 것이 적당한가. 가장 적절한 반응의 순간은 언제인가. 답은 의외로 간단하다. 코칭 주체가 자기 안에서 다양하게 출현하는 모든 불확실한 것들이 다양한 앎(경험, 관계, 대화, 역전이, 경계 앎)으로 구성할 수 있을 때, 내면의 의심과 의문, 모호함, 불확실함, 희미함 등을 자기 것으로 손에 들 때이다. 이때 이는 그가 자기 것으로 손에 쥐는 것이고, 그렇기에 바로 그의 것이기도 하다. 코치는 이에 적절히 호응하고 장단을 맞추고 함께 미세하고 미묘한 과정을 지켜보며 함께하게 된다.

그것이 ①희미한 단서나 ②불확실한 직관, ③어렴풋한 앎이거나, ④말로 구성하기 어려운 조각 언어, ⑥처음 경험하는 정서에서 출발해 표현이 없거나, 심지어 ⑦자기만이 느끼는 신체 반응으로 오는 것(일곱 가지 징조)이라면 더욱더 충분한 기다려야 하고, 이런 경우 차라리 〈침묵 개입〉이 더 낫다. 침묵은 이것이 잘 발효되게 할 수 있기 때문이다. 〈적절함〉, 적절한 순간은 두 사람이 일궈온 여정의 리듬에서 자연스럽게 온다. 그간의 대화에서 적절하게 서로 호응해왔고, 호흡과 음조를 맞춰 왔다면 적절한 순간은 자연스럽게 다가온다. 특히 바로 이 순간까지 코치가 〈소극적 능력〉을 발휘한다면 아주 제격이 아닐 수 없다.

〈인간의 가능성을 확대하고 사용하지 못한 잠재력을 발휘〉하는 데는 마중물보다 먼저 중요한 것이 그 자신의 갈망과 원함이다. 〈자기 자신대로 되는 것〉, 이런 움직임, 마음-먹음은 꼭 필요하고 최소한의 것이다. 변화와 성숙을 위한 항구적인 길을 간다면 우리는 누구에게든 충분한 기다림을 제공할 수 있어야 한다. 어떤 '움틈', '일렁임'은 기다리는 자에게만 보인다. 어미 닭과 병아리의 탄생 비유를 드러내는 고사성어 줄탁동시啐啄同時는 그 자체로 훌륭한 설명이다. 그렇지만 코칭 임상이나 병아리 '부화' 순간의 사실 설명은 선줄후탁先啐後啄, 즉 병아리가 먼저 쪼고 이 소리를 들은 어미 닭이 두드리는 것에 더 가깝다. 소리를 들은 어미 닭의 호응이 너무 늦으면 태어나지 못하고, 너무 이르면 태어난다 하더라도 준비가 부족해 나머지 껍데기를 스스로 깨지 못할뿐더러 약골 병아리가 되는 것이다. 이 점에서 코치의 호응과 맞대응에 '적절함'이 절실하다.

그렇지만 정원사로서의 코치라면 같은 정원을 가꾸며 적절한 온도와 물, 흙을 고르는 손길이 모두 적절하다 해도 싹이 나는 '움틈'의 시기는 다르고 심지어 꽃이 피는 시기도 각각 다르지 않은가. 코칭 주체 안에 있는 잠재력과 가능성의 씨앗은 다 다르고 짐작할 수 없다. 다양한 종류의 씨앗은 그가 쪼개져야 나오는 것이기에 더욱 헤아리기 어렵다. 코치가 제공하는 '관계 안에서의 기다림'이란 시선도 손길도, 음조도 그저 '지긋한 부드러움'이 최선이다. 그래야 코칭 주체가 먼저 자신의 앎을 '인식'하고 난 연후에 코치가 '반응'하는 리듬을 간직할 수 있다.

프랙티스 2부
코칭 세션 운영

정신역동 관점으로 작업하는 것은 단지 하나의 기술이나 개입만을 엄격하게 준수하길 요구하지 않는다. 다양한 도구와 기술, 작업 수단, 회기의 시작과 종결 방법, 코칭 관계의 시작과 종결 등은 설명해온 이론적 배경만큼이나 광범위하다.

여기서는 '코칭 전반'에 대한 다양한 접근 방식을 설명하고, 개인적 경험을 공유한다. 요점은 3장, 16장, 17장에서 언급한 가정/전제 안에서 작업하는 한 옳고 그른 방법, 잘못된 접근이란 없다는 것이다.[168]

---

[168] 정신분석은 엄격한 윤리적 태도, 정신분석 구조 형성을 위한 절차와 방법에도 일정한 엄격함을 강조한다. 그러나 특별한 기준 안에서 매우 자유롭게 응용한다. 정신분석 코칭은 정신분석 윤리 하에서 구성된 실천적 이론과 경험을 중심으로 **코칭 윤리** 안에서 재구성한다.

20장

관계의 시작: 열기

코칭과 작업 관계가 첫 회기부터 바로 시작되는 경우는 드물지만,[169] 여기서는 실용성과 설명을 위해 기본적인 초기 점검 만남 chemistry meeting은 이미 진행되었다고 가정한다.

첫 시간의 목표

코치와 고객의 첫 목표는 신뢰와 공감을 서로 확인하고, 이런 관계에 근거해 두 사람의 **작업동맹** working alliance을 만들어내는 것이다. 코칭 관계는 희망적이고 긍정적으로 출발한다. 고객은 이 관계가 기꺼이 자기의 내면 세계를

---

169) 정신분석은 분석 관계를 맺기 전에 **몇 차례** 예비 회기 또는 시범 회기를 갖는 것이 일반적이다. 그 횟수 역시 분석 수행자가 분석가와 분석할 것인가(분석가도 결정할 수 있다) 여부를 결정할 수 있을 만큼 횟수를 열어두거나 한정해 진행한다. 정신분석 심리치료 역시 크게 다르지 않다. 정신분석 코칭 역시 이런 방안을 적극 수용해야 할 것이다.

개방하고 나눌 수 있는 **영역**이 되게 한다. 코치는 고객의 발전을 위해 지원할 권한을 부여받는다고 느끼는 **영역**부터 접촉하며 들어가야 한다. 공감 개발과 [진실한] 확인/확언affirmation과 이해를 제공하고, 〈안아주기〉 환경을 조성하는 것은 코치가 이 방향으로 분위기를 조성할 수 있는 방법이다.

코칭 관계 시작은 고객의 주된 관심사concerns와 이슈(들)에 대한 **첫 인상**을 쉽게 발견할 수 있다. 눈에 보이지 않는 장애물을 식별해야 하는 것도 임무이다. 코치가 앞으로 나아갈 것인지 아니면 그의 통찰을 공유하기 위해 기다릴 것인지는 고객의 **정신 상황**에 달려 있다. 또 이 단계에서 판단을 위한 분류(진단diagnostics) 작업도 중요하다. 초기 점검 만남chemistry meeting이 너무 짧거나, 여러 사람이 참석한 경우는 첫 작업 미팅은 결정적인 영향을 준다.

이미 설명했듯이 〈지금 이 순간〉(Stern)은 〈초기 꿈〉(Jung)(19장 참조)과 유사하다. ①무의식적인 전체 스토리whole story와 ②주요 '증상symptoms' 및 ③'증상' 뒤에 숨겨진 이슈가 포함되고, ④기본적 의문이나 문제가 매우 압축/요약된 방식으로 드러난다. 제스처나 행동, 첫 언급 등이 그의 내면 세계의 본질을 그리기도 한다.[170] 코치는 세부사항에 대해 관심을 갖고 전이, 역전이를 염두에 두며 고객을 관찰한다. 그의 내면 세계와 조직 내부에서 실제로 무슨 일이 일어나고 있는지 첫 초안first draft 또는 첫 가설first hypothesis을 수립한다. 회기 중이나 직후에 자세하게 메모를 작성하고, 처음에는 〈침묵가설〉로, 초기 단계에는 작업가설을 구상하고, 점차 고객과 함께 이를 탐색하는 것이 도움이 된다.

---

170) 문을 열고 들어오자마자, 의자로 오기까지, 의자에 앉자마자 보이는 행동이나 꺼내는 첫 표현, 본격적인 대화에 이르기까지 주저하며 던지는 말과 태도 등이 당연히 중요하다. 이는 회기가 끝난 뒤 문을 나서면서 하는 마지막 언급도 마찬가지다.

구조화되지 않은 시작

고객과 함께 작업하며 **구조화되지 않은 열린 접근**은 안내 질문guiding question을 받지 않으며[특별히 응답하지 않는다], 고객에게도 특정한 역할과 과제가 주어지지 않는다. "어디에서" 또는 "어떻게 시작할까요?" 적어도 이런 식의 비구조화되고 개방적 질문으로 고객이 우선순위를 표현하게 초대한다. 고객이 어디에서부터 시작할지, 어떻게 시작하고, 무엇에 대해 이야기할지, 또 무엇을 공유할지를 선택할 수 있는 자유를 가져야 한다. 구조화되지 않은 접근 방식에 따라 코치는 시작 질문opening question조차 하지 않을 수 있다. 고객을 맞이하고 환영할 때 단순히 앉아서 고객이 말할 때까지 기다린다. 이것은 **정통적인 정신분석적 스타일**을 재연하는 것이며, 경험이 없는 고객들은 놀랄 수 있다. 그렇지만 이런 첫 번째 〈불안의 순간〉은 핵심 주제를 테이블로 직접 가져오게 할 수 있다.[171]

"당신이 시작하고 싶은 구체적인 상황/문제/질문/통찰이 있는지, 나와 함께하거나/나누기 위해 어디서 시작할 것인지" 열린 질문을 통해 고객이 속도와 톤을 설정할 수 있게 한다. 고객과 코치 사이의 평등한[등가等價인] 관계 형성을 조절해서 뒷받침한다. 코치는 ①알고 있는 것이 매우 적고, ②컨설팅 전문가가 아니며, ③오직 고객을 위한 개방적이고 수용적이며 ④반영하는 거울reflective mirror이다. 고객이 속한 조직이 이미 기본 코칭 주제를 결정해둔 사례라 할지라도 코치는 개방적 접근을 통해 직업적이고 사적인 생활에 대한 권한authority은 **고객인 개인**에게 다시 넘긴다.[172]

---

171) 코치는 눈인사나 눈 맞춤 이상의 행동을 자제하고, 의자에 앉아 입을 열기까지 최소한의 언급으로 있다. 〈침묵으로 말하기〉, 〈침묵으로 경청하기〉 이른바 〈침묵 코칭〉이다. 코치는 이 순간 자기 안에서 어떤 느낌이나 정서, 언어가 올라오는지 놓치지 말아야 한다.
172) 이런 문제 의식이 〈정신분석 코칭〉의 특징이다. 이미 조직과 기본 코칭 주제를 정했고, 고객이 합의했어도, 코치와 고객이 계약 단계, 판단/분류 단계terms of diagnostics 후에는 바로 이런 '사적 개인'과 지금-여기의 순간에 주목하고 전적으로 고객에게 위임한다.

구조화한 시작

구조는 고객이 새로운 코칭 상황에 적응하는 데 도움이 된다. 고객의 복잡성, 불확실성 및 불안을 감소시킨다. 어떤 접근을 선택할 것인가는 고객뿐 아니라 코치의 퍼스낼리티와 배경에 따라 달라진다. 반면에 고도로 구조화된 접근은 고객이 코칭 회기에 가져오는 조직 피드백을 [거리를 두고] 살피는 것에서 시작할 수 있다(21장 참조).

고객에게 **인생-스토리**나 그들의 직업적 삶, 관계 또는 더 일반적인 개요에 관한 이야기를 공유하게 요청하면, 고객은 어디에서 시작할지 **선택할 자유**를 얻게 된다. 고객이 어디에서 어떻게 성장했는지, 부모, 형제와의 관계에 대한 실제 정서적 특성, 이런 관계들이 몇 년에 걸쳐 어떻게 발전했는지에 대한 기본적 이해를 개발하는 것이 유효하다고 생각한다. 인생 스토리를 공유하면서, 고객은 처음으로 중요하고 낭만적이지 못한 관계에서 오는 감정에 주의를 돌릴 뿐 아니라, 자기 내면 세계를 개방하기 시작한다.

코치는 고객의 정서적 측면과 패턴 가운데 일부를 경험하고 맞춰 들을 수 있다tune in. 또 다른 통찰력 있는 접근은 고객이 조직과 삶의 발달 단계와 관련한 문제, 의문, 상황을 **그림으로 표현**하도록 권하는 것이다. 중요한 어떤 것을 그리게 하는 이런 초대는 〈개인이-지닌-역할person-in-role〉이나 〈개인-역할-시스템the person-role-system〉/〈조직 분석organization approach〉(3장 참조)에 통합될 수 있게 한다.

나는 몇 년 전 수잔 롱Susan Long이 진행한 워크숍에 참여했었다. 그는 고객이 어릴 적부터 현재까지 삶에서 자신이 맡았던 **주요 역할**을 격려하며 말을 사용하지 않고 그리도록 제안했다. 그 이후로 나도 이런 접근 방식을 사용해왔다. 인생 스토리와 역할을 연결하고, 고유한 패턴에 대한 첫 이해를 발전시키는 데 유용하다는 것을 알게 되었다. 다른 역할을 연결하고, 색상과 표현, 변형된 것, 공간 등을 관찰하고 해석하고 나중에는 생략되거나 색이 칠해지지 않은 부분을 관찰한다. 이 역할 그림으로 작업할 때의 장점은 이렇게 창조된 〈담아내기containment〉에 의해 인생 스토리가 〈구조〉로 개발된다는 것이다. 코칭 과정 후반에 다른 역할이나 해석 등을 그림을 통해 다시 검토할 기회를 제공한다. 이것은 코칭 과정을 위한 황금의 실golden thread로 이해될 수 있다.

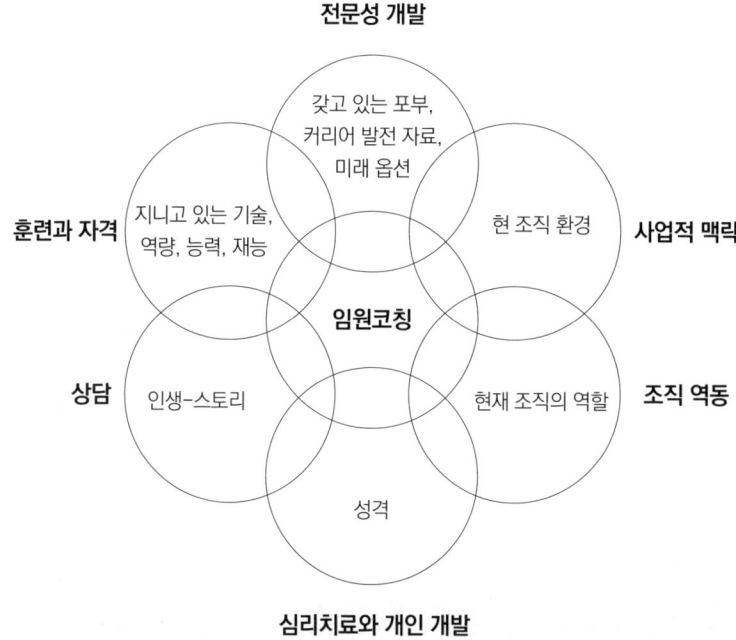

출처: Adapted from Brunning (2006, p.133)

[그림 20.1] 임원코칭의 여섯 가지 영역 모델

버닝Brunning(2006)은 정서 관련 계약에 대해 고객과 작업하기 위해 〈개인-역할-시스템 모델〉에 기반을 둔 여섯 가지 영역 모델Six-Domain model을 제안한다([그림 20.1]). 그는 여섯 가지 영역이 코칭 과정에서 **동시성**을 갖고 **현존**simultaneously present하기 때문에[173] 이를 **코칭의 구성요소**로 명명한다. 또 예를 들어, 평면으로 보면 인접한 원을 서로 방해하거나 조화되도록 영향을 주는 **맞물린 톱니바퀴**로 상호 연결interlinked된 것으로 보아야 한다고 제안한다. 코치는 '모든 영역에 대해 메타적으로 보는 능력'이 필요하기 때문에, 이 모든 면에 대한 합리적 지식이 있어야 한다(p.135).

전문성과 관계

정신역동 접근은 고객에 대한 특정한 태도가 중요하다. 〈알지 못함not-knowing〉은 필수적인 부분이다. 그러나 이를 신봉하고 활용하는 정도는 코치의 성격과 고객 상황에 따라 달라진다. 완벽한 코칭 세계에서 코치와 고객은 **동등**하고, 계층이 있을 수 없으며, 두 사람은 그에 상응하는 발언과 기여를 하게 된다.[174] 그러나 실제로는 이런 이상적인 모습은 이뤄지기 쉽지 않고, 심지어는 그것을 [두 사람이] 성취할 필요가 과연 있겠는가 의문을 제기할 수 있다.[175]

---

173) 평면으로 보면 [그림 20.1]처럼 펼쳐지고, 겹치는 부분으로 여섯 가지 영역은 상호 연결되어 있다. 코치는 이 연결의 형태나 특성도 놓치지 않는다. 반면에 회기 안에서 한 영역을 다루는 어느 한 순간을 끊어 이에 머물러 보면, 여섯 가지 영역이 수직적으로 동시에 일어나게 보인다. 동시성으로 한 순간에 일어난다.
174) 이런 점에서 코칭 내용물, 성과의 소유권은 두 사람에게 있으며, 코치는 고객과 공동 창작자이다.
175) 정신분석 코칭은 이를 의심하지 않는다. 시작부터 이를 인정하고 수용하며 가야 할 분명한 지향점이다. 이런 등가적 동등 관계가 윤리적 태도이다. 이런 점에서 피코치, 코칭 고객,

코치와 고객은 **서로 다른 전문성**을 갖고 있다. **코치**는 정신역동 훈련을 받았고, 정신역동 지식이 있으며, 코칭 경험과, 리더십을 지니고 있다. 반면에 **고객**은 언제나 자기 삶과 상황, 자기 정서와 공명resonance에 나름의 전문성을 갖고 있다. 이런 위치에서 각자는 상대의 전문 지식을 서로 존중하고 인정recognition하며, 시간이 지남에 따라 신뢰를 발전시켜 가는 데 상호 기여할 것이다.[176]

고객과의 관계에 대한 이런 이해는 심리적 전문지식을 갖춘 상담 관계, 고전적인 작업동맹, [일반적으로 말하는] 성찰 공간에서의 공유, '무의식에서의 공동 목욕shard bath'(11장 참조) 등에 이르기까지 치유상황에 따라 관계의 성격은 다양하다. 모두 고통스런 정서적 패턴은 훈습되고worked through[177] 변화될 수 있고, 다양한 관계마다 관계의 강도와 개인 몰두involvement 역시 다양하다. 코칭 회기와 코칭 관계, 코칭 과정/여정에서도 언제나 변화될 수 있다. 고객은 언제나 상황의 주인이고, 코치의 역할은 고객을 지원하는 것 이외에는 다른 명확한 규칙은 없다.

코치 주체 등의 호칭을 바꿔야 한다고 생각한다. 즉 이들은 코치와 함께 코칭하는, 또 자신을 코칭하는 〈코칭 주체〉이다.

176) 코칭에 참여하는 두 사람은 서로 전문성이 다르다. 특히 〈코칭 주체〉인 고객은 ①이미 자기 문제의 최고 전문가이며, ②코칭에서 다루려는 이슈와 대결 과정의 진정한 소유자이다. ③해결의 정도나 내용에 대한 최후 의사결정자이고 ④성과와 결과에 대한 최후의 수혜자이다(『코칭 튠업 21』 김상복 지음. p.112』).

코치-코칭 주체의 관계는 본질에서 동등하며, 서로 등가적이다. 코치는 〈알고 있지 못함의 자세〉를 지닌 주체로 있고, 반면에 〈코칭 주체〉는 코치는 〈이미 알고 있는/알고 있다고 가정한 주체〉로 간주하고 코치에 대한 기대를 숨기지 않는다. 이런 〈불일치〉는 코칭 관계를 긴장으로 이끌고, 매 순간 모빌처럼 흔들린다. 두 사람은 고군분투와 우여곡절을 통해 상호주체임을 획득해가며, 평정을 지향한다.

177) working through. 훈습熏習, 극복하기 등 다양하게 번역할 수 있다. 훈습熏習은 불교 용어다. 향내 훈熏에 익힐 습習으로 〈향이 나도록 익힌다〉 말이나 행동으로 드러나고 사라지는 것일지라도 말이나 행동 외에 향으로 드러나거나 알게 되는 배움, 변화의 지향점이다. 이런 변화는 임계점을 넘어선 것이며, 드러났다 사라질 수 있는 상태가 아니라 되돌아가지 않는 단계를 의미하나 어떤 면에서는 이런 구분조차 무망한 것이다.

[핵심 단어와 주요 인물]

- 작업동맹
- 침묵 가설
- 구조화와 비구조화 접근의 차이
- Working through
- 첫 이상과 첫 단계
- 작업 가설
- 여섯 가지 코칭 영역

[부록 20] 여섯 가지 영역 모델의 이해와 활용

임원코칭의 여섯 가지 영역[178]

코칭의 여섯 가지 영역 모델The six domains of coaching은 개인-역할-시스템 사이에 존재하는 상호 연결을 전제로 한다. 개인 요소는 한쪽은 <u>개인의 성격</u>personality 과 <u>인생 스토리</u>, 다른 한쪽은 실제적인 전문적/직업적 역할 중에서 <u>선택한 것</u>들과 관련된다. 이때 개인의 기술skill, 역량competencies, 능력abilities, 재능talents, 포부aspirations, 커리어 승진career progression, 미래 커리어 선택 등이 **역할 요소**를 지원 또는 방해하기에 조직 내 역할의 공식적 요소와 상호작용하거나 불리하게 작용할 수 있다. 고객-개인이 현재 조직적 역할을 수행하는 **시스템**은 이후 전개되는 **드라마의 무대**가 된다. [1]개인이 무엇에 **도전**하고 [2]무엇을 **의심**하는가, [3]정신 내부intrapsychic 환경 안에 깃든 불안감insecurity, 그뿐만 아니라 [4]고객 시스템 안에서의 조직적 도전과 변화, [5]조직을 둘러싼 세계와 [6]즉각적인 조직 환경 모두에서 임원코칭 요구가 발생한다.

여섯 가지 영역은 코칭 진행 중 동시에 존재하며, 적절한 작업 초점에 영향을 주고 코칭을 계기로 합법적으로 확대, 전개가 가능하다. 이를테면, 성격이 심각하게 문제가 된다면 다른 지원(심리치료)이 고려될 수 있으며, 기술이나 역량 부족, 경력 선택이나 개발이 문제가 된다면 즉각적인 교육 훈련 기회를 제공 하는 등 임원코칭 프레임을 넘어설 수 있는 새로운 가능성을 고려할 수 있다.

---

178) Halina Brunning. 「The six domains of executive coching」 『Executive Coaching: Systems-Psychodynamic perspective』 Halina Brunning Ed. KARNAC. 2007.

1. 고객의 성격
2. 고객의 인생 이야기
3. 고객의 기술, 역량, 능력 및 재능
4. 고객의 포부와 열망, 지금까지 커리어 관리와 승진, 향후 방향
5. 고객이 몸 담고 수행하는 현재 조직 환경
6. 현재 조직에서의 역할

대체로 임원이 코치의 도움을 요구하는 것은 현재 조직 내 역할 수행 중에 경험하거나 목격한 구체적 이슈나 혼란disruption, 의심, 열망 등이다. 이런 것을 선택하는 깊은 심리적 이유는 없고 의식적이든 무의식적이든 조직적 역할을 잘 수행하지 않는 경우다. 이런 주제들이 고객 삶의 다른 측면과 분리해서 역할 수행을 해결하려는 것은 코칭 과정을 약화시키는 것이다. 이런 점에서 모든 영역은 연결되고 연속적인 톱니바퀴로 영향을 주고받는다. 또 이런 영역들 사이에 있을 수 있는 조화와 불협화음도 예상해볼 수 있다.

고객과 접촉하면서 이런 여섯 가지 영역을 동시에 제시하는 것은 초대받은 고객이 시각을 넓혀 일과 삶, 과거와 현재, 미래의 모든 면에서 관련 자료와 주제를 가져 오게 자극하는 것이다. 이를 통해 고객이 새로운 학습과 관점 전환과 두드러진 면과 함께 더 나은 통합을 달성하게 하기 위함이다. 모든 것은 결국 현재 조직에서의 역할과 향후 그의 경력 향방으로 귀결된다.

이 모델 적용을 위해서는 코치 역시 전반적인 지식과 관점이 필요하다. 또 코치가 어느 하나에 매몰되기보다는 모든 영역을 수시로 위에서 내려다보는 역할을 해야 한다. 창조적이고 책임감 있게 적용하는 것이 고객 삶에서 변혁이 되고 새로운 패턴의 발견을 가능하게 하며 통합을 진전하게 한다.

21장
도구 통합과 분류 도구

성과 측정

특히 조직내 고객을 다룰 때 또는 고객이 조직에 의해 '보내진' 경우, 고객의 성과를 성찰하는 도구가 코칭 목표의 참조 기준으로 활용된다. 이런 도구는 고객의 현실과 우선순위를 살피는 강력한 수단(Kwiatkowski, 2006, p.154)이다. 코치의 행동을 고객의 성격personality에 맞게 조정하고attune, 눈금을 맞춰crlibrate 적용adapt하는 데 도움이 된다. 이는 시간이 제한되어 있어 고객과 작업하는 수단을 조급하게 구성할 위험이 있는 경우에 유리하다.

반면에 이런 서면(테스트 및 보고) 데이터가 사실fact이라는 잘못된 가정을 유도할 수 있다. 실제로 이를 염두에 두고 신중하게 조사하고, 코칭 프로세스에 별도로 통합해야 한다. 제공된 데이터는 인공적 가공물이라는 점에서 이를 상징적 관점/전망perspective으로 보고, 조직문화나 방어 시스템 관점에서 이해해야 한다.

코치의 **연례 피드백**, **평가** 또는 보너스 회의는 조직 세계에 대한 공식적인 외부 성과 평가로 고객도 직면하게 된다. [코칭 후] 평가 도구assessment tools는 [고객] 개인과 상사 사이의 비공식적 대화나 양측이 작성해야 하는 설문지, 온라인 도구에 이르기까지 다양하다. 이런 평가 프로세스는 진지하게 받아들여지지 않는 경우가 많으므로 획득할 수 있는 정보가 제한적일 수 있다. 그러나 상사와 고객 개인이 협력하면, 성과가 높거나 낮은 영역을 식별하여 코칭 프로세스에 유용한 새로운 관점을 제공할 수 있다. 고객의 사각 지대 또는 '아픈 지점pain points'과 강점을 더 잘 이해하고 높이는 데 도움이 된다.

실천적 관점에서 나는 우리가 필요한 부분에 더 깊은 대화를 시작하기 전에 먼저 고객에게 평가 결론을 소개하고, 그들의 생각과 정서, 우려를 공유하게 한다. 내용은 고객이 결정하지만 지금까지 논의되지 않았던 결과를 염두에 두는 것이 도움이 된다. 일부 결과가 다른 결과보다 더 중요한 이유와 이를 어떻게 보는지 모든 영역을 다루고 논의해야 한다.

리더십 수준이 높을수록 리더십 기술을 개발하고 향상하는 데 도움이 되는 **360° 피드백**이 자주 사용된다. 익명 피드백을 위해 피드백 제공자는 기능별로 선택된다. 안타깝게도 코칭 고객이 피드백 제공자를 선택한 경우 이 피드백이 그렇게 심각하게 받아들여지지 않고 "당신이 주기 때문에 나도 준다do-ut-des"[쌍무 계약처럼]라는 식의 상황으로 이어진다. 그러나 적절한 360° 피드백을 통해 대상 개인과 피드백 제공자는 프로세스에 대해 교육받고 행동 전반에 대해 코치에게 의견을 보낸다.[179] 이는 개인에게는 동료co-worker의 지각perceptions 거울에 자신을 비춰 살펴볼 기회를 제공한다

---

[179] 360° 리더십 조사의 취지와 프로세스에 대해 교육받고, 코치가 조사 협조와 참여를 요구하는 행동에서 전체적 방식으로 답신해야 한다는 의감 속에서 의견을 보내는 것으로 이해된다. 이를 통해 개인은 동료라는 거울을 통해 자신을 알게 되는 중요한 기회이다.

(Kwiatkowski, 2006, p.161).

360° 도구는 자기 알아차림을 높이고, 조직의 모든 수준에서 사람들을 참여시키고, 조직의 리더십과 문화에 이르기까지 다양한 장점을 제공한다. 피드백은 개인에 의해 배려되고 성숙하며 통합적인 방식integrative way으로 받아들이게도 하지만, 부정적인 방식으로 받아들여질 수 있고, 심지어 트라우마를 유발할 수 있다. 코치는 고객과 그들의 정서적 반응에 대한 주의 의무duty of care를 갖고 결과를 처리할 필요가 있다.

평가 도구로 사용할 때 작업하는 네 가지 기본 질문이다. (1) 얼마나 주의 깊게 그리고 신중하게 작성되었으며, (2) 고객은 결과를 어떻게 (정서적으로) 인식하고 있는가, (3) 어떤 영역이 새롭게 발견되었고 작업해야 하는가, (4) 특별한 주의와 보살핌이 필요한 사각 지대와 실제 고통은 무엇인가 등이다.[180]

성격 특성 검사

가장 일반적인 검사 방법인 호건Hogan, 빅 5The Big Five, MBTI, DISC 등은 그 자체로 평가 도구assessment tools가 아니다. 이것들은 개인이 내면에서 자신을 어떻게 보는지에 대한 그림을 제시해 자기 인식self-perception에 대한 통찰을 제공한다. MBTI와 DISC는 성격 유형을 설명하는 데 조금 더 초점을 맞추

---

180) 360° 리더십 디브리프 과정은 고객의 1) Good attitude에 의한 계산된 수용과 부드러운 반응, 2) 노골적 저항과 항의, 무시, 3) 조직 상황에서 불가피하게 필요했던 자신의 일부가 반영된 것이라는 제한 조치 등 다양한 반응에 직면하게 된다. 조사 방식, 절차, 결과 등에 코치가 참여하지 못했을 경우 이런 현상은 더 심할 수 있다. 코치는 디브리프 과정에서 고객의 이런 반응을 넘어 공유해 들어가야 한다. 물론 4) 적극적 수용과 성찰의 계기로 활용하는 의식 수준으로 반응하는 경우도 있다. 검사와 분류 평가를 하는 이유는 이를 통해 발견된 결과를 코칭 어젠다에 반영하기 위한 것이다.

고, 성격 개발personality development 및 개선에는 덜 초점을 맞추는 반면, 호건과 빅5는 일반적으로 개인의 강점과 약점을 묘사한다.

이 모든 테스트는 참가자의 자기 보고를 통해 완료되므로 자신에 대한 비판적 반영 대신 **자기 이상**self-ideal을 나타낼 수 있다. 따라서 결과의 질은 참가자의 정직성과 개방성에 달려 있다. 이런 검사 방법 가운데 일부는 그 적용이 다소 까다롭고 사용하기 전에 집중적 교육과 라이선스가 필요하다. 따라서 이러한 도구 사용에 대해 충분히 훈련되지 않은 경우 결과를 설명하거나 이해하려는 시도를 하지 않는 것이 좋다.[181]

오해와 잘못된 해석은 고객 측에 상당히 고통스럽고 짜증나는 반응을 유발할 수 있고, 이는 낮은 자존감을 파괴할 위험이 매우 크다. 또 코칭 환경에서 360° 피드백과 함께 MBTI를 사용하는 방법을 자기 비판적self-critically으로 설명하는 크비아트코프스키Kwiatkowski(2006)의 사례 연구[182]를 읽어볼 필요가 있다.

[핵심 단어와 주요 인물]

- 진단 평가도구
- 360° 진단 및 피드백 절차와 원칙
- 360° 디브리프와 코칭 주제와 연결
- 진단을 둘러싼 코칭 윤리
- 진단을 통한 분류 작업의 의미와 한계

---

181) 진단과 관련한 코칭 윤리에 대한 정리가 필요하다. 「코칭에서 진단 평가의 윤리적 사용」 『코칭 윤리와 법』 패트릭 윌리엄스, 샤론 앤더슨 지음, 김상복 ,우진희 옮김. **부록**의 체크 리스트를 살펴보자.
182) 인용한 논문은 한 사례를 중심으로 모든 사건과 대화가 몇 년 동안 이루어진 과정을 첫 만남과 5회 회기로 구분한다. 360° 결과뿐 아니라 MBTI 조사(ISTJ)를 겸했다.

[부록 21] 진단지 활용할 때 필요한 일반적인 점검사항

진단지 결과에 대한 초기 점검 조항
 □ 진단지 활용에 대한 코치의 자격 점검: 관련 교육 수료, 자격증, 임상 경험, 정당한 구매
 □ 진단지 활용에 대한 코치의 사전 이해

진단과 평가는 코칭 관계에 중요한 정보를 제공할 수 있으므로 표준화된 평가 도구를 사용하며, 코치는 이를 왜 사용하는지 충분히 숙지하고 있어야 한다.
 □ 고객 정보를 신속하게 끌어내는 데 도움이 되며, 회기 중 대화 시작을 여는 역할을 한다.
 □ 평가도구 자체가 누군가를 코칭에 초대하는 역할을 하기도 한다.
 □ 고객들은 평가 및 진단 도구 관련 사전 경험이 있으며, 일정한 고정관념을 갖고 있을 수 있다.
 □ 초기 평가 자료에는 고객의 배경 정보, 코칭 관계, 요구 사항, 코칭의 기대치를 발견할 수 있거나, 고객 역시 개인 정보를 제공하고 코칭 관계에서 자신의 목표에 대해 생각하게 한다.
 □ 코칭 과정 중 평가, 진단 사용, 또는 정기적인 사용을 통해 과정 평가를 하거나, 코칭 효율을 관리하는 데 사용할 수 있다.
 □ 초기 면접 평가와 진단, 과정 평가, 마무리 평가에 관련한 윤리적 과제 확인

코칭 이슈와 목표 관련 질문에 집중
- ☐ 평가 정보를 어떻게 활용할 것인가, 누구와 공유할 것인가에 대한 결정
- ☐ 조직 발전을 위한 개입에는 특정인에 구속되지 않는 모든 반응을 검토해야 한다.
- ☐ 그룹 평가와 개별 평가가 동시에 진행되는 경우 이를 구별한다.

- ☐ 평가도구의 유형별 성격에 대한 충분한 이해가 필요하다.
  - 개인적 스타일과 성격 평가 도구, 경력 평가 도구, 감성-지능 평가 도구, 다면 평가
- ☐ 평가 결과에 관해 라벨이나 카테고리, 유형화에 지나치게 초점을 맞추지 않는 것이 중요하다.
- ☐ 코치가 어떤 유형의 평가를 제공할 자격이 없거나 관련 훈련을 받지 못한 경우 자격을 갖춘 타인에게 평가를 위임하는 윤리적 선택이 필요하다.
  (윤리적인 코치는 평가 결과를 배타적 범주나 상자로 분류하거나 표시하지 않는다.)
- ☐ 결과는 단지 단 하나의 정보일 뿐 절대적인 정보로 간주되어서는 안 된다.

22장
관계 안에서 관계와 함께 작업하기-코치를 도구로

정신역동 코칭의 가장 중요한 요소이자 다른 코칭 접근법과 분명하게 구별되는 핵심은 코칭 관계에서 [코치] 자신을 고객을 위한 도구instrument로 사용한다는 점이다. ①코치 자신의 감정, ②개인적이고 전문적인 기억, ③물리적 신체, ④인지적 통찰과 성찰뿐만 아니라 ⑤정서적 전염contagion, ⑥개인 탈바꿈/변형transformation을 위한 수용, ⑦공명resonace, 연상association을 코칭의 수단 instrument으로 사용한다는 의미이다.¹⁸³⁾

정신역동 코칭은 우리의 모든 성찰과 통찰이 특히 두 사람의 과거 경험에 의해 정서적으로 영향을 받는다고 전제한다. 코칭 주제themes 대부분은 무의식적이든 가시적이든 행동적이든 관계적 패턴과 관련이 있기 때문에 **관계**

---

183) 코치 자신을 코칭의 도구로 사용할 때 그 세부 항목을 모두 열거한다면 위와 같다. 코치는 자기 분석과 자기 강화를 통해 자기 이해를 높이고(1인 작업), 이런 자신의 실천 경험을 코칭 주체와 함께(2인 관계 안에서 작업) 확대, 심화하는 것은 곧 진정한 **코치-되기**의 핵심이다. 고객과 관계의 ①경험 자체를 소화하는 것, ②자기 반응에 대한 통찰, ③자기 반응이 고객의 어떤 점에 의한 것인지 구별하고, ④고객의 공격성을 수용하는 배려와 공격 대상으로 내어주는 취약함에 머무른다. [부록 8, 15, 17 참조]

안에서within 그리고 **관계와 함께**with 작업하는 것이 중요하다.[184] 자기 자신으로 작업하는 것은 곧 전이, 역전이, 투사적 동일시로 작업하는 것을 의미한다. 이는 관찰에 참여하는 방식으로 가장 잘 설명할 수 있다. 즉 코치가 상황의 한 부분으로 자기 자신을 관찰observation하는 동시에 고객을 관찰한다. 코치는 한 발을 [지금] 상황과 관계에 딛고, 다른 발은 일시적으로 관계 외부에 남아 있는 것이다. 코치의 기술은 상황을 삼각 측량하여 동시에 관찰하는 제삼자가 된다.[185]

투사와 전이

모든 사람은 **과거의 상호작용 경험**에 따라 [현재] 행동하고 반응하며, 삶의 과정에서 특정한 유형의 사회적 상호작용을 형성한다. 특히 [유아 시절] 초기 감정들은 동료, 상사, 친구, 파트너 등 현재의 사람들과 지속해서 반복하게 된다. 코칭 회기에서 전이의 첫 대상은 코칭 주체다. 고객은 코치에게 자신의 양육자 또는 다른 중요한 관계 중 한 명인 것처럼 행동하며, 사회적 상호작용에 대한 기대를 코치에게 **투사**한다. 이런 투사와 전이는 코치에게 있

---

184) 더 정확하게는 관계 안에서, 관계와 함께, 또 관계로[수단으로] 코칭한다는 의미이다.
185) 코칭 회기에 머물러 있는 동안 회기 안에서 코칭 주체와 대화하는 경험하는 자기/코치와 이 상황을 바라보는 관찰하는 자기/코치가 출현하는 상태이다. 프로이트가 경청과 관련해 언급한 용어를 다시 보면 〈Gleichshewebende Aufmerksamkeit〉는 Gleich(동일한, 한결같은, 평평한), schweben(둥실둥실 떠있다/날고 있다/불안정하게 존재하다/문젯거리가 미결인 채로 있다), Aufmerksamkeit(주의, 관심, 집중력, 배려, 친절)의 의미이다. 이런 복합적인 의미를 모두 살린다면 〈자신의 주의/관심/배려/친절을 한결같이 동일하게 배분해 제공하고, 둥실 떠 있듯하며, 불안정하고 미해결인 채 있는 것〉이 된다. 곧 〈**한결같이 고르게 '배분된↔ 떠 있는' 주의/배려**〉이다. 코치는 〈배분된 주의에서 떠 있는 주의〉로 상하로 상대와 호흡을 맞추는 것이다. 이 연장선상에서 코칭 회기 안에서 '경험하는 자기'와 코칭 회기를 '관찰하는 자기'가 동시에 있게 된다.(출처: 김상복 '프로이트 das Einfallen 연구' 제4장. 2023.)

는 한 측면이 아니라 고객이 지닌 일부로 해석할 필요도 있다. 코치가 해결을 위해 제안하거나 [작업]가설을 거부하는 방어 반응은 고객이 코치를 부모와 같은 권위 있는 인물을 보고 저항하고 싶은 충동을 유발한다고 해석할 수 있다.

코치는 그들 스스로 전이 과정, 특히 자기-지각self-perception과 대비되는 대중이 어떻게 지각perception하는지를 이해해야 한다. 코치는 고객의 전이를 코치 자신에 관한 진실로 받아들여서는 안 된다. 예를 들어, 코치는 고객이 감탄하며 〈그것-모두를-알고 있다know-it-all〉고 코치에게 놀라며 코치에 대해 거창함/과장grandiose으로 반응하는 것은 반드시 실제 현실을 반영하는 것이 아니다. 고객 자신의 거창함/과장함에 대한 자기애/나르시시즘적 욕구를 [코치에게] 투사한 결과일 수 있다. 그러므로 사람의 대중적인 이미지는 어떤 한 사람의 불안, 욕망, 필요, 희망과 깊이 연관되어 있기 때문에, 이를 전이와 함께 적극적으로 다루기 전에 자기 자신에 대한 철저한 훈련이 필요하다.[186]

이 시도에서 전이에 대한 개념적 구조를 제공하는 실용적 도구는 '관계-삼각형'이다. 전이의 효과를 설명하기 위해 자기, 현재-타인 및 과거-타인 세 측면을 사용한다. 갈등 상황을 해체하는 것은 고객이 초기 감정이 다른 사람에 대한 실제 인식actual perceptions에 어떻게 영향을 미치는지 이해하는 데 도움이 된다(Kets de Vries & Engellau, 2010).[187]

---

186) 코치가 자신에 대한 타인의 말에 흔들리거나, 그런 말들이 자기 모습인 양 취해서 살 수는 있다. 그러나 그것이 자신의 본 실체는 아니다. 하물며, 그런 모습으로 코칭 회기에 임하는 것은 어불성설이다. 코치의 자기 분석과 성찰이 지속해서 이루어져야 하는 이유이다. 특히 조력 활동 분야는 긍정적 자기 암시를 강조하고,
187) 인용 논문에 의하면 개인의 변화change와 변형transformation을 위해 단기 역동 심리치료에서 제기한 세 가지 삼각형을 제시한다. Mental life triangle, conflict triangle, relationship triangle이다.(부록 참조)

역전이

역전이는 더 복잡하다. 고객의 타자성otherness을 이해하기 위해서는 자기 안에 있는 타자나 낯선 사람을 이해할 필요가 있다. 어떤 한 사람의 정서적 반응은 단순히 다른 사람에 대한 개인적 반응을 나타낼 수 있다. 이 과정은 코치가 개인 학습 과정의 일부로 이해하고 훈습해야 한다. 그러나 이는 고객이 그렇게 느끼는 것을 알지 못한 채 어떻게 느끼는지 감정을 나타내는 것일 수 있고, - 그것은 분리된 정서나 코치도 또한 그렇게 느낄 수 있는 정서적 상황을 나타낼 수 있다.

예를 들어, 코치는 고객이 이야기하는 동안 갑작스러운 깊은 불안을 느낄 수 있다. 이런 불안이 고객 입장에서 경험하게 될 감정과 관련이 없다는 것을 깨달을 수 있다. 타인의 불안을 마치 자신의 불안처럼 느끼는 이런 경험은 코치에게 매우 중요한 분류/판단 도구diagnostic tool이다. 이런 상황을 경험할 때 고객과 함께 즉시 해결하려는 것은 거의 도움이 되지 않는다.

코치가 먼저 고객의 정서 반응을 잘 이해하고, 상징적 또는 은유적으로 설명하게 하고, 그들의 감정적 경험을 그릴 수 있도록 해, 고객의 정서적 반응에 대한 더 심층적인 통찰을 개발하게 하는 것이 적절하다. 따라서 무의식적 역동은 다르게 나타날 것이고 이로 인해 고객이 더 쉽게 접근할 수 있을 것이다.[188]

---

188) 회기 안에서 어떤 불안 정서가 올라왔다. 고객은 이것이 자기의 불안이 아니라고 할 수 있다. 코치는 자기 느낌이 자기 자신에서 기인하지 않는 것이라는 점이나 타인의 것을 자신의 것으로 느껴왔다는 점을 구별하는 훈련이 되어 있어야 한다(이는 혼자 할 수 없다). 코치의 입장에서는 이 불안이 자기 것이 아니라는 확신('알 수 없음'에서 '알 수 있음'으로 전환되는 **기다림**과 이에 따른 **확신/겸손**이 동시에 필요하다)이 점차 분명해진다. 그렇다면 이것은 고객이 현재 표현하는 정서나 행동 배후에 있는/한쪽 구석으로 분리해 놓아둔, 고객의 것일 수 있다.

투사적 동일시

이 메커니즘은 고객과 코치 모두에서 영향을 미치고 고객 변화에 중요한 기여를 한다.

> 첫째, 자기 자신의 일부를 타인에게로 투사하고, 그 부분이 그 사람 내면에 자리를 잡고 차지하고 있다는 환상이 있다. 둘째, 투사의 '수신자recipient'가 투사와 같이 동일한 방식으로 생각하고 느끼고 행동하도록 압력을 경험하는 것과 같은, 대인 관계의 상호작용에 가하는 압력이 있다. 셋째는 수신인에 의해 '심리적으로 처리'된 후에 투사된 감정이고, 이것이 [상대] 투사자에 의해 다시 내면화re-internalized 된다.(Odgen, 1979, p.358. 『투사적 동일시와 심리치료 기법』 김도애, 류가미 옮김. 2015 참조)[189]

코치가 자기 내면 반응을 관찰해 코치 자신의 반응인지 또는 '정상적인' 반응과 다른 반응을 확인할 수 있는지 파악한 다음, 이를 심리적으로 처리하기 위해 반응을 확인하고 적용할 필요가 있다는 의미이다. 물론 항상 가능한 것은 아니다. 코치가 이를 알지 못한 채 이 과정에 의한 반응에 감염될 수 있기에, 그렇게 되면 코치는 게임의 일부가 돼버린다. 그러나 나중에 반응에 대해 반성하고, 자기-성찰을 뒷받침하기 위한 수퍼비전을 활용할 때, 코치

---

[189] A는 B에게 투사한다. A는 B안에 자신이 투사한 것이 어떤 실체로 있다고 간주한다. B는 자기 안에는 A가 투사한 것이 있어서 A가 요구하는 대로 움직여야 한다는 압박을 자연스럽게 느낀다. B는 마치 A의 요구대로 해야 한다고 스스로 느끼게 된다. B는 자기 안에서 (마치 자기도 모르게) 스스로 처리한 심리적 결과에 의해 반응하게 된다. A는 B의 이런 반응(행동이나 심리적 움직임)이 B의 의도인 것으로 알고, (이것의 출처는 A이기에 A에게는 익숙한 것이다) 이를 자기 것으로 내면화한다. 그렇지만 이런 경우는 B에 의해 A에게 작용할 수 있다(고 볼 수 있다). 이른바 이심전심과 유사하다. 이런 점에서 투사적 동일시란 곧 의사소통의 하나로 간주된다.

는 왜, 어떻게 반응했는지를 이해하고, 상대 내면의 고리를 인식하고, 다음 번에 고객의 감정을 다르게 처리하는 방법을 배우는 것이 가능해진다.

    이것이 자기 자신을 악기로 사용하는 것이고 이는 매우 건조하고 동시에 매우 복잡하게 들린다. 고객의 인식, 통찰과 변화를 만들어내는 것은 어렵고, 자신을 변화시키는 것은 고객과 코치 모두에게 더욱 어려운 작업이다. **코치**는 관찰, 반성, 공감 감정, 전염적 정서 등을 [1]구별하고 [2]해체, [3]심리적 소화, [4]회기 후 **성찰의 연속적인 과정**에서 개인적인 발전과 변화를 겪는다. 이것이 이 직업의 본질이다.

[핵심 단어와 주요 인물]

- 자기를 도구로 사용하는 도구의 종류
- 관계 안에서 관계와 함께 관계로 작업하기
- 전이 대상이 된 코치
- 관계 삼각형
- 역전이 이해와 활용
- 투사적 동일시
- 코치가 성찰해 구별해야 할 점

[부록 22] 개인의 변화와 변형을 위한 세 가지 삼각형

- 정신 생활 삼각형Mental life triangle, 갈등 삼각형conflict triangle,
  관계 삼각형relationship triangle[190]

변화의 복잡한 과정을 이해하기 위한 노력으로, 인간의 행동을 인식cognition, 정서emotion, 행동behavior의 삼각형으로 구성하는 것이 도움이 된다. 이 삼각형 힘의 장은 우리 내면 극장에서 연기할 대본을 결정한다. 그 대본은 정신 생활mental life 삼각형의 세 가지 요소를 모두 포함하며, 선택의 근거가 되는 동기 부여 시스템에 맞는 대본이다.

인지, 정서, 행동의 연결과 정신 생활의 기본 삼각형을 출발점으로 삼으면, 변화 노력이 성공하기 위해 변화를 추구하는 개인이 인지와 정서가 모두 흔들려야 한다는 것을 알 수 있다. 즉 행동이 바뀌려면 사람은 머리와 마음에 모두 영향을 받아야 한다. 정서와 인지는 매우 밀접한 관련이 있다. 이것들은 행동 결정을 포함한 모든 것에서 분리될 수 없다. 변화를 추구하는 사람은 변화 노력이 가져올 유익함을 지적으로 볼 필요가 있지만, 이런 인식만으로는 충분하지 않다. 그 사람의 정서에 접촉할(될) 필요가 있다. 정신 생활 삼각형의 세 점이 밀접하게 얽혀 있다는 점을 리더십 변화 프로그램의 설계자는 주목해야 한다(p.193~194 요약).

개인 삶에 초점이 되는 문제 또는 중심 주제가 출현하는 이유를 개념적으로 이해하려면 이를 '갈등 삼각형'을 통해 살펴볼 필요가 있다. 앞의 '정신 생활 삼각형'과 같이 이는 인간 조건의 일부이자 소포와 같은 꾸러미이다. 갈등 삼각형은 불안을 유발하고 방어적인 반응으로 이어지는 용납할 수 없는 감정이나 욕구로 인해 개인이 갈등(불안으로 인식됨)을 경험한다는 것을

---

190) Manfred Kets de Vries. The Leader on the Couch. (England: John Wiley & Sones Ltd. 2006)

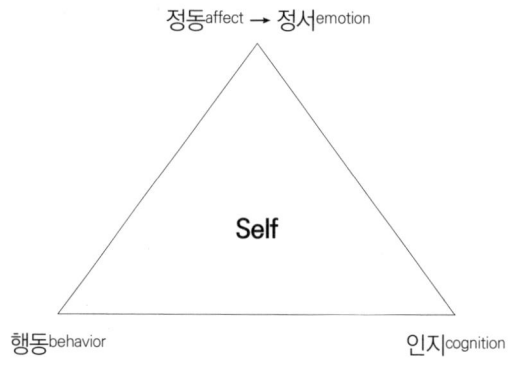

출처: Manfred Kets de Vries, 『The Leader on the Couch』 p.193

[그림 22.1] 변화와 정신 생활 삼각형

분명히 한다. 욕망-불안-방어 삼각형의 세 요소가 서로에게 영향을 미치고 영향을 받기 때문에 우리는 이를 정신역동이라 한다.

 정신 삼각형은 그림처럼 눈에 보이고 식별 가능한 실체로 나타나지만 갈등 삼각형의 정신역동 과정은 일반적으로 자신이 방어하는 대상에 대한 모호한 인식만을 불러일으킨다. 받아들일 수 없는 생각과 소망의 정확한 본질이 항상 의식에 도달하는 것은 아니다. 그런데도 그것들은 불안을 불러일으킨다. 방어적 행동은 그런 불쾌한 생각이나 감정에 대한 자각이나 경험을 피하는 수단이다. 특정 문제가 제기되었을 때 급히 화제를 바꾸거나, 다른 사람이 보기에 명백한 문제를 부인하거나, 문제를 인정하면서도 무시한다면 방어적 행동을 하고 있다는 좋은 신호이다. CEO에 대해 우려하는 이 사회 멤버이거나 직장에서 문제를 해결하기 위해 노력하는 리더십 코치라면 당신의 역할은 심리 탐정의 역할이다. 당신은 그 사람이 무엇을 방어하고 있는지 알아내야 한다. 그 사람의 행동을 이끄는 근본적인 환상underlying fantasies은 무엇인가.

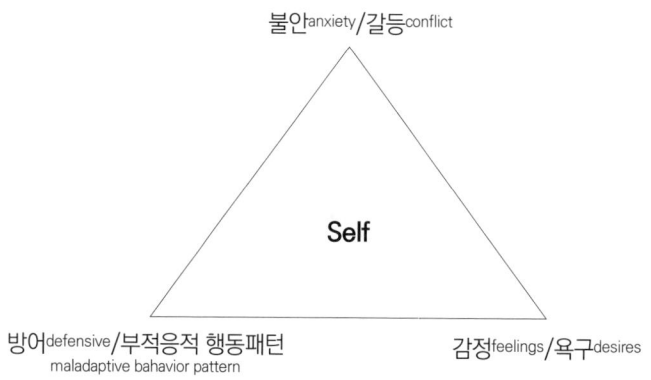

[그림 22.2] 갈등 삼각형

리더십이 도전해야 할 과제는 자신의 '갈등 삼각형'을 갖고 구별하는 것이다. 불안의 가장 큰 원인을 파악한 다음 불안을 불러일으키는 감정과 불안이 낳은 방어적 행동을 추적한다. 즉 그것들이 초점을 맞추는 문제를 식별해야 한다. 워크숍이나 그룹에서 구성원의 대립과 설명 등은 그 과정에서 도움이 되며 문제의 더 구체적인 것으로 연결할 수 있다.

예를 들어보자. 워크숍에서 문제와 사건에 대해 더 명확하게 설명하도록 노력하는 과정에서 캐롤의 경우 다른 참가자들은 그녀에게 다른 여성과의 상호작용에 관해 더 이야기해 달라고 요청했다. 그녀가 여성과 남성 모두를 관리하는 데 동일한 문제를 갖고 있는지 물었다. 여성에 대한 그녀의 요구는 남성에 대한 요구와 달랐는가? 답을 명확히 해야 할 필요성 때문에 그녀는 딸과의 관계와 조직 내 남성 팀원들과의 관계의 차이에 대해 이야기하게 되었다.

이러한 대립과 해명 과정, 이른바 사건에 대한 비판적 방법은 일반적으로 계몽적인 면이 있다. [삼각형 같은 시각 자체가] 개인의 의견을 정리하는 데 도움이 되므로 자기 발표에 더욱 집중할 수 있고, 원인과 결과 관계를 분류하는 데 도움이 된다. 여러 가지 의미를 구별하게 한다. 과거와 현재 패턴 사이의 연결에 대한 감사를 촉진하는 데도 도움이 된다. 이런 연관성과 과거부터 초점을 맞춰 온 문제의 구별 프로세스는 발언자가 목표에 대한 사려 깊고 상세한 재평가를 수행하고(현상 유지 위치를 넘어섬), 방어적인 생활 방식에 대한 대안을 공식화하고 실험하는 토대를 마련해준다. 때때로 고통스러운 이 내면 여정의 목적지는 자기에 대한 지식, 통찰력 및 새로운 시작을 강화한다. 전체 프로세스(개인적 감정 및 우려 사항을 제시, 대립 및 설명, 연상)는 아마도 발언자가 경험한 어떤 것과도 다를 것이다. 워크숍(또는 회기)에서 공개적인 자기 인식은 사람을 변화시킨다. 특히 자신과 대면하지 않기 위해 평생을 달려온 뒤에는 더욱 그렇다. 모든 사람의 삶에는 거의 읽히지 않고 확실히 소리 내어 읽지 않는 감춰 둔 장^章이 있다. 이 장들을 돌봄 환경(안아주기 환경)에서 큰 소리로 읽을 때, 그 사람이 받는 경험과 지원은 그의 눈을 뜨게 할 수 있다. 회기에서는 일반적으로 현재의 어려움뿐만 아니라 항상 느꼈던 방식과 관련하여 깊이 이해받음을 느낀다. 사려 깊고 존중하는 경청과 깊은 공감 표현은 깊은 감정적 경험을 촉발한다. 이런 경험이 발생하면 자기 탐구자는 다른 모든 것의 탐구자가 되도록 격려 받게 된다.

 그룹의 경우 그렇게 짧은 시간에 많은 것이 보이는 것을 그룹 구성원이 이해할 수 있다는 것은 그 사람에게 진정으로 지지받는다는 느낌을 준다. 이런 지원은 그룹의 다른 구성원의 확인 및 격려와 함께 이런 내면 여정이 진행되는 동안 매우 중요하다. 그것은 발표자가 자신의 문제와 변화에 대한 더 큰 통찰력을 얻는 데 도움이 될 뿐만 아니라, 자기 저항의 썰물과 흐름을 따르는 변화-양가성 노력에 수반되는 양가 갈등을 논의하는 것을 가능하게 한다. (…)

갈등 삼각형이라는 렌즈를 통해 캐롤을 돌아보면 그녀에게 중요한 문제는 어머니에 대한 분노와 관련이 있음을 알 수 있었다. 때로 그녀는 "그냥 그녀를 죽일 수 있다."라고 느꼈다. 물론 어린아이로서 그 생각을 표현하는 것은 그녀가 어머니에 대한 매우 실질적인 의존성을 고려할 때 큰 내부 갈등을 야기했을 것이다. 그 생각만으로도 엄청난 불안이 생겼을 것이다. 따라서 캐롤은 그녀의 화난 생각을 억누르고 그것을 의식에서 제거했다. 그녀는 또한 그녀를 거의 옹호하지 않는 아버지에게 화가 났다. 그녀는 모든 것이 괜찮은 척하면서 그 분노도 부인했다. 그녀의 불안을 방어하기 위해 부모에 대한 분노 때문에 그녀는 무의식적으로 억압과 전치displacement라는 두 가지 방어기제를 사용했다. 후자에서 그녀는 어머니와 아버지보다 덜 '위험한' 사람들, 즉 자매, 여자 친구, 나중에 남편과 직장 사람들에 대한 분노의 감정을 방향 전환한 것이다. 그녀는 또한 편두통 형태로 전환 증상(심리적 갈등이 신체적 증상으로 전환됨을 암시함)을 겪었다(p.227~230).

'관계 삼각형'의 해석과정은 조금 복잡하다. 이 삼각형은 전이 문제를 다룬다. 모든 상황에는 두 종류의 관계가 있다. 첫째, 사람과 다른 사람 사이의 '실제real' 관계이다. 예를 들어, 직장에서 두 동료 사이의 관계 또는 고용주와 고용인 사이의 관계이다. 이 실제 관계는 심리학자들이 '전이 관계'[191]라고 부르는 과거에 기반을 둔 또 다른 애매한 관계가 맥락으로 작용한다.

---

[191] 맨프레드가 저서에서 인용한 자료는 다음과 같다. Ralph R. Greenson. 이만홍, 현용호 옮김. 『정통 정신분석 기법과 실제(1)』(서울: 하나의학사. 2001. 51). "전이는 현재의 어떤 사람에 대한 부적절한 느낌, 욕동, 태도, 환상 그리고 방어 등을 경험하는 것이고, 이것들은 초기 아동기의 중요한 인물에 대해 가졌던 반응이 전치되어 반복되는 것이다. 어떤 환자가 얼마나 전이 반응을 잘 일으키느냐는 그의 본능적 욕구가 얼마나 충족되지 못했었고 그 결과인 욕동 방출에 대한 요구가 얼마나 많은가에 달려 있다." 이에 대한 프로이트의 저술은 다음과 같다. 지그문트 프로이트. 이덕하 옮김. 「전이와 역동에 대하여(1912)」, 『끝낼 수 있는 분석과 끝낼 수 없는 분석』(서울: 도서출판b. 2004)

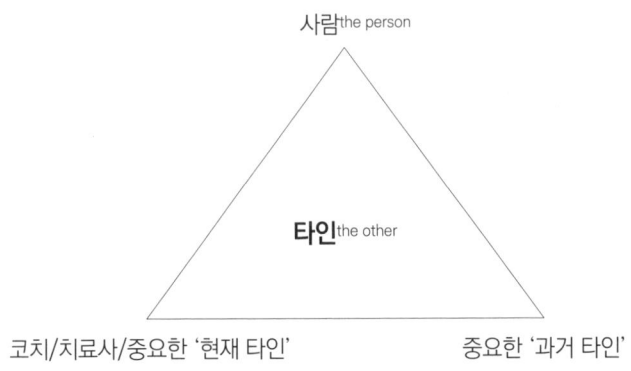

출처: Manfred Kets de Vries, 『The Leader on the Couch』 p.231

[그림 22.3] 관계 삼각형

　전이 개념은 어떤 관계도 새로운 관계가 아님을 시사한다. 모든 관계는 이전 관계에 따라 색상이 지정되고, 매우 오래 지속하는 힘을 갖는다. 거의 모든 후속 만남을 채색하는 관계는 우리가 최초 돌보는 사람과 맺은 관계이다. 오늘날 우리 행동은 이런 기본적인 초기 관계에 뿌리를 두고 있다. 우리가 이전의 관계를 반복해서 되풀이하며 현재의 사람들을 마치 과거의 사람들인 것처럼 행동하는 패턴을 보인다. 이제 성인이 되어도 자신도 모르게 사람, 시간, 장소에 대해 자주 혼란스러워한다. 좋든 싫든 우리의 과거 관계는 우리의 성격 구조의 핵심을 구성하는 것으로 굳어졌다. 일상적인 현재에서 우리는 어린 시절을 지배하는 대인관계 과정에는 적절했지만 지금은 부적응한 태도, 생각 및 감정적 반응을 경험하게 된다.

　전이는 대체로 무의식적인 과정이기 때문에 '리더십 도전'에서 우리는 관계 삼각형을 자기, 현재-타자, 과거-타자라는 세 갈래의 과계 삼각형을 사용한다. 관계 삼각형에 대해 의식적으로 생각하는 것은 참여자들이 원래 면 과거에 가족 구성원에 대해 경험했던 참을 수 없는 감정을 명확하게 하는 데 도움이 되며, 그 사람의 현재 삶에 있는 사람들과 관련하여 반복되며 다른 사람에게도 전달된다. 현재 발생하는 것과 과거 관계의 유사성을 강조하는 이 삼각형은 응답 패턴을 평가하기 위한 개념적 구조를 제공한다 (p.230~231 요약).

23장
고객의 핵심 의문에서 작업하기

고객들은 자기가 지녀온 구체적인 의문과 이에 따른 문제를 토론하고 해결하길 원한다. 그렇지만 정신역동 코칭은 이에 머물기보다는 때로는 표면 아래로 가기 위해 다른 질문을 제시한다.

①리더십 역할에 어려움을 겪고 있거나, ②부하 직원들에게 불평을 받는 고객, ③마초적인 문화를 다루기 어렵다고 느끼는 여성 고객, ④자기 성과 문제가 어떻게든 리더십과 관련이 있다고 느끼지만 어떻게 해결해야 할지 모르는 고객, ⑤회의를 효과적으로 관리할 수 없는 팀 리더, ⑥회사 내 변화로 역할이 변화role change하거나, 직업 생활에 영향을 주는 사적인 변화로 인해 지원과 대화가 필요한 고객 등이 있다. 이런 주제들은 개인과 조직의 성과를 방해한다. 개인 차원에서 학습과 개발 과정에 참여하도록 유도해야 한다.

전반적인 성과와 리더십 행동 개선을 위해 코칭을 모색하는 리더들이 있다. 이들 가운데 일부는 동료나 부하 직원들이 정직하고 명확한 피드백 없이는 단지 제한적인 향상만 가능하다고 전제한다. 리더십 능력capabilities과 성과, 기여 등에도 온갖 생각을 한다. 고객이 어떤 전제를 하든, 명확한 의문을 가져오든, 구체성이 떨어지는 개발 요구를 가져오든, 코칭 프로세스는 대부분 자문consulting을 하는 고전적인 접근 방식을 따르게 된다.[192]

초기에 분류/판단diagnostic 및 분석analytic 단계가 끝나면 점차 더 깊이 파고들며 핵심 질문core question으로 작업이 시작된다. 더 나아가 사전에 개념 개발(정신역동 코칭에서 다소 이례적인)[193]을 통해, 주제를 더 깊이 파고들어 새로운 통찰을 개발하고, 인지 행동적 변화를 논의하고 적용할 수 있다. 이런 점들은 코칭 과정과 구분해 종료를 위한 최종 단계에서 평가해야 한다.

관계 안에서 고전적인 접근

코칭 시작은 이른바 분류/판단, 진단 단계diagnostic phase(20장 참조) 이후 핵심 주제를 [사례] 개념화conceptualising하고 작업한다. 다음으로 코치는 무의식 이미지나 상징이 드러나는 색다른 단어, 이야기들, 설명 등에 주목하고, 고객의 상황과 의문 관련 의식적 정서적 측면에 집중한다.

---

192) consulting: (일반적인 의미의) 상담, 자문, 전문적 진찰 등의 의미로 이해한다. 이를 전문으로 하는 〈컨설팅〉 분야와 코칭의 차이를 명확히 구별하는 것은 중요하다. 코칭 탄생 초기부터 코칭 구성에 참여한 컨설턴트들의 노력은 별도로 하더라도, 이 같은 설명은 반대로 코칭과 컨설팅의 유사성을 암시한다. 컨설팅베이스 코칭의 경우 고객이 스스로 답을 찾거나 의견을 제시하고, 이를 모아가는 과정에서 통찰을 정리하게 하는, 다양하게 개발한 work sheet를 활용할 수 있다. 사전에 작성하게 한 다음 이를 근거로 코치는 질문을 통해 보다 심화된 인식으로 나가게 지원한다.

193) 정신역동 코칭은 편안한 시작(침묵, 경청)을 기본으로 자유 연상의 장을 조성하고 고객이 편하게 자신의 이야기를 기다린다. 연상적 대화evocative conversation에 집중하기에 기존의 질문을 앞세운 개입이나 기술의 사용을 자제한다는 점에서 다르다. 이를 통해 구성되고 드러나는 일깨움evocativeness을 강조한다. 이후 설명은 코칭 과정을 통한 평가와 해석 제공과 종결 단계를 구별하는 것으로 이해된다.

조직 역할 분석 Organisational Role Analysis(ORA)과 **여섯 가지 영역 모델**Six-Domain model 은 이를 위한 방법적 틀을 제공한다. 또 다른 코치들은 고객의 내면 세계에서 일어나는 일을 설명하는 데 도움이 되는 보조 수단으로 **상징 표현**을 직접 활용한다(24장 참조). 반면에 정신역동 코칭에서 코치는 감정과 정서적 반응에 더 깊은 이해를 개발하기 위해 **자기 자신을 도구로 사용**한다(22장 참조).

소크라테스식 대화

더 인지적인 접근 방식은 소크라테스식 대화The Socratic dialogue이다. 이것은 고객과 이야기하기/담화disourse를 이끌고, 질문하고, 고객과 코치 모두의 가정assumptions을 개발하고 확인하는 구체적 방법이다. [194] 철학에서 유래한 소크라테스 대화는 소크라테스와 플라톤이 '영혼을 치유하는healing the soul' 수단으로 이해했다. 그러나 그 시대에는 심리학과 철학이 여전히 하나로 간주되었다는 점은 주목할 필요가 있다. 현대에는 인지 치료cognitive therapy가 소크라테스 대화를 '치료 저장고'에 통합했지만 나는 정신역동 관점에서도 매우 유용하다는 것을 알게 되었다 – 코치의 성찰적 태도는 투사적 요소의 매개체로 고객의 사고와 감정에 접근하는 방법으로 이 방법을 사용하는 동안 적용될 수 있다. [195]

---

194) 저자가 정신역동 코칭을 입론하면서 인지적 접근 방식의 한 방안으로 제시하고 있는 James Oberholser, J.C.는 다음 저서로 보인다. 이 책은 소크라테스 방법론에 대한 상세한 연구서이다. 『The Socratic Mehod of Psychotherapy』(James Overholser. New York: Columbia Uniersity press. 2018)
195) 참조:「소크라테스식 질문」『인지행동 코칭: 30가지 고유한 특질』마이클 니넌 지음, 엘리 홍 옮김. 저자는 정신역동 코칭 차원에서도 인식과 비판 의식을 위해 '소크라테스 방법론'을 적극 활용할 것을 제안한다.

소크라테스 대화는 ①알고 있지 못함not-knowing, ②탐구적이며explorative, ③천진난만한 질문하기nai've questioning, ④이해심 있고, 호기심과 겸손한, 흥미 있는 **태도**에 근거한 대화 스타일이다. 그것은 고객이 새로운 통찰과 반응을 개발할 수 있도록 (파괴적인) 가정과 신념 체계, 불일치 및 편견을 발견하고, 그들 자신의 **생각하기**thinking 방식을 성찰하도록 지원한다(Stave mann, 2002, p.4). 동시에 그것은 **협업 관계**collaborative relationship를 구축하고 공감을 전달하며, 안내에 의한 **발견 과정**에 기여한다. 주로 시스템적 질문, 귀납적 추론, 인과적 비합리적 귀인attribution과 추론을 발견하여, **관점 전환**을 촉진하고, 서로 다른 정서적, 행동적 반응을 가진 대안적 추론reasoning을 탐구하는 것으로 구성된다.

다음 대화 예제는 이 방법이 5단계 또는 각 단계에서 작동하는 방식에 대한 간략한 개요를 제공한다. 정신역동 코칭은 감정의 탐구에 더 초점을 맞추는 반면, 인지적 접근은 진입점으로 신념/믿음이나 생각에 초점을 맞춘다.

1. 신념/생각/감정을 끌어내다elicit —질문에 의한 평가assessment

코치: X씨와 항상 어려움이 있다고 말씀하셨습니다(X씨는 CEO이며 이사회 의장이다).
　　　마지막으로 X씨를 만났을 때를 생각하면 기분이 어떠했나요?
고객: 그가 나에게 숫자를 알려달라고 했을 때 나는 마치 어린 소년이 된 기분이었습니다.

2. 감정을 행동과 연결

코치: 어린 소년처럼 느껴질 때 당신은 어떻게 반응했나요?

고객: 흠 … 무감각해집니다. 무슨 말을 해야 할지 모르겠고, 대화에서 손을 떼고[철수하고] 말지요.

코치: '어린 소년 같은 느낌'은 당신에게 어떤 의미인가요?

고객: 제가 어렸을 때 부모님은 항상 제가 어떤 일도 좋아하지 않거나, 할 수 없다고 우려했으며, 제가 하는 일을 관여하며, 제가 일을 제대로 해야 한다고 항상 말씀하셨습니다.

코치: 어떤 특별한 상황을 구체적으로 기억하시나요?

고객: 한 번은 아버지를 위해 담배를 사러 가야했을 때 도중에 정신이 팔려 다른 브랜드 담배를 샀습니다. 아버지는 화가 나서 저를 꾸짖고 종이에 큰 글씨로 정확한 브랜드 이름을 적어 주셨어요. 다음에 기억할 수 있도록 했습니다. 부끄러움을 느끼게 했지요.

3. 감정-생각-행동 관련 연속된 사건들에 대한 공감 반응

코치: 그 말은 어린 소년에게 매우 고통스럽게 들리네요. 지금이라도 그와 같은 감정을 느끼게 되면 어려울 것입니다. 아마도 당신은 그런 상황에서 무능력하고 무가치하다고 느꼈겠지요? 누군가가 당신이 하는 일을 통제해야한다고 하면 어떻게 하고 싶은가요?

고객: 화가 나서 그 사람에게 소리치고 싶어요. 나는 내가 하는 일을 알고 있고, 어떤 종류의 통제도 필요하지 않다고 그들에게 말하고 싶습니다.

4. 귀납적 질문

코치: 누군가가 당신과 작업 결과를 논의하거나 이해하고 싶을 때 항상 화를 냅니까? 예를 들어 팀원 가운데 한 명이 당신에게 물어볼 때는 어떤가요?

고객: 아니요. 팀원이 저에게 물어보면 느낌이 달라요. 제가 그 사람에게 설명하고 가르치고 어느 정도 교육시킬 책임이 있다고 느낍니다.

코치: 친구가 예를 들어 장미를 어떻게 자를지 설명해달라고 하면 기분이 어떠세요?

고객: 글쎄요, 난 자랑스럽게 전문가로서 제가 가꾼 장미가 훌륭한데 제가 이해한 것을 설명하게 되어 기쁩니다.

5. 인과적 추론 제거

코치: 그렇다면, 당신이 설명하고 싶지만 통제받지 않는다고 느끼는 전문가로 여겨질 때는 언제인가요?

고객: 예, 저는 제 업적에 관해 이야기하는 것을 좋아하고 다른 사람들과 그들이 하는 일을 잘할 수 있도록 돕기 위해 그것을 공유하는 것을 좋아합니다.

코치: 그렇지만 권위 있는 위치에 있는 누군가가 당신에게 물어 보면 당신은 통제 받는 느낌을 느끼는 거죠? 그렇죠?

고객: 네. 그런 다음 나는 시간을 거슬러 올라가서 마치 아버지가 내 옆에 서있는 것처럼 느끼고, 무력감도 느끼고 그에게 소리를 지르고 싶습니다. 물론 감히 그렇게 할 수는 없습니다.

코치: 전문가로서의 감정을 회장의 상황에 어떻게 전달할 수 있습니까? 회장은 무엇을 해야 합니까?

고객: 저를 전문가라고 생각하면 더 쉬울 것입니다.

코치: 그럼, 전문가처럼 느껴지려면 전문가로 보여야 하나요?[196]

고객: 흠 … 음 … 아니요. 다른 사람의 의견과 관계없이 제 자신을 전문가로 간주해야 합니다.

코치: 그렇다면 회장과의 대화에서 다음 단계는 무엇일까요?

고객: 제가 전문가라는 것을 기억하고 무슨 일이 있었는지 설명할 수 있습니다. 관점을 바꾸면 됩니다.

물론 소크라테스 방식의 측면을 보여주기 위한 매우 기본적인 예이다. 오버홀저Oberholser(예: 1993)는 시스템적인 개요를 제공하며 치료에 관심이 있었지만 방법 자체는 하나의 개입으로 또는 다른 기술과 조합하여 정신역동 코칭에 적용할 수 있다.

[핵심 단어와 주요 인물]

- 코칭의 여섯 가지 영역
- 소크라테스 대화
- 감정-생각-행동 관련 연속 질문
- 관점 전환
- 자기 자신을 도구로 활용하는 코칭 총정리

---

196) 이 지점의 질문이 중요하다고 생각한다. 고객이 자신을 스스로 전문가로 생각하면 쉬울 것이라는 의견을 근거로 이런 전환이 가능한 (유도) 질문을 한다.

[부록 23] 소크라테스 방법론
- Introduction of the Socratic Method[197]

소크라테스식 방법Socratic method은 공동 탐구 과정을 통해 학습과 발견을 용이하게 하며, 많은 상황에 적용될 수 있다. 그 방법은 고대로 거슬러 올라가며 아테네에서 소크라테스가 주도한 토론에서 유래되었다.

심리학 저술에서, 아론 벡Aaron Beck과 앨버트 엘리스Albert Ellis를 포함한 다양한 저자들은 소크라테스식 방법을 교수와 심리치료 회기에 유용한 도구로 지지했고, 그 방법에 관한 학문적 관심을 다시 불러일으켰다. 그러나 '소크라테스식 방법the Socratic method', '소크라테스식 대화Socratic dialogue', '소크라테스식 질문Socratic questioning' 등 다양한 저자들 사이에는 불일치가 존재한다(Carey & Mullan, 2004). 소크라테스식 대화는 다양한 형태를 취하며(Carpenter & Polansky, 2002), 학자들은 소크라테스가 독특한 방법을 가졌는지에 대해서도 의견이 서로 다르다(Scott, 2002). 설상가상으로, 대부분 저자는 소크라테스식 방법을 단지 지나가는 말로만 언급하며 소크라테스식 접근을 뒷받침하는 이념이나 절차에 대해 유용한 세부사항을 거의 제공하지 않는다. 그러나 이 연구에서는 심리치료 회기에서 소크라테스식 방법의 개념과 절차를 명확히 하려고 할 것이다. 그렇지만, 용어의 사소한 것들에 신경쓰지 않을 것이다. 그대신에 '소크라테스식 대화', '소크라테스식 토론', '반대논증the dlenchus' 등을 필요에 따라 교환해서 사용할 것이다. 몇 가지 용어의 설명이 필요하다. 고전 문헌에서 소피아sophia는 사려 깊은 사색의 삶을 추구하는 사람들에게서만 발견되는 지혜이다. 대조적으로, 에피스테메episteme 지식/인식은 과거부터 있던 지식/앎이다. 과학적 견지에

---

197) James Overholser. 『The Socratic Method of Psychotherapy』 (New York: Columbia Uniersity press. 2018. 1-4). 「Introduction to the Socratic Method」

서 보면 '실천-앎phronesis'은 실천적인 이해practical understanding를 의미한다. '테크네techne'(능숙한) 기술은 기술적인 전문 지식을 말한다. 아포리아aporia는 사람들이 그들 자신의 무지를 인식하게 될 때 자주 소크라테스의 질문 결과로 인한 곤혹스러움 또는 혼란 상태[궁지에 몰린 의심/꼬리를 물고 연속되는 어려운 문제]를 말한다. 아마도 맞서야 할 중심 용어는 엘렌쿠스/반대논증the elenchus일 것이다. 이것은 상호 검토와 반박하는 과정을 말한다. 일반적으로, 엘렌쿠스는 소크라테스식 방법의 전통적인 관점을 포착한다. 간단한 버전으로, 그것은 질문자의 믿음을 명확히 하고 반박하는 것을 목표로 하는 질문 교환이다. 더 복잡한 버전에서, 엘렌쿠스는 사려 깊고 객관적인 상태를 유지하기 위한 평생의 전략이다(King, 2008. Wisdom, moderation, and elenchus in Plato's Apology. Metaphilosophy, 39(3) 346~362).

플라톤 대화의 역사적 토대는 주로 철학과 고전 영역 안에 남아 있다. 플라톤을 언급하는 교육학(예: Whitley, 2014) 또는 응용철학(예: Howard, 2011)에서 연구하는 몇몇 저자들이 있다. 그러나 심리학 분야에서 소크라테스식 방법을 논하는 학자들은 대부분 고대나 현대 철학에서 나온 어떤 출판물도 인용하지 못한다. 나는 플라톤의 대화에서 묘사된 소크라테스의 역사적 인물에 충실하기 위해 노력해왔다. 가능할 때마다, Benjamin Jowett(1892/1937)에 의해 번역되고 편집된 고전적인 두 권의 출처인 '플라톤의 대화'를 인용하면서 소크라테스에게 귀속된 단어들에 고정해 근거하려고 노력한다. 나는 작가들이 이 중요한 글들을 읽었다는 어떠한 증거도 없이 그들의 개인적인 가치와 의견을 소크라테스와 플라톤에게 돌리는 것을 볼 때 여전히 놀랍고 조금 실망스럽다. 소크라테스식 방법을 이해하기 위해서는 자기 분야에서 벗어나 고전과 철학 작가들을 탐구해야 한다. 이 전략은 학자인 나 자신에게 끝없는 도전을 제기했다. 여러 분야에 걸친 인식론과 방법의 차이, 심리학과 철학이 지지하는 매우 다른 글쓰기 스타일과 씨름해야 했다. 게다가 플라톤 대화는 때때로 매력적일 수 있지만, 내러티브를 따르고 대화에서 배우면서도 그 자료를 현대 임상 심리학으로 번역하려는 내 시도 그 자체가 도전이다.

철학 문헌에서 소크라테스식 방법은 보통 엘렌쿠스/반대논증the elenchus과 동의어이다. 그러나 고객이 그러한 믿음에 대해 강력한 논리적 지원을 제공할 수 없는 경우, 엘렌쿠스를 고객이 가진 믿음에 맞서고, 도전하고, 반박하는 것을 목표로 하는 토론으로 인식하는 것이 유용하다. 이 개념은 현대 인지 치료와 잘 양립할 수 있다. 엘렌쿠스는 사람이 신뢰할 수 있고 가치가 있을 수 있는 발견과 새로운 통찰력을 향해 천천히 그리고 점진적으로 나아갈 수 있도록 돕는다(Seeskin, 1987). 진정한 소크라테스식 방식으로, 우리는 논리와 예를 강조할 것이다. 새로운 아이디어로 영감을 주고 탐구하기 위한 자연스러운 실험실로서 임상 연구와 사례를 보는 것이 유익하다(Westen, Novotny, & Thompson-Brenner, 2004).

플라톤의 역사적 대화에서, 대담자라는 용어는 토론에 참여한 소크라테스를 지칭하는 데 사용된다. 예를 들어, 토론할 때 그 자료를 철학의 참고 문헌에 근거하려 할 때, 나는 때때로 흐름을 흐리게 하고 대화 상대 대신 토론자를 '고객' 또는 '다른 사람'으로 언급한다. 마찬가지로 소크라테스와 수 세기 전에 주고받은 대화를 끊임없이 언급하는 대신, 나는 소크라테스를 토론의 화자로 '치료사[또는 코치]'로 조심스럽게 대체한다.

현재 본문은 심리학, 정신의학, 철학 분야의 많은 선구자에게 공을 인정하면서 광범위한 출처를 인용하였다. 소크라테스식 방법의 핵심을 뒷받침하는 철학적 토대 때문에, 이러한 참고 문헌 가운데 많은 부분이 더 오래된 출처와 철학 저널에서 나온 것들이다. 기본 아이디어가 오래되었을 경우 최신 연구 결과를 과장할 필요가 없다. 또한 소크라테스식 방법의 철학적 토대를 뒷받침하기 위해 많은 인용문을 포함시켰다. 내 참고 목록이 다소 광범위하기 때문에 심리학적 관점에 대한 풍부한 인용을 포함하지 않았다. 심리학이 내 모든 일의 기초라고 생각하고, 내 분야에서 제기된 주장을 지지할 수 있지만, 철학, 고전 또는 도덕적 윤리에서 나오는 진술들을 지지해야 할 의무를 강하게 느낀다.

이러한 추상적인 생각의 보급을 촉진하기 위해 나는 이 책을 학술적인 것이 아니라 대화 형식으로 썼다. Beutler와 동료들(1995)이 지적한 바와 같이, 학술 저널 기사의 표준 형식은 심리치료와 관련된 권고에 적합하지 않다. 그 대신에 단일 저자의 책은 실천 중이거나 야심찬 심리치료사에게 도움이 될 수 있는 새로운 아이디어들을 토론하고, 탐구하고, 제시할 수 있는 자유를 허용한다. 대학원생, 임상의, 대학교수, 코치들이 여기에 표현된 아이디어에서 가치를 발견하고 소크라테스식 방법을 심리치료에 접목할 수 있도록 영감을 얻었으면 한다.

마지막으로, 소크라테스식 방법에 의존하는 것은 중요한 개념 전환을 필요로 한다. 경험적 지원에 대한 초점이 훨씬 적다. 그 대신에, 전략은 임상 실천에 빈번하게 참여하는 것과 결합된 인간 기능에 대한 포괄적인 이론에 의해 안내된다. 이러한 개념은 인간 행동 연구를 위한 개선된 전략으로서 해석학의 영향을 받았다(Packer, 1985). 경험주의는 편견 없이 수집된 관측 가능한 자료 조사를 포함한다. 불행하게도, 경험적 접근은 소크라테스식 방법의 중심이 되는 추상적 개념에 잘 맞지 않는다. 대조적으로 해석학은 추상적인 용어나 이론적 가정에 의존하지 않고 행동을 묘사하려는 학문적 시도를 포함한다(Packer, 1985).

소크라테스식 방법은 다양한 신념을 검토하기 위해 가설 검증에 의존하여 아이디어에 대한 합리적인 지지와 강한 관련이 있다(Packer, 1985). 반면 해석학은 일상적인 작업에 사용되는 실제 활동 평가에 의존한다. 따라서 심리학에서 적용되는 소크라테스식 방법은 역사적 사상에 대한 합리적인 분석과 매주 심리치료 세션에서 수행되는 작업에 대한 실질적인 검토에 의존한다.

심리치료의 소크라테스적 방법을 설명하며, 치료적 대화의 주요 활성 요소들을 다루게 된다. (1) 정보를 수집하고 주제 세부 사항을 탐구하기 위한 일련의 질문에 의존한다. (2) 특정 사례에서 배우고 새로운 지식을 고객 삶의 상황에 적용하기 위한 귀납적 추론을 사용한다. (3) 토론이 특정 문제나 사소한 사건에 대한 좁은 초점에서 벗어나도록 보장하기 위한 광범위한 용어 또는 보편적 정의에 초점을 맞춘다. (4) 지식의 한계를 받아들이고 열린 마음과 배움의 의지로 모든 상황에 접근하려는 치료사/코치와 고객의 의지, 그리고 (5) 이동을 위해 안내받은 발견을 사용하여 새로운 아이디어에 대한 진지한 탐구로 대화를 진전시켜 간다.

이 다섯 가지 전략이 결합되면 자기계발에 중점을 두고 삶의 주요 결정에 대한 지침을 갖추게 된다. 미래 목표에 대한 몇 가지 큰 목표에 초점을 맞추는 데 사용할 수 있다. 긍정적 초점으로 덕행윤리를 탐구하려는 의지, 자기 통제력의 발달을 포함한 치료를 위한 소크라테스식 방법에 따른 심리치료는 오래된 생각에 기반을 두지만 이러한 생각들을 현대 심리치료의 실천과 통합한다.

이를 통한 내 목표는 초보자들과 경험이 풍부한 전문가들에게 도움이 될 수 있는 새로운 아이디어를 제공하는 것이다. 또 더 많은 아이디어와 연구가 필요하다는 것을 인정한다. 한 명의 치료사 관점에서 유용하게 발견된 아이디어를 다루고 있으나, 이러한 아이디어를 공유하거나 도전할 수 있는 새로운 목소리를 환영한다.

24장
정서 다루기

관계는 정신역동 코칭 과정에서 핵심이 되는 주제이다. 모든 관계에서 **정서**는 중추적 역할을 하므로 코치는 정서를 정신역동 관점에서 다루는 방법을 이해해야 한다.[198]

〈정서 다루기 dealing with emotion〉란 분명하지 않은 정서를 어떻게 파악하는지 discern를 말하는 것이 아니다. 정서가 [코칭] 방 안에 그대로 들어오면 전문적으로 어떻게 해야 하는가를 의미한다. 즉 불안하거나 겁에 질린 고객, 분노, 좌절, 슬픔, 기쁨과 지나친 흥분을 [회기 안에서] 어떻게 다루는가이다.

---

198) 참고: 「정서 다루기」『10가지 코칭 주제와 사례 연구』디마 루이스, 폴린 파티엔 디오송 지음. 김상복 옮김. 사례와 설명을 통해 잘 이해할 수 있다.

공감을 표시한다

고객이 어려운 정서를 표현할 때 그 정서에 **공감적 이해**를 보여주고 적절하게 반응하는 것이 코치의 임무이다. 그것이 〈지금-여기〉에 존재해야 할 이유가 분명히 있다. 정중하고 진지하게 다루어져야 할 것이다. 그러나 이것이 곧 고객에게 좋은 친구처럼 반응하는 것을 의미하지 않는다. 슬픔이나 다른 어려운 정서를 겪는 고객을 위로하거나 포용하거나 신체를 접촉하는 것은 전문적 입장에서 적절하지 않다. 또 코치로서 절대로 비판하거나, 평가절하하거나, 과소평가해서는 안 된다. 고객이나 정서 자체를 가볍게 보거나 의심해서도 절대로 안 된다.

첫 번째 〈이해하기〉로 접근한다. 공개적으로 말할 수 있도록 이름을 지정하거나 레이블을 붙임으로써 labelling **정서를 [무엇인지] 알아보는** recognizing 것이다. 일단 불분명하고 알기 어려운 정서 상태에 이름이 붙여지면 그것은 이미 인간적이 되어 파괴적인 힘의 일부를 잃어버린다. 이런 알아보는 과정의 일부는 비합리적으로 보이는 측면을 관찰하고 연구할 수 있게 정상화하는 normalize 것이다.

고객이 자주 강한 (부정적인) 정서 반응에 따르는 수치심을 극복하는 데 도움이 되고, 마치 체중이 내려간 것처럼 완화시키는 효과가 있다. 프로이트는 말하기 치료 talking cure[199]의 이런 효과를 고백 confession과 비교했다. 지금까지 이름을 붙일 수 없는 정서를 비슷한 효과가 나타날 때까지 대담하게 이름을 붙인다.

---

199) 말하기 치료 talking cure: 프로이트가 환자 〈안나 O〉 정신분석에 붙인 표현(Breuer & Freud, 1985d.『히스테리 연구』(김미리혜 옮김. 열린책들. 2020) 정신분석을 언어 교환을 중심에 둔다는 점에서 올바른 표현이다. 그러나 '말하기' 외에도 치료에는 '듣기'에도 의존한다. 본질적으로 정신분석과 정신분석 코칭은 말하고 듣는 치료법이다.

추가 탐색

다음 단계로 **정서** 자체[정서 내부], **상황**, 그것이 발전하는 **맥락**을 탐색하는 것이다. 진지한 질문profound questions으로 고객에 대한 더 깊은 이해를 촉진한다. 좋은 질문은 ①고객을 존중하고, ②개방적이며, ③순진하고, ④호기심이 많고, ⑤관심이 있고, ⑥고객을 배려하는 사려 깊은 질문이다. 이는 공개하거나 조사하는 것이 아니고, 진정한 관심을 갖고 탐구 경로를 따라가는 것이다.

해석

첫 번째 〈이해하기〉를 추진한 코치는 특정 정서적 반응을 유발하는 **역사**, 뜻밖의 **출현** 및 고통 지점에 대한 **초기 가설**initial hypothesis을 만들 수 있다. 이 시점에서 코치는 ①현재와 유사한 환경에 대한 다른 반응, ②고객의 반응에 대한 코치 자신의 관찰을 통해, ③고객의 과거 경험과 연결하여 ④패턴 비슷한 양상/측면pattern-like aspects에 접근할 수 있게 한다.[200]

고객과 코치 모두에게 이 탐색은 기분이 좋든 고통스럽든 정서 안으로 뛰

---

200) 알 수 없는 정서가 회기 안에 가득 찰 때 강한 정서의 격량에서 코치가 먼저 살아남아야 한다. 〈이해하기〉단계를 충분히 제공한 후, 코치는 초기 가설을 지니게 된다. 〈①현재와 유사한 환경에 대한 다른 반응〉을 조심스럽게 질문한다. 〈②고객의 반응에 대한 코치 자신의 관찰을 통해〉 자기 자신을 활용하는 것이며, 역전이 반응도 주목하게 된다. 〈③고객의 과거 경험과 연결하여〉 〈④패턴 같은 측면pattern-like aspects에 접근〉할 수 있도록 코치는 편안한 안아주기/담아주기를 진행한다. 〈안아주기〉 환경 제공은 코칭 주체가 편안하게 자신의 감정을 되돌아보고, 과거 기억과 경험의 유사함을 서로 연결하며 자기-인식, 자기 스스로 해석할 수 있게 한다. 〈담아주기〉 제공은 정서의 복잡하고 두려운 부분은 코치에게 던져두고 자기에게 안전한 부분만 골라 스스로 다루게 된다. 〈패턴 같은 측면〉이란 꼭 똑같지 않아도 된다는 것이다. 이것이 바로 〈정서와 뒹굴기〉가 된다.

어 들고, 그 과정을 함께 진행하며, 관찰과 추론reasoning, 성찰을 위한 메타-위치meta-position를 취하는 과정이다.[201] 이런 메타 위치는 그 이면에 있는 이유와 아마도 [자기] **보호**로 추정되는 정서 또는 행동적 반응의 **목적**을 밝히는데 도움이 된다. 대부분 강한 정서적, 행동적 반응은 고통스럽고 불쾌한 **과거 경험**과 관련 있으며, 방어 또는 신호 기능을 가지고 있다.

자원, 과도기 공간 및 더 큰 정서적 레퍼토리

강한 정서와 행동 패턴을 경험하는 것은 드문 일이며 매우 스트레스가 될 수 있다. 통찰과 변화를 얻으려면 고객에게 일상적인 습관과 정서 감옥emotional prisons에서 밖으로 나와 같이 **놀이**할 수 있는 기회를 제공하는 과도/중간/이행 공간transitional space(17장, 역주 참조)을 만드는 것이 도움이 된다.

놀기 좋아함playfulness과 창의력으로 코치는 자신을 다른 모습re-invent, 다른 선택을 할 수 있다는 알아차림을 심어 주는 기회를 만들어 낼 수 있다. 이를 위해 코치가 고객에게서 자원을 찾고, **긍정적 재구성**reframing을 통해 위협 대신 기회로 보고, 새로운 행동과 반응을 장려하며, 새로운 방법을 리허설 하는 고객을 위한 '안전하고 공감하는 정체성 실험실'을 만드는 능력capacity이 필요하다(Kets de Vries & Engellau, 2010, p.214).

코치의 역할은 고객에게 실험을 허용하고, 방어와 함께 작업하고, 불안과 양가감정, 공감적, 탐구적, 비-판단적 개방성, 유연성, '알고 있지 못함'으로

---

[201] 코칭 주체가 〈메타-위치meta-position〉를 취할 수 있는 까닭은 코치가 회기에서 〈한결같이 고르게 '분배된↔떠 있는' 주의〉(11장 역주 참조)를 제공하며, 고르게 분배하거나 조금 떠올라 멈춰서 내려다 보듯 바라보는 경청 태도에 코칭 주체가 미러링한 것으로 볼 수 있다.

작업하는 하도록 〈안아주기〉 환경과 〈담아주기〉 환경을 만들어내는 것이다. 관계 안에서 새로운 통찰과 의미를 창발하기 위한 **충분한 시간**을 허용하는 것은 작업 초기에 가정했던 것과는 정반대가 되는 게 증명될지라도 이는 매우 도움이 된다. 이것은 고객이 더 많이 수용하도록 이끌 수 있고, 그들의 정서가 미래 상황에 대처하는 데 도움이 될 수 있다.

다음 단계는 **솔루션 개발**이다. 상황에 대한 대안적 관점과 가능한 대안적 반응(회피하거나 다르게 관리할 수 있는 시나리오)을 논의하고, 생각하고, 탐구하고, 심지어 훈련하고 리허설할 수 있다는 의미이다. 흑백 반응에서 회색 영역이 형성하는 일련의 새로운 반응에 개방적으로 될 것이다[회색을 감당한다(17장 부록. 경계적-앎 참조)]. **정서적, 행동적 레퍼토리를 확대하는 것**이 최종 목표이다.

[핵심 단어와 주요 인물]

- 정서 〈이해하기〉, 〈이름 붙이기〉
- 정서 뒹굴기 구체적 내용
- 중간/과도기 공간과 놀이
- 긍정적 재구성
- 정서(내부)와 상황, 맥락 탐색하기
- 정서 감옥
- 정체성 실험실
- 충분한 시간

[부록 24] <정서 다루기>를 위한 전제와 감정 관리 코칭 방향

감정을 관리하는 힘을 키우고 방법을 습득하여 감정 관리력을 높이는 것은 누구에게든 어려운 과제다. 감정 관리는 감정 생활의 질을 높이기 위해 중요하며, 감정 관리 패턴이나 수준이 인격 성숙의 중요한 지표 가운데 하나로 간주된다. 고객이 안전지대에 머무는 이유나 근거도 감정이 주는 무게감 때문이며, 위험지대이자 도전 공간을 통과하는 데도 감정이 주는 영향은 크다. [1]일상 삶에서의 감정 생활, [2]변화를 위한 도전(과정)에서 필수적인 감정-관리력, [3]감정 관리의 중심 패턴이나 이로 인한 고질적 어려움, [4]삶의 성숙과제를 도달에 필요한 새로운 감정-관리 등이 감정 관리를 위한 **전체 주제 내용**이다.

　감정(정동-정서-감정/느낌, 기분 등) 생활은 자신과 다른 사람의 행복/웰빙well-being에 관건이다. 행복한 상태와 감정이 어떤 것이고 어떤 점이 이를 촉진하는지는 사람마다 다를 수 있다. 신경생물학적 반응은 유사할지라도 느낌의 질에 대한 언어 표현과 이미지와 충족하는 정도는 다 다르다. 반면에 어떤 감정이나 느낌, 알기 어려운 정서, 정동은 감염과 모방이 쉽고 상호 영향을 주고받음이 뚜렷하다. 이로 인해 상대방의 현재 만족함과 정도를 서로 쉽게 확인할 수 있다.

　코칭에서 감정-관리가 주요한 주제 영역이 되는 이유는 무엇인가? 당연히 변화와 도전에 **중요한 동력**이기 때문이며, **성숙**으로의 여정에도 빼놓을 수 없기 때문이다. 고질적인 감정-패턴을 지닌 채 현재 안전지대에 체류하거나, 고집으로 뭉친 정서를 들고 고독의 동굴에 웅크리고 있는 한 변화와 성숙 여정이 쉽지 않다. '고정된fixed 게슈탈트'를 붙들고 있어 현재-순간은 물론 자신이나 타인, 환경과의 (새로운) 접촉에 방해가 된다. 또 당연히 과거에 거처를 둔 감정(억압해 둔 것, 의도적으로 활용해온 감정)이 현실에도 영향력을 크게 미치기 때문이다.

코칭을 찾거나 필요한 사람들은 이미 어린 시절부터 독특함과 남다름이 있다. [1]성공 여정에 있는 고성과자나 전력 질주자, [2]성공과 성숙으로 새로운 여정을 시작하는 산보자, [3]현재는 낙담에 주차해 있더라도, 과거의 자신과 결별을 의도한 결심자, [4]온갖 것에서 새로운 경계를 넘고자 하는 사람들…. 이들은 모두 주어진 중요한 임무를 잘해냈고 인정과 칭찬, 시기와 질투를 동시에 받으며 성공적인 활동을 해왔던 사람들이다. 이들 가운데 **대부분**은 어릴 적부터 남달랐다. 일찍부터 부모의 욕구를 감지하는 감각을 발달시켰기 때문에 필요로 하는 자세를 갖추려고 해왔고, **맞춰야 하는 감정**을 위해 노력해왔다. 이들 가운데 **일부분**은 일찍부터 부모의 욕구에 저항해 자신의 요구 실현을 위한 대립 감정을 동원해왔으며, 대립에 **필요한 감정**만을 앞세우며 개성을 구성해왔다. 이처럼 모든 사람은 아기에서 유년기까지 자기 감정을 [1]있는 그대로 드러내고, [2]드러낸 모든 감정을 인정과 존중받아온 경험, [3]언제든 자기 감정이 올라오고 표현하는 것을 자연스럽게 활용하고, [4]타인을 위해 적절한 감정을 제공하는 경험을 갖지 못한다. 사람들 모두는 감정적 허기와 필요를 채워야 하는 부모에게 맞춰주거나, 필요한 감정을 공급받지 못해 자기 감정만을 동원하는 감정 생활을 해온 것이다. 사실, 우리는 모두 '자식'이었던 시절이 있지 않았던가.

"자식이란 언제나 부모 곁에 있어주는 존재이다. 또 아이는 부모를 버리고 도망갈 수 있는 존재가 아니다."…. 우리가 한때 꼭 필요로 했던 부모, 공감해주고 이해심 많고 개방적이며 필요할 때 곁에 있어주고, 모순 따위는 가지고 있지 않고, 무섭거나 어두운 비밀을 갖고 있지 않은 부모는 과거에도 앞으로도 우리에게 존재하지 않는다(『천재가 될 수밖에 없었던 아이들의 드라마』 앨리스 밀러. 노선정 옮김. 양철북. 2019. p.49)

모든 사람은 부모와 함께하는 동안 자기 감정을 있는 그대로 느끼기보다는 억압해 왔고, 타인에게 맞추는 방식으로 감정-훈련을 해왔다. 이로 인해 정도의 차이만 있을 뿐 ❶꽉 찬 경험은 텅빈 느낌과 교대되고, ❷심리적 풍요함 속에서도 이면에는 감정의 허기를 느끼고 있고, ❸고유한 소질을 들어냈으면서도 판단의 눈에 말살당해 왔으며, ❹성공과 만족을 드러내면서도 불안과 두려움에 발을 담그며 지내왔다. 이 때문에 감정-관리는 모두에게 언제나 필요할 뿐 아니라 <u>변화와 성장에 꼭 필요한 미네랄</u>과 같은 것이다. 우리 신체의 기본 구성 무기물인 미네랄은 보조효소 기능을 한다. 우리의 신체와 생활에 필요한 모든 변화 작용에는 효소가 필요한데 미네랄은 그 변화 효소를 돕는 역할을 한다. 인간은 외부에서 이를 취득하고 필요한 만큼 활용하고 몸 밖으로 나간다. 이렇듯 감정(정동, 정서, 느낌, 기분 등)은 모든 변화 체계의 효율을 위해 없어서는 안 되는 미네랄이다. 인간과 자연과 전 지구적 차원 에서 순환하는 무기물이다.

상담과 심리치료 분야는 일찌감치 감정과 관련한 과제를 자신(만)의 영역으로 확보하고 있다. 그렇다고 코칭과 코치가 어떤 이유에서든 이를 자기 영역에서 배제하거나 소홀히 하는 것은 어리석은 일이다. 안전지대에서 위험/도전 지대를 거쳐 목표로 향하는 여러 끝개 중 어떤 주제를 다루더라도 고객의 **감정-생활**을 점검해야 한다. 의외의 돌파구나 함정이 있을 수 있다. 자기 코칭의 중심 분야가 아니라도 염두에 두어야 하며, 필요하다면 감정-관리의 주요 팁을 삽입하게 된다.

특별히 여러 끝개 중 감정 관리를 주요한 주제로 집중하는 경우는 어떤 경우인가? 성과 있는 조직 생활과 만족스런 일상일지라도 ①감정-생활 자체가 **저조**한 경우가 주목된다. 다채롭지 않거나, 감정을 즐기고 느끼고 교감하는 일상이 협소하거나, 사람이나 공간에 따라 지나치게 구분된 경우이다. ②특정한 감정-패턴 **노출**이 두드러진 경우도 주목된다. 주기적인 격노激怒, 변화 없는 냉담함이나 선택적 냉담, 조울 경향 등이 쉽게 드러나는 경우다. ③남이 알든, 자신만 알든 자기 내면의 복잡한 감정으로 스스로 힘들어하는 경우이다. ④언제나 감정이 양립되거나 양가적이거나 혼합되어 있는 경우다. 이런 경우 자신도 자기 감정을 모르고 울퉁불퉁한 변덕에 자기 **환멸**을 지니게 된다. ⑤자기 감정 자체가 삶과 과제에 중요한 방해를 하고 질곡인 경우이다. ⑥언제나 화가 나 있거나 억울한 상태/느낌/생각이 먼저 올라와 하던 행동/실천도 그만두거나, 무엇 하나를 움직이는 데도 힘들어하는 경우다. 이런 사람은 다른 사람이나 환경에 맞춘 인위적인 행동을 위해 **고정**된 감정만을 동원하는 등 너무 단조롭다. 그렇지만 이런 모든 경우 무엇보다도 코치가 감정-관리 자체를 중요한 끌개로 해야 한다는 것을 알게 되고 고객과 일치하기 쉽다.

감정 관리는 **코치**에게도 중요하고 기본적인 과제이다. 코치는 자신의 감정 생활을 점검하고, 감정 관리에 민감하게 호응하는 훈련을 지속해야 하며, 있을 수 있는 자신의 모든 감정 이슈를 지속해서 발굴하고 다뤄야 한다. ①섬세한 감각, ②공감 능력, ③보통 사람들보다는 차별화된 감정-감지력 ④감정 정화와 회복 근육 등은 자기 감정에 대한 성찰과 훈련, 전문가와의 정기적 작업이 요구된다. 이 점이 철저하지 않으면 **눈먼 코치**가 되어 ❶상대에게 떠넘기기, ❷무의식적 통제하기, ❸(실수나 실패, 상황을 인정하기 보다는) 실상은 고집인 소신만을 강조하거나, ❹자신의 성실성과 깨어있음을 선전하는 식의 자기-허상으로 호응하며 손님만을 끄는 활동에 머물게 된다.

그렇다면 감정 관리 끌개를 어떻게 활용할 것인가? 이른바 감정 관리 코칭은 어떻게 해야 하는가? 안전지대에서 위험지대/도전지대를 향해하며 자신의 목표를 향한 코칭에서 감정-관리를 주요하게 코칭하는 경우 [1]나날이 새로운 감정을 체험하고, [2]감정-관리의 실용적 효과를 자각하게 하고, [3]감정-근육이 강화되는 방식으로 진행해야 한다. 감정 관리 코칭은 감정을 생각하거나 사연을 듣거나 연습 방법을 '아는 것'이 아니다. 실용적이고 실천적인 성격이 가장 두드러진 영역이다.

첫째로 자신의 현재 감정을 수시로 느껴야 한다. '충분히' 느끼려는 노력/주의 집중은 당연히 감정-순간을 조건 없이 (몸으로) 느끼고 즐기는 것을 말한다. 이를 통해 자신의 감정-체험이 깊어지고 넓어지는 실제 경험이 필요하다. 그런 변화를 자신이 알아차려야 한다. 이를테면 자신의 감정-체험이 깊어질수록 감정이 풍부해지고, 감정-표현의 언어가 다양해진다. 또 이를 통해 자신이 느껴보지 못한 '감정-알기'에 변화가 온다. 이를 스스로 긍정한다. 코치는 이를 위해 고객과 함께 실천 방법을 찾아내고 필요한 생활 경험을 시도하게 계획을 세우고 피드백 대화를 해야 한다. 이에 대한 효과를 어떻게 가늠할 것인가? 무엇보다 감정에 대한 알아차림과 인정이 가능해진다. 중요한 점은 몸으로 감지되는 감정에 기반을 두고 언어로 표현하는 작업이 섬세해야 한다. 카드, 비슷한 감정의 다양한 단어 제시 등으로 먼저 인지하게 하는 방식, 또는 몸의 충분한 직접 체험에 기반을 두지 않는 접근은 곤란하며, 이는 전혀 다른 접근이라 생각한다. 오히려 체험(내러티브/묘사)과 감정 표현 명사/형용사와 차이가 크다는 인식이 더 중요하다. 그만의 독특함이 중요하기 때문이다. 또 현재 이 순간의 체험이 중요하다. 감정을 느끼는 순간이야 말로 바로 지금-여기이기 때문이다. 파도나 물결처럼 나타났다 사라지는 순간이란 몸의 감정이 유일한 것이라는 느낌을 갖는 것이 필요하다. 그렇지 않은 감정이란 기억된 감정이기 때문이다.

회기에게 기억하는 감정을 불러와 지금 다시 느끼는 체험은 코칭 주체에게는 처음엔 같은 것일지 몰라도 그때 그 감정을 지금 느껴봄으로써 그때 그 감정을 이해하게 되고(현재 감정과 다르기에), 그 감정을 바라보기가 가능하게 된다. 이 작업을 위해서도 현재 감정을 직접 체험 방식으로 다루는 것은 필수적이다. 물론 지금-현재 감정의 홍수로 회기가 범람하고 코치도 물에 잠길 수 있다. 그렇지만 과거 억눌러 둔 감정(에너지), 곧 기억에 가둬 둔 감정의 뚝이 무너진 것이고 현재 감정과 구별되는 것일 수 있다. 오히려 현재 감정은 시원함/홀가분에 가깝다.

우리 모두 부모의 자식이었기에, 자기 감정을 중심에 두고 감정대로 표현하고 인정받아보지 못한 경험을 가지고 있기에 이 과정은 누구에게나 필요하다. 새삼스러운 작업이기에 방해물도 드러난다. 감정-생활이라는 것을 한 번도 염두에 두지 못했거나, 풍부한 감정-생활로 타인으로부터 '호들갑'으로 박해받았던 사람들의 경우 현재 감정을 충분히 느끼고 즐기는 데 따르는 각종 '감정-방해물'이 발견된다. 이 모든 것을 인식하는 것이 두 사람의 출발점이다.

둘째로 현재 감정을 충분히 느끼는 긍정 감정에 집중하여 시작하나, 긍정 감정을 확대하는 노력은 당연히 부정 감정, 억압해 둔 감정에 대한 관심도 높아지고, 당연히 드러나는 부정 감정을 바라보게 한다. 그래야 이를 충분히 느껴주며 자신을 민감하게 살피는 게 가능해진다. 이제는 부정 감정을 억누르기보다는 이를 [1]알고 바라보고, [2]충분히 느끼며 가라앉는 과정 역시 천천히 감지하고 [3]나머지 잔재가 (몸에) 남지 않는다는 인식/이미지를 추구한다. 즉 몸 밖 바닥에 흥건히 흘러내린 모습으로 연상된다. 그러고는 [4]부정 감정이 몸 어디에 있었는지를 스캔해본다. [1]~[4]는 순서이자 과정으로 접근해야 한다. 긍정 감정 충분히 느끼기, 현재 감정 충분히 느끼기, 감정 기억과 현재 감정에 대한 구별이라는 첫 번째 작업 성과의 힘과 지혜가 두 번째 작업에 도움이 되고, 더 철저히 효과적으로 가능하게 한다.

이 단계 장애물 역시 이를 생각이나 지식으로 다루는 것이다. 부정 감정의 올라옴-선 (현재) 긍정 감정을 충분히 느끼기 작업이 이루어진 뒤 자연스럽게 올라오는 부정 감정이 아니라, 부정 감정으로 기억된 감정, 부정적 감정이라는 자기 생각, 부정적 사건과 사연에 묶여 있는 감정을 불러오는 작업과 다르다. 이 같은 기억된 부정 감정은 사건과 사연을 동시에 또는 먼저 다룰 수밖에 없게 되고, 정서적 접근보다는 주지적 접근으로 작업이 혼합된다. 두 단계 반복이 불가피하다.

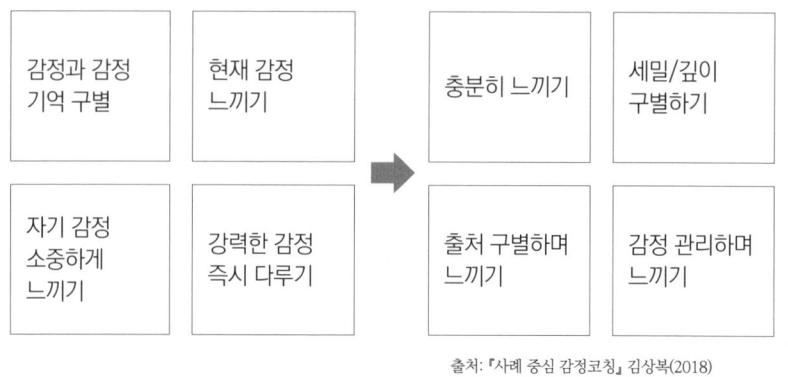

출처: 『사례 중심 감정코칭』 김상복(2018)

[그림 24.1] 감정 처리에서 감정 관리로

셋째로는 앞의 두 단계를 반복하며 중요한 점은 **자기 감정**을 더 분명하게 인식하고, **다양한 감정**을 발견하는 것이다. 일단은 무엇보다 자기 감정을 소중하게 여기는 데서 시작한다. 감정은 소중한 것이고, 자기 감정은 자기가 소중하게 여겨야 한다는 인식이다. 이 점을 깊게 수용하는 것이 중요하다. 코치가 이를 철저히 반복적으로 점검해야 한다. 다양한 감정을 발견하는 과정은 긍정적 감정을 강화하는 가운데 드러나는 강한 (부정적) 감정을 먼저 다룬다. 여기서도 긍정 감정 강화가 선행되어야 하고 이 힘으로 부정 감정을 마주해야 한다. 코치는 코칭 주체가 자신에게 가장 흔하고 가장 어려운 감정이 무엇인지 발견하도록 지원하고, 무엇보다 그것을 먼저 다루게 격려해야 한다.

당연히 긍정 감정보다는 부정적 감정을, 자기 감정보다는 타인에 의해 유발된 감정을 먼저 제기하는 경우가 많다. 이에 휘말려서는 안 된다. 수용해 내면서도 부드럽고 끈질기게 전환해야 한다. 모든 것의 기초 역량/감정 체력이기 때문이다. 고객 안에 있는 감정 체력/고객의 현재 역량에 근거한 작업이 감정-코칭의 특징이고 차이점이다. 또 이런 감정 체력이 있어야 작은 돌을 갖고 씨름할 것이 아니라 큰 돌부터 치우는 것이 코칭 주체에게 수용되고 가능할 수 있게 된다. 큰 돌을 드러내면 그 밑에 다른 것이 있기 때문이다.

다음 네 번째로 감정 체력이 강화되었다면, 감정 처리 단계에서 감정 관리 단계로 차원이 이동한다. 감정 관리를 위한 현재 감정 충분히 느끼기 단계를 거쳐, 감정 자체를 세밀히 깊이, 무엇보다 〈구별하며-느끼기〉이다. a 감정과 a' 또는 A 감정, 다른 B 감정 등을 무엇으로 구별하는가? 우리는 감정 감별 전문가를 양성하는 것이 아니다. 감정의 객관성과 개념보다는 "그가 현재 느끼는 감정을 무엇으로 표현하고, 다른 것과 어떻게 구별하는가?"이다. 감정은 그의 것이다. 또 그만이 섬세한 밀도를 알 수 있다. 그의 감정은 그의 삶과 신체 조건, 경험의 산물이다. 코치가 코칭 주체의 감정 감별-구별을 하며 밀어 버려서는 결코 안 된다. 그의 감정의 독특성을 존중해야 하고, 그것을 중심에 두어야 한다.

감정을 구별하고 감정의 신체적 출처를 구별하는 작업, 코칭 주체의 작업을 지켜보고 호응하고 다양한 언어로 충분히 표현하게 하는 것, 표현과 설명을 하는 이가 스스로 만족하는 표현을 경청하는 작업이 중요하다. 물론 모든 감정, 특히 기억된 감정에는 긴 사연이 있다. 그 사연은 당연히 내러티브로 발화할 것이다. 이렇게 내적 상태가 언어와 내러티브로 **외적 대상화** 되면 이제 그 외적 대상을 코칭 주체와 코치가 코칭 대화의 장을 만들 수 있다.

끝으로 자신의 감정-체력을 근거로 자신의 감정을 관리할 수 있고 유지할 수 있는 방안을 설계하면 된다.

이 같은 감정 관리 작업은 코칭 일반에서 주요하게 제기된다. 정신분석 코칭은 이런 감정 관리 봉우리를 넘어 알 수 없는 애매한 틈새 감정-정서에 세밀하게 주목한다. 이름 붙이기가 쉽지 않고, 태도와 함께 드러나는 정서, 또는 불명확하지만 말로 표현하면 이해하게 되는 그런 정서에 주목한다. 큰 바위를 드러내고 난 뒤 잔돌 같은 정서와 정서적 올라옴-흔들림에 그만의 독특한 경험과 인격의 모퉁이가 있기 마련이다. 이것을 '문제나 과제'로 인식하는 것이 결코 아니다. 새로운-앎을 위한 장막이거나 그에 다가갈 수 있는 길목이기에 특별히 주목해야 한다.

25장
상징 사용하기

상징 사용

무의식 접근을 위해서는 환상, 꿈, 창의성을 대상으로 일하는 것이 필요하다. 이런 요소들은 새로운 통찰과 연결되기에 어떻게 다뤄야 하는지 검토해 보자.

   상징은 시작점이다. 융에 의하면 이는 무의식과 영혼의 언어이다. 이미지 뿐 아니라 상징은 무의식의 자료이고, 정서, 경험, 사건의 기억, 통찰, 갈등 및 기타 정신적 내용을 전달한다. 의식적 문제가 무의식에서 생성되고, 해결책을 암시하는 어려움과 중심적 의문을 반영한 것일 수 있다. 이런 사실로 심리 분류psychological diagnosis를 위한 매개 역할을 한다(Roth, 2003). 상징을 갖고 작업하는 것은 어려운 일이지만, 기본적으로 삶의 상황과 개인 문제에 대한 새로운 통찰을 촉진하고, 다른 관점을 제공하여 개인 발전에 기여한다.

거의 모든 것이 **상징적 의미**를 가질 수 있고, 상징으로 보이거나 이해될 수 있기에 코칭 맥락에서 상징으로 사용할 수 있다. 꿈, 환상, 특정 단어, 자신의 취향, 습관, 몸짓, 자신의 창작물(글, 그림 등)과 같은 내적 상징과 신화와 동화, 그림, 조각품, 연극, 가사, 욕망의 대상, 수집품, 무의식적 환상 등과 같은 사회, 문화, 종교, 예술 등에서 비롯된 외적 상징outer-symbols을 구별해 사용한다.[202]

내적, 외적 상징은 모두 고객이 가져오거나, 코치가 이를 구별하여 상징적 의미를 탐색하는 데 사용한다. ①특정 단어나 제스처가 자주 짜증을 유발하거나, ②중요한 의사결정 상황에서 (낮의) 꿈이 나타나거나, ③어려운 상황에서 떠오르는 갑작스러운 생각(조각)과 기억, 또는 ④대상 사물로 인해 생각하지 못했던 요소를 떠올리게 될 때 의미가 있을 수 있다. 예를 들면, 구체적 색상이 호기심이나 거절을 만들어내는 경우 등이다.

고객이 회기에서 이야기하는 생각이나 고객의 직업적 또는 개인적인 삶에 어떤 매력이나 거부감을 유발하는 모든 것도 활용한다. 각각은 외부 맥락과 관련하여 내면 세계에 대한 더 깊은 이해를 얻기 위해 사용될 수 있다. 상징의 주된 특성은 복잡하고 다층적이며 무한한 의미와 해석의 차원을 갖고 있다는 점이다. 그것은 명확한 기호이거나 정확한 방정식이 아니며, 모호하고, 신비하고, 불분명하며, 직관적으로만 탐구할 수 있다. 그리고 핵심은 개인의 귀납적으로 함축된 의미, 배경에 대한 문화적 지식, 또는 상징의 역사나 활용 등은 탐색을 지원하고 증폭시켜 추가적인 통찰을 얻을 수 있다.

상징적 의미로 작업하는 데는 세 가지 진입점이 있다.

---

202) 이렇게 보면 상징(적) 대상이 아닌 것이 없다. 이를 거리를 두고 다시 바라보는 것이 기본이라는 점을 유념해야 한다. 이유는 그래야 코치가 성급하게 굴지만 않으면, 코칭 주체는 스스로 자기 안에서 무엇인가를 꺼낼 수 있기 때문이다. 코칭은 밖에서 뭔가를 넣는 것이 아니라, 안에 있는 것을 꺼내는 것이다.

- 고객이 중요하다고 느끼는 중요한 꿈, 백일몽, 무의식적 환상phantasy에 대해 설명하게 한다.
- 현재 또는 과거의 중요한 상황을 출발점으로 활용할 수 있다.
- 예를 들어, 고객은 자신을 괴롭히는 내용의 어떤 느낌, 상황, 측면을 그리거나 그리도록 요청한다.

대부분 고객에게 이런 접근 방식은 새롭고 특이한 일이기도 하다. 예를 들어, 자신의 정서를 그리는 데 부끄러워하고, 그림을 그리거나 그릴 수 없다는 핑계를 댈 수 있다. 따라서 가장 **중요한 전제 조건**은 개방성, 정서적, 지적 호기심과 의지willingness가 요구된다. 물론 고객의 내적 세계와 본질을 위한 코치의 상징 사용에 대한 친숙함 등이다.

상징으로 작업할 때 여러 기술을 사용할 수 있다. 이것을 [그림 25.1]로 요약할 수 있다. 이것은 선형적인 것이 아니며, 고객과 '아하a-ha' 순간에 도달할 때까지 앞뒤로 움직이는 복합적 단계를 지닌 과정이다.

코치는 고객이 말할 수 없을 만큼 중요하다고 느끼는 순간, 몸짓, 대상, 꿈 등을 탐구하기 시작하거나, 상징적으로 그들 자신이 끌리는 작업의 특정한 요인을 탐색하는 것으로 과정을 시작한다.

첫 번째 단계는 이 의미있는 주제를 상징으로 **깨닫고**, 그것에 초점을 맞추고, 그것을 느끼고, 성찰하고, 지각하고, 뛰어들 수 있는 공간을 만드는 것이다. 예를 들어, 사람들은 그것을 대화 상대라고 상상함으로써 상징과 대화에 들어갈 수 있다.[203]

---

203) Q. 이것을 천천히 보시고 무엇이 떠오르는지 이야기해 주시지요? Q. 특별히 떠오르는 상황(단어, 이미지, 꿈 등)이 있나요? Q. 표정/몸짓의 변화가 있는데 좀 설명해주실 수 있나요? (…) Q. 그 사람/사건/상황에 대해 다른 이야기가 있나요? 이러한 대화의 어느 지점에서 현실(고객 삶과 상황)과 연결을 시도할 수 있다.

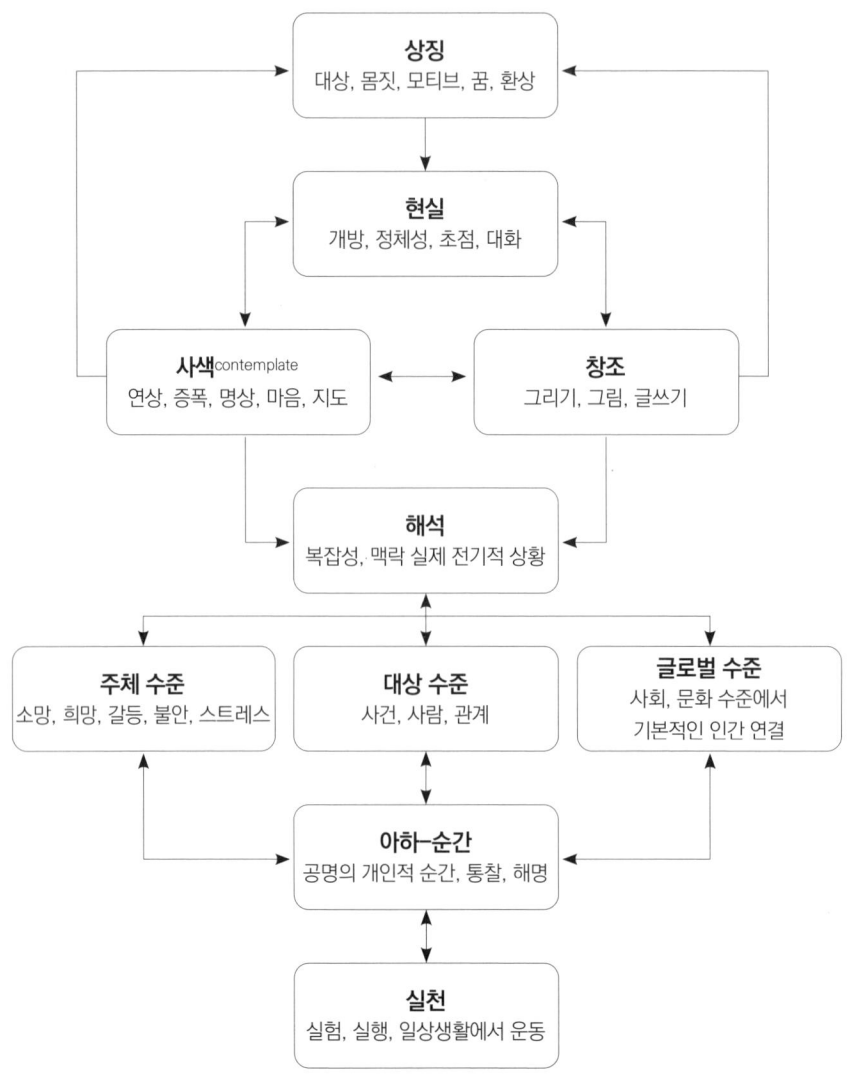

[그림 25.1] 상징으로 작업하는 방법

사색하기contemplating는 마음에 떠오르는 것을 자유롭게 연상하게 하고, 연관성과 상징을 중심으로 주의를 집중시키고, 상징을 더 넓은 인간 [존재의] 맥락에 배치함으로써 그것을 증폭시키는 것을 의미한다. 그것에 대해 명상하거나 다양한 연관성과 의미에 대한 마인드맵을 그릴 수 있다.[204]

그런 다음 고객은 펜이나 색상을 사용하여 자신의 상징 이미지를 **만들도록/창조하도록** 요청받거나 제안할 수 있다. 이런 창의적인 표현은 상징의 무의식적인 의미에 매우 개인적인 접근을 허용한다. 나에게 고객이 상징적인 관점에서 이 중요한 주제를 어떻게 인식하는지 보는 것은 항상 '아하'의 **첫 순간**이다.[205] 이러한 그림이나 그림을 중심으로 많은 질문, 설명 및 이야기를 디자인할 수 있다. 이 창의적인 이미지는 또한 그것을 극복하기위한 자원과 솔루션을 포함하는 더 재미있는 다른 관점에서 실제 문제를 나타낼 수 있다. 사색과 보다 많은 창조는 그 자체가 과정이 될 수 있다.

상징은 복잡하고 역설적이며 다차원적 본질과 함께 잠시 동안 활용한 뒤, **해석**은 상징을 기억과 느낌 같은, 그리고 [자기 삶의] 생애사적 맥락biographical context에서 경험의 유사성, 비유analogies, 타인의 삶의 상황과 실제 삶의 상황으로 연결시킬 수 있는 첫 번째 아이디어나 통찰을 탐구하는 것으로 시작한다.[206]

---

204) 상징-현실-사색-창조-해석 과정은 화살표에 따른 순서이기보다는 수시로 오고 갈 수 있는 유기적 연결이 가능하다는 인식과 접근이 필요하다. 코치는 고객의 반응에 깊게 몰입하거나 거리두기를 오고 가면서 〈코칭 주체〉가 자기 내면 세계의 일부, 두 사람이 머물고 있는 장, 상징 대상, 허공에 떠서 전체를 바라보는 등 다양한 접촉을 보장한다. 필요한 만큼 확인하며 앞으로 나아간다.
205) 〈코칭 주체〉의 'a-ha'를 잘 감지해야 한다. 번쩍이는 이미지만 있는 것은 아니다. 희미한 기미/불빛glimmer으로 기다려야 서서히 감지되는 경우, 의심의 풀밭에서 나오지 못하고 껌새나 눈치/암시inkling만 보며 웅크리고 있을 수 있다. 또 반대로 Eeeek로 오기도 하고, 둘이 같이 오기도 한다.
206) 〈코칭 주체〉가 스스로 해석을 언어화하기를 충분히 기다리는 것이 먼저이다. 몇 번이고 반복되고 수정될 수 있다. 코치가 제안하거나 서로 탐색하며 해석을 구축해 나가는 것도 좋다.

그런 다음 성격 구조의 내면-요인inner-aspects들이 상징 안에서 표현되는 것을 반영/성찰하여 **주제 수준**을 더 탐구할 수 있다. 이를테면 〈꿈 해석〉에서 출현하는 등장인물들 내면의 성격 구성 요소components로 이해하는 것은 하나의 가능한 수단이다. 이것은 자신과의 관계, 갈등, 알려지지 않은 측면, 그것과 연결된 부정적 또는 긍정적 정서라는 의미에서 이것이 나타내는 것이 무엇인지에 대한 의문을 갖게 한다. 또한 ①창의적인 자원과 ②숨겨진 역량, ③삶을 향상하고 풍요롭게 하는 관점, ④고객의 내부 감옥inner-prison에서 나올 수 있는 **경로**를 가리킬 수 있다.[207]

대상 수준을 관찰함으로써 **대상 수준**의 관점은 실제 생활 상황에서 상징을 실제 사람과 연결시키기 때문에 외부 관계의 본질을 이해할 수 있다.[208] **세계적 수준**에서 그 상징은 그것의 전형적이고 문화적인 의미와 관련해 탐색할 수 있다. 삶, 죽음, 사랑, 자기-알아차림, 개성, 영성 등에 대한 실존적 질문과 함께 연결된다. 여기서 어원학etymological 관련 백과사전뿐 아니라, 인류학, 신학 또는 신화학 문헌을 이용하는 것도 도움이 될 수 있다.

의미 있는 주체subject의 상징적 의미를 중심으로 작업하는 이런 과정은 내적 공명inner-resonance의 느낌에서 시작하여 깊게 느껴지는(아마도 완전히 지적으로 이해되지 않을 수 있을지라도) 새로운 통찰과 상세한 **해명**elucidation으

---

207) 해석의 실마리는 인간의 복잡성, 삶의 맥락, 실제 생애사적 상황과 여러 차례 다양한 연결을 통해 발전하며, 이런 방법과 시도는 꿈 분석과 꿈 해석에도 적용 가능하다. 의심보다는 의문을 제기하고, 의문에 머물러 새로운 해석과 앎의 출현을 기다린다. 또 이 과정은 부정이 긍정이 되고, 내면 세계의 독성toxicity을 성장의 양분으로 발효할 수 있다. 방법은 계속 '이야기하기'를 보장하고, 이야기 요소를 추가 또는 삭제하며 '다시-이야기하기'가 순환하며 상승/하강하는 것이다. 이 과정이 곧 연금술이다.
208) 주체 자신에게 해석을 연결해 자신의 소망, 희망, 갈등, 불안, 콤플렉스 등을 재해석하는 과정과, 외부 대상, 사건과 사람, 관계 등에 연결해 재해석하는 작업의 순서는 특별한 없다. 오고 갈 수 있다. 이러한 과정이 양적으로 축적되며 어느 순간 카메라 렌즈의 초점 거리를 조절하여 멀어져가는 줌-아웃하면 더 확대된 많은 피사체가 들어오는 글로벌 수준의 대상이 자기에게 온다. 이 과정 역시 새로운 해석이 더해지는 과정이다.

로 발전하는 '아하'의 순간으로 이어질 것이다. 이 '아하' 순간의 **정서적 느낌**은 완전한 이성적 이해보다 더 중요하다. 오직 시간과 성찰에 의해서만 상징은 더 깊은 의미를 [선물로] 줄 것이다.[209]

궁극적으로 통찰은 이 새로운 **관점**, 새로운 **행동**, 새로운 **사고**와 일상을 [다시] 느끼기 **실험**을 통해 **현실 생활**real life과 **일상의 루틴**으로 통합될 수 있다. 사람들에게 이 **전환 과정**transference process을 위한 시간을 허용해야 한다. 오래된 루틴은 마음속의 고속도로와 비슷하다. 새로운 고속도로가 갑자기 나타나는 것이 결코 아니라 마치 흙길에서 점차 도로 등으로 진화한다.

[핵심 단어와 주요 인물]

- 상징 활용의 세 가지 진입점
- 새로운 통찰과 상세한 해명
- 전환 과정과 시간
- 상징 작업 프로세스
- 일상의 루틴이 지닌 중요성
- 새로운 고속도로 만들기

---

209) 이 〈아하a-ha〉는 앞의 첫 번째의 것과 당연히 다르다. 첫 깨달음의 진정한 시작을 알리는 희미한 불빛glimmer 같은 것일지 모른다.
210) 새로운 관점-사고-행동은 일상에서 생생하게 다시 느끼는 〈실험〉을 시도하게 한다. 실제 생활과 현실의 감정에 접촉되는 삶의 **새로운 길**을 열어갈 수 있다. "길은 걷고자 하는 사람의 발밑에 있다. 길을 머리로 이고 갈 수는 없다.(역자)" 현실 생활과 일상의 루틴으로 구성된 전환 과정은 질적 변형을 의미하며, 다시 돌아가기 어려우며, 성격/인격의 재구성과 유사하다. 순간이기보다는 시간을 통해 시간 안에서 이뤄진다. 시습時習과 시숙時熟이다. (출처: 김상복, 코칭튠업21.)

[부록 25] '호흡 맞춰 함께 춤추기', '옆에 두고 홀로 추기'
- 〈꿈, 백일몽, 환상〉 다루기

꿈, 백일몽, 환상 등을 회기 안에서 어떻게 다룰 것인가. 무엇보다 먼저 이를 다룰 만큼 충분한 준비가 되지 않은 코치에게는 이를 다룰 기회가 오지 않을 것이다. 또 스스로 준비되었다는 자기 확신이 없다면 이를 적극적으로 회피해야 한다. 이를 자신의 전문 분야의 하나로 설치하고 임상에 임하기 위해서는 충분한 훈련과 수퍼비전 구조 하에서 진행하는 것이 미끄러운 비탈길slippery slope을 걷는 자세이다.

  코칭 관계의 대화 공간은 신뢰와 안전감, 비밀보장으로 둘러쳐져 있는 곳이다. 무엇보다 정신분석 코칭은 무엇이든 '충분이 이야기하는 것'이 출발점이다. 코치로서는 질문해야 한다는 것조차 내려놓아야 한다. 자유 연상free association을 보장하는 것이다. 코칭 대화 공간 안에서 '이야기하기=내러티브 공간'을 만드는 격이다. 현재 코칭 대화 구조 공간 안에 또 다른 내러티브 공간이 구축된다. 이런 이중 공간이 가능하다면 사실 이 곳에서는 무엇이든 이야기가 가능하다. 꿈, 백일몽, 환상, 그 밖의 모든 상징, 가정과 추측, 감춰진 속마음 등. 또 '이야기하기'[211]라는 행위는 우리의 가장 기본적 행위 가운데 하나이고, 매우 안전하게 자신을 드러내고 교류하는 방법이다.

  "꿈 이야기를 하고 싶네요." 코치의 충분한 경청 자세와 시간 제공은 '코칭 대화 공간' 구조 안에 내러티브 공간은 쉽게 만들어진다. 이야기 주인공이자 코칭 주체는 꿈, 백일몽, 환상을 충분히 '이야기하기' 과정에서 어느새 자기 이야기를 바라보게 된다. ①말하며 말하는 자신을 보게 된다. ②자기 모

---

211) '이야기하기'가 곧 narrative/敍事이다. 곧 경험한 이야기이다.

습을 보며 자기 안의 불안이나 우려가 함께 올라오며 말하는 자신을 조정하게 된다. ③동시에 상대의 반응과 짐작을 감안하며 자기 이야기를 (자기가 판단하는 상대방의 반응과) 조율하며 이야기한다. ④자기 이야기 **내용**에 대한 자기 속마음, 감정, 판단 등을 알게 된다. 물론 이 안에는 이미 아는 것, 새로운 것 등이 뒤섞여 있다.

이를 대하는 코치가 ⓐ판단하지 않고 ⓑ비판하지 않고 ⓒ알고 있음이 아니라 '알고 있지 못함의 자세'를 유지한다. 아울러 ⓓ고르게 배분된≒떠 있는 주의/배려로 경청을 제공한다. 코치는 코칭 주체와 함께 코칭 대화 공간과 내러티브 공간이라는 **이중 공간에 머문다**. 전자에서는 안내자, 촉진자, 정원사 포지션이 대표적이라면, 후자에서는 목격자, 증언자, 공동 창작자가 된다. 코치가 이런 자세를 유지하려고 노력할수록 상대가 자기를 향해 무엇을 조율하는지, 알게 되고 자기 안에서 무엇을 판단하고, 비판하려 하는지 자기 자신을 알게 되고, 이를 통해 새롭게 배우는 자가 된다.

두 사람 관계와 이런 상호작용은 새로운 의미나 희미하거나 번쩍이는 발상einfall이 만들어지는 이른바 연금술의 장場과 순간으로 경험된다. ⓐ밤에 꾸는 꿈, 낮에 꾸는 꿈, 환상과 상징은 물론, ⓑ답을 찾기 위해 답답했던 것들, ⓒ일단 '모른다', '못 한다'고 전제해온 주제와 그런 태도, ⓓ하고 싶어도 주변과 상황을 탓하며 미루거나 우물거리는 버릇들이 녹아 버리고 새로운 의미로 주조鑄造된다. 새롭게 만들어지는 알기 어려운 '의미'는 앎의 그물로 짜여지고, 직조織造된다. 앎이 실이 되고 직물織物이 되는 작업 공정 안에서 어느 순간 비약이 된다. 점이 선이 되고 선이 다양한 무늬가 찬란한 면이 되는 과정이다. 실천 행동은 이런 면을 입체로 구성되게 한다.

코치는 두 사람 관계 안에서 '자유 연상'과 '배분된≒떠 있는 주의/배려'로 함께한다. 주장과 의미, 의도와 마음가짐이 다양한 수준에서 서로 접촉

contact과 합류joining하는 춤이 연상된다면 정확한 이해이다. 이 춤은 두 사람이 '호흡 맞춰 함께 추기', '옆에 두고 홀로 추기'로 이루어진다. 이런 경험과 성취는 새로운 발걸음을 만들고, 내딛는 발자취가 남다르게 된다.

26장
여성 리더의 코칭

여성과의 코칭은 남성과 다른가? 간단히 말할 수 없다. 남성 임원들이 여전히 수적으로나 활동 면에서 최고 경영자 자리를 장악하고 있다. 남녀의 평등한 권리를 위해 100년 넘게 투쟁해 왔는데도, 여성은 여전히 경제, 경영 조직에서 동등한 영향력이나 역할을 갖지 못하다는 점을 인정할 수밖에 없다. 의사소통과 리더십의 남성적인 기준은 여성이 정상에 오르기 위해 협상해야하는 조건이 되어 이를 좌우한다. 우리는 기업 환경에서 성 차별과 고정관념이 우세한 세상에 살고 있다.

나는 여성 리더들을 코칭할 때 이 점에 대해 여러 가지를 관찰했다.

- 여성은 개인의 직무 기여도 측면에서 인정받지 못한다고 느끼고 있으며, 다른 기준이 더 중요한 것처럼 보인다.
- 여성은 모든 것을 동시에 원한다는 이유로 비난받는다(직장, 가족 및 친구).

- 여성들은 최고 경영자 자리를 열망해서는 안 된다고 느낀다.
- 여성은 자신이 권력을 행사하거나 즐기기를 원하지 않는다고 느낀다.

고정관념, 편견, 역할 기대

남성이 더 나은 리더라고 암시하는 이런 고정관념은 여전히 무의식적으로 우리의 생각을 지배한다. 암묵적 연관검사Implicit Association Test(IAT)는 고정관념이 우리의 인지적 인식을 넘어 우리에게 어떤 영향을 미치는지 판단하기 위해 개발되었다. 남성의 26%와 여성의 17%만이 남성이 더 나은 리더라고 믿지만, 64%(남성) 및 49%(여성)는 이 고정관념을 암묵적으로 고수한다는 점을 드러냈다(Diverseo, 2012). 기본적인 역할 기대도 매우 다르게 나타난다.

 남성의 경우 이러한 기대는 대행자agency(권위적 인물, 리더, 생계를 감당하는 '가장'breadwinner' 역할을 하는 권위적이고, 독립적이고, 강인하고, 자율적이며 자기 주도적인 역할)를 중심으로 이뤄지고, 반면에 **여성**은 여전히 공동체 중심(다른 사람을 돌보는 사람caretakers으로 정통적인 여성 역할로 이어진다. 다른 사람과 친하게 지내며, 가족과 친구들과 연결하고, 다른 사람과 협력하고 돌보고 조화를 유지하며 존재한다)으로 이어진다(Valerio, 2009).

 불행히도 이러한 **역할 기대**role expectation는 여성 리더십에 대한 저항, 여성에 대한 특정한 **이중 구속**double bind[이럴 수도 저럴 수도 없는 딜레마] 및 **이중 기준**double standard이고, 그들의 **역량에 의문**을 유발하게 한다. '이중 구속'이란 대부분 여성이 직면한 난관이다. 그들이 대행자로 행동하려 하면 너무 강하고, 너무 단호하고, 너무 공격적이거나 격렬한 사람으로 쉽게 보이는 반면, 그들이 공동체적 행동에 초점을 맞출 때는 너무 친절하고, 부드러우며, 그렇게 충분히 강한 사람이 아닌 것으로 보인다(Valerio, 2009). 선택 과정에서 더 많은 편견이 추가되며 남성들이 하는 것이 더 간단한 해결책이라고 생각하기 때문에 남성을 선호하게 만든다.

다음과 같은 편견이 작용한다.

- **거울 이미지 오류** mirror-image error: 자신을 출발점으로 삼는 경향: "나는 잘 하니까/착하니까 다른 사람 역시 나와 같아져야 한다."(자신의 이미지로 다른 사람을 모집)
- **중심 경향** central tendency: 극단보다는 평균값을 선택하는 경향(여성을 채용하는 경우 더 많은 설명이 필요하다.)
- **논리적 오류**: 마치 논리적으로 연결된 것처럼 판단하고 연결되지 않은 두 측면을 연결하는 경향(외모와 수행 performance, 미사여구 rhetoric와 추상적인 사고)
- **후광 효과** halo effect: 한 영역에서 잘하거나 잘하지 못하는 사람이 다른 영역에서도 잘하거나 잘하지 못한다고 가정하는 경향

여성들은 이것 외에도 덧붙여 더 왜곡되거나 해로운 영향을 받는 **특정한 투사의 끝**에 있을 수 있다.[212] 이러한 투사는 어머니, 할머니 및 자매와 같이 겪어 왔던 남성의 경험에서 비롯되며 그 내용은 다양하다(Eden, 2006).

---

212) 네 가지 열거된 사회적 편견 외에도 남성은 자신이 성장 과정에서 경험한 가족 관계에서 어머니, 할머니, 누나나 여동생과의 관계를 투사하며 일방적인 견해를 갖게 된다. 이 점은 여성도 마찬가지지만, 사회적 편견에 덧붙여진다는 점을 강조한 것으로 보인다.

코칭 요소

대부분 여성들은 직업 환경에서 남성과 구별되는 뚜렷한 정서적, 현실적 위치에 있다. 코칭받는 사람들은 자신의 직업 이상ideals과 요구needs를 달성하고 충족시키기 위해 이런 기대, 편견 및 남성 중심의 조직문화를 관리하는 자신만의 방법을 찾고 싶을 것이다. 다음과 같은 여러 규칙이 그들 (및 코치)이 정글을 통과하는 길을 찾는 데 도움이 된다.

- 더 충만하고 만족스러운 직업(이에 대한 지각)을 위해 (코치를 포함해) 자신의 역할 편견에 관해 질문한다.
- 연극을 보는 관점으로 상황에 대해 어느 정도 거리를 두고 바라본다. 거기에는 서로 다른 목표와 목적을 가진 다른 배우가 있다.
- 남성의 평가절하 또는 공격적인 행동을 개인적인 공격으로 받아들이지 말고 정서적 공격과 분리할 수 있는 수용력capacity을 개발한다.
- 모든 것에 대가가 따르며 성별에 관계없이 모든 사람을 선택해야 한다는 것을 기억한다.
- 더 적합한 작업 환경을 위해 조직을 떠날 가능성은 언제나 있다.

이런 의미에서 코칭은 여성이 자신의 역량competencies과 능력capabilities에 대한 자기 알아차림을 개발하고, 자기 소망과 희망을 연결하고, 조직이라는 실제 상황과 외적 현실을 일치시키게 하는 것을 목표로 한다.[213]

고정관념과 편견에 대한 이러한 지식은 ①여성을 승진하게 하는 데 어려

---

213) 역량-능력-알아차림을 개발하고, 소망, 희망을 조직 현실과 외적 현실과 대비해 어젠다를 구성하는 준비가 코치에게 필요하다.

움을 겪는 남성 고객과 함께 일하거나, ②특정 여성과 함께 일하거나, ③처음으로 여성 리더 아래에서 일하는 남성 고객과 코칭에 도움이 될 수 있다.214)

[핵심 단어와 주요 인물]

- 역할 기대- 이중 구속- 이중 기준
- 중심 경향/평균값 선택 오류
- 후광 효과
- 여성 리더 코칭을 위한 사전 인식과 준비
- 사회적 압력에 대한 이해
- 거울 이미지 오류
- 논리적 오류
- 시스템과 조직문화에 의한 배제

---

214) 매우 중요한 어젠다이다. 여성 리더와 관계에서 갖게 되는 남성 리더가 지닌 불합리한 내적 기준, 관점 전환, 정당한 의사소통 능력 개발, 성인지 감수성 등 어젠다 발굴이 필요하다.

[부록 26] 여성 임원코칭에 대한 사회적 관점 검토[215]

사례 경험

나탈리는 대형 국제 금융회사의 계약 관리자이다. 그녀는 자기 업무에 대한 충분한 역량이 있는데도 승진 과정을 통과하지 못했기에 코치와 함께 일하기로 결정했다. 그녀는 자기 이미지나 스타일이 자신을 제한하고 있는 것이 아닌가 하고 생각했고, 이를 외부의 코칭 관계에서 해결하고 싶었다. 코치와 대화를 통해 자기는 고객과 중요한 계약을 담당하고, 고객 미팅에서 경청과 좋은 조언을 해왔으며, 이로 인해 귀중한 대우와 존경을 받고 있다는 사실을 알았다. 그러나 남자 동료들이 미팅에 참석할 때마다 그녀의 역할은 바뀌었고 이로 인해 소외감을 느껴왔다. 코치의 지원에 힘입어 그녀는 자신이 고객에게 칭찬만 받고 있었기에, 너무 예민할 수 있다고 전제하는 매니저와 이런 문제를 다시 의논하기로 했다. 그 결과 업무 관련 동료 그룹과 같은 맥락에서 승진 심사 위원회에 참가하도록 권유받았다.

심사위원들은 그녀를 진지함이 부족하다고 느꼈고 승진 위원회를 통과하지 못했다. 탈락 경험은 그녀가 프레젠테이션 기술 훈련을 받도록 자극했다. 그녀는 적극적으로 코치로부터 비즈니스적 경험 정리, 면접과 채용 업무에 대한 다양한 대처 등과 관련해 리허설을 기반으로 한 훈련을 받았다.

우리가 만났을 때 나는 대조적인 두 이미지에 놀랐다. 그녀는 짙은 색 정장에 엷은 셔츠의 '회사 유니폼'을 잘 차려 입고 자신을 부드럽게 말하는 젊은 여성임을 드러

---

215) Angela Eden Coaching women for senior executive roles: a societal perspective of power. Executive Coaching: System-psychodynamic perspective.(London: Karnac. 2007)에 근거한 설명과 내용 요약

냈다. 그녀의 가볍고 어려 보이는 모습은 평소 단호한 악수와 그녀가 말했을 때의 자신감과는 대조적이었다. 또 자기 업무와 고객의 요구에 잘 호응하는 일에 즐거움을 느끼고, 자기 업무에 잘 대처하는 점을 볼 때 나는 그녀가 회사에서 더 높은 단계로 올라갈 수 있는 기술과 경험을 가졌다고 확신했다. 사실, 그녀는 이미 상급 레벨 일을 하고 있었지만 공식적으로 인정되지 않았다.

이 단계에서 어려운 윤리적 딜레마가 발생했고 코치로서 고객과 함께 해결해야 했다. 그녀는 원칙에 입각하여 남성 주도권에 도전할 것인지 아니면 가장된 모습으로 승진을 위해 타협할 것인지 결정할 필요가 있었다. 이 일이 그녀에게 중요했으므로 그녀는 회사에 도전하지 않고 자신의 이미지를 바꾸고 스스로가 회사에 맞는 인물임을 증명하기로 결정했다. 우리는 그녀의 인터뷰 실력과 고위 여성 매니저가 기대하는 현재 이미지를 연구하는데 합의했다.

내 가설은 그녀가 비록 회사 복장을 하고 있지만 그녀의 능력과 이미지는 회사에서 실제로 인정받지 못했다는 것이다. 그녀는 마치 고위직의 무거움과 무게를 수행할 수 없는 것처럼 어리고 힘겨워 보였다. 이 점은 인터뷰에서 자기 업적을 서술하고 드러낼 수 없는 자신의 무력함이라는 정서와 혼합되었다. 그녀가 고객들과 업무를 잘 수행했는데도 프로모션 과정에서는 이를 보여줄 적절한 명목을 찾을 수 없었고 그럴 의지가 약했다.

작업이 진행됨에 따라 그녀는 자신의 반응을 바꾸고 연습을 통해 목소리를 낮추고 걷는 방법도 바꾸었다. 심지어 새 옷을 사기로 스스로 결정했다. 실제 자신이 보이는 역량과 이미지를 그대로 조건 없이 드러내게 자기-표현을 강화한 것이다. 알 수 없는 취향으로 억제해온 외모와 패션, 태도 변화를 통해, 내면을 강화하는, 아니 내적으로 자기 강제를 해온 습관이나 내면의 독백을 자극한 것인지는 아직 확실하지 않았다.

코칭이 끝난 뒤에 그녀가 고위직으로 승진했다는 소식을 들었다. 승진 심사회의 위원들에게서 자신의 첫 인상을 넘어 성숙하고 재능 있고 유능한 사람으로 회사에서 높은 성과를 달성할 사람이라는 피드백을 들을 수 있었다.

코치로서 이에 대한 내면 반응은 양면적이다. 조직과 문화적 장애물을 인식하는 것은 도움이 된다. 고객이 변화의 이유를 이해하고 작업에 착수할 때 항상 만족스럽다. 그러나 다른 사람들의 기대를 잠재우기 위해서 만들어진 변화를 강요받는 것은 너무 화나게 만든다. 내 고객은 이미 자기 업무를 잘 수행해 왔고, 코칭은 그녀가 자기 역량을 볼 수 있도록 돕는 것뿐이었다. 우리는 그녀의 경력을 통해 그녀 자신을 이해할 수 있었기 때문에 주어진 구조에서 함께 일할 마음을 가졌다. 코치의 작업은 이러한 딜레마를 해결하고 고객이 조직에 계속 남아 있기를 원하는지를 결정할 수 있게 돕는 것이다. 그러나 다른 한편 그녀의 개성과 능력이 그대로 인정받기보다는 조직이 원하는 틀에 자기를 맞추었을 때 그녀의 능력이 인정받았다는 사실은 여전히 남는다.

사회적 압력 이해

더 넓은 사회 시스템이 여성을 쉽게 배제하는 것으로 보인다. 조직은 여러 요인으로 여성을 수용하는 것을 재검토하는 더 깊은 사회적 무의식이 있는지 질문할 필요가 있다. 조직의 기존 권력구조는 배타적인 기득권을 갖고 있다. 시스템이 권력 집단을 만든 다음 장벽을 강화하고 배제하는 방식이다. '파워 엘리트 power elite' 개념은 접근과 배제의 사고방식이 중요한 본질이다. (…) 권력 집단이 권력을 장악할 수 있고 그것을 공유하거나 다른 사람들을 포함시키는 것이 왜 그렇게 어려운가? 고위직 여성들을 제도적으로 배제하는 현상을 밝힐 수 있는 가설을 생각해보자.

먼저 권력은 제한된 자원이기에 고갈될 수 있다는 신화이다. 이 신념 체계는 자기 중심적이다. 이런 사람들은 자기 지위를 유지하기 위해서라도 권력을 획득할 수 있는 근거를 제한한다. 마치 자신의 엘리트 지위가 고갈될 우려로 남에게 문을 열어주지 못하는 것처럼 보인다. 결국 자기 권력 기반의 배타성을 유지하는 데 기득권을 갖고 다른 사람들, 또는 자신과 다르게 보이는 사람들을 배제하는 데 기득권을 행사한다. (…)

다음은 권력 중독 현상이다. 사람들은 자신이 받아들여지는 것이 곧 권력 계층의 일부가 된다는 것을 배운다. 성공을 원하고, 권력 엘리트 안에 포함됨으로써 그것을 성취하는 것이다. 그 뒤에는 다른 사람들을 배제하고 요새의 벽을 온전하게 유지하기 위해 힘든 힘을 사용하는 것이다. 따라서 배제는 시스템화되게 된다.

이러한 아이디어는 초기 유아 발달 이론, 특히 클라인Klein(1957)과 위니컷Winnicott(1958)의 이론과 공존한다. 수용 욕구는 초기 유아기의 기본 욕구로 볼 수 있으며, 무의식적인 욕구 안에서 추적될 수 있다. 보상이 달성하기 어렵고 먹이를 얻기 위해 고군분투하는 경우 또는 보상이 보류된 경우, 이는 주기적인 배고픔-수유-배고픔 패턴을 보이고 보상이 채워지는 것이 더욱 중요해진다. 연결은 원하거나, 보류하거나, 보상을 받는 중독 패턴으로 연결되어 의존성을 만든다. 수용되기 전 장기간의 입문은 성취한 지위를 더욱 더 바람직하게 만든다. 이것은 더 많은 수용을 위해 욕망(그리고 중독)을 충족시킨다. (…) 권력을 가진 여성들도 다른 사람들을 배제하기 때문에 이것이 남성이나 여성만의 반응이 아니라는 것이다. 영국 최초 여성 총리인 마거릿 대처Margaret Thatcher는 남성 동료들의 내각에 둘러싸여 다른 여성들에게 권력 기반을 열어주지 못했다.

맨프레드 켓츠 드 브리스Manfred Kets de Vries(1993)는 사람들이 자신의 미해결된 자기 감정과 비현실적인 생각을 최소화하는 방법으로 권력을 추구한다고 제안한다. 권력을 포기하거나 심지어 공유하는 것은 정체성, 영향력, 긍정의 상실로 이어질 수 있다. 권력을 행사하는 것이 잠재적 손실을 최소화하는 방법이기에, 이는 자신의 감각인 자아 의식을 약화할 수 있다. (…) '동질성의 단순성' 대 '다양성의 복잡성'을 지적하며, 이는 권력을 가진 사람들이 동일성을 유지하기 원한다는 주장을 확인시켜 준다. 만약 이것이 사실이라면, 현재의 권력층을 변화시키려는 것은 우리가 상상했던 것보다 더 큰 임무이다. 다른 배경의 여성이나 사람들과 권력 기반을 공유하는 것은 그 동질성에 대한 위협이기 때문이다.

코칭은 무엇을 어떻게 해야 하는가

여성이 고위직 성취에 대해 선택을 해야 한다고 지적했다. 서구 산업화 세계는 의식과 무의식적 성차별에 대해 오랜 동안 정치적 인식을 가지고 있는데도, 여전히 남성이 지배적인 권력 집단이다. 이 주도권은 사람들이 자신이 친숙한 관계와 일하는 것을 선호하는 보수적인 문화를 강화시킨다. 학교-대학-사회생활과 가족 관계의 남성 네트워크로 이어져 있다.

여성들은 전통적 의식에 맞서고 수용되는 남성 성공 모델의 기준에 맞서 싸운다. 어떤 여성들은 '남성'이 되려고 하고, 어떤 여성들은 '여성'이 되려고 노력하지만, 진정한 자기 자신이 되기 위해 노력하는 중간 경로는 여전히 보이지 않는다. 여성들에 의한 무의식적 예측은 그들의 어머니, 자매 그리고 친구들에 대한 그들의 경험으로 연결될 때 이런 투쟁이 악화될 수 있다는 점이다. (…)

앞으로 나가기를 원하는 여성들은 많은 복잡한 문제를 고려해야 한다. 만약 그들이 코치가 도울 것으로 기대한다면, 진정한 파트너십을 갖고 중요한 가정들에 의문을 제기할 필요가 있다. 아래 질문은 고객이 고위 직무를 맡을 때의 영향을 고려하는 데 도움이 될 수 있다. 각 질문은 코치와 고객을 질문으로 이끌 수 있으며, 답변은 야망, 개인적 가치, 정체성 또는 자기 인식과 같은 문제에 대한 명확성을 가져올 수 있다.

Q. 이 조직에서 여성으로서 당신의 경험은 무엇인가?
Q. 조직 내에 당신을 불편하게 만드는 가치 시스템이 있는가?
Q. 남성 기득권에 맞추려면 어떻게 해야 하는가?
Q. 기존 문화를 바꾼 것과 싸우는 것을 위해 무엇을 해야 하는가?
Q. 어느 정도 타협할 준비가 되어 있는가?
Q. 더 높은 프로필을 가진 여성이 되면 어떤 결과가 나타나는가?
Q. 더 강력한 조사를 받을 준비가 되었나?
Q. 역할에서 당신 자신의 진정성을 찾을 수 있는가?
Q. 이 조직에 머물기를 원하는가?
Q. 아무 변화도 없다면 떠날 의향이 있는가?
Q. 만약 당신이 이 직장을 그만두면, 당신은 취업을 하고 싶은가, 아니면 자영업을 원하는가?
Q. 당신은 자신의 가치 체계를 바탕으로 자신의 회사를 시작할 수 있는가?
Q. 얼마나 많은 당신의 동료(남녀 모두)가 이 조직의 내부와 외부에 있는가?

이 작업은 상호 신뢰, 정직, 존중의 경계 안에서 수행해야 하므로 코치와 고객 사이 관계가 가능한 답변을 함께 탐색할 수 있을 만큼 충분히 견고해야 할 수 있다. 또 우리의 정체성과 인식에 대한 필요성과 관련되므로 사회 시스템 현실과 우리 내부의 무의식적인 영향을 인식해야 한다.

포용을 위한 전략

1) 언어와 무의식적인 의사소통을 보라

고용 법규 때문에 공식적인 정책은 포괄적으로 작성된다. 그러나 실제는 관심이 필요한 비공식적인 의사소통과 행동이다. 조직이 의사소통하는 방식을 보면, 상위 계층의 구조에서 다양성을 포함하기보다는 배제하는 경향이 있음이 분명해진다. 불문율이 오히려 강력하고 사람들을 배제하는 데 유용한데, 왜냐하면 그것들은 본질에서 거슬리고 도전하기 어려운 이중 기준과 모순을 만드는 경향이 있기 때문이다.

2) 편견에 대한 고려

편견은 지식의 부족이나 잘못된 지식에 기초한 믿음의 집합에 기초하고 있기 때문에, 채용, 승진과 관련하여 판단을 편향시킬 수 있는 신념 체계를 해체하는 것이 중요하다.

3) 스트레스 제한

고위층 여성은 조직 내에서 '외로운 목소리'인 동시에 '주목받는' 자신을 발견하는 경우가 많으며, 이로 인해 스트레스 수준이 높아진다. 이사회는 그러한 스트레스를 인식하고 멘토링, 네트워크, 외부 개발 등과 같은 지원 시스템을 구축하고 일과 삶의 균형에 대한 역할을 인식하게 지원해야 한다.

4) 고위층 남성 코칭

고위층 남성을 코칭하는 것은 조직문화 내에서 변화를 도입하는 데 유용한 개입이 될 수 있다. 남성이 정의한 주도권이 문제의 일부라면, 남성에게 더 광범위한 용어로 생각하도록 코칭하는 것이 해답의 일부일 수 있다.

5) 자원의 수평 할당

자원의 배분에 따라 수직이 아닌 수평이 되는 평등한 의사결정 팀을 구축한다. 수직적인 관리 라인이 줄어들면, 실권자들까지의 거리도 줄어든다. 고위 관리자들은 그들의 동료 그룹과 그들에게 보고하는 사람들 두 관계에서 더 포괄적일 수 있게 된다.

27장
맥락을 이해하고 해결하기/다루기

코치에게 고객이 일하는 조직은 명시적이고 암묵적인 외부 맥락/환경이다. 이런 경우 정신역동 코칭은 심리치료와 다음과 같은 점에서 구별된다.

삼중 경청

제삼자로서 조직은 외부 현실로 존재하거나, 관여하든 안 하든 고객과 코치 마음 안의 **내적 현실**로 존재한다. 코치에게 이것은 제3의 부분third party 으로 언제든 **염두에 두어야 하는 것**을 의미한다. 이 경우 코치는 '**삼중 경청**threefold listening' 모드 안에서, **개인**, 고객의 마음 안에 있는 **조직의 표상** representation, 고객 너머에 있는 조직이라는 **실제 현실**reality에 주의를 기울여야 한다. 이런 경청 모드는 고객의 딜레마, 어려움 및 도전 과제를 표면으로 드러낸다. 전이, 역전이는 이와 관련해 중요한 정보를 제공한다. 고객이 코칭 룸에 가져 오는 것이 무엇이든 개인적, 조직적으로 모두 읽을 수 있어야 하며, 영향을 미치는 구성 요소의 복잡한 네트워크를 염두에 두어야 한다([그림 27.1] 참조).

그림의 중간 세로 축으로 우리는 개인과 조직 내 역할 사이의 연결을 발견하는데, 여기에는 개인 발전과 조직적 제약constraints 사이의 또 다른 연결 요소인 자부심self-esteem 개념이 포함된다.[216] 마음 안의 조직은 그 사람의 정신 안에서 이런 요소들의 상호작용이다.

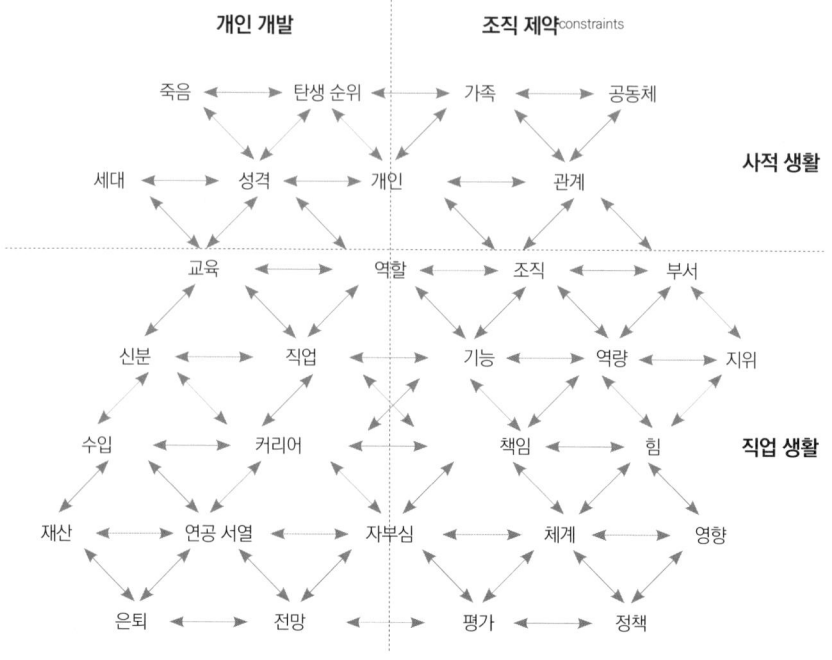

출처: Further developed and cited after Huffington (2006, p.46)

[그림 27.1] 임원코칭의 맥락적 구조

---

216) 개인-역할-자부심을 세로축으로 하고 있다.

332 정신역동 코칭: 30가지 고유한 특징

[활용을 위한 그림 설명]

1. 정신역동 코칭에서 조직원이 처한 상황과 맥락에 영향을 주는 요인을 개념어로 표시해 각 연결을 통해 위치지었다.
2. 개인 개발 영역과 조직 내 개인으로서 조직적 제약으로 세로축이 구별된다.
3. 사적 개인 생활과 조직 내에서 일하는 작업 생활로 가로 축을 구별했다.
4. 〈코칭 주체〉 자신의 개발 지점을 확인하거나, 조직의 제약에 접촉할 경우, 그 주변 개념과 두 개념 관계 맥락을 주목하게 안내할 수 있다.
5. 맥락을 점차 확대할 수 있다. 줌아웃하듯 바라본다면 점차 여러 요인이 들어온다.

조직적 역할 찾기, 만들기 및 실행-ORA

이 세로축은 우리를 조직 역할 분석Organisational Role Analysis(ORA) 접근 방식으로 안내한다(3장 참조). 임원의 〈역할 개발〉은 조직 내 개인적 관점에서 **역할을 찾고, 만들고, 수행하는 세 단계**를 근거로 한다. **역할**은 고정된 것이 아니다. 역동적인 마음속 생각idea에 따라 변화한다. 개인이 역할을 맡는 **방식**은 개인이 조직과 조직의 목표를 어떻게 인지하고, 인지한 목표에 대한 개인적인 욕구, 개인이 역할을 어떻게 소유하고 있는지, 조직의 목적뿐 아니라 개인이 자신의 역할을 수행하기 위해 취하는 행동에 의해 영향을 받는다(Reed & Bazalgette, 2006).

코칭 맥락에서 **역할 찾기**는 주관적인 정신 구조를 해독하고, 그와 관련된 주변의 의미를 창조하기 위해 고객이 설명하는 다양한 역할에 귀를 기울이는 데서 시작한다. 이를 통해 고객은 현재와 미래 행동과 실천을 위해 이 프레임[찾고-만들고-수행하기]을 활용한다. 반영/성찰할 수 있도록 각 상황별 시스템뿐만 아니라([그림 27.1] 참조), 코칭 룸에서 제삼자로 조직에 대한 이해를 개발하는 데 도움이 된다.

다음 단계는 **역할 만들기**인데, 여기서는 타인과 〈사람-역할 시스템person-role-system〉에서 발생하는 [조직의] 제약 조건과 경계, 외부 압력에 대한 파악realisation을 포함해 역할을 만드는 것이다. 이를 위해 시스템의 기능과 고객 개인과 그 너머에 있는 원인과 결과 관계에 대한 성찰이 필요하다. 이를 통해 고객은 시스템으로서 조직을 대신해 이니셔티브를 잡을 수 있다.

세 번째 **역할 수행하기**는 코칭 과정 전체를 감당하며 개발된 가설을 실험하고, 조직 현실에서 발생하는 행동, 성찰 및 정서적 반응을 배우고 조정하는 것이다.

삼각관계 관리

고객이 개인이 아닌 조직인 경우, 코치는 자기 자신, 고객으로서의 조직, '최종 고객'으로서 개인 사이에 삼각관계를 관리하는 데 추가적 관심care을 기울여야 한다. 이를 위해 이런 〈삼중 경청〉 모드의 중요성이 더욱 커진다. 다음은 계약 단계를 넘어 코치에게 제시되는 다양한 도전이다.

- 삼각 구조 하에서 작업하면 두 사람이 세 번째 부분에 대항하여 분리될 위험이 있다.

  코치는 어느 한쪽 당사자가 상대방과 논쟁하거나 싸우기 위해 어느 한쪽을 '자기 편'으로 끌어들이려는 시도를 알고 있어야 한다. 경우에 따라서는 코치가 조직을 위해, 의지가 없는non-willing 직원을 교육하는 위치에 내몰려 도구화될 수 있다.[217]

- 조직과 개별 고객의 다양한 요구와 목표 사이의 **의식적 갈등**은 또 다른 위험이다.

  코치와 고객은 개인으로서 이런 일이 발생하면 어떤 조치를 취해야 할지 신중하게 고려하고 논의한다. 궁극적으로 개별 고객은 **자신의 의지**에 따라 조직 성과에 기여할 수 있다. 또 갈등이 해결되지 않는 경우 조직을 떠나는 것만이 유일한 선택이 된다.
- 조직과 협력은 코치가 개인에게 **조직의 피드백**을 제공하는 방식으로 표현된다.

  조직과 협력하는 세 번째 방법은 전체 조직에 영향을 미칠 수 있는 권한과 수단을 가진 최고 경영진 C-suite을 코칭할 때 나타난다.

추가 내용

조직과 관련하여 위에서 논의한 내용은 개별 코칭에서 맥락으로 〈작업 집단〉에도 적용될 수 있다.

코칭이 이루어지는 **사회적 맥락**에 대해 적절한 주의가 필요하다. 문화, 언어 및 성별은 역할 인식 role perception뿐만 아니라 마음 안의 조직에도 영향을

---

217) 프로이트의 오이디푸스 콤플렉스를 응용한 〈삼각관계〉 관련 응용은 조직 내 관계 역동 분석과 코치가 빠지기 쉬운 함정으로 다양한 예시가 있다. 권력자 간 2자 대립 역동에서 코치가 제삼자 역할로 활용되는 예시로는 ①열 받아내는 변압기 ②희생양 ③피뢰침 ④가짜 종마 ⑤연합 파트너 ⑥패배자 ⑦마카이벨리온 등이다.「시스템 관점으로 보는 발달적 코칭」『코치 앤 카우치』(멘프레드 외 지음. 김상복 외 옮김. p.114-120) 코치는 자신이 제3의 어떤 역할로 내몰리고 있는지 파악하고, 그 위치에 따른 대응을 개발해야 한다. 이 경우는 코치가 자신의 포지션 관리를 못할 경우 조직의 연합 파트너로 몰리는 것이다. 그러나 삼각관계는 어느 위치든 불안하다(17장, 주 164 참조). 삼각관계는 양자관계로 붕괴될 가능성을 지니고, 반면에 양자관계는 삼각관계를 지향한다.

미친다. 문화와 언어의 함축적 의미는 〈작업 집단〉, 조직 내 또는 외국 환경에서 일하는 개인에게는 다른 국적 만남에서 비롯된 고정관념으로 작용해 심각한 오해를 불러오고, 정서와 행동 반응의 불일치로 이어질 수 있다.

   코치는 이 같은 문화와 성별에 민감해야 하며, 무의식적인 사전 판단이나 고유한 내재적 가치 체계에 대해 고객과 함께 작업해야 한다. 또 자기 자신도 (어떤) 문화적 영향을 받는지 의문을 제기할 준비가 되어 있어야 한다.

[핵심 단어와 주요 인물]

- 삼중 경청
- 조직내 역할 분석
- 역할과 책임의 경계 관리
- 사회적 맥락
- 마음 안의 현실
- 역할 찾기와 만들기
- 조직에 협력하는 코치의 위치

[부록 27] 사례를 통해 검토하기[218]

사례 예시 1.

투자은행 운영 담당 부사장인 니콜라Nicola는 일련의 임원코칭을 위해 나를 만났다. 코칭 회기는 처음 고위 관리직에 입문한 사람들을 위한 리더십 개발 프로그램으로 설계된 것이다. 코치를 만나자마자 그녀는 직속 상사가 지적한 부분에 대한 어려움과 자신의 고충에 대해 의논하기 시작했다. 그녀는 프리젠테이션하는 것과 자신의 요점을 상대에게 이해시키는 데 매우 취약했다. 이를 개인적인 문제로 보고 해결을 위해 프리젠테이션 기술 훈련을 찾아보라는 제안을 받았다. 그러나 이것이 이야기의 전부가 아니기에 코치와 함께 더 탐구해보고 싶다고 제안했다.

니콜라는 평소 프리젠테이션을 잘 만들고, 60명으로 구성된 팀에서 주장을 잘한다고 생각해왔다. 은행 운영부서의 고위급 동료들과도 어려움을 겪지 않는다고 생각했다. 어려운 상황은 은행 영업 부서 임원들이 참여한 회의에서였다. 그곳이 그녀가 프리젠테이션을 못 했다는 피드백이 시작된 곳이다. 영업부서는 은행에서 흥미진진하고 위험을 감수하는 곳이며 거래 파트인 반면, 운영부서는 거래를 처리하고 위험 관리, 감사 및 기록 보관을 담당하는 은행의 '지루한' 뒷방 부서라는 인식이 있다. 특정 금융 부문을 담당하는 영업은 사업 단위별로 조직되고, 해당 사업부의 영업 및 운영 임원은 정기적으로 팀끼리 만나 사업 진행 상황을 검토했다. 영업 임원들은 회의에

---

218) Clare Huffington. 「A contexualized approach to coaching」 『Executive coaching: Systems-psychodynamic perspective』 edited by Halina Brunning. 내용 가운데 사례 부분만 요약 검토한다.

서 운영 부서 임원이 그들의 요청에 반응하는 사람으로, 자신들은 리드하는 역할을 담당한다고 보는 경향이 있다.

니콜라는 회의에서 어려움을 겪었다. 왜냐하면 운영 부서는 특별히 위험 관리와 비용 절감 문제에 더 전략적이고 능동적인 방식으로 비즈니스를 수행하도록 권장받았기 때문이다. 은행은 금융 위기로 급격한 사업 붕괴와 감사 및 투자를 다루는 전문성에 대한 자신감 부족에 대해 걱정했다. 따라서 은행의 분위기에서 오는 압력이 컸고, 결과적으로 사업 수행 방식이 바뀌었다. 문제를 맞닥뜨리는 모험을 시작 단계부터 대응하고 구축하기 위해, 니콜라에게는 특정 행동 방침이나 다른 방침의 위험을 지적해야 했다. 이를 위해 영업 임원과의 회의를 활용할 수 있어야 한다는 점이 더 중요해졌다. 그녀는 이런 새로운 방식의 운영에 스트레스를 받았다. 왜냐하면 영업 임원들은 통제에 익숙하고, 능숙했기 때문이다. 그들은 그녀의 일을 자기들에게 허락받고 하게 하거나, 방해하는 존재였기에 화를 냈다.

조직의 환경적 압력 정보 외에도, 니콜라의 개인적인 어려움은 은행 내 집단 사이의 문제였고, 이에 대한 증거는 많다. 전통적이고 수동적 역할 대신에, 운영 임원이 뭔가 주장하면 영업 임원들이 반대한다. 니콜라가 보기에 그들은 다른 사람들의 돈으로 '도박을 하는 것'과 같은 불안을 관리하는 투자은행 사업 방식에서 오는 긴장의 한가운데에 있다. 은행은 위험을 감수하는 사람들과 그들을 관리하는 사람들 사이에 조직 분열을 만든다. 위험을 생각해 보면, 영업 임원들은 보통의 대담한 행동을 할 수 없게 만드는 불안에 감염된 것처럼 느낄 수 있고, 그로 인해 그들은 누군가가 반대하기를 원한다. 니콜라와 운영 부서에 이런 불안을 되돌릴 수 있다. 이것이 그녀가 '형편없는 성과'에 빠지게 되는데 영향을 줄 수 있다.

또 다른 차원은 니콜라가 은행에서 그녀의 위치에 있는 소수의 여성 가운데 한 명이라는 점이다. 영업 임원 가운데 그녀와 동등한 직위의 여성이 없었다. 그래서 이들은 고위층 여성에 대한 경험이 거의 없었으며, 특히 적극적으로 행동하는 여성들과 일해본 경험이 부족했다. 운영부서가 수동적으로 행동해야 한다는 그들의 기대는 은행에서 여성이 남성보다 일반적으로 또는 수동적으로 행동해야한다는 기대에 의해 강화되어왔다.

성차별 문제가 공개적으로 은행에서 논의되지 않기 때문에 불행히도 니콜라는 사람들과 직접적으로 이 문제를 탐구할 수 없다고 느꼈다. 이는 투자 은행에서 업무 중 성 차별에 대해 말하면, 이목이 집중되고 법원 사건이 이어질 것이라는 두려움 때문이다. 은행에서 정치적 올바름political correctness은 소송에 대한 많은 두려움으로 인해, 성에 대한 언급을 금기 주제taboo subject로 만들어 버렸다.

마지막 요점은 니콜라가 권위 있는 인물에게 자신을 주장하는 문제의 어려움에 관한 것이다. 그녀는 실수에 대한 두려움으로 권위 있는 사람에게 무엇인가 주장하기가 어렵다고 설명했다. 이런 감정은 어린 시절부터다. 일반적으로 그녀는 이런 상황에서 오는 불안을 관리할 수 있었지만, 영업 임원과는 그룹 사이 긴장의 특수한 부분과 조직적 측면이 있어서 그녀는 제대로 말하지 못했고, 형편없는 자기 표현self-presentation에 부딪쳤다.

니콜라의 문제를 탐구하고 나자 그녀는 개인적으로나 조직적으로 자신을 도울 수 있는 행동이 있다는 것을 알게 되었다. 개인 차원에서 그녀는 회의를 다르게 준비할 수 있었다. 그녀는 자기가 주장하려 하는 것이 영업 임원들을 불안하게 만든다는 것을 이해했다. 이것은 그녀에게 새로운 관점이었다. 그녀는 아이디어를 더 총괄적이고 문제가 적은 방식으로 제시하는 방법에 대해 생각할 필요가 있었다. 조직 차원에서는 유사한 다른 부회장들과 모임에서 자신의 경험을 점검했다. 그녀는 그들도 비슷한 문제를 갖고 있음을 발견했다. 사실, 동료들은 영업 임원들이 운영 부서의 변화하는 정책을 알지 못한다고 생각했다. 운영 부서의 부회장은 이런 이슈를 공유하고 어떻게 계획할지, 이전에는 해보지 않았던 공식적 회의를 그룹 차원에서 진행하기로 했다. 목표는 새로운 접근법이 효과가 있는지, 그리고 영업 임원들에게 어떻게 효과적으로 지원을 계속해야 하는지 은행 전체적으로 논의를 도모하는 자리이다.

니콜라가 관점을 전환하고 접근 방식을 바꾸자 성과가 크게 향상되었다. 또 부회장 그룹은 은행 전반에 걸쳐 더 광범위하게 논의했고, 정책 변경에 대해 영업 임원들에게 알릴 수 있었다. 결과적으로 사업 단위 회의가 훨씬 더 길어졌고 더 많은 대립을 겪었지만 더 협력적으로 되었다. 승진은 사업 단위 영업 임원들의 추천에 결정적으로 근거를 두었으므로, 이 점은 니콜라의 미래를 위해 중요한 것이었다. 그 해 말에 그녀는 책임자로 승진했다. 이후 영업 임원들은 처음으로 코칭을 요청하기 시작했고, 나는 그들이 더 큰 개인적인 불안을 경험하고 있기 때문이라고 생각했다. **업무 불안**이, 분열되어 니콜라가 근무하는 운영 부서 관리만의 문제가 아니라, 이제는 조직 전체에 걸쳐 더 공유되었기 때문일 수 있다.

이 예는 고객이 개인 경험을 조직적으로 읽도록 돕고, 자기 '문제'뿐 아니라 조직에 긍정적인 방식으로 영향을 주는 해결책에 도달하는 것을 도울 수 있는 방법을 보여준다. 니콜라는 코치와의 코칭 관계를 '제삼자'로 사용하여 자신과 조직 사이를 다른 관계로 협상할 수 있었다. 그로 인해 조직이 운영 방식의 변화에 대한 필요성을 인식하도록 도울 수 있다. 니콜라는 동료와의 회의를 통해 조직에 참여할 수 있고, 이로 인해 더 많은 조직의 변화가 있었다. 코치가 조직에 변화를 가져 오기 위해 직접 개입할 수 있을지에 대한 여부와 방법을 제시한다. 이제, '마음 안의 조직the organization-in-the-mind'이라는 개념을 좀 더 깊이 탐구해야 한다.

사례 예시 2.

식품 제조회사의 고위 관리자 이안Ian은 전략적 사고를 위한 역량 개발 이슈를 가져왔다. 그가 회사에서 더 높은 위치로 나아가려면 꼭 필요한 부분이다. 그는 글로벌 기업의 지역 매니저country manager로 일하며 매우 지적이고 유능했다. 이전에 다른 산업 분야에서 근무했고 그 곳에서도 매우 성공적이었다. 조직은 그에게 시스템 개발을 기대했다. 그러나 회사는 시장에서 어려움을 겪고 있으며 여러 가지 방법으로 작업을 재조직 중이었다.

잇따른 회의에서 이안Ian은 매번 스트레스를 받고 과부하에 시달리며 '생각하기'가 힘들었다. 동시에 그는 상대적으로 새로운 일에는 흥분이 되었다. 회사에 있으면 공황과 특정한 피로initiative fatigue가 높다고 이야기하고, 자신의 받은 편지함에 결코 해결할 수 없는 500여 개의 이메일이 쌓여 있다고 말했다. 그는 사업 환경에서 점점 더 혼란스러워지고 있어서 세부 사항과 운영 문제에 더욱 집중하게 되었다.

나는 혼란스러움을 느꼈고, 그를 돕기 위해 어떤 문제에 집중해야 되는지 구별할 수 없었다. 그러나 그는 모든 세부 사항에서 누락된 부분이 있을까 불안해한다는 사실을 발견했다. 그는 운영상의 많은 문제마다 각각 솔루션을 제공하기를 원했다. 그러나 이것이 그가 내 도움을 원했던 이유가 아니었다. 나는 자신에게 질문했다. "왜 조직은 위기 방식으로 운영되어야 하고, 직면한 상황을 생각해볼 시간을 전혀 갖지 않는 것 같은가?" 내 이런 느낌은 그의 경험을 반영한 것으로 보였으므로, 이안과 한 방에서 느끼는 내 경험을 성찰할 수 있는 것이 중요했다. 이는 고객의 마음속에 있는 조직the organization-in-the-mind에 대한 첫 번째 단서이다.

그 사이 나는 다른 고객을 위한 팀 데이team day를 운영하기 위해 그의 조직을 방문했다. 사무실 회의 테이블에 있는 회사 제품 한 더미, 사탕을 보았다. 회의에서 사람들이 얼마나 자주 먹었는지 느낌이 왔다. 한 직원이 농담으로 "엄마 젖입니다!" 라고 말했다. 아마도 임시 만족이나 안심을 위해, 자신들을 먹여 살리는 회사의 제품인 회사의 가치를 먹는다고 암시하는 것 같았다.

다음 회기 시작에서 이안은 외부 컨설턴트가 개발한 최신 전략 계획의 폐지와 상사와의 전화 회의에 관해 이야기했다. 상사는 그가 이전에 받았던 명령을 복제하거나 이전 계획을 취소하는 등 당황스러운 지시를 내렸다. 그는 이 조직이 '그날 벌어 겨우 먹고 사는hand-to-mouth' 존재이면서 동시에 모두가 위기로 인해 얼마나 좋은지를 설명했다. 이 점은 팀 회기에서 관찰한 '근근히 먹고 사는' 행동이 그의 이야기에 반영되었기 때문에 흥미로웠다.[219]

나는 관찰 내용을 고객과 공유했다. 식량 회사의 존재 이유raison d'être인 배고픔, 심지어 탐욕에 대한 기본적인 필요need가 조직 작동 방식에 어떻게 진행했는지에 대한 논의로 이어졌다. 성찰적이거나 계획적인 방식보다는 위기 개입 방식의 경향을 반영한다. 다음으로 우리는 조직 전체가 전략적 사고의 부재로 인해 겪은 어려움에 대해 논의했다. 우리는 이것이 이안만의 문제는 아니라고 결론내렸다. 이 시점에 이르자 이안은 자신이 원래 해석했

---

[219] 회사가 언제나 전략이나 방향이 없이 '큰일났다. 위기다'라며 날마다 땜빵하듯 영업하고, 겨우 월급과 조직을 연명하듯이, 이안은 코칭에 와서도 즉시 답을 원하고, 그때그때 걱정거리를 대처하듯 이야기하는 것으로 이해된다. 코치는 고객 이야기에 스스로 자문하며, 회사 방문 시 분위기에서 나름 조직문화-고객의 태도에 관통하는 '마음 안의 조직'을 감지한 것으로 보인다.

던 대로 이 조직에서 전략적 사고를 발전시키는 것이 매우 어려울 것임을 깨달았다.

우리는 전략이 실제로 회사에서 어떻게 결정되는지 분명 혼란스러웠지만 논의를 이어갔다. 이안은 전략이 회사에서 어떻게 결정되는지, 이 회사가 발전하기 위해 무엇을 해야 하는지 필요한 개념을 재구성해야 했다. 나는 그가 이를 위해 어떻게 해야 할지 알아낼 것이라고 믿었다.

이 사례는 여러 가지를 설명한다. 첫째, 고객의 생각을 발전시키기 위해 사용하는 데이터와 고객의 생각은 다양한 근거(고객이 말한 것과 말하지 않는 것, 고객의 외모와 느낌, 자신의 느낌과 행동, 코칭 회기 이외의 관찰)에서 비롯된다. 특히 당신은 조직을 방문할 수 있다. 이는 은유, 이미지, 꿈, 그림 등 모두 '마음속의 조직'을 드러내는 데 도움이 된다. 어떤 단서들은 달콤한 그릇이나 [입에 풀칠하듯 '손에서 입으로'] '근근히 먹고 사는 hand-to-mouth' 등과 같은 은유를 선물로 얻기도 하고, 다른 단서들은 교묘히 조작될 수 있다. 이를 위해 때로는 고객에게 자기 역할에 대한 그림을 그리도록 요청하기도 한다. 또는 고객에게 꿈이나 백일몽을 요청하는 것이다. 코치에게는 고객과 접촉할 수 있는 적절한 순간이 올 때까지 증거가 늘어난다는 느낌이 든다.

28장
조직 내 팀 코칭

집단을 코칭하는 것은 개인 코칭과 다르다. 그룹이나 팀과 함께 일하는 것은 코치에게 더 큰 부담이 된다. 각 개인이 자기 개인적인 이야기와 관심사를 가져오는 그룹이나 팀 자체가 나름의 이야기와 목표가 있기 때문이다. 집단 내 공모/유착은 물론 그룹 내 공모, 조직 내 다른 집단과의 공모/유착 등이 가능하고, 많은 전이와 역전이 등이 나타난다.

임원코칭 분야를 다루게 되면 우리는 최고 경영진 〈팀 코칭〉을 염두에 두는데, 이는 리더십 차원의 팀 코칭과 관련이 있다. **그룹과 팀의 차이**는 알렉상드르 뒤마Alexandre Dumas의 삼총사Three Musketeers에 나오는 유명한 맹세에서 가장 잘 설명되어 있다. "하나는 모두를 위해, 모두는 하나를 위해"이다. 호혜성reciprocity과 대인관계 신뢰는 그룹과 팀을 차별화하는 핵심 요소이다(Kets de Vries, 2011 [『The hedgehog effect』 부록 28 참조]). 또한 〈팀 코칭〉은 대체로 여러 조직이 아닌 한 조직 내에서 이루어진다(조직 간 팀의 경우. Schruijer, Vansina, 2008 참조).

이슈와 목표

〈팀 코칭〉은 문제 해결책을 찾는다는 점에서 부분적으로 촉진적 성격이 있지만, 정신역동 〈팀 코치〉는 팀 역동 안에서 팀과 함께 작업하고, 기능과 성과에 대한 관찰과 가설을 공개적으로 공유한다는 점에서 촉진적 수준을 넘어선다. 특정 단계에서는 대화를 개방하고 관리하지 않는unmanaged 상태를 유지한다.[220]

개인 코칭과 마찬가지로 기본적 아이디어는 팀 내 개인의 성과뿐만 아니라 팀의 집단 성과를 향상하는 것이다. 서로 다른 다양한 팀 유형[221]을 위해서는 코치가 팀의 기능과 구체적 사고방식/마음가짐에 대한 이해가 있어야 한다. 〈팀 코칭〉 시작 전에 팀 코칭 목표를 명확히 하는 것이 매우 중요하다. 정신역동 입장에서는 특히 팀 전체를 코칭 목표를 확정하는 프로세스에 참여시키는 것이 최선이며, 이것 자체가 팀 코칭의 첫 개입이다.

정신역동 팀 코치의 목표는 **무의식**의 팀 역동과 그들의 정서적 **저류**undercurrent에 대한 알아차림을 촉진하는 것이다. ①방어 극복에 의해, ②근본적인 이슈 해결과, ③팀이 정서적 유연성 개발과 ④대화를 위한 수용력capacity, ⑤성찰을 공유하는 데 도움을 줌으로써 성취된다. 팀은 미래의 이슈를 다른 누군가나, 다른 무엇의 도움 없이 스스로 해결할 수 있다.

---

220) 팀 코치가 일정한 회기 후 그간 팀 코칭 회기의 결과와 가설도 포함해 해석적 제공을 한다. 팀은 이를 수용 또는 저항하며 일정한 부분을 자기 동력을 바탕으로 활동할 수 있다. 때로는 코치 역시 팀을 신뢰하고 대화 동력에 의해 어떠한 이야기에도 개방적이거나 흐름대로 놓아두고 기다린다.

221) [저자 주] 다양한 팀이란, 안정된 팀, [생사가 걸렸기에 함께 일사분란하게 움직이는] '승무원cabin crew 팀', 상설 프로젝트 팀, 점진적 진화를 위한 팀, 가상 팀 등을 들 수 있다 (Clutterbuck, 2014 참조.『코칭 실천의 모든 것』). 본문에 있는 예시를 역자가 [저자 주]로 분리했다.

〈팀 코칭〉은 역기능적 집단 역동이 우세할 때 자주 고려된다(Kets de Vries, 2011).

- 대인관계 역동: 갈등, 정서적 어려움, 정서지능 개발.
- 한시적 이슈: 팀이 과거, 현재 및 미래의 강조점과 팀을 관리하는 방법.
- 핵심 프로세스 관리: 목표 설정 및 관리, 기능 분석, 혁신, 의사결정과 소통

(Clutterbuck, 2014, p.274)

가장 중요한 목표는 협조cooperation와 상호협력collaboration을 촉진하는 것이며, 이를 통해 최종 목표에 대한 개방성openness, 정직honesty 및 신뢰trust의 풍토를 조성해 개인과 팀 성과를 개선할 수 있다.

팀과 협력하기

시작 회기는 팀 코칭 '목표를 논의'하기 위해 모든 그룹 구성원이 꼭 참석할 수 있어야 한다. 이와 함께 팀의 각 구성원을 개별적으로 인터뷰해, 코치가 주제에 대한 아이디어와 관점을 수집하는 것이다. 코치는 팀을 구성하는 개별 인물personalities의 기본 인상basic impression을 파악할 수 있다. 코칭 과정에 참여하는 팀 리더들에게 이 초기 단계를 시작할 때 참여해 함께 과제 수행 할 것을 요청하는 게 일반적이다. 이 단계는 완전히 개방된 과정이 야기할 불안을 줄이는 데 도움이 된다. **분류/판단**diagnostic 인터뷰 라운드를 통해 코치는 첫 통찰과 가설을 개발하고, 이를 집단 전체와 공유하고 논의할 수 있다.

이러한 초기 단계와 인터뷰는 이미 팀 코칭 개입의 일부이다.

기밀성과 경계는 전체 팀의 문제이다. 팀 리더가 〈팀 코칭〉 과정의 일부인 경우 개인 문제 또는 개별 성과에 대한 기밀이 위협받을 수 있다. 가능하면 코칭이 시작되기 전에 이런 경계를 명확히 해야 한다. 팀원들이 체면이나, 평판 또는 자신을 위해 스스로 만든 이미지 손상을 우려해 개인적 인식, 관점, 아이디어를 공유하는 것을 두려워하기 때문에 이는 지속적인 토론 주제가 될 가능성이 크다. 개방성, 정직성, 신뢰가 주요 목표인 만큼 코칭은 팀원들이 개인의 정서적, 지적 기여와 그와 관련된 불안을 더 공개적으로 공유할 수 있도록 하는 데 초점을 맞춰야 한다.

열린 대화를 위한 몇 가지 개입을 소개한다.

- 테이블, 컴퓨터, 휴대폰 없이 원 안에 앉는다.[222]
- 팀원이 회기에 참석하면서 갖는 정서 경험을 공유하며 시작한다.
- 고향, 취미, 첫 직장, 최악의 직장, 형제/자매 수 등과 같은 개인 세부 사항에 대한 기본적인 질문에 답하여 개인 역사를 공유한다.
- 자신의 커리어 경로를 선택했던 순간이나, 가장 아름답고/어려운 경험 등과 같은 특별한 사건을 공유한다. 예를 들어, 자신이 되고 싶은 동물로 자신을 표현하거나, 개인-이야기나 자화상을 통해 자신을 제시하여 개인적인 이야기를 공유한다.[223]

---

222) 테이블을 사이에 두고 같이 앉거나, 기타 도구를 사용하기, 팀 코치 중심으로 회기를 진행하는 것이 일반적이라면 정신역동 팀 코칭은 집단 역동이 중요하기 때문에 이런 대형을 취한다. 한두 차례 초기 개입 후 집단 주도 흐름으로 진행하도록 지원하며, 이탈 조짐이 보일 때 개입한다.
223) 초기 저항이나 주저함, 분위기 형성을 위한 시도로 검토한다. 재미와 흥미에 몰입하게 하는 것은 긴장 해소에 도움이 되고, 재미/흥미 공간에 참여하며 자신이나 팀원의 새로운 면을 발견할 수 있다.

- 평가 결과(이를테면 360°) 또는 성격 테스트 및 결과(예: MBTI) 등을 서로 공유한다.
- 팀 리더부터 시작하여 팀에 대한 가장 중요한 기여와 팀의 이익을 위해 노력해야 하는 영역을 서로 확인한다.

이러한 실천은 **용기있는 대화**의 토대를 조성한다. '평소 이야기하지 않는 사람들과 이야기하지 않는 것을 이야기'하는 대화(공간)에 참여하는 것을 의미한다(Kets de Vries, 2011). 이런 용기있는 대화는 지속적인 개방과 정직성의 바탕이고 결과이다. 렌치오니Lencioni(2002)는 팀워크가 효과적이려면 극복해야 하는 **다섯 가지 역기능**을 확인했다. ①신뢰 부재, ②갈등에 대한 두려움, ③헌신 부족, ④책임 회피와 ⑤결과에 대한 무관심 등이다. 그의 프레임은 성과 압력을 받는 **역기능 팀**을 위한 팀 코칭 접근 방식을 고안하는 데 도움이 된다.

정신역동 관점에서 나는 두 가지 역기능을 더 추가한다. 이는 ⑥개인 수준에서 자기 성찰과 ⑦팀 수준의 자기 성찰self-reflection 부족이다. 후자는 조직 내부 및 조직 전체에 걸친 집단 간 관계를 살펴봄으로써 시스템 측면에 대한 반성을 포함한다. 학습된 내용에 대해 정기적이고 긍정적으로 구조화된 **공개 성찰**은 장기적인 성공을 보장할 뿐 아니라 개선의 혜택을 받을 추가 영역을 구별하는 데 도움이 된다.

〈팀 코칭〉은 정기 회의에 통합될 수 있으며, 정기회의 안에서 지정된 시간대에 진행되거나 자체적으로 수행할 수 있다. 시간이 지남에 따라 점진적으로 단계적으로 폐지되고 정기 회의에 통합될 수 있는 특별한 **팀 코칭 데이**coaching day로 시작할 수 있다.

(리더십) 팀을 코칭하는 것은 코치가 조직의 주요 문제와 무의식적으로 유

착/공모할 위험을 안고 있다. 특히 팀과 팀 코치 사이의 긴 코칭 과정에서 **관계가 발전**하고 개인을 **개인 수준**에서 서로를 잘 알게 될 때 더욱 그렇다. 여기서 코치 역시 빠질 수 있는 유혹은 ①팀이나 조직의 일원이 되거나 ②리더십 약점을 명분으로 리더의 역할에 발을 들여 놓는 것이다. 또 다른 **함정**은 ③기존의 조직 규범을 전복하려 하거나 ④팀을 위해 코치가 그들의 문제를 해결하기를 기대하는 의존적 상황에 빠지는 위험이다(Clutterbuck, 2014). 이러한 모든 상황은 수퍼비전의 지원을 받는 코치의 자기 성찰을 통해 팀과 공유[224]함으로써, 모든 상황이 팀과 일에 통합될 수 있다.

팀이 직면한 이슈에 따라 개별 코칭과 성찰이 추가 구성 요소로 더해질 수 있다. 이때 코치의 기밀성 확보가 중요하다. 개인 정보 보호의 경계는 팀 코치가 구성원을 개별적으로 코칭하는 환경에서 프라이버시 경계가 쉽게 깨질 수 있으며, 따라서 더 큰 주의, 관심 및 섬세함이 요구된다.[225] 팀 코치가 그룹, 개인 및 개인과 함께 그룹의 일부로 동시에 작업할 때, 집단 및 개별 작업의 균형을 잡아야 하는 까다로운 작업이다. 이러한 모든 상황은 수퍼비전의 지원을 받는 코치의 자기 성찰과 이런 통찰을 팀과 공유하는 코치를 통해 팀과의 작업에 통합될 수 있다.

---

224) 코치가 빠지거나, 빠질 위험이 노출되는 경우 이를 다양한 방식으로 팀에 공유하는 방식으로 팀 코칭의 성찰요소로 활용하는 것을 의미한다.
225) 팀 코칭 회기와 팀원의 개인 코칭을 순차적 진행이 아니라 동시 진행/병행 진행을 할 경우 코치는 더욱더 윤리적으로 미끄러운 비탈길에 서게 된다. 동시 진행의 경우 코치 팀의 역할 분담이 바람직하다.

[핵심 단어와 주요 인물]

- 그룹과 팀의 차이와 역할의 차이 이해
- 팀의 무의식 역동과 정서적 저류 이해
- 역기능적 집단 역동
- 팀 코칭 데이
- '용기 있는 대화'를 조성하기
- 팀 코치의 함정

[부록 28] 팀이란 무엇인가? 왜 팀인가?[226]

팀이란 무엇이며, 왜 팀인가?

팀에 대해 논의하기 전에 먼저 그룹과 팀의 차이를 살펴본다. 그룹/집단 group은 인식 가능한 단위, 클러스터 또는 집합을 형성하는 임의 수의 개인이다. 팀team은 상호 보완적인 기술과 능력을 가진 사람들로 구성된 특정 그룹이다. 팀에 속한 사람들은 공통의 목표를 달성하거나 그들이 서로에게 상호 책임을 지게 하는 임무를 완수하는 것에 맞춰진 높은 수준의 상호 의존성을 갖고 있다. 대부분의 그룹과 달리, 팀은 대체로 공통의 목표와 접근을 확정하기 위해 리더를 찾는 것과 공통의 목표와 접근을 구별하고 합의에 도달한다. 한 팀의 활동 결과는 각 구성원 개별이 아닌 전체 팀원들에게 영향을 미칠 것이다.

조직 환경에서 팀원들은 결과에 대한 책임을 공유하고, 제한된 기간 동안 함께 작업할 수 있다. 팀에 가장 효과적인 크기는 5명에서 12명 사이이다. 규모가 큰 팀은 더 많은 구조와 지원이 필요한 반면, 규모가 작은 팀은 구성원이 없을 때 강력한 토론에 참여하는 데 어려움을 겪는 경우가 많다(그룹과 팀은 상호 의존의 정도와 강도가 본질적으로 다르므로, 이 두 용어를 구별해서 사용한다.)

여기서 주의할 점으로, 잘 작동하는 팀이 작업 세계에 필수적이기는 하지만, 프로젝트를 위해 팀을 구성하는 것이 실제로 최선의 선택이 아닐 수도 있다는 것을 지적해 둔다. 일부 작업이나 프로젝트는 한 사람에게 할당하면

---

226) Kets de Vries, M. F. R. The hedgehog effect: The secrets of building high performance teams. (San Francisco, CA: Jossey Bass. 2011.) 인용과 관련 부분 요약

훨씬 더 효과적으로 완료될 수 있다. 그러나 업무가 상호 의존적이고 매우 복잡할 때, 팀이 기존의 단일 임원 기능single-executive functions을 수행하기 위해 개인 임원을 교체할 수 있다.

잘 작동하는 팀들이 이 새로운 업무 세계에서 얼마나 중요할 것인가를 주장한 이상, 우리는 대부분 팀들이 정말로 얼마나 효과적인지 자문해볼 필요가 있다. 우리는 (개인적인 경험을 통해) 많은 팀이 그들의 거래 총액을 충족시키지 못한다는 것을 알고 있다. 실질적인 연구는 이 점과 관련된 팀 작업의 이점에 대한 많은 주장이 현실보다 더 환상적으로 보인다는 것을 보여준다(참고: Hackman, J. R. (2002). *Leading Teams: Setting the Stage for Great Performances*. Boston, MA : Harvard Business School Press. Levi, D. (2007). *Group Dynamics for Teams*. Los Angeles, CA : Sage).

팀워크 관련 사람들의 부정적 경험에 의한 저주의 소리damning signifiers들이 많다. 예를 들어 "위원회committee는 개별적으로는 아무 것도 할 수 없지만, 집단으로서 모여서 아무것도 할 수 없다고 결정할 수 있는 사람들의 집단이다." "팀은 부적합한 사람들 중에서 선택하여 불필요한 일을 하려는 의지가 없는 사람들의 그룹이다." "팀은 뒷다리가 네 개인 동물이다." 너무나 자주 팀들은 너무 많은 시간과 자원을 흡수하고 허우적대며 긴장과 적대감의 빠르게 흘러내리는 모래가 된다.

승리 팀을 만든다는 것은 서로 다른 성격(인식, 요구, 태도, 동기, 배경, 전문 지식 및 기대)을 가진 개인들의 무리collection를 통합하고 효과적이며 전체론적인 작업 단위로 전환하는 것을 의미한다. 이는 꽤 어려운 일이 될 수 있다. 일부 성격 유형은 클릭해도 작동하지 않는다. 또 많은 다른 이유로, 어떤 사람들의 성격과 행동은 황소 앞에 빨간 천과 같다(참고: Kets de Vries, (2001). "Creating Authentizotic Organizations: Well-functioning

Individuals in Vibrant Companies." Human Relations, 54 (1), 101-111).

> 당신은 팀의 일원인가 아니면 그저 어떤 한 무리에 소속된 것인가. 다음 질문에 답하라.
>
> 1. 당신과 함께 일하는 사람들은 공통의 목표를 달성하기 위해 또는 상호 책임을 지는 과업의 완료를 위해 높은 수준의 상호 의존성을 가지고 있는가? [Y/N]
> 2. 당신은 상호 보완적 기술과 능력을 가진 사람들이 함께 모여 협력하는 그룹에 속해 있는가? [Y/N]
> 3. 당신의 활동 결과가 당신뿐만 아니라 당신과 함께 일하는 다른 모든 사람에게 영향을 미치는가? [Y/N]
>
> 이러한 모든 질문에 예라고 대답했다면 대부분 팀의 일원일 것이다.

역기능 팀의 어두운 면

힘센 사자, 당나귀, 여우가 함께 사냥을 나가기로 했다. 그렇게 하면 그들은 각자 혼자 사냥하는 것보다 훨씬 더 많은 것을 얻을 것으로 생각했다. 그들이 옳았다. 저녁 무렵 엄청난 양의 식량을 모았다. "맞아." 당나귀가 말했다. 그리고 그는 그것을 세 개의 동일한 더미로 나누었다. 사자는 당나귀가 한 일을 보고 "이게 뭐야?" 당나귀에 올라타 그를 죽이고 잡아먹었다. 그런 다음 그는 여우에게 "이제 음식을 나눌 차례다." 여우는 당나귀보다 정서지능이 더 뛰어났다. 그는 아주 큰 더미와 아주 작은 더미 두 개를 만들었다. "흠." 사자가 큰 더미를 끌어당기며 말했다. "누가 너에게 그렇게 잘 나누라고 가르쳤어?" "아마 당나귀일 겁니다." 여우가 대답했다.

직장에서 **역기능적 역동**을 쉽게 볼 수 있다. 그것은 명시된 목표가 실제 목표가 아닌 팀이나 모호한 목표를 가진 팀 또는 빠르게 우선순위를 변화하는 팀을 지배한다. 우리는 역할 갈등과 모호성, 해결되지 않은 명시적 및 은밀한 갈등, 취약한 시간 준수와 결근 등으로 가득 찬 팀에서 역기능적 역동을 볼 수 있다. 마감을 해낼 수 없는 팀, 경직되고 의례적인 회의, 고르지 않은 구성원 참여, 터널 같은 시야, 조직 전체의 이익에 대한 무관심, 자원, 기술, 지식 및 책임 부족 등 이런 팀에는 진정한 공동성, 협업 또는 조정 기능이 없다. 이들은 모두 팀워크가 나쁘다는 평판을 듣는 팀이다.

고도로 기능 장애가 있는 팀은 전염병과 같다. 교활한 영향을 미치고 독성 환경toxic environment을 조성한다. 팀 구성원 간의 경쟁 감정은 서로의 업무를 방해하고, 정당하지 않은 비판과 정보를 보류하는 결과를 초래하며, 팀의 적절한 기능을 파괴하고 신경증적 조직을 만드는데 기여 할 수 있다(참고: Kets de Vries, M.F.R. and Miller, D. *The Neurotic Organization*. (San Francisco, CA : Jossey - Bass. 1984) *Unstable at the Top*. (New York : New American Library. 1987).

이러한 모든 활동은 매우 미묘하게 진행된다. 이렇게 행동하는 일부 사람들이 개인적으로 부당한 대우를 받는다는 느낌에서 그렇게 행동하고, 이것을 정당하다고 느낄 수 있다는 사실로 인해 상황은 더욱 악화한다. 터무니없는 공정한 절차나 형평성 이론이 이를 더욱 조장한다. 그러나 이러한 행위는 교활하고 비합리적일 수 있지만 조직과 구성원에게 큰 피해를 줄 것이다.

당신은 팀 킬러team-killers에 의해 포위되어 있는가? 질문에 Y/N로 답하라.

- 팀이 모호한 목표/우선순위 변경으로 인해 어려움을 겪고 있는가?
- 팀원들 사이에 잘못된 합의가 있다고 생각하는가?
- 팀에서 해결되지 않은 분명한 갈등 문제가 있는가?
- 당신의 팀은 결론에 도달하는 것이 어렵다고 생각하는가?
- 석회화처럼 경직된 회의가 특징이다(즉, 늦게 오거나 도착하지 않은 사람들?).
- 팀이 불균등한 참여로 어려움을 겪고 있는가?
- 팀원들이 서로에게 책임감을 느끼지 못하는가?

대부분의 답변이 Yes인 경우 팀은 많은 문제가 있거나 심지어 팀이 아닐 수도 있다.

프랙티스 3부
코칭 종결

모든 코칭 관계는 정확한 회기 수가 미리 결정되어 있든, 진행을 자유롭게 열어 두었든 시간 제한time-limited이 있는 노력이다. 코치와 고객이 서로 작업이 끝났다는 데 동의하거나 합의하는 순간이 온다. 이때 코치에게 해야 할 중요한 질문은 (예산 제한으로 인해 고객이 코치의 도움을 받지 않더라도) 고객의 성장/발달을 지속할 수 있는 방안을 충분히 확인할 수 있는가이다. 또 코칭 과정 중 상황이 변화했거나, 고객이 중간에 코칭 종결을 시도할 때 이는 코치와 고객 관계에 부정적인 영향을 줄 수 있다. 이에 대해 어떻게 해야 하는가.

29장
코칭 관계 종결

종결 준비

코치의 임무 가운데 하나는 **최종 검토 과정**을 **준비**하는 것이다. 먼저 고객이 [종결을] 원하는 경우 경험, 목표, 업적, 중요한 통찰, 절망과 행복의 순간 및 감정 변화를 검토하도록 고객을 초대한다. 둘째, 코치는 자신의 메모, 시작했던 작업가설, 관계의 전개와 고객의 변화, 그리고 이 과정과 관계 종료 시 자신의 감정에 대해 곰곰이 생각하면서, 최종 검토 과정을 신중하게 준비해야 한다.

검토 대화 review conversation 에서 **고객**은 자기 관점을 공유하고, 코치는 이에 반응하며 다른 대안적 관점으로 확장하거나 이에 기여할 수 있다(Sandler, 2011, 『정신역동과 임원코칭』 김상복 옮김). 좋은 마무리는 **성공을 축하**하고 업적에 대한 긍정적인 감정을 공유하지만, 실망과 분노 및 기타 **다른 결점의 순간도 공유**한다. 되도록 많은 감정을 말로 표현하여 코칭 룸에 아쉬운 미련이 남지 않도록 해야 한다.

고객이 조직인 경우 첫 번째 과제는 조직 고객과 함께 검토 과정을 준비하고, 코칭 목표와 성과를 검토한 뒤 조직 대표와 공유할 내용을 숙고하고 합의하는 것이다. 개별 고객의 변화된 사항과 행동 변화를 어떻게 관찰할 수 있는지 스스로 예시를 준비해야 한다. 궁극적으로 코칭 과정을 통해 어떤 이점을 얻었는지 설명해야하는 것은 **개인 고객** 자신이다.[227] 필요한 경우 추가 개발 문제를 논의할 수 있다.

목표, 성공의 정의, 성과에 관한 인식은 시간이 지남에 따라 변할 수 있다. 이에 대해 고객과 코치 및 조직의 관점은 다를 수 있다. 코치는 다양한 의견의 균형을 맞추고, 상충되는 긴장을 염두에 두는 동시에, 상이한 이해관계를 존중하고 그들이 속한 환경에서 이를 해결할 수 있어야 한다. 가능하다면 최종 과정에 공개적으로 통합되어야 하지만, 고객의 모든 개인적 성취를 조직 대표와 공유할 필요는 없다.

관계 종결에서 오는 정서

관계가 끝나면 다양한 정서 상태가 [새로이] 나타날 수 있다. 코칭이 성공적이어도 관계의 끝은 언제나 긍정적인 의미만 함축되지 않는 경우가 많다. 고객이 자신의 취약점을 공유하고 코치가 정서적으로 관여된 관계 안에서, 강렬한 상실감, 슬픔, 애도의 감정이 드러난다. 이런 느낌은 코칭 과정에서

---

227) 코칭 주체인 고객은 자신이 주체로 참여한 코칭 과정과 결과에 대해 스스로 정리하고 있는가, 성취하고 가능한 변화 결과를 예시를 통해 보여주고 있는가, 이런 구체적 '사항'을 코치와 조직에게 설명할 수 있는가 등 코치가 이런 관심을 갖고 종결 회기를 운영해야 한다.

자연스럽고, 최종 회기에서 통합되고 반영되어야 한다.

조기 종결은 대부분 불쾌하며 여러 이유로 발생할 수 있다. 자금 지원이 갑자기 철회될 수 있고, 고객이 코칭 또는 코치를 거부하거나, 점차적으로 [천천히] 중도 하차할 수 있다. 조기 종결은 코치에게 이중적인 과제를 안겨준다. **코치**는 성공적인 코칭 관계를 마무리할 때와 동일한 수준의 적절한 **주의**와 **전문성**으로 이 코칭 관계를 종료해야 한다(가능한 경우). 반면에 코치는 상실과 관련된 자신의 감정뿐만 아니라 분노, 자기 의심, 수치심, 혼란, 짜증과 같은 실패도 **처리해야 한다**. 조기 종결은 코치에게 중요한 **학습 경험**을 제공한다. 코치가 자기 실수, 잘못된 판단과 행동을 인식할 수 있는 능력이 있어야 한다. 정직과 자기-자각이 가능하다면, 동시에 코치가 코칭 과정에서 어떤 요소가 통제할 수 없는 수준이었는지 이해하는 것도 중요하다(Sandler, 2011).

마지막에는 결국 다른 감정들이 **의존성**에 집중될 수 있다. 건강한 의존성은 개인 개발 과정의 자연스러운 측면이다. 고객은 정서적으로 개방적일 뿐만 아니라 내면의 갈등과 짜증의 어려운 순간에도 코치와 그들의 판단, 〈담아주기〉및 애착에 의존한다(Sandler, 2011).

고객의 목표는 자신 안의 **내부 코치**inner coach를 개발하는 것이다. 내부 코치는 시간이 지남에 따라 스스로 자생적인 지속 가능한 확언affirm, 안내와 지원 활동이 지속될 수 있는 역할을 하고, **자율**과 **독립**으로 이어지게 한다.

명백한 것은, 너무 강한 애착이나 의존성은 **언어화하고**, 토론하고 발달 과정의 일부로 구성되어야 한다. 그러나 애착과 의존성은 일시적인 특성일 수 있으며 곧 고객에게 중요한 통찰을 제공할 수 있다.[228]

---

[228] 특정 기간 경험한 코칭 관계에서 의존성이나 애착 현상이 나타난 요인은 무엇인가?

[핵심 단어와 주요 인물]

- 종결 준비_검토 대화
- 내부 코치와 독립 항해
- 조기 종결에 대한 대처
- 성과 정리와 지속을 위한 계획
- 애착과 의존성 관리

[부록 29-1] 종결에 관하여

코칭 회기 구분 및 주요 과제와 종결 세션 과제

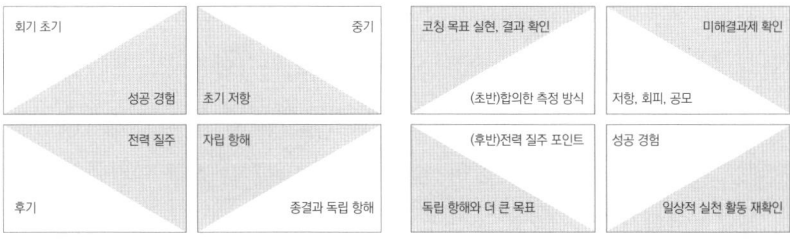

코칭튠업21(2017) 김상복 재정리

코칭 회기 관리는 첫째, 여정(항해)의 길이와 간격에 의해 영향받는다. 둘째, 회기 진행의 지속성, 정기성을 얼마나 튼튼하게 유지하느냐이며, 셋째로는 그러면서도 코칭 진행이 고객의 특성과 조건을 감안한 개별 맞춤 설계를 반영하는가 등이 관건이다. 횟수나 기간이 한정된 코칭 계약이기에 코치는 그 진행을 대체로 초기, 중기, 후기로 가늠할 수 있다. 그에 따른 기본 과제를 성공 경험 축적, 초기 저항과 함께 구르기, 또 후기에 들어서는 고객이 자신의 코칭 목표를 향한 전력 질주에 돌입하게 하는 데 두는 것이 중요 초점이다.

후기에 들어와 코칭 계약상 종결 시점을 가늠할 수 있을 때쯤 고객은 이후 재계약, 또는 계약 연장 여부, 코칭 종결 의사를 확인해야 하고 코치는 특별히 '종결 회기'를 준비하는 것이 대단히 중요하다. 종결 준비에 코치의 초점은 당연히 고객이 코칭 종결 후 자신의 목표, 목표 너머를 향해 '독립 항해', '단독 항해'할 수 있게 엔진 점검과 정비에 맞춰져야 한다. 먼저 코칭 목표가 실현되었는가, 그 결과는 본인이나 이해 당사자가 충분히 파악할 만큼 분명한가, 조직 고객의 경우 결과 달성 여부를 측정할 수 있는 측정 방법에 합의해 두었다면 그 측정 방식에 의해 결과 달성 여부가 검토되어야 마땅하다. 목표 달성이 확인된다면 종결 회기를 계기로 더 큰 목표에 도전할 수 있게 목표 설계를 추가한다. 코칭 과정에서 새롭게 발견된 고객의 자원 활용을 극대화하는 방안, 새로이 추가할 만한 루틴 추가, 코치가 제안할 만한 더 효과적인 방안 제안 등이다. 목표를 달성했다 할지라도 새롭게 알게 된 고객의 미해결 과제, 목표 달성을 지연하게 했거나 목표 수정이 불가피했던 고객의 저항이나 회피 등이 성찰 된다면 이 또한 종결 회기에서 검토가 불가피하다. 이런 점으로 종결 회기는 주어진 시간이 추가되거나 사전에 예고해둘 필요가 있다. 이는 고객과의 첫 회기가 안내와 평가, 목표 설계 등으로 시간 연장이 필요했을 경우와 유사하다. 이상이 일반적인 코칭 관계에서 코치가 대처해야 할 기본적인 내용이다.

그렇다면 정신역동 코칭에서 추가로 검토하거나 유념해야 할 종결 과제가 있다면 무엇인가? 물론 목표에 대한 중간 조정, 달성 부족과 실패, 고객의 회피와 저항 등은 모든 코칭에서 다 볼 수 있으며, 두 사람의 상호 의존성이나 애착관계 형성, 종결에 대한 저항이나 조종 행위 등이 정신역동 코칭 만의 특성은 아니다. 그러나 무의식 역동, 성격적 특성, 개인과 시스템 동시접근, 관계와 정서에 주목하는 개입 등 정신역동 코칭의 특성은 종결 회기와 관련해 더욱 민감한 성찰과 대응 필요한 것이 사실이다.

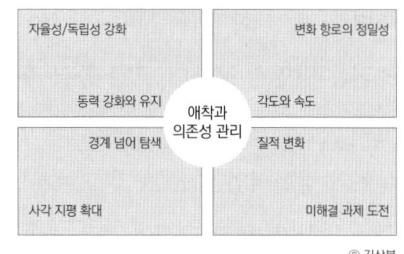

종결회기가 다가오면 몇 가지 반응을 예상할 수 있다. (1) 전혀 새로운 주제를 제기한다. 경우에 따라서는 절실성과 시급성이 드러나는 주제일 수 있다. 또 이 주제가 사실상 진짜 이슈일 것이라는 전제를 앞세우기도 한다. (2) 스케줄 때문에 자연스럽게 연기를 요청하거나 그럴 만한 사유가 발생한다. 당연히 (3) 몸이 아프거나 사건이 생길 수 있다. 어찌된 일인지 '우연'으로라도 그럴듯한 일이 발생한다. (4) 코치나 코칭에 비판이나 실망을 드러내기도 한다. (5) 사실상 종결 회기가 한 회기로 끝나지 않을 수 있다.

코치가 이런 예상되는 내용을 사전에 충분히 학습했다면, 회기 과정에서 어느 정도 예상되거나, 종결을 앞두고 드러나는 다양한 상황에 유연하게 대처할 수 있다. 어떠한 경우라도 모든 일은 두 사람이 함께 걸어온 코칭 여정과 연동된 것이며, 함께해 온 코칭 관계의 산물임을 잊지 말아야 한다. 코칭 주체가 보이는 행동 패턴이 과거의 반복이라 할지라도 이를 그의 문제로 미뤄서는 안 된다. 오히려 충분히 그 같은 행동을 드러내는 기회를 갖게 해야 한다. 이를 통해 코치가 새로운 시각 지평을 확대할 수 있게 반영해야 하며, 그의 미해결 과제를 위한 새로운 도전에 임하는 계기를 갖게 해야 한다. 또 그간 설계된 변화 항로를 더 정밀하게 다듬는 기회로 만들어야 한다.

이로 인해 갖게 되는 코치의 어려움은 코칭 수퍼비전 관계에서 해결함이 마땅하다. 오히려 이처럼 눈에 보이는 경우로 드러나지 않을 수 있다. 계약을 조기 종결하거나 알 수 없이 사보타지하듯 코칭 회기 간격을 늘리거나 중심 주제에서 벗어난 영역으로 안내하는 등으로 코칭을 '좋은 경험'에 가둬두는 것이다. 물론 이는 종결에 즈음한 반응이 아닐 수 있다. 그러나 종

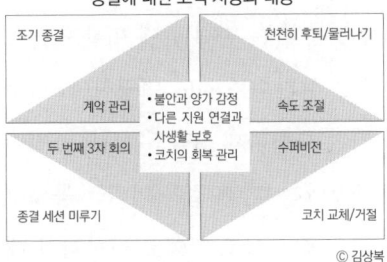

결 관점에서 보면 일종의 '강제 종결'에 해당한다.

즉 종결 관점에서 전체 회기를 되돌아 보며 '회기 관리'에 대한 성찰의 눈으로 점검하는 것이 필요하다.

[부록 29-2] 길을 걸으며 함께 배우기

코칭 주체와 오랜 기간 함께하고 종결 회기 후 되돌아오면서 코치는 대체로 상념에 젖는다. 인생의 한 모퉁이를 함께했지만 '한 세계'를 만나고 헤어진 것이고, 내면의 진심과 진실을 나눈 '사건' 경험이기에 여운은 쉽게 털어버리기 어렵다. 경우에 따라서는 '종결 회기'를 하기보다는 '조만간 다시 자리를 마련하자는 제안'으로 종결을 봉합하는 경우라도 이 같은 여운에 잠기지 않을 수 없다. 그에게 최선을 다했는가. 그는 충분히 자신을 활용했는가. 그가 마음껏 활용할 수 있게 과연 나는 지긋이 부드러웠는가. '초연한 내맡김gelassenheit'에 머물렀는가.

분명한 것은 '함께 걸음'은 곧 함께 배우는 여정이다. 코칭에서 '가르침 없는 배움'은 함께 걷는 여정에서 두 사람 모두에게 일어난다. 우리는 앎을 다투기보다는 이미 '알고 있는 앎'을 공유함이 마땅하다. 이제는 타인의 앎을 탐내는 시절은 지났다. 알고 싶은 것이 있다면 누구와도 잠시 동행하며 같이 앎을 찾아가는 것이요, 알지 못하는 것은 잠시 멈춰 함께 머물며 서로의 내면에서 올라오는 것에 주목하고, 서로 살펴주는 것이 마땅하다. 바로 '걸으며 함께 배우기'이다. 이런 성과가 가장 투명하게 집약되는 것, 그것이 코칭의 '가르침 없는 배움'이다. 이것의 내포에는 '함께 걸음'이라는 동행만이 만들어내는 요소가 있다. 바로 동행 과정에서 서로 깎이고 덧붙이기 때문이다. 때로는 이것이 발걸음을 비틀거리게 하거나 횡설수설하게 할지라도 이 모든 것은 그 사람과 그 동행의 여정만이 만들 수 있다.

코치는 코칭 주체와 함께 걸으며 반드시 '의도'하는 것이 있다. 바로 그 내면에 내부 코치inner coach가 자리 잡게 하는 것이다. 내부 코치를 품고 홀로 걷는 길은 문제에 직면하면 질문을 만들고, 자기 자신에게 질문하고 답을 경청하는 질문 생활의 길이다. 어려움과 고군분투하며 코치가 제공했던 격려와 지지를 기억하고 자신에게 제공하는 '자기 존대'로 평정에 머물고, 발휘해보지 못한 자신의 잠재력의 갯벌을 간척하는 웅대한 계획을 실천하는 삶이다. 이런 생활이 그 자신 안에 있는 내부 코치와 함께 하기에 든든한 것이 된다.

반면에 코치 역시 이 여정에서 '성찰'의 손을 놓지 않았다면 내면에 내부 수퍼바이저inner supervisor를 키울 수 있다. 그가 평소 수퍼비전 관계를 병행하지 않았다면 그 수퍼바이저는 불철저하며, 스스로 만족스러운 수준을 조각彫刻하고 소조塑造하기까지는 시간이 상당히 걸릴 것이다. 코치가 코칭 주체의 대응에 자기도 모르는 방어와 저항하거나, 홀로 하는 역전이 성찰의 한계 때문이다. 그런데도 함께 걸으며 함께 배우는 여정은 서로가 서로에게 가르침 없는 배움의 최대치를 제공하기에, 두 사람은 모든 '것', '곳', '때'에서 스승의 모습을 볼 수 있는 민감성을 갖게 만든다.

30장
훈련, 최선의 실천과 윤리

코칭은 모든 것에 다 통하는 만병통치약이 아니며 정신역동 코칭은 더욱 그렇다. 또 정신역동 접근이 모든 코치(및 고객)에게 적합한 것도 아니다. 철저한 정신 역동 이론과 함께 실전 훈련과 경험, 수퍼비전, 자기 실천에 대해 지속해서 성찰하려는 의지가 필요하다.

일부 코치는 더 ①실용적인 솔루션 지향 기술, ②인지적 접근 방식 ③구체적 비즈니스 경험과 자기 확신conviction과 신념을 적용하는 코칭을 선호한다. 정신역동 코칭이 지닌 끊임없는 질문, 반성 및 자기 성찰은 그들의 행동과 솔루션 지향적 태도에 걸림돌로 작용할 수 있다. 코칭 전문직으로 전직하려는 오래된 관리자들에게 이것은 어려운 점이 될 것으로 보인다.[229]

다른 심리치료(Roberts & Jarrett, 2006)와 비교하여 정신역동 심리치료의 효과에 관한 많은 연구와 추론을 정신역동 코칭 분야로 확장할 경우, 성공 여부는 아래 사항에 달려 있다.

---

[229] 이런 경우 정신역동 코칭, 정신분석 코칭을 선택할 필요가 없다는 점을 분명히 해야 한다. 융복합적인 발전을 거듭하는 코칭 분야는 이론적 경향과 근거는 매우 다양하고 선택의 폭이 넓다.

- 코치와 고객 관계의 질, 고객이 얼마나 안전하고, 잘 이해well-understood하고 느끼는지 여부
- 코치가 좁은 틀을 엄격하게 고수하기보다 폭넓은 인식과 개입을 이끌어 낼 수 있는 정도
- 신중하고 창의적이고 지속적인 성찰과 교류 과정을 통해 제공되는 개입의 질적 수준

(Leuzinger-Bohleber, Stuhr, Rtiger, & Beutel, 2003)

이런 요소는 내적 발달 과정을 촉진하고, 고객이 코칭이 끝나면 자기 자신을 지원할 수 있는 '내부 코치'를 개발하도록 돕는 경험이 된다.

좋은 코칭의 요구 사항

정신역동 이론 습득과 지속적이고 철저한 실천 훈련은 좋은 코칭을 제공하는 데 필수이다.

- 효과적인 코칭 관계 구축
- 고객과 코치의 진정한 헌신과 성공
- 명확한 계약
- 비밀 의제가 없는 코치와 고객 조직의 정직성
- 적절한 작업 경계(모든 문제를 해결해야하는 것은 아님) [분류/판단 작업 필요]
- 코치의 적절한 역할 경계

- 고객을 위한 효과적인 성장 촉진
- 코치가 고객에게 의존성을 갖게 하는 코치의 **잠재적 요인**에 대한 알아차림
- 코치 **자신의 한계** 부분에 대한 인식(자기 성찰 및 자기 관리)
- 조직과 상황을 사고하고 인식하는 방법과 광범위하고 유연한 개입 레퍼토리
- 공식, 비공식 수퍼비전으로 자기 작업에 대한 정기적인 검토

(Roberts & Jarrett, 2006)

윤리적 요구 사항

기본 윤리 기준 준수의 중요성은 자명하다. 그런데도 전문적인 코칭 조직(ICF, IAC, EMCC, AC, APECS 등)은 자기 입장을 명확히 하는 행동 강령과 윤리 기준을 갖고 있다. 조직 내 윤리 기준은 유사하다.

- 고객(또는 자기)에게 해를 끼치지 말아야 한다.
- 코치로서 자신의 권력과 지위를 부당하게 이용하지 않는다.
- 이해 충돌을 회피하고, 발생하는 경우 투명하게 역할과 경계를 구분한다.
- 기밀유지와 경계 유지와 이를 위한 관리
- 고객, 고객의 유익은 물론 법을 존중한다.
- 고객에게 고의로 거짓말하지 않는다.
- 직업적 전문가와 사적 개인 관계의 경계를 넘지 않는다(특별히 이중 또는 다중관계를 맺지 않는다).

- 고객과 성적인 관계를 갖지 않는다.

(Brennan & Wildflower, 2014, p.430)

다음은 부적절하거나 비윤리적인 코칭 실천 사항이다.

- 고객의 이익을 보지 못하거나 자신의 이익을 우선시하는 경우
  - 부적절한 자기 성찰/관리, 실수를 인정하거나 도움이 되지 않는 행동을 수정하지 않음
  - 자신에게 질문 없이 자기 관점, 가치관, 고정관념 및 편견에 집착
  - 필요한 경우 고객을 더 적합한 코치 또는 심리치료사에게 소개하지 않음
  - 코치를 계속할 필요가 없는데도 재정적 이익이나 고객을 잃을까 봐 두려워 고객을 붙잡아 두기
- 코칭이 조직에서 자기 목적을 위해 도구화되도록 허용하기[또는 모른 척 하기]
- 철저한 훈련과 수퍼비전 없이 작업하기, 특히 코치와 고객 모두 적절하게 준비되지 않은 상태에서 작업하며, 정신적 '판도라 상자 Pandora's Box'를 [준비 없이] 열기
- 코칭 결과를 보증하고 제공하기 위해 자기 능력 일부를 고객 유지나 안심을 위한 수단으로 왜곡하는 행위
- 고객 문제에 정서적으로 관여하고, 자기 필요에 따라 간접적 또는 부주의하게 무심코 고객을 조작하는 경우

(Brenann & Wildflower, 2014)

마지막으로, 〈정신역동 코치〉라는 타이틀과 자격에 대한 보증과 질적 수준을 확인하는 공식적 자격 제도가 없다. 따라서 전문 코칭 조직의 윤리 기준을 준수하는 것은, 이 타이틀의 오남용을 배제하고 배경과 경험에 대한 정직성과 투명성transparency을 확인할 수 있는 최소한의 요구이다.[230]

타이틀을 사용하기 전에 얼마나 정신역동 훈련을 해왔는지 또 얼마나 더 필요한지에 대한 근본적인 질문에 대한 답은 여전히 남아 있다.

이 책은 가장 중요한 이론적, 실제적 요소에 대한 개요를 제공하는 것을 목표로 한다. 그러나 이론이 정신역동 접근 방식의 가장 중요한 요소를 대체할 수 없다. 고객과 자신과의 작업에 대한 지속적인 반성, 모든 고객과 매 시간마다 코칭을 통해 스스로 개선하려는 최대한의 정직함과 의지로 자신에 대해 성찰해야 한다.

[핵심 단어와 주요 인물]

- 좋은 코칭을 위한 최소한의 윤리 기준
- 윤리 기준의 기본사항
- 코칭 윤리와 정신분석 윤리
- 비윤리적 코칭 실천
- 교육 및 훈련 활동에서의 코칭 윤리

---

230) 정신역동/정신분석 코칭은 코칭 윤리와 정신분석 윤리를 모두 검토하며 자신의 윤리적 성찰을 지속해야 한다.

[부록 30] 코치 교육과 훈련 관련 윤리적 문제[231]

공공 영역과 사적 영역 모두에서 코치 교육과 훈련 프로그램을 개발하고 실천하는 일은 상당한 수준의 책임감 있는 일이지만 일정 정도 평판도 얻는다. 그러나 이런 프로그램의 체계적인 평가가 부족하다는 사실[232]은 제공되는 강좌의 품질 보증에 더 많은 영향을 미친다. 우리는 일부 전문 코칭 기관에서 실시해온 인증 메커니즘이 1등급의 품질을 보증할 수 있음을 인정하지만, 이것이 곧 코치 훈련 및 교육을 설계하고 수행하는 데서 발생할 수 있는 다양한 윤리적 문제들로부터 교육 설계자와 제공자를 보호하는 것은 아니다.

이 글의 핵심 주제는 다음과 같다. 학문적 엄격함과 실제적인 적용 사이의 균형, 지식의 '관리자custodian'로서 트레이너, 강사의 권력에 대한 민감성, 학습 목적을 위한 비밀보장의 경계 등이다.

학문적 엄격함 대 실제적인 기술

이 장에서는 윤리적 색채를 지닌 질문을 제기하기 위해 코치 훈련과 교육 프로그램의 성격을 살펴본다. 코칭 프로그램이 이론 지식이나 실제 적용을 어떻게 촉진해야 하는가? 코치 훈련과 교육에서 학문적 엄격함과 전문 기술 개발 사이에 균형은 어떻게 유지해야 하는가? 더 구체적으로 고등 교육

---

231) Ioanna Iordanou, Rachel Hawley Christiana Iordanou. *Values and Ethics in Coaching*. (London: SAGE) 제9장 Ethical Issues in Coach Education and Training. 부분 발췌 요약.

232) Devine. M., Meyers, R. and Houssemand, C.(2013) 'How can coaching make a positive impact within educational settings?' *Procedia: Social and Behavioral Sciences*, 93:1382~9

은 직업적인 실습에 초점을 맞추어야 하며, 직업 교육은 학문 이론이 풍부해야 하는가? 이 질문을 자세히 살펴보자. 고등 교육 기관에서 제공하는 코칭 자격증을 생각해보자. 철저한 학업 성취를 목표로, 이 프로그램의 우선순위는 학술적 이론과의 중요한 관련성과 실제 적용에 대한 연구에 중점을 둔다. 그러나 이를 통해 얻는 자격은 학습자, 잠재적인 고객, 그리고 수여하고 인증하는 기관에서 프랙티스를 하는 라이센스로 인식할 수 있다. 이때 이론의 실제 적용이 단지 프로그램의 작은 부분일 경우 그러한 자격을 부여하는 것이 직업 교육에서 과연 윤리적인가? 반대로 실제 훈련을 전제로 하지만 코칭 실습을 뒷받침하는 원칙을 이해하기 위한 개념적 틀을 제공하는 관련 이론은 활용하지 않으면서도 실천 훈련에 중점을 두고 코칭 자격을 주는 것은 과연 윤리적인가?

이는 코치 교육과 훈련의 설계와 수행 시 고려해야 할 중요 사항이다. 우리는 코치의 전문성 개발을 위해 이론과 적용된 연구 및 양질의 기술 공급 간의 시너지를 최우선적으로 해야 한다고 생각한다. 이를 위해 연구자-프랙티셔너scholars-practitioners 모델의 중요성에 대한 그랜트Grant와 카바나Cavanagh(2004)의 주장을 지지한다.[233] 연구자-프랙티셔너 모델은 '실천 활동 중심 코치'가 증거 기반과 이론에 입각한 연구에 참여함으로써 유익을 얻을 것이라는 견해를 갖는다. 코치가 개인과 대인관계와 조직적 상황에서 나타나는 몇 가지 복잡한 문제가 지닌 '코칭 실천의 복잡성'으로 인해 연구자-프랙티셔너 모델은 코치 교육 분야의 학습과 훈련에 특히 적합한 방법이라고 생각한다. 이는 확립된 학문 이론에 대한 비판적 성찰과 가능하다면 경

---

[233] Grant, A.M. and Cavanagh, M.J. (2004) 'Toward a profession of coaching: Sixty-five years of progress and challenges for the future', *International Journal of Evidence Based Coaching and Mentoring*, 2(1):1-16.

험적 연구에 적극적으로 참여함으로써 학습자가 실제적인 기술을 개발할 수 있게 해주기 때문이다. 코칭 학습자는 코칭 기술의 실제적인 응용과 이론적, 경험적 지식을 결합할 수 있다. 이런 조합은 위에서 논한 바와 같이 윤리적인 코칭 실천의 발전에 기여하는 비판적 사고 능력을 강화할 수 있다. 궁극적으로 우리는 코치 훈련 프로그램의 설계에 대한 윤리적인 접근이 이론과 실천, 실천에 대한 성찰과 비판적 성찰critical reflection, 성찰성reflexivity을 균형있게 조장한다고 믿는다. 그런데 이 프로그램에서 어떤 지식을 가르칠 것이며, 어떻게 가르칠 것인가를 누가 결정하는가?

교육자의 힘과 역할: 누가 지식의 관리자custodian인가?

프랜시스 베이컨Francis Bacon은 수상록(Meditationes Sacrae 1597)에서 '아는 것이 바로 힘이다'라는 뜻의 'ipsa scientia potestas est(knowledge itself is power)'를 주장했다. 베이컨의 제자인 토머스 홉스Thomas Hobbes는 이른바 '지식이 힘이다scientia potestas est(knowledge is power)'라고 주장함으로써 반향을 불러 일으켰다. 홉스는 지식이 권력이라고 외쳤다. 이 라틴어 경구의 논쟁 여지가 이 장의 범위를 벗어나기는 하지만, '지식'이 힘이라는 구절이 '아는 것' 가치에 대한 문화적 이해에 울림을 주는 주장을 오도해서는 안될 것이다.[234] 사실 교육자와 강사는 전통적으로 지식의 수문장gatekeeper으로 인식되어 왔으며, 우리의 지적 지평을 넓히기 위해서는 이를 활용해야 한다. 일반적으로 받아들여지는 이 신조의 윤리적 함의는 무엇인가?

---

234) Scheg, A. (2014) *Critical Examinations of Distance Education Transformation across Disciplines.* Hershey, PA: Information Science Reference.

권력power과 구조structure의 윤리는 한 사회의 지배적 담론이 그 사회에 널리 퍼져있는 이데올로기를 결정하고 형성할 수 있다고 주장한다. 이런 담론은 일반적으로 권력을 행사하고 영향력을 행사하는 사람들이 제안한다. 결과적으로, 행위와 행동의 규범은 사회 제도 내에서 가장 강력한 것을 선호하는 것처럼 보인다. 자비스Jarvis의 예를 빌리자면,[235] "정치인들의 '시장에 맡기려는' 욕구는 실제로 비즈니스와 상업을 통제하는 사람들을 지지하는 행동이다." 지식의 '관리자'로서 '교육자라는 규범'에서 교육 영역만큼은 비즈니스와 상업의 통제에 의한 유도를 배제하는 사회 시스템이 되어야 한다.

권력의 원천으로서 지식의 개념은 특히 코칭이 주로 자리 잡은 성인 교육 영역에서 탐구되었다.[236] 사실 규범적 교육 환경에서 교사들은 교수 학습 과정에 영향을 미치기 위해 직위를 활용할 수 있다. 이를 통해 '학생들은 교사의 공연, 웅변, 재치 등의 수혜자가 되도록 강요받는 반면, 교사들은 자기 지위 확대의 기회'로 가르침을 활용하여 학습자들에게 자신의 이익을 강요할 수 있다. 교육에 대한 교사 중심 접근법은 부르디외Bourdieu와 파세롱Passeron[237]에 의해 '독단적인 힘에 의한 문화적 독단의 강요라는 점에서 객관적으로 상징적인 권력'이라는 교육학적 표현으로 특징 지워졌다. 이런 맥락에서는 교사의 자기 이익은 학생들의 학습 요구와 선호도보다 우선순위를 두게 된다. 그러나 코치 교육 및 훈련 역시 이러한 윤리적 맥락을 반영하고 있는가?

---

235) Jarvis, P. (1997) *Ethics and Education for Adults in al Late Modern Society*. Leicester: National Institude of Adult Continuing Education.
236) Iordanou, I. and Hawley, R. (2015) 'A snapshot onf the findings from an investigation into the gap between coaching and mentoring practice and research.' Unpublished report for the European Mentoring and Coaching Council(EMCC).
237) Bourdieu, P. and Passeron, J.C. (1977) Reproduction, trans. by Nice. London: Sage Publishing. 피에르 부르디외, 장 클로드 파세롱. 이상호 옮김. 『재생산』 (서울: 동문선. 2000)

성찰을 위한 잠시 멈춤

트레이너든 연수생이든 자신의 코치 훈련을 몇 분간 성찰해보자. 누가 진정한 지식을 가지고 있는가? 누구의 지식과 경험을 바탕으로 지식을 쌓았는가? 트레이너와 연수생의 역할을 모두 경험했다면 양측 모두의 관점에서 이 질문을 생각해보도록 권한다.

코칭에서 권력의 문제는 여전히 과소평가되고 있다.[238] 위의 질문을 성찰하기 위해 시간을 할애했다면 코치 훈련 및 교육에서 지식과 힘의 '게이트키퍼'를 감지하는 것이 쉽지 않다는 것을 깨달았을 것이다. 이는 대부분 코치 훈련 프로그램에서 학습자는 코칭 스킬을 연습해야 하며, 학습 구성 요소와 같은 경험에 그런 성찰을 사용해야 하기 때문이다. 더구나 학생들은 학습의 일환으로 전문적인 경험을 성찰하고 사용하도록 권장된다. 따라서 이런 환경에서 누가 권력을 보유하고 있는지 식별하는 것이 쉽지는 않다. 코칭 학자 및 실천가는 아직 체계적으로 이러한 문제를 다루지 않았기 때문에 코칭 관련 문건은 이 문제에 관해 침묵을 지킨다. 그런데도 코칭에서 지식과 권력을 지닌 사람의 문제는 중요한 윤리적 함의를 지니고 있다. 결과적으로 이 문제는 더 깊이 파고들 가치가 있다고 생각한다.

이 과정에서 도움이 될 만한 실질적인 증거가 코치 훈련 영역에는 없기 때문에 코치 수퍼비전 영역에서 유사점과 실제적 유사성을 탐구한다. 이는 연장자로서의 경험이 어떻게 사용되는지에 상관없이, 수퍼바이저가 지식과 전문 기술의 원천으로 간주되는 경우, 수퍼비전이 코치의 직업적 발전의 대안이기 때문이다. 그러므로 코칭 수퍼비전은 코치 훈련과 마찬가지로 비슷

---

238) Welman, P. and Bachkirova, T. (2010) The issue of power in the coaching relationship in S. Palmer & A. McDowall(Eds.), *The Coaching relationship: Putting people first*. London: Routledge, pp.139-158.

한 권력 역동을 수반한다.[239] 호킨스Hawkins와 쇼헤트Shohet는 사회심리학자인 프렌치French와 레이븐Raven(1959)의 연구에서 끌어와, 수퍼바이저의 역할에 내재된 정당한 권력을 강조했으며, 그의 우월성은 상대적으로 젊은 수퍼바이지의 지위에 비해 축적된 전문 지식에 있다는 것을 강조했다. 또 그는 수퍼바이저가 수퍼바이지에게 영향력을 행사하기 위해 쓸 수 있는 강제력과 보상력에 주목했다. 이런 영향력은 보상을 주거나 보류하는 형태로 나타날 수 있지만, 교육자에게는 결코 익숙하지 않은 프랙티스이다. 마지막으로 호킨스는 자원의 힘을 강조했는데 이는 자원을 제공하거나 제거할 수 있는 수퍼바이저의 역량을 의미한다. 전반적으로 수퍼바이저는 더 많은 경험이 있어야 할 것으로 예상되므로 전문가 권력을 행사하게 된다.

코치 훈련과 교육 영역에서 교육자는 핵심 이론 개념에 대해 확실히 알아야 한다. 교육자는 전문 기술과 지식을 가진 자로 간주될 수 있으며 훈련을 제공하고 합법적으로 인증을 제공하는 데 정당한 권한을 행사할 수 있다. 그러나 실제 적용을 성찰해 보면 교육자는 지식의 주관리인인가? 코치 훈련에 대한 성찰 없이 효과적인 코치 교육이 이루어질 수 있을까? 이 문제에 대한 의견은 다양하다. 우리는 학습을 - 특히 코칭에 관해 학습하는 것을 - 촉진자로서의 강사와 학습자가 지식을 공동 창조하는 것으로 보는 학문적 전통을 지지한다. 교육자의 진정한 권위는 성찰을 위한 자극으로 지식을 사용하고 논쟁을 촉진하는 능력에 달려있다. 교육자의 힘은 사용되고 남용되어서는 안 된다(Hawkins and Shohet, 2006: 112; Kadushin, 2002). 교사-학습자 관계에서 작동하는 힘의 다양한 양상은 지식을 공동 창조하는 과정에서 교사와 학습자 모두에 의한 윤리적 성찰의 도구로 활용될 수 있

---

[239] 피터 호킨스, 로빈 쇼헤트 지음. 이신애, 김상복 옮김. 『수퍼비전: 조력 전문가를 위한 일곱 눈 모델』 (서울: 한국코칭수퍼비전아카데미. 2019).

다. 그러나 그런 성찰이 이 공동 창조 과정의 일부인 개인의 민감한 정보를 포함할 때 어떤 일이 발생하는가? 우리는 다음 단락에서 이 윤리적 문제를 탐구할 것이다.

학습 과정에서 비밀보장의 경계

코치 훈련 및 교육 프로그램은 어떤 방식으로든 코칭 기술의 프랙티스를 장려한다. 실제로, 코칭 학습자와 훈련생에게는 서로 교실에서 하든 아니면 '고객 대상 실습'을 하든 코칭을 실습을 해야 하는 과제가 주어진다. 이 고객들은 코치의 훈련과 발전을 촉진하기 위해 코칭 고객을 자원한 사람들이다. 이 상황에서, 비밀보장은 과정에 반드시 포함되고 강조되어야 하는 기본적인 윤리 문제다. 그러나 훈련 목적으로 코칭을 수행할 때, 그리고 코칭 프랙티스에 대한 성찰이 학습의 필수 구성요소일 때, 코칭 경험의 상세한 부분들에 대한 성찰을 공유한 것이 비밀보장의 경계를 침해할 위험이 있지 않은가?

비밀보장은 단순히 정보를 은폐하고 보호하는 과정이 아니다. 그런 정보를 사용하지 않고 간접적인 방법으로도 언급하지 않는 데까지 이어진다. 학습자가 코칭을 실습하고, 그 결과 실제 경험을 성찰해야 할 때 기본적인 윤리 문제가 발생한다. 이런 경우 코칭 고객의 자격이 폭로되지 않았다 하더라도 가차 없이 민감한 정보의 제한된 영역으로 이끌 수 있다. 코칭 고객이 같은 학습 그룹의 동기라면 더욱 문제가 될 수 있다. 더 역설적인 방식으로, 엄격한 비밀보장 제약을 언급하는 교육 시스템에서 학습자들에게, 코칭 실습을 성찰해야 한다는 점을 서면작성 과제와 비밀 정보를 공유할 것을 잠재적으로 강제한다. 따라서, 비밀보장은 전체적으로 유지될 수 없고 이것은 코치 교육자에게 또 다른 윤리적 문제를 제기한다. 학습 과정에서 비밀보장의 경계는 과연 무엇인가?

[사례]

마르타는 현재 이름 있는 대학에서 코칭과 멘토링 석사학위를 받고 있다. 교육의 일환으로 3인조 코칭 세션에 참가해야 했다. 코치, 코칭 고객, 관찰자로, 세 명은 다른 역할을 번갈아 하며 서로에게 피드백을 제공해야 했다. 훈련은 엄격한 비밀보장 규칙을 준수해야 했고 마르타 역시 그녀의 동료들처럼 이것이 학습에 매우 유익하다는 것을 알았다. 그러나 마지막에 마르타는 중요한 경험을 한 코칭 훈련이 되었다. 코칭 고객 역할을 했던 그녀의 동료가 깊은 감정적인 문제를 성찰하다가 눈물을 많이 드러내게 된 것이다. 마르타는 이 경험으로 흔들렸고, 기분이 매우 불편해졌다. 그녀가 탐색하고 싶은 주제였지만 한편 비밀보장의 경계를 침범할까 봐 두려웠다.

[검토해야 할 질문]

1. 당신이 마르타의 코칭 트레이너라면 어떻게 이 문제에 접근하라고 조언/질문할 것인가?
2. 만약 마르타가 이에 관한 성찰을 글로 쓴다면 비밀보장을 위반하는 것인가?
3. 코치 교육자가 이 사례에서 배울 수 있는 점은 무엇인가?

비밀보장의 경계를 분명하게 기술한 잘 정의된 지침은 문제를 예상하고 그에 따라 발생할 수 있는 우려를 도울 수 있다. 비밀보장은 결코 코치 훈련생의 전유물이 아니고, 코칭 트레이너와 교육자는 학습자와 훈련생들에게 분명히 전달해야 한다. 그러나 코칭 수퍼비전의 맥락과 마찬가지로 비밀정보는 익명성을 보장하기 위해 최대한 신중하게 다뤄지는 한도 내에서 성찰과 학습 목적으로 사용할 수 있다. 코치 교육과 훈련의 경우, 사전 동의는 학습자가 사용할 수 있는 하나의 방안이고, 강사와 트레이너는 훈련생들에게 과정 시작부터 그런 방안들을 소개할 수 있다. 따라서 마르타는, 그들의 상호 경험을 익명의 방식으로 나누는 것을 동료에게 허락받아야 한다. 허락을 받기 위해 원고를 보여주기에 앞서 동료에게 과제 초안을 전달해야 할 수 있다. 사실 이런 경우는 학습 목적으로 엄격하게 만들어진 안전한 환경에서 윤리적 실천 문제를 성찰하는 훌륭한 기회를 제공한다.

[코칭 교육자, 트레이너에 대한 제안]

1. 당신은 자신이 가르치는 코칭의 어떤 측면을 강조하고 있는가? 프랙티스인가, 이론인가, 당신의 경험인가? 그 이유는 무엇인지 깊이 생각하라.
2. 비판적으로 권력과 지식의 문제를 탐구하고 윤리적이고 영향력 있는 방식으로 전문 지식과 권위를 활용할 수 있는 방법을 탐구하라.
3. 훈련 참가자의 관찰과 성찰을 통해 가르치는 훈련을 고려하라.
4. 모든 훈련 모듈의 주요 부문에 '코칭 윤리'를 통합하는 것을 고려하라. 사례 연구는 이런 종류의 학습에 대단히 유용하다.

참고문헌

Allen, J. G., Fonagy, P., & Bateman, A. (2008). *Mentalizing in clinical practice*. Washington, DC and London: American Psychiatric Publishing. 저자의 다른 책. 『정신화 중심의 경계성 인격장애의 치료』 피터 포나기 외, 노경선 외 역. NUN 2012.
Armstrong, D. (2006a). Emotions in organizations: Disturbance or intelligence. In R. French (Ed.), *Organization in the mind* (pp. 90-110). London: Karnac.
Armstrong, D. (2006b). The analytic object in organizational work. IIn R French (Ed.), *Organization in the mind* (pp. 44-55). London: Karnac.
Ballin Klein, D. (1977). *The unconscious: Invention or discovery*. Santa Monica, CA: Goodyear Publishing.
Balthzard, P. A., Cooke, R. A., & Potter, R. E. (2006). Dysfunctional culture, dysfunctional organization: Capturing the behavioral norms that form organizational culture and drive performance. *Journal of Managerial Psychology, 21*(8), 709-732.
Banet, A. G., Jr., & Hayden, C. (1977). The Tavistock primer. In 1. E. Jones & J. W. Pfeiffer (Eds.), *The 1977 annual handbookfor group facilitators*. San Diego, CA: University Associates.
Bargh, J. A. (2014). Our unconscious mind. *Scientific American, 1*, 30-37.
Bartholomew, K., & Horowitz, L. M. (1991). Attachment styles among young adults. A test of a four-category model. *Journal of Personality and Social Psychology, 61*, 226-244.
Bass, B. M. (1990). From transactional to transformational leadership: Learning to share the vision. *Organizational Dynamics, 18*(3), 19-31.
Beck, U. C. (2012). *Psychodynamic coaching: Focus and depth*. London: Karnac.
Bettelheim, B., & Karlin, D. (1983). *Liebe als Therapie. Gesprache tiber das Seelenleben des Kindes*. Zurich: Piper.
Bingham, C. B., & Eisenhardt, K. M. (2011). Rational heuristics. The 'Simple Rules' that strategists learn from process experience. *Strategic Management Journal, 32*/3, ~437-1464.
Bion, W.R. (1961). *Experiences in groups and other papers*. New York: Basic Books. 『집단에서의 경험』 현준 역, NUN. 2015
Bion, W. R. (1962). *Learningfrom experience*. London: Karnac. 『경험에서 배우기』 윤순임 역. NUN. 2012.
Bion, W. R. (1970). *Attention and interpretation: A scientific approach to insights in psychoanalysis*. London: Tavistock. 『주의와 해석』 허자영 역. NUN, 2015.
Bostrom, N. (2014). *Superintelligence: Paths, dangers, strategies*. Oxford: Oxford University Press.

『슈퍼 인텔리전스-경로, 위험, 전략』 조성진 역. 까치. 2017

Bowlby, 1. (1969). *Attachment and loss. Volume 1: Attachment*. London: Hogarth Press.

Bowlby, J. (1973). *Attachment and loss. Volume 2: Separation, Anxiety and Anger*. London: Hogarth Press.

Bowlby, J. (1980). *Attachment and loss. Volume 3: Loss, Sadness and Depression*. London: Hogarth Press.

Bowlby, J. (1988). *Parent-child attachment and healthy human development*. London: Routledge. 저자의 다른 책 『존 볼비의 안전기지』 김수임 역. 학지사 2014. 『애착』 김창대 역. 연암서가 2019. 『육아와 애정의 성장』 한국복지재단 1998.

Brennan, D., & Wildflower, L. (2014). Ethics in coaching. In E. Cox, T. Bachkirova, & D. Clutterbuck (Eds.), *The complete handbook of coaching* (2nd ed., pp. 430-444). London: Sage.

Brown, A. D., & Starkey, K. (2000). Organizational identity and learning: A psychodynamic perspective. *Academy of Management Review, 25*(1),101-120.

Brunning, H. (2006). The six domains of executive coaching. In H. Brunning (Ed.), *Executive coaching: Systems-psychodynamic perspective* (pp. 131-151). London: Karnac.

Brynjolfsson, E., & MacAfee, A. (2014). *The second machine age: Work, progress, and prosperity in a time of brilliant technologies*. New York: W W Norton & Co. 『제2의 기계시대』(에릭 브린욜프슨, 앤드류 맥아피 지음, 이한음 옮김. 2014)

Buckley, W. (1967). *Sociology and modern system theory*. Englewood Cliffs, NJ: Prentice Hall.

Campbell, 1. P. (1983). Some possible implications of 'modelling' for the conceptualization of measurement. In F. Lamdy, S. Zedeck, & 1. Cleveland (Eds.), *Performance measurement and theory* (pp. 277-298). Hillsdale, NJ: Lawrence Erlbaum Associates Inc.

Carver, C. S., & Schreier, M. F. (1992). *Perspectives on personality* (2nd ed.). Needham Heughts, MA: Allyn and Bacon. 『성격심리학: 성격에 대한 관점』 김교헌 역. 학지사 2012.

Chapman, 1. (2006). Anxiety and defective decision making: An elaboration of the groupthink model in management decision. *Management Decision, 44*(10), 1391-1404.

Clutterbuck, D. (2014). Team coaching. In E. Cox, T. Bachkirova, & D. Clutterbuck (Eds.), *The complete handbook ofcoaching* (2nd ed., pp. 271-284). London: Sage.

Cyert, R. M. M., & March, J. G. (1963). *A behavioral theory of the firm*. Englewood Cliffs, NJ: Prentice Hall.

Damasio, A. R. (1999). *The feeling of what happens: Body and emotion in the making of consciousness*. New York, NY: Harcourt Brace.

Damasio, A. R. (2010). *Self comes to mind: Constructing the conscious brain*. New York, NY: PantheonlRandom House. 저자의 다른 책 『데카르트의 오류』 김린 역. NUN 2017. 『스피노자의 뇌』 임지원 역. 사이언스북스. 2007. 『느낌의 진화』 임지원, 고현수, 박한선 역. 아르테 2019.

Day, A. (2010). Coaching at relational depth: A case study. *Journal of Management Development, 29*(10),864-876.

Dennett, D. (2017). *From Bacteria to Bach and back. The evolution of mind*. New York, NY and London: W.W. Norton & Company. 저자의 다른 책 『직관펌프, 생각을 열다』 노승영 역, 동아시아. 2015.

Diverseo SAS. (2012). *The unconscious sealing*. Women in Leadership.

Eden, A. (2006). Coaching women for senior executive roles: A societal perspective on power and exclusion. In H. Brunning (Ed.), *Executive coaching. Systems-psychodynamic perspective* (pp. 79-94). London: Karnac.

Eisold, K. (2005). Using Bion. *Psychoanalytic Psychology, 22*, 357-369.

Ellenberger, H. F. (1970). *The discovery of the unconscious: The history and evolution of dynamic psychiatry*. New York, NY: Basic Books.

Elliotts, 1. (1955). Social systems as a defence against persecutory and depressive anxiety. In M. Klein, P. Heimann, & R. Morey-Kyrle (Eds.), *New directions in psychoanalysis* (pp. 478-498).

London: Tavistock Publications.
Ettin, M. F., Cohen, B. D., & Fidler, J. W. (1997). Group-as-a-whole ~heory viewed in its 20th-century context. *Group Dynamics: Theory, Research, and Practice, 1*(4),329-340.
Fonagy, P., Gergely, G., Jurist, E., & Target, M. (2002). *Affect regulation, mentalization and the development of the self*. New York, NY: Other Press. 저저의 다른 책 『정신분석의 이론들』 이효숙 역, NUN. 2014. 『정신화 중심의 경계성 인격장애 치료』
Fotopoulou A (2012). Towards psychodynamic neuroscience. In A. Fotopoulou, M. Conway, & D. Pfaff (Eds.), *From the couch to the lab: Trends in psychodynamic neuroscience* (pp. 25-48). Oxford: Oxford University Press.
French, R., & Simpson, P. (2010). The 'work group': Redressing the balance in Bion's experience in groups. *Human relations, 63*(12), 1859-1878.
Freud, A. (1936/2003). *Das Ich und die Abwehrmechanismen* (18th ed.). Frankfurt am Main: Fischer. 『자아와 방어기제』 안나 프로이트, 김건종 역. 열린책들. 2015.
Freud, S. (1901). *Gesammelte Werke: IV: Zur Psychopathologie des Alltagslebens*. London: Imago Publishing Co., Ltd. 『일상생활의 정신병리학』 이한우 열린책들. 2004
Freud, S. (1905). *Gesammelte Werke: V: Psychische Behandlung (Seelenbehandlung)* (pp. 287-315). Frankfurt am Main: Fischer. 「정신치료에 대하여」 『끝낼 수 있는 분석과 끝낼 수 없는 분석』, 이덕하 역, 도서출판 b, 2004.
Freud, S. (1912a). *Gesammelte Werke: VIII: Einige Bemerkungen iiber den Begriff des Unbewussten in der Psychoanalyse* (pp. 430-439). Frankfurt am Main: Fischer. 「정신분석에서 무의식에 관한 노트」, 『무의식에 관하여』, 조정옥 역, 『전집』 13, 열린책들, 1997.
Freud, S. (1912b). *Gesammelte Werke: VIII: Zur Dynar:zikder Ubertragung*. Frankfurt am Main: Fischer. 「전이의 역동에 대하여」, 『끝낼 수 있는 분석과 끝낼 수 없는 분석』, 이덕하 역, 도서출판 b, 2004.
Freud, S. (1923). *Gesammelte Werke: XIII: Das Ich und das Es* (pp. 236-289). Frankfurt am Main: Fischer. 「자아와 이드」, 『쾌락의 원칙을 넘어서』, 박찬부 역, 『전집』 14, 열린책들, 1997.
Fromm, E. (1947). *Man for himself: An inquiry into the psychology of ethic*. London: Routledge.
Gal, D., & Rucker, D. (2017, September 30). The loss of loss aversion: Will it 100m larger than its gain? *Journal of Consumer Psychology*, Forthcoming. Retrieved from SSRN: https://ssrn.com/abstract=3049660
Gigerenzer, G. (2007). *Gut feelings: The intelligence of the unconscious*. New York, NY: Penguin.
Gigerenzer, G., Todd, P., & ABC Group. (2001). *Simple heuristics that make us smart*. Oxford: Oxford University Press. 저자의 다른 저서 게르트 기거렌처 저 『지금 생각이 답이다』 강수희 역. 추수밭. 2014
Gilbert, D. T. (2006). *Stumbling on happiness*. New York: Random House. 『행복에 걸려 비틀거리다』 최인철 외 역. 김영사. 2006
Goleman, D. (1995). *Emotional intelligence: Why it can matter more than IQ*. New York, NY: Bantam Book. 『EQ 감성지능』 10주년 기념판. 황찬호 역. 웅진지식하우스. 2008.
Goleman, D., & Boyatzis, R. E. (2017). Emotional intelligence has 12 elements. Which do you need to work on? *Harvard Business Review, 17*(6).
Gould, L., Stapley, L., & Stein, M. (2001). *Systems psychodynamics of organizations* (p. 2ff). New York: Karnac.
Günter, G. (1999). *Traditionslinien des Unbewussten H. Schopenhauer -Nietzsche- Freud*. Tübingen: Edition Diskord.
Hadamard, 1. S. (1945). *A Mathematician's mind: Testimonial for an essay on the psychology of invention in the mathematical field*. Princeton, NJ: Princeton University Press.
Hartley, C. A., & Phelps, E. A. (2012). Anxiety and decision-making. *Biological Psychiatry, 72*(2), 113-118.
Hartmann, E. (1869/2017). *Philosophy des Unbewussten*. Berlin: Contumax.

Hirschhorn, L. (1999). The primary risk. *Human Relations, 52*(1), 5-23.
Holzkamp-Osterkamp, U. (1975). *Grundlagen der Motivationsforschung*. Frankfurt am Main and New York, NY: Campus.
Huffington, C. (2006). A contextualized approach to coaching. In H. Brunning (Ed.), *Executive coaching: Systems-psychodynamic perspective* (pp. 41-78). London: Karnac.
Hüther, G. (2005). *Biologie der Angst: Wie aus Stress Gefühle werden*. Göttingen: Vandenhoeck und Ruprecht.
Jacobi, J. (1957). *Komplex, archetypus, symbol in der Psychologie C.G. Jungs*. Zürich and Stuttgart: Rascher.
Janis, J. (1972). *Victims of group think: A psychological study off oreign policy decisions and fiascoes*. Boston, MA: Houghton Mifflin.
Jung, C. G. (1916). The psychology of dreams. In C. E. Long (Ed.), *Collected papers on analytical psychology*. London: Baillière, Tindall and Cox.
Jung, C. G. (1935). Allgemeine probleme der psychotherapie (General problems of psychotherapy CW16). *Zentralblatt für Psychotherapie, VIII*(2), 66-82.
Jung, C. G. (1946). *Die Psychologie der Übertragung (The psychology of transference)*. Zürich: Rascher.
Jung, C. G. (1959). Die transzendente Funktion. In C. G. Jung (Ed.), *Gesammelte Werke, Die Dynamik des Unbewussten* (Vol. 8, pp. 85-108). Solothurn and Düsseldorf: Walter.
Jung, C. G. (1964). Zugang zum Unbewussten. In C. G. Jung (Ed.), *Der Mensch und seine Symbole* (16th ed., pp. 18-103). Ostfildern: Patmos Verlag (Approach to the unconscious in: Man and his symbols).
Katz, D., & Kahn, R. L. (1966). *The social psychology of organizations*. New York, NY: Wiley.
Keats, J. (1970). *The letters of John Keats: A selection* (R. Gittings, Ed.). Oxford: Oxford university Press.
Kernberg, O. F. (1984). *Severe personality disorders: Psychotherapeutic strategies*. New Haven, CT: Yale University.
Kernberg, O. F. (1998). Regression in organizational leadership. In M. Kets de Vries (Ed.), *The irrational executive: Psychoanalytic studies in management*. New York: International Universities Press.
Kernberg, O. F. (2006). *Schwere Persönlichkeitsstörungen*. Stuttgart: Klett-Cotta.
Kernberg, O. F., & Caligor, E. (2005). A psychoanalytic theory of personality disorders. In M. F. Lenzenweger & J. F. Clarkin (Eds.), *Major theories of personality disorder* (2nd ed., pp. 114-156). New York, NY and London: Gilford Press. 저자의 다른 책 『대상관계 이론과 임상적 정신분석』 이재훈 역. 한국심리치료연구소. 2003.
Kets de Vries, M. (2004). Organizations on the couch: A clinical/perspective on organizational dynamics. *European Management Journal, 22*(2), 183-200.
Kets de Vries, M. F. R. (2006). *The leader on the couch: A clinical approach to changing people and organizations*. San Francisco, CA: Jossey-Bass.
Kets de Vries, M. F. R. (2011). *The hedgehog effect: The secrets of building high performance teams*. San Francisco, CA: Jossey Bass.
Kets de Vries, M. F. R., & Miller, D. (1984). *The neurotic organization*. San Francisco, CA: Jossey-Bass.
Kets De Vries, M. F. R., & Engellau, E. (2010). A clinical approach to the dynamics of leadership and executive transformation. In N. Nohria & R. Khurana (Eds.), *Handbook of leadership theory andpractice* (pp. 183-222). Boston, MA: Harvard University Press.
Kets de Vries, M. F. R., & Miller, D. (1997). Narcissism and leadership: An object relations perspective. In R. P. Vecchio (Ed.), *Leadership: Understanding the dynamics of power and influence in organizations* (pp. 194-214). Notre Dame, IN: University of Notre Dame Press. 저자

의 다른 책 『코치 앤 카우치』 조선경, 이희상, 김상복 역. 한국코칭수퍼비전아카데미. 2020 『마인드풀 리더십 코칭』 김상복, 최병현, 이혜진 역. 2021. 『임원코칭의 블랙박스』 『쿼바디스』 『CEO 위스퍼스:리더십, 삶, 변화에 대한 내면 탐색』 김선화 옮김. 『리더의 일상적 위협: 모래 늪에서 허우적거릴 때 살아남는 방법』 고태현 옮김. 『리더의 속살: 추악함, 사악함, 기괴함』 강준호 옮김

Kihlstrom, J. F. (2013). Unconscious processes. In D. Reisberg (Ed.), *Oxford library of psychology. The Oxford handbook of cognitive psychology* (pp. 176-186). New York, NY: Oxford University Press.

Kihlstrom, J. F., Tobias, B. A., Mulvaney, S., & Tobis, 1. P. (2000). The emotional unconscious. In E. Eich, 1. F. Kihlstrom, G. H. Bower, 1. P. Forgas, & P. M. Niedenthal (Eds.), *Counterpoints: Cognition and emotion* (pp. 30-86). New York, NY: Oxford University Press.

Kinzel, C. (2002) *Arbeit und Psyche. Konzepte und Perspektiven einer psychodynamischen Organisationstheorie*. Stuttgart: Kohlhammer.

Kilburg, R. (2004). When shadows fall: Using psychodynamic approaches in executive coaching. *Consulting Psychology Journal: Practice and Research, 56*(4), 246-268.

Kimbles, S. L., & Singer, T. (2004). *The cultural complex: Contemporary Jungian perspectives on psyche and society*. London: Brunner-Routledge.

Kohut, H. (1966). Forms and transformations of narcissism. *Journal of the American Psychoanalytic Association, 14*(2), 243-272. 저자의 다른 책 『정신분석은 어떻게 치료하는가』 이재훈 역. 한국심리치료연구소 2007 외 다수

Kurzweil, R. (2006). *The singularity is near: When humans transcend biology*. London: Penguin.

Kwiatkowski, R. (2006). Inside-out and outside-in: The use of personality and 360 degree data in executive coaching. In H. Brunning (Ed.), *Executive coaching: Systems-psychodynamic perspective* (pp. 153-182). London: Karnac.

Laplanche, J., & Pontalis, 1. B. (1972). *Das Vokabular der Psychoanalyse*. Frankfurt am Main: Suhrkamp.

Lawrence, G. (2006). Executive coaching, unconscious thinking, and infinity. In H. Brunning (Ed.), *Executive coaching: Systems-psychodynamic perspective* (pp. 97-112). London: Karnac.

LeDoux, J. (1998). *The emotional brain*. London: Weidenfels and Nicolson.

Lee, G. (2014). The psychodynamic approach to coaching. In E. Cox, T. Bachkirova, & D. Clutterbuck (Eds.), *The complete handbook of coaching* (2nd ed., pp. 21-34). London: Sage.

Lencioni, P. (2002). *The five dysfunctions of a team*. San Francisco, CA: Jossey Bass.

Leuzinger-Bohleber, M., Stuhr, U., Ruger, B., & Beutel, M. (2003). How to study the "quality of psychoanalytic treatments" and their long-term effects on patients' well-being: A representative, multi-perspective follow-up study. *International Journal of Psychoanalysis, 84*, 263-290.

Lévi-Strauss, C. (1958/1949). L'éfficacité symbolique. In C. Lévi-Strauss (Ed.), Anthropologie structurale (pp. 220-225). Paris: PIon (English translation: "The Effectiveness of Symbols", in *Structural anthropology*, pp. 186-205, trans. C. Jacobson & B. Grundfest Schoepf, New York: Basic Books, 1963.) (Orig. pub 1949).

Lier, D. (2009, Fall). Symbolic life. *Spring: A Journal of Archetype and Culture, 82*.

Lipps, T. (1896/1989). Der Begriff des Unbewussten in der Psychologie. In L. Lutkehaus (Ed.), *Das wahre innere Afrika: Texte zur Entdeckung des Unbewussten vor Freud* (pp. 235-252). Giessen: Psychosozialverlag.

Long, S. (2016). The transforming experience framework. In S. Long (Ed.), *Transforming experience in organisations: A framework for organisational research and consultancy* (pp. 1-15). London: Karnac.

Lutkehaus, L. (2005). Einleitung. In L. Lutkehaus (Ed.), *Das wahre innere Afrika: Texte zur Entdeckung des Unbewussten vor Freud* (pp. 7-45). Giessen: Psychosozialverlag.

Maccoby, M. (2000, January/February). Narcissistic leaders: The incredible pros, the inevitable

cons. *Harvard Business Review.*
Maccoby, M. (2004). *The productive narcissist: The promise and peril of visionary leadership.* New York, NY: Broadway Books.
MacIntyre, A. C. (1958). *The unconscious: A conceptual study.* London: Routledge.
March, J. G., & Simon, H. (1958). *Organisations.* New York, NY: Wiley.
Massey, 1. (1990). Freud before Freud. In K. A. Schemer (Ed.), *The Centennial Review, 34*(4), 567-576.
Mc Neill, B., & Worthen, V. (1.989). The parallel process in psychotherapeutic supervision. *Professional Psychology: Research and Practice, 20*(5), 329-333.
Mentzos, S. (2009). *Lehrbuch der Psychodynamik. Die Funktion der Dysfunktionalität psychischer Störungen.* Göttingen: Vandenhoeck und Ruprecht.
Messer, S. B. (2002). A psychodynamic perspective on resistance in psychotherapy: Vive la resistance. *Journal of Clinical Psychology, 58*(2), 157-163.
Miller, E. J., & Rice, A. K. (1967). *Systems of organization: The control of task and sentient boundaries.* London: Tavistock.
Motowildo, S. S., Borman, W. C., & Schmitt, M. J. (1997). A theory of individual difference in task and contextual performance. *Human Performance, 10*(2),71-83.
Müller, L., & Knoll, D. (1998). *Ins Innere der Dinge schauen.* Düsseldorf: Patmos/Walter.
Nagel, C. (2014). *Behavioral strategy: Thoughts and feelings in the decision-making process. The unconscious and corporate success.* Bonn: Unternehmermedien.
Nagel, C. (2017). Behavioural strategy and deep foundations of dynamic capabilities. Using psychodynamic concepts to better deal with uncertainty in strategic management. *Global Economics and Management Review, 21*(1-2), 46-64.
Nagel, T. (1974). What is it like to be a bat? *The Philosophical Review, 83*(4), 435-450.
Newton, 1., Long, S., & Sievers, B. (Eds.). (2006). *Coaching in depth: The organizational role analysis approach.* London: Karnac.
Nicholls, A., & Liebscher, M. (Eds.). (2010). *Thinking the unconscious: Nineteenth-century German thought.* Cambridge: Cambridge University Press.
Oberholser, J. C. (1993). Elements of the Socratic method: 1. Systematic questioning. *Psychotherapy, 30*(1), 67-74.
Obholzer, A. (2006). Foreword. In H. Brunning (Ed.), *Executive coaching: Systems-psychodynamic perspective* (pp. XI-XXIV). London: Karnac.
Odgen, T. H. (1979). On projective identification. *International Journal of Psychoanalysis, 60,* 357-373.
Otabe, T. (20.13). DasUnbewusste im letzten Viertel des 18. Jhds aus asthtischer Sicht. *Journal of the Faculty of Letters, The University of Tokyo, Aesthetics, 38,*59-70.
Panksepp, J. (1998). *Affective neuroscience: The foundations o/human and animal emotions.* Oxford: Oxford University Press.
Panksepp, J., & Biven, L. (2012). *The archeology of mind: Neuroevolutionary origins of human emotions.* New York, NY and London: W.W. Norton & Company.
Peltier, B. (2010). *The psychology of executive coaching: Theory and application* (2nd ed.). New York, NY: Routledge. 『경영자 코칭 심리학』(김정근 외 옮김)
Peters, 0., & Gell-Mann, M. (2016). Evaluating gambles using dynamics. *Chaos, 26,* 023103. https://doi.org/10.1063/1.4940236
Pohl, S. (1999). Unbewusste. In P. Prechtl & F. P. Burkhard (Eds.), *Metzlers Philosophielexikon* (2nd ed., pp. 615-616). Stuttgart and Weimar: 1.B. Metzler.
Pooley, 1. (2006). Layers of meaning: A coaching journey. In H. Brunning (Ed.), *Executive coaching: Systems-psychodynamic perspective* (pp. 113-130). London: Kamac.
Rauen, C. (2008). *Coaching.* Göttingen, Bern, Wien, Paris, Oxford and Prag: Hogrefe.
Reed, B., & Bazalgette, J. (2006). Organisational role analysis at the Grubb Institute of Behavioral

Studies: Origins and developments. In 1. Newton, S. Long, & B. Sievers (Eds.), *Coaching in depth: The organizational role analysis approach* (pp. 43-62). London: Karnac.

Riemann, F. (1961). *Grundformen der Angst*. München: Reinhardt.

Roberts, V. Z., & Jarrett, M. (2006). What is the difference and what makes the difference? A comparative study of psychodynamic and nonpsychodynamic approaches to executive coaching. In H. Brunning (Ed.), *Executive coaching: Systems-psychodynamic perspective* (pp. 3-39). London: Karnac.

Rohde-Dachser, C. (2005, November 5). Konzepte des Unbewussten. *Festvortrag zum 40-jährigen Bestehen des Lehrinstituts*. http://www.psa-werkstattberichte.de/Originalarbeiten/originalarbeiten.html

Rose, J. D. (2011). Diverse perspectives on the Groupthink theory - A literary review. *Emerging Leadership Journeys, 4*(1), 37-57.

Rosenthal, S. (2006). Narcissism and leadership: A review and research agenda. *Working Paper: Centre for Public Leadership*, Harvard University.

Roth, G., & Ryba, A. (2016). *Coaching, Beratung und Gehirn*. Stuttgart: Klett-Cotta.

Roth, W. (2003). *Einführung in die Psychologie C.G. Jungs*. Düsseldorf and Zurich: Walter.

Sandler, C. (2011). *Executive coaching: A psychodynamic approach*. Berkshire: Open University Press. 『정신역동과 임원코칭』 김상복 옮김. 한국코칭수퍼비전아카데미.

Schad, J., Lewis M., Raisch, S., & Smith, W. K. (2016). Paradox research in management science: Looking back to move forward. *The Academy of Management Annals, 10*(1), 5-64.

Schreyögg, A. (2010). *Supervision. Ein Lehrbuch*. (5. erw. ed.). Wiesbaden: Verlag für Sozialwissenschaften.

Schruijer, S., & Vansina, L. (2008). Working across organisational boundaries: Understanding and working with intergroup dynamics. In L. Vansina & M.-J. Vansina-Cobbaert (Eds.), *Psychodynamics for consultants and managers* (pp. 390-412). Chichester: Wiley-Blackwell.

Searles, H. F. (1955). The informational value of supervisor's emotional experience. *Psychiatry, 18*, 135-146. .

Sievers, B., & Beumer, U. (2006). Organizational role analysis and consultation. The organization as inner object. In J. Newton, S. Long, & B. Sievers (Eds.), *Coaching in depth: The organizational role analysis approach* (pp. 65-81). London: Kamac.

Simon, H. A. (1947). *Administrative behavior*. New York, NY: MacMillan.

Simon, H. A. (1957). *Models of man*. New York, NY: Wiley.

Simpson, P., & French, R. (2006). Negative capability and the capacity to think in the present moment: Some implications for leadership practice. *Leadership, 2*(2), 245-255.

Simpson, P., French, R., & Harvey, C. (2002). Leadership and negative capability. *Human Relations, 55*(10), 1209-1226.

Singer, T., & Lamm, C. (2009). The social neuroscience of empathy. In The year in cognitive neuroscience 2009. *Annals of the New York Academy of Sciences, 1156*, 81-96

Solms, M. (2013). The conscious ID. *Neuropsychoanalysis, 15*(1), 5-19.

Solms, M. (2014). A neuropsychoanalytical approach to the hard problem of consciousness. *Journal of Integrative Neuroscience, 13*(2), 173-185.

Solms, M. (2015). Depression, A neurpsychoanalytic perspective. In M. Solms (Ed.), *The feeling brain: Selected papers' on neuropsychoanalysis* (pp. 95-108). London: Kamac.

Solms, M. (2017). A practical introduction to neuropsychoanalysis: Clinical implications. *NPSA Workshop*, Frankfurt am Main, 27-28 May 2017. 저자의 다른 책 『신경정신분석으로의 초대』 려원기 옮김. 학지사

Spero, M. (2006). Coaching as a transitional process: A case of a lawyer in transition. In H. Brunning (Ed.), *Executive coaching: Systems-psychodynamic perspective* (pp. 217-235). London: Karnac.

Stavemann, H. H. (2002). *Sokratische Gesprächsführung in Therapie und Beratung*. Weinheim and Basel: Beltz.

Taleb, N. N. (2018). *Skin in the game*. New York, NY: Random House.

Teece, D. J. (2007). Explicating .dynamic capabilities: The nature and microfoundations of (sustainable) enterprise performance. *Strategic Management Journal, 28*, 1319-1350.

Triest, J. (1999). The inner drama of role taking in organizations. In R. French & R. Vince (Eds.), *Group relations, management, and organization* (pp. 209-223). Oxford: Oxford University Press.

Valerio, A. M. (2009). *Developing women leaders: A guide for men and women in organisations*. Chichester: Wiley.

Vansina, L. (2008). Psychodynamics: A field for study and an approach. In L. Vansina & M.-J. Vansina-Cobbaert (Eds.), *Psychodynamics for consultants and managers* (pp. 108-155). New York: Wiley-Blackwell.

Volmicke, E. (2005). Das Unbewusste im Deutschen Idealismus. WUrzburg: Konighausen & Neumann.

Whyte, L. L. (1978). The unconscious before Freud. London, Dover: F. Pinter. Winnicott, D. (1960). The theory of the parent-infant relationship. *International Journal of Psycho-Analysis, 41*, 585-595.

Wulf. C. (2005). Präsenz und Absenz. Prozess und Struktur in der Seele. In G. Jüttemann, M. Sonntag, & C. Wulf (Eds.), *Die Seele. Ihre Geschichte im Abendland*. Göttingen: Vandenhoek & Ruprecht.

Yechiam, E. (2018). Acceptable losses: The debatable origins of loss aversion. *Psychological Research*. https://doi.org/l0.l007/s00426-018-1013-8

색인: 주제

A
360° 피드백 262, 264
3자 관계 243
4차 산업혁명 51, 55
ADHD 152
Big5 성격 테스트 76
DISC 모델 76
Gleichshewebende Aufmerksamkeit 140, 148, 268
ILCT 231
ipsa scientia potestas est(Knowledge itself is power) 376
MBTI Myers-Briggs Type Indicator 76, 263, 264, 349
scientia potestas est(Knowledge is power) 376

ㄱ
가르침 없는without teaching 배움 25, 245, 366, 367
가상현실 52, 236
갈등 20, 26, 27, 28, 37, 39, 43, 54, 57, 66, 67, 84, 89, 91, 92, 93, 94, 96, 97, 98, 99, 108, 156, 166, 168, 169, 171, 173, 177, 186, 188, 193, 208, 209, 211, 217, 231, 273, 275, 276, 277, 307, 310, 312, 335, 347, 349, 355, 356, 361
감응성 정신증 157, 160, 171
감정 관리 298, 300, 301, 304, 305, 306
감정 표현 불능증Alexithymia 120
강박적 특성 154
개별화 과정 31, 82, 154, 170, 171
개별화/개성화individuation 27, 81, 82, 83
개성 개발character development 76, 78

개성character 75, 76, 78, 79, 80, 83, 91, 99, 101, 161, 171, 231, 299, 312, 324
개인 기술 44, 53, 54
개인 무의식individual unconscious 67
개인 성과 44
개인-역할-시스템person-role-system 46, 47, 48, 259
개인 개발personal development 20, 44, 45, 47, 75, 76, 83, 255, 332, 333, 361
개인 몰두 257
개인적인 관행 44, 47
개입intervention 25, 33, 36, 48, 49, 66, 85, 104, 112, 126, 140, 142, 161, 162, 172, 173, 199, 213, 214, 215, 222, 247, 266, 282, 287, 329, 340, 342, 346, 348, 364, 370, 371
개체의 영혼 62
거울 37, 158, 159, 253, 262, 263
거울 이미지 오류 319, 321
건강한 나르시시즘healty narcissism 152, 157, 160
건강한 사람 151
검토 대화 359, 362
경계-다가가기 230, 231
경계-머물기 231, 232, 233
경계 관리 200, 230, 231, 232, 336
경험적 앎 204
고고학 모델 26
고르게 떠 있는 주의free-floating attention 140, 141, 147, 148, 203
고정관념 111, 318, 320, 372
공동 창조 과정process of co-creation 143, 225, 380
과도기 공간 29, 226, 227, 296, 297
과도기 사고transitional thinking 226
과도적 공간 28

관계 25, 26, 27, 28, 29, 30, 35, 37, 38, 41, 42, 45, 47, 52, 53, 54, 62, 66, 67, 68, 75, 77, 81, 82, 84, 85, 86, 87, 89, 91, 92, 98, 100, 101, 105, 107, 108, 111, 112, 114, 119, 120, 126, 127, 128, 129, 130, 134, 135, 141, 143, 147, 148, 152, 155, 157, 159, 165, 170, 175, 185, 189, 190, 191, 192, 193, 195, 196, 197, 198, 201, 204, 207, 210, 211, 212, 217, 222, 224, 225, 226, 231, 232, 233, 237, 238, 239, 240, 243, 244, 247, 248, 251, 252, 253, 254, 257, 265, 267, 268, 269, 272, 275, 276, 277, 278, 279, 282, 287, 293, 297, 310, 312, 314, 315, 319, 320, 322, 326, 328, 329, 332, 333, 334, 335, 340, 349, 359, 360, 361, 364, 365, 367, 370, 371, 375, 380
관계 관리relationship-management 20, 53, 55, 80, 81
관계 삼각형 269, 272, 273, 277, 278
관계 안에서 35, 82, 91, 98, 100, 143, 155, 190, 195, 204, 209, 225, 232, 233, 240, 248, 267, 268, 272, 282, 297, 315, 360
관계의 연결체nexus 127
관계적 앎 111, 112, 204
관계적 전환relational turn 67
관리 역할 44
관점 전환 214, 284, 287, 321
교감 262, 300
구조 모델 26, 27
구조화되지 않은 시작 253
귀납적 질문 286
균등하게 분할된 주의equally divided attention 140, 141, 147, 148
긍정적 재구성 296, 297
기밀유지 199, 244, 371
기본 가정basic assumption 130, 141, 185, 186, 187, 188, 189, 192, 193, 194, 198
기업 영웅corporate hero 167
깊은 생각에 잠김 143
끼워 넣기/얹어 놓기 142

ㄴ

나르시소스Narcissus 158, 159, 160
나열하기/병치하기juxtaposition 142
낙원 상실 66, 71
내러티브 49, 106, 142, 143, 171, 173, 208, 215, 290, 302, 305, 306, 314, 315
내면 극장의 재구성restructuring of the inner theatre 169, 171, 212, 215

내면 세계inner-world 26, 43, 54, 62, 97, 149
내면의 균형inner-balance 171
내면화internalisation 103, 107, 127, 180, 191, 192, 271
내부 고리inner-hook 189
내부 작업 모델 107
내부에서 밖으로, 외부에서 안으로 128
내사introjection 103, 107, 109
내적 갈등inner-conflicts 28, 37, 84, 93, 96, 97
내적 통치inner-governing 43
내적 표상 41, 47
내적 현실 131, 132, 134, 331
네 가지 애착 스타일 77, 83
놀이 28, 29, 118, 146, 177, 227, 296, 297
눈먼 코치 301
눈부처 159, 160
눈빛 159, 160

ㄷ

다층구조 140
담기는 29
담아주기containment 93, 224, 225, 229, 295, 297
대화적 앎 112, 113, 204
데페이즈망dépaysement 기법 142
도덕적 명령 27
동료 압박peer pressure 185
동일시identification 103, 104, 105, 106, 151, 157, 167, 198, 226, 227
두려움 28, 52, 69, 77, 90, 91, 92, 93, 94, 95, 96, 98, 99, 117, 154, 157, 159, 163, 166, 167, 187, 188, 208, 212, 300, 339, 349
드라마의 무대 259
뜸들이기 204

ㄹ

라이프 스토리의 의미 142

ㅁ

마술 중심의 세계 73
마음 내면 지향적inward-oriented인 목표 81
마음 안의 대상 131, 133
마음 안의 조직organisation-in-the-mind 132, 332, 336, 341, 342
마음과 기계 51
마음의 고결함nobleness of heart 79, 83

말하기 치료 294
맹점 30, 35, 39
메타 커뮤니케이션 43
메타-신경 정신분석meta-neuro psychoanalytic 68
모호성 90, 96, 355
몽상reverie 142, 143, 147
무의식 25, 26, 27, 28, 29, 31, 41, 43, 53, 61,
  62, 63, 64, 65, 66, 67, 68, 70, 71, 82, 91,
  106, 107, 108, 119, 123, 126, 131, 132, 140,
  144, 145, 146, 150, 168, 170, 177, 184, 207,
  208, 209, 211, 212, 213, 215, 226, 227, 228,
  257, 282, 307, 324, 346, 351, 364
무의식의 인지적 측면 63
무의식의 프레즌스presence 144
무의식적 유착 196, 200
무의식적 정신 방어 메커니즘 91
무의식적 정신과정 68, 71
무지[낯섦]ignorance 141, 143, 147
물리적 공간physical space 195, 200, 224
물자체thing in itself 143
미세 지각petites perception 63
미시-정치micro-politics 54

ㅂ

반동 형성reaction formation 168
방어 메커니즘 96, 103, 165, 166, 188, 209
방어적 반응 39, 105, 108
방어적 의미의 상징 184
배경 바꾸기 142
병적 나르시시스트 158
본능적 소원 27
부인denial 103, 106, 107, 109, 132, 168, 183,
  184, 234, 274, 277
부적절한 의존성 196
부정 26, 108, 170, 173, 174, 179, 188, 303,
  304, 312
부정적 정서 89, 96, 173
분류/식별 작업(진단diagnosis) 103, 104
분만 25
분열형schizoid 리더 153
분열splitting 109, 153, 167, 170, 188, 338, 340
불멸의 환상invulnerability illusion 185
불안 27, 28, 52, 90, 91, 92, 93, 94, 96, 98, 99,
  103, 131, 143, 152, 153, 154, 160, 163, 166,
  167, 174, 185, 188, 195, 204, 208, 211, 224,
  225, 230, 232, 233, 234, 237, 246, 254, 269,
  270, 273, 274, 275, 277, 293, 296, 310, 312,

315, 338, 339, 340, 347, 348, 365
불일치 37, 106, 107, 214, 215, 257, 284, 288,
  336
불쾌한 통찰unpleasant insight 165
불편한 갈등 89, 96
불확실성 31, 52, 90, 96, 98, 114, 141, 142,
  183, 223, 254
비 정신병적 분열non-psychotic splitting 167
비 서술적non declarative 기억 122, 124
비합리적 신념 35
빼버리고 놔두기(탈합치) 142

ㅅ

사각 지대 263
사라지고 싶음 174
사람-역할-시스템 모델 30, 31
사색하기 203, 311
사회구성주의 141
사회적 관계 29, 42, 47, 77
사회적 방어 183, 187, 189, 198, 209
사회적 알아차림social-awareness 53, 80, 81
사회적 압력 321, 324
산파 25, 42
삼중 경청 331, 334, 336
삼총사 345
상징화하는 능력capacity to symbolise 145, 147
상호 밀접성interrelatedness 46
상호 변형과정 144
상호 책임 36, 166, 352, 354
상황 성과 44
상황 안에 있는 의미 142
상황의 의미 142
생각하기 25, 31, 120, 122, 284
생각하지 못한 것unthought 26
생애 발달 단계에 맞춘 코칭 32
샤덴프로이데 174
샤머니즘적 의식 절차 61
선 인식 후 반응 245
성격 장애personality disorders 152, 153
성격 특성 75, 91, 100, 120, 157, 162, 169
성격 특성 검사 263
성격personality 46, 91, 99, 161, 259
성공했기 때문에 실패하는 인간 84
성찰 공간reflective space 143, 145, 147, 257
성찰적 무반응reflective inaction 142
세계 전체의 영혼 62
소극적 능력negative capability 141, 147, 204, 222,

225, 247
소크라테스식 대화the Socratic dialogue 283, 288
솔루션 개발 297
수직적 37, 53, 256
수직적 분리 106
수퍼비전 35, 110, 159, 189, 190, 196, 197, 209, 226, 228, 271, 314, 350, 365, 367, 369, 371, 372, 379, 382
수평 할당 329
수평적 관계 37, 222
수평적 네트워킹 53
수평적 분리 106
스파링sparring 파트너 37, 224
승화sublimation 169, 176, 177
시간 경계time boundaries 195, 200
시스템 접근 127, 128, 133, 134
시스템-정신역동 30, 128, 129, 133
시스템에 대한 의미 142
시험회기 239
신경정신분석neuropsychoanalysis 30, 68, 118, 125
신경증적 정신 장애 94
신호 기능 208, 296
실연 37, 173, 187, 190
실천-앎 289
실천적 성찰 166
실현하지 못한 잠재력 25
심리사회적psychosocial 역동 46
쓰레기통 68

ㅇ

아동기 경험 37, 38, 219
아포리아 289
아하a-ha 143, 309, 310, 311, 313
안아주기holding 47, 209, 216, 224, 225, 229, 239, 295, 297
안아주는 엄마 224
안아주는 환경holding environment 195
안전기지secure base 29, 200
안정적인 성격 41
알지 못함not-knowing 141, 147, 202, 204, 222, 225, 233, 256
암묵적 연관검사Implicit Association Test(IAT) 318
애착이론 29, 76
억눌러 둔 감정 303
억압repression 26, 66, 67, 96, 107, 109, 167, 168, 176, 277
억제suppression 64, 103, 107, 109, 143

업무 불안 340
업무 성과 44
애니미즘적 사회 구조 61
여섯 가지 영역 모델Six-Domain model 255, 256, 259, 283
역기능 팀 349, 354
역기능적 행동패턴 38
역전이 앎 114, 204
역전이 작업 223
역할 기대 318
역할 찾기 333, 336
역할과 책임 231, 244, 336
역할을-담당하는-사람person-in-role 128, 133
연구자-프랙티셔너 375
연상 101, 119, 142, 145, 158, 175, 179, 180, 203, 223, 228, 236, 245, 267, 276, 310
연상 학습associative learning 119
연상적 개입 33
열려-있음 203, 230, 231
영혼 52, 61, 62, 63, 65, 67, 71, 72, 73, 145, 146, 283, 307
영혼의 중재 역할mediating role 62
영혼soul/Seele[독] 65
영화 〈엘마르〉 228
옆에 두고 홀로 추기 314, 316
예외인 86
완벽에 대한 추구 229
왜곡된 사고 35
외부 세계 30, 65, 89, 91, 92, 93, 107, 141, 167
용기있는 대화 349
우울한 특성depressive character 153
웅장한 구조자grandiose rescuer 167
원초적 억압urverdrängung 66
유레카eureka 143
유머humor 152, 168, 209
의미 개발 31, 143
의미 귀인 141
의미-부여하기sense-making 20, 139, 147
의미meaning 139, 147
의식-인지-두려움 감소 메커니즘 91
이드Id 26, 27, 123, 167
이중 경청duallistening 190
이중 공간 314, 315
이중 구속 318, 321
이중 기준 321, 328
이크EeeeK 143
인간 개발human development 76, 83
인간 존재와 진실 221

인격 통합personality integration 171
인공 지능 51
인지 편향 94, 95, 96
인지과학cognitive science 68
인지적 의식cognitive consciousness 119
일곱 가지 기본 정서 69
일상의 루틴 313
일차 과정 심리 경험primary process psychological experiences 69
일차 과제primary task 131, 132, 133, 187, 189
일차 위험primary risk 131, 133
임상 훈련 35, 228
임원 기능executive function 26
입 밖에 내지 못한 것unspoken 26

ㅈ

자기 검열 185
자기 교란disturbance 107
자기 반응 234, 267
자기 이상 264
자기 자신을 도구로 사용 283, 287
자기-성찰self-reflection 36, 38, 271
자기-의식self-consciousness 52
자기 관리self-management 20, 36
자기성찰 147
자기심리학 27, 106
자기애 성격 155
자기애적 붕괴disruption 107
자신의 취약함 223
자아 26, 27, 28, 84, 123, 167, 172, 177, 186, 188, 217
자아-방어ego-defence 183
자연스러운 권위 242
자유 연상 148, 149, 315
자율성autonomy 27, 36, 77, 91, 92, 93, 104, 153, 154, 204, 239, 364
작업 기억 119
작업 집단working group 30, 129, 130, 186, 187, 190, 191, 192, 198, 335, 336
작업가설hypothesis 99, 134, 165, 193, 239, 252, 359
작업동맹 251, 257, 258
잠시 멈춤 126, 378
잠재력 발굴과 인간의 가능성 확대 240
장기 기억 122, 124
재-실연re-enactment 108, 190, 225
재-트라우마 196, 228

저항에 함께 구르며 대처 166
저항resistance 90, 165, 166, 167, 171, 172, 173, 175, 180, 209, 215, 216, 232, 263, 269, 276, 299, 318, 346, 348, 363, 364, 365, 367
전두엽 118
전문적 변형professional deformation 104
전체-로서의-집단group-as-a whole 129, 133
전치displacement 131, 168, 176, 177, 277
전환 과정 313
접근 가능성accessibility 52
정동 고립isolation 167, 168, 171, 202
정동 시스템affective system 118, 124
정동 신경과학affective neurosciences 69, 118
정동적 구조 조정affective restructuring 169, 216
정동적 의식affective consciousness 69
정서 27, 30, 32, 35, 38, 42, 43, 45, 53, 54, 66, 69, 71, 76, 81, 89, 91, 92, 96, 97, 98, 112, 114, 117, 118, 120, 122, 123, 124, 128, 132, 139, 143, 145, 146, 161, 163, 167, 169, 170, 172, 173, 174, 175, 177, 178, 187, 188, 195, 202, 208, 209, 210, 211, 212, 216, 219, 223, 225, 226, 232, 247, 253, 256, 257, 262, 270, 272, 273, 274, 293, 294, 295, 296, 297, 298, 300, 306, 307, 309, 312, 323, 336, 348, 360, 364
정서 감옥emotional prisons 296, 297
정서 다루기dealing with emotion 293, 298
정서의 일곱 가지 기본 특성 117, 124
정서적 레퍼토리 296
정서적 말려들기emotional involvement 93
정서적 의존emotional dependency 195, 196
정서적 자기조율self-regulation 147
정서적 장애 31
정서적 정글 160
정서적 현실 187
정서지능emotional intelligence 30, 53, 54, 55, 58, 79, 80, 81, 83, 347
정신 장애mental disabilities 35, 94, 152, 153, 210
정신-생물학적 욕동 29
정신역동 팀-코칭 131
정신적 증상 42
정신적 편형psychic equilibrium 171
정신적인 위협psychic threats 169
정신화하기mentalising 143, 145, 146, 147, 223, 224
정원사 248
정합적 결합하기보다는 빼버리고 놔두기 142
제2의 기계시대 51

조직 내 개인 20, 36, 213, 333
조직 역할 분석Organisational Role Analysis 46, 132, 283, 333
조직의 정치적 사고 54
조직적 상징 184, 190
종결 36, 113, 201, 239, 242, 282, 359, 360, 361, 362, 363, 364, 365, 366
좋은 코칭 370, 373
주물숭배fetishism 106
주의와 해석 139
주지화intellectualising 167, 171, 172, 175, 177, 202
중간 공간 29
증상과 직접 대면 31
증상과 함께하는 31
지금-여기here and now 14, 140, 148, 190, 210, 211, 253, 294
지식의 수문장 376
지형학적 모델 26
직면 35, 39, 52, 68, 78, 123, 132, 154, 165, 179, 187, 221, 226, 233, 262, 263, 318, 341, 350, 367
진단지 활용 265
진동 131, 188, 192
진실truth 31, 33, 37, 82, 113, 114, 141, 146, 204, 221, 222, 223, 229, 232, 233, 234, 246, 252, 269, 366
진정한 관심genuine interest 195, 221, 229, 246, 295
진지한 질문profound questions 295
집단 차원에서 방어 183
집단사고 95, 184, 185, 186, 190
짜임구조 95, 135, 155, 160
짝짓기 125, 186, 188, 192, 198

ㅊ

창의적 공간 227
책임성 36
철학자의 장미정원Rosarium Philosophorum 147
체험을 통한 성찰 166
초기 가설initial hypothesis 295
초기 꿈 242, 252
초월 기능 82
초자아 26, 27, 167, 172
촉진자 42, 315, 379
충만한fulfilment 삶 79
충분한 시간 237, 297

충분히 좋은good enough 28, 225, 229
취소undoing 168, 239, 342
취약성vulnerabilities 221, 223, 228
치료적 접근 그러나 치료가 아닌 39
치명적인 결함fatal flaw 54, 57, 58
침묵 개입 247
침묵으로 경청하기 253
침묵으로 말하기 253
침묵 코칭 253

ㅋ

카펫 아래 19, 26
커리어 승진 259
컨스텔레이션constellation 135, 155, 160
코칭 관계 구조화 37, 239
코칭 계약 211, 237, 241, 242, 244, 363
코칭 주체 25, 35, 37, 40, 81, 90, 91, 97, 98, 99, 101, 111, 112, 114, 126, 134, 139, 142, 143, 148, 149, 155, 171, 173, 179, 180, 190, 193, 194, 201, 202, 203, 204, 212, 215, 219, 222, 226, 230, 231, 232, 233, 234, 239, 242, 245, 246, 247, 248, 257, 267, 268, 295, 296, 308, 311, 314, 315, 333, 360, 365, 366, 367
코칭 설계의 3원칙 237
코칭 세션 219, 236, 381, 408

ㅌ

타비스톡 128, 129, 133
타비스톡의 방법Tavistock Method 129
탁월하다excellent 79
탈선derailment 156, 221
탈합치Dé-coïncidence 142
통제 68, 70, 79, 80, 90, 92, 95, 107, 118, 154, 156, 170, 186, 189, 285, 286, 301, 338, 361, 377
투사적 동일시projective identification 68, 109, 143, 167, 190, 268, 271, 272
투사projection 36, 65, 103, 104, 105, 106, 107, 108, 109, 130, 167, 188, 197, 225, 268, 269, 271, 319
투여cateexis 119, 124, 156
트라우마 32, 54, 184, 193, 194

ㅍ

파워 엘리트 324

색인 397

평가 도구　262, 263, 265, 266
평행과정parallel process　189, 190
포화된 코칭　204
프락시스praxis　159, 228
프로세스 컨설팅　42, 43

ㅎ

함께 춤추기　314
함께 침묵 안에 머물러 있는 상황　143
함입incorporation　103, 107, 109
합리화rationalising　87, 139, 167, 171, 172, 175,
　　176, 177, 178, 180, 183, 184, 202
핵심 역량 모델　36
행동 패턴　37, 41, 43, 90, 123, 130, 184, 190,
　　209, 216, 223, 278, 296, 365
행동의 변화　38

행복eudaimonia　32, 44, 78, 79, 84, 85, 173, 298,
　　359
현실 생활　313
현실 축소　185
협업 관계　284
형이상학metapshysics　26, 63, 65, 71
혼종화　240
화학적 결합　241
환상　26, 28, 29, 51, 52, 71, 84, 85, 130, 145,
　　166, 175, 183, 184, 185, 188, 217, 232, 271,
　　274, 277, 307, 308, 309, 310, 314, 315
회복 탄력성　53, 55
후광 효과　319, 321
훈습　33, 39, 164, 166, 187, 257, 270
히스테리적 유형　154

색인: 인명

게오르크 쥴쩌Johann Georg Sulzer 63
골만과 보야치스Goleman & Boyatzis 80
괴테 63
구스타프 칼 융 27, 31, 67
다마지오Damasio 69
도널드 위니컷 27, 28, 29, 227, 229
라이프니쯔Leibniz 63
라캉Lacan 16, 26, 27, 33, 66, 67
로빈 쇼헤트 379
맨프레드 켓츠 드 브리스 39, 55, 135, 170, 212, 277, 326
마크 솜즈 30, 118, 119, 123, 124, 125
메리 아인스워스 29
멜라니 클라인 27, 31, 67, 184, 185
미하일 바흐찐Mikhail bakhtin 112
밀러와 라이스Miller and Rice 128
바르톨로메오와 호로비츠Bartholomew & Horowitz 77
반시나Vansina 37
볼비Bowlby 29
브로윅Browick 46
샌들러Sandler 37, 90, 207
쇼펜하우어 64
쉘링Schelling 63, 64
쉴러Schiller 63
아리스토텔레스 62, 78, 79, 83, 159
아우구스티누스 62
안나 프로이트 27, 28, 107, 129, 177
알프레드 아들러 130
에두아르트 폰 하르트만Eduard von Hartmann 64
에드가 샤인Edgar H Schein 42, 47
에리히 프롬 82, 174
올리버 턴불Oliver Turnbull 30

오버홀저Oberholser 287
장 폴Jean Paul 63
존 밀턴 66
찰스 리드Charles Read 78
카너먼과 트버스키Kahnemann & Tversky 94, 96
칸트 63
컨버그Kernberg 152
코헛Kohut 27, 223
쿠르트 레빈Kurt Lewin 130, 133
키에츠Keats 142
킬스트롬Kihlstrom 70
테어도르 마이네르트Theodor Meynert 64
테오도르 립스Theodor Lipps 64, 65
토머스 홉스 376
판크세프Panksepp 69, 117, 118, 124
폴크스S. H. Foulkes 129, 133
프랑소아 줄리앙 142, 147
프랜시스 베이컨 376
프로이트 26, 27, 28, 30, 31, 32, 33, 42, 64, 65, 66, 67, 84, 94, 98, 106, 107, 108, 119, 121, 123, 125, 126, 140, 145, 148, 149, 162, 167, 168, 178, 185, 186, 215, 268, 277, 294, 335
플라톤 283, 289, 290
피터 포나기Peter Fonagy 30, 145, 147
피터 호킨스 135, 379
헤겔 64
헤르바르트Herbart 63

색인 399

동료 코치의 축하와 격려의 글

조직의 변화와 발전을 위한 정신역동 코칭의 역할에 관심 있는 학자와 프랙티셔너들이 꼭 읽어야 할 책이다. 전문적으로 쓰인 이 책은 정신역동의 주요 이론과 코치와 관리자를 위한 실천적인 함의에 대해 포괄적으로 검토한다. 클라우디아 나겔은 코칭에 최일선에 초점을 맞춘 걸작을 집필했다. 이 책은 정신역동의 새로운 트렌드를 다루며 정신분석과 경영 일선의 실천 관행 사이의 관계를 위해 지속 가능하고 혁신적이며 정교한 분석을 제공한다.

- 이시 드로리Issy Drori 박사, 네덜란드 암스테르담의 브리제Vrije 대학교

나겔 박사는 정신역동 코칭 분야에 중요한 기여를 했다. 코칭은 리더와 관리자가 자신, 동료 및 조직을 이해할 필요를 인정하며 다양하게 성장하는 산업이다. 저자는 복잡한 조직에서 실제 근무하는 사람들과 작업하는 데 정신역동 관점의 독특한 가치를 주장한다. 그녀는 단순하거나 쉽게 들리지 않고, 덜 정교한 접근으로는 따라올 수 없는 방식으로 인간의 동기와 행동에

대한 보다 깊은 이해를 적용하는 것을 설명하고, 인간화한다.

- 캐리 J. 슐코위츠 Kerry J. Sulkowicz, MD,
Managing Principal, Boswell Group LLC, NYC, USA

이 책을 뒷받침하는 전체론적 관점은 깊은 지식을 바탕으로 실천을 쌓고자 하는 모든 리더십 개발 코치에게 신뢰할 수 있는 동반자가 된다. 나겔 박사는 정신역동적 관점의 본질적인 개념을 계획하는 동시에 이러한 개념들을 실천에 적용할 수 있는 가능성에 초점을 잃지 않았다. 이 책은 전체 코칭 과정에 대한 전반적인 가이드를 제공하여 독자가 실제 만나는 동안 이론을 느끼고 어떤 모습인지, 즉 우리 분야에 대한 독특한 공헌을 경험할 수 있게 한다.

- 나딘 리아드 첼레비 Nadine Riad Tchelebi, 박사 GmbH, 선임 컨설턴트. 독일

이 책을 통해, 출판사는 코칭에 대한 새로운 시리즈를 열었다. 클라우디아 나겔은 도전을 받아들였고 정신역동 코칭을 검토할 수 있는 정교한 플랫폼을 만들었다. 융 학파 정신분석학자, 경제학자, 심리학자인 나겔 박사는 정신역동 코칭을 뒷받침하는 많은 이론적 흐름과 학파의 견해를 통합할 수 있었다. 그녀는 이론의 기초로서 고대 그리스의 지혜와 최근의 신경과학 연구, 철학과 생리학에 관해 연구했다. 실질적인 고려사항은 고객 관계 구축의 역동에 대해 예리하고 민감하게 관심을 두고 관찰하였다. 이것은 중요하고 접근 가능한 자원이다. 나겔 박사는 우리 분야에 중요하고 인상적인 기여를 했다.

- 할리나 브루닝 Halina Brunning, 심리학자, 코치, 컨설턴트 및 편집자. 영국.
『Executive Coaching: Systems-Psychodynamic Coaching』

클라우디아 나겔은 정신역동 코칭의 실천에 대한 포괄적인 소개서를 썼다. 그녀는 리만Rieman, 판크세프Panksepp, 롱Long과 같은 동시대의 사상가들을 묘사하면서 프로이트와 융과 같은 고전 사상가들을 참고한다. 코칭 실천을 형성하는 가장 관련 있는 프레임워크에 대한 조사로 코칭 연구자와 학생, 프랙티셔너들에게 제공한다. 정신역동 사고에 뿌리를 둔 그녀는 코치의 효과성뿐만 아니라 노동자, 전문가 및 관리자의 좋은 성과에서 정서가 수행하는 중심적인 역할을 강조한다. 그녀는 코치가 고객의 경험에 공감하고 탐구하고 해석하면서 코치와 고객 사이의 정서적 만남emotional encounter의 단계를 개략적으로 설명한다.

그녀는 코치가 먼저 감정을 이끌어내고 부각시킨 다음 고객이 이러한 감정을 사려 깊게 반영할 수 있도록 돕는 과정을 왔다 갔다 하는 것을 보여준다. 쿠르트 레빈Kurt Lewin의 유명한 말은 좋은 이론만큼 실용적인 것은 없다는 것이다. 정신역동 코칭을 하는 연구자들과 학생, 프랙티셔너들은 이 책을 통해 큰 이익을 얻을 것이다. 전자는 이 책이 제공하는 이론적 토대로부터, 후자는 건전한 사고를 바탕으로 그들의 실천을 더욱 연마함으로써. 성찰적인 실천가가 되겠다는 목표를 이루기 위해서라도 이 책을 읽어보길 권한다.

- 래리 허쉬혼Larry Hirschhorn 박사, 미국 필라델피아, CFAR Inc.

이 포괄적인 텍스트는 코치와 컨설턴트뿐만 아니라 정신역동 코칭 학생은 물론 고객에게 매우 귀중한 자료이다. 특히 인간관계와 관련하여 특이성에 대한 이해를 제공하는 정신역동 코칭의 역사와 이론의 개요로 시작한다. 나머지는 고객 관계의 시작부터 끝까지 지침을 제공하는 코칭 프랙티스에 대해 다룬다. 정서와 관계에 대한 강조는 조직적 도전에 대한 향상된 대응을 돕는다.

- 캐스린 헤인즈 딘_{Kathryn Haynes Dean} 교수,
영국 헐Hull 대학교 경영학, 법학 및 정치학부 학장

'당신은 순전히 이성적으로 행동한다고 믿습니다 - 불가능해요!' 클라우디아 나겔 박사는 정신역동 코칭에 관한 새 저서를 통해 고위 관리자와 비즈니스 리더가 때때로 '명백한 합리성'에 대한 서약으로 무시하거나 오히려 마스터하도록 설득하는 경향이 있는 조직 행동의 대인관계 및 무의식적 현실에 대한 매우 귀중한 개요를 제시한다. 클라우디아의 연구는 최근의 학술 연구에 확고히 뿌리를 두고 있지만, 경제와 글로벌에서의 리더십 역할 모두에 대한 그녀의 광범위한 실제 경험에서 완전히 영감을 받았다. 금융 및 정신분석 고객 업무. 그녀의 작업은 일상적인 조직 생활에서 전형적인 '액면가face value' 상황을 다루고 이를 인간의 정신적 성향으로 추적하여 독자들이 무의식의 저류에 대해 반성하도록 장려하는 종합에 능하다. 그렇게 함으로써 그의 작업은 주제와 코치의 성격에 대한 매우 사려 깊은 인간적인 접근으로 주목할 만하다. 그녀의 관점은 개인, 특히 코치-코칭 주체 관계의 미묘함에 대한 많은 존경과 이해를 구현한다. 그녀와 '명백한 이성plain rational'에 대한 그릇된 믿음의 사소한 한계를 넘어 기꺼이 모험을 떠나는 그에게 큰 가치가 있다. 독자는 의사결정이 필요한 주제와 관련이 없고 결과를 왜곡하지 않는 것보다 훨씬 더 자주 내면의 동기를 성찰하는 신선한 영감에 의해 보상을 받을 것이다.

- 하이너 R. 벤테_{Heiner R. Bente} 박사, 기업가이자 수퍼비전 이사회 이사, 독일

개인 삶의 변화는 내면에 대한 깊은 성찰과 일이나 가정과 같은 다른 환경에서의 상호작용에 의해 일어난다. 이 책은 코칭에 대한 다른 이의 저서 그 이상이다. 30가지 원칙은 지속적인 변화를 이루기 위해 필요한 것을 포괄적으로 설명한다. 이론적 배경부터 코칭 과정 자체까지 저자의 깊은 현장 경험을 반영한다. 따라서 코치뿐만 아니라 자신과 팀을 깊이 생각하는 임원들에게도 정신역동 코칭을 추천한다.

- 앙크 대슬러 Anke Dassler, 에보니크 Evonik

저자 및 역자 소개

저자 소개

클라우디아 나겔Claudia Nagel은 국제 기업과 그 이사진의 컨설턴트, 코치, 수석 고문이다. 경제학자, 조직심리학자, 공인 정신분석가이다. 리더십, 전략적 관리, 변화 과정 전문가이다. 비즈니스의 인간적인 면, 금융과 투자은행 배경, 다양한 리더십 역할 경험으로 그녀는 시니어 리더들에게 매우 귀중한 자원이다.

역자 소개

역자: 김상복
newlifecreator@gmail.com
한국코칭수퍼비전아카데미supervision.co.kr 대표
한국코칭협회(KSC_2011), 국제코칭연맹(PCC_2012) 코치

코칭 대상: 기업·공공조직·비영리조직 Owner, CEO, 임원코칭. 전문직(창작, 의료, 법률) 코칭

코칭 주제: 자기 강화, 성격 성찰, 리더십 승계, 중년 위기관리, 커플 관계, 생애 개발

근거 이론: 정신분석, 내러티브에 근거한 일대일 코칭

일대일/그룹 코칭수퍼비전

수퍼비전 영역: 역량 강화, 고객 분석과 코칭 기획, 코칭 프로그램과 코칭 마케팅 개발

전문 수퍼바이저 양성을 위한 수퍼비전 스쿨 운영.

코칭 전문서적 출판사 coachingbook.co.kr 운영

한국코치협회 '올해의 코치'(2013)

저서: 『코칭 튠업 21』(2017), 『누구나 할 수 있는 코칭 대화 모델』(2018), 『첫고객·첫세션 어떻게 할 것인가』(2019)

번역: 『정신역동과 임원코칭』(2019), 『10가지 코칭 주제와 사례 연구』(2022), 『코칭과 정신건강 가이드; 코칭에서 심리적 과제 다루기』(2022), 『정신역동 코칭: 30가지 고유한 특징』(2023), 『트라우마와 정신분석적 어프로치』(2023), 『101가지 코칭수퍼비전 기법과 실험』(2023 예정)

공역: 『코칭 수퍼비전』(2014), 『코칭 윤리와 법』(2018), 『코칭·컨설팅 수퍼비전의 관계적 접근』(2019), 『수퍼비전: 조력 전문가를 위한 일곱눈 모델』(2019), 『코치 앤 카우치』(2020), 『정신역동 마음챙김 리더십』(2021), 『정신분석심리치료의 기본과 실천』(2021)

코칭 연구와 교육, 교류를 위한 카페 운영
- 실전코칭과 Web-seminar: https://cafe.naver.com/webseminar
- 코칭 수퍼비전 School: https://cafe.naver.com/coachingsupervision
- 코칭 철학과 이론-실천과 쟁점 https://cafe.naver.com/coachingphilosophy
- 내러티브 코칭연구: https://cafe.naver.com/narrativecoaching
- 코칭 윤리와 심리치료 관계: https://cafe.naver.com/coachingntherapy
- 시스템 코칭-팀 코칭-그룹코칭: https://cafe.naver.com/systemcoaching
- 정신분석 코칭: https://cafe.naver.com/psychoanalytically

발간사

호모코치쿠스 41
현대 정신분석 코칭의 기초 2. 『정신역동 코칭: 30가지 고유한 특징』

호모코치쿠스 41번째 책 출간을 진심으로 축하한다. 지난해 10월에서 12월까지 10주 동안 매주 화요일 저녁마다 역자 김상복 코치님과 이 책의 초본을 읽으며 학습했던 기억이 새록새록 떠오른다. 늦은 밤도 잊은 채, 정신분석 코칭에 관심이 있는 코치들이 온라인과 대면으로 동시에 모였다. 저마다 배우고자 하는 학습 동기는 다양했으나, 그 열기만큼은 뜨거웠다. 함께 학습하면서 한 글자 한 글자 곱씹었던 활자들이 드디어 책으로 출간된다는 소식에 반갑고, 그 번역과 주석을 고민하신 노고의 시간들에 감사하다. 특히 240여 개의 친절한 역주는 이론에 대한 배경과 근거를 잘 모르는 독자에게 친절한 이해를 돕는다. 장에 나오는 부록들은 사례를 중심으로 토의할 수 있는 학습 도구로도 손색없다. 정신역동 코칭과 관련한 국내 코칭계에 학습조직 필요성이 절실하다. 그리고 현장에서 정신역동 코칭을 중심으로 적용할 코치님들과 함께할 발자취들이 기대된다. 이 책이 그 학습의 초석이 되기를 소망해본다.

개인적으로는 정신분석과 정신역동의 개념적 차이도 제대로 이해하지 못했던 백지 상태에서 이 책을 처음 접했다. 정신역동을 단순히 심리학의 한 분야로만 이해했던 내 무지와 모호함을 넘어, 차츰 앎과 명료함, 성장 가능성을 경험했다. 이 책은 정신역동 코칭이 다루는 영역과 고유한 특징들을 바탕으로 코치로서의 봄-앎-함-됨(김상복, 2017)을 정신역동 코칭의 이론-실천-관계-종결이라는 새로운 차원으로 초대한다. 정신역동이라는 용어가 낯설게만 느껴졌고, 지금까지는 나와 상관없는 저 세계의 영역으로 여겼었다. 그렇지만 정신역동이 생활 세계에 이미 널리 퍼져 있고, 또 연결되어 있다는 안도감도 함께 들었다. 특히 이 책은 개인의 정서와 관계 그 이상을 다룬다. 조직적 맥락, 상황, 시스템, 환경, 리더십, 팀의 역동, 집단과 조직 수준의 특징이 함께 공존한다. 심리학, 신경과학, 조직 이론, 리더십, 행동 이론을 망라하면서, 코치가 어떻게 고객을 준비시키고, 코칭 세션을 운영하며, 코칭을 종결할 것인가의 항해 여정을 담고 있다.

이 책의 저자 클라우디아 나겔Claudia Nagel은 융 학파 정신분석학자, 경제학자, 심리학자로 알려져 있다. 나겔(2017)의 "Behavioural strategy and deep foundations of dynamic capabilities" 논문은 개인적으로 경영학과에서 경영전략 시간에 참고하기도 했던 논문이다. 인간 행동의 전략적 차원에서 동적 역량dynamic capability을 다룬다. 불확실성과 패러독스 환경에서 CEO의 개인적 특성, 가치, 인식 스타일, 관찰 경험, 연령, 정규 교육, 기초 지식을 둘러싼 심리적 역동들이 어떻게 개인의 인식 프로세스를 거쳐, 팀 내에서 대화를 이끌어가고 구조화된 현실 인식을 거쳐, 전략적 선택을 해 가는가, 그리고 기업 프로세스에서 어떻게 성과를 내는가를 증명하고 있다. 흥미로운 점은 의사결정 전략에서 두려움과 불안을 다루는 역동 기제를 설명했다는 점이다. 학문적 융합을 넘어, 개인에서 조직, 시스템 차원으로 접근하는 관점은 확실히 신선하다. 이러한 관점은 라이프 코칭, 비즈니스 코칭, 팀/그룹 코칭에도 적용할 수 있는 프로세스를 보여준다.

이 책에서 언급된 토마스 나겔Thomas Nagel(1974)의 『What is it like to be a bat?』은 12,499회가 인용될 만큼 철학계에서 논란의 중심이 되었던 저서이기도 하다. 윤리와 마음 철학, 그리고 인간을 이해하기 위한 현대의 개념과 이론의 한계를 강조하고 있다. 토마스 나겔은 '태어날 때부터 앞을 보지 못하는 사람에게 앞을 본다는 것이 어떤 경험인가를 설명하려면 어떤 감각에 대한 주관을 말할 수 있는가?'라는 질문을 던진다. 우리가 경험하는 감각이라는 개념, 그리고 이를 감각적으로 차별화할 수 있는 경험의 주관성, 또는 문화, 언어, 심리사회적 언어, 자아와 내부 세계의 의도성, 내가 의식하는 존재자라는 인식에 대한 지평을 연다.

매주 일요일 새벽마다 코치님들과 함께 학습하는 철학 공부에서도 정신역동 코칭의 연결성을 발견하게 되기도 한다. 코치의 길은 끝이 없으나, 존재하는 이유는 무엇인가? 세상을 어떻게 바라보아야 하는가? 어떻게 살아야 하는가? 존재론, 인식론, 방법론에 대해 끊임없이 본질적인 물음을 던지게 된다. 그리고 인간의 존재함에서 의식, 무의식, 성격, 개성, 정서, 관계, 인간 계발, 시스템, 집단, 조직의 경계, 수준에 이르는 고유한 정신역동의 특징을 이해하는 길은 코치로서 부단하게 학습하고 수련되어야 하는 항해임을 겸허히 받아들이게 된다. 이 책이 그 여정을 시작하는 데 지도와 나침반을 제공해줄 것이라 믿어 감히 추천드린다. 정신역동 코칭을 학습하고 성장하고자 하는 코치들이 있다면, 기꺼이 함께하고자 한다.

2023년 5월 31일
코치 박정화

호모코치쿠스

코칭 튠업 21
: ICF 11가지 핵심 역량과 MCC 역량

김상복 지음

뇌를 춤추게 하라
: 두뇌 기반 코칭 이론과 실제
Neuroscience for Coaching

에이미 브랜 지음
최병현, 이혜진 옮김

마음챙김 코칭
: 지금-여기-순간-존재-하기
Mindful Coaching

리즈 홀 지음
최병현, 이혜진, 김성익, 박진수 옮김

코칭 윤리와 법
: 코칭입문자를 위한 안내
Law & Ethics in Coaching

패트릭 윌리암스, 샤론 앤더슨 지음
김상복, 우진희 옮김

조직을 변화시키는 코칭 문화
How to create a coaching culture

질리안 존스, 로 고렐 지음
최병현, 이혜진 등 옮김

내러티브 상호협력 코칭
: 3세대 코칭 방법론
A Guide to Third Generation Coaching: Narrative-Collaborative Theory and Practice

라인하드 스텔터 지음
최병현, 이혜진 옮김

임원코칭의 블랙박스
Tricky Coaching

맨프레드 F. R. 케츠 드 브리스 등 편집
한숙기 옮김

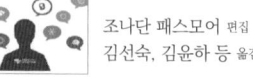

마스터 코치의 10가지 중심이론
Mastery in Coaching

조나단 패스모어 편집
김선숙, 김윤하 등 옮김

코칭·컨설팅
수퍼비전의 관계적 접근
Supervision in Action

에릭 드 한 지음
김상복, 조선경, 최병현 옮김

정신역동과 임원코칭
: 현대 정신분석 코칭의 기초1
Executive Coaching :
A Psychodynamic Approach

캐서린 샌들러 지음
김상복 옮김

수퍼비전
: 조력 전문가를 위한 일곱 눈 모델
Supervision in the Helping Professions

피터 호킨스, 로빈 쇼헤트 지음
이신애, 김상복 옮김

코칭 프레즌스
: 코칭개입에서 의식과 자각의 형성
Coaching Presence : Building Consciousness and Awareness in Coaching Interventions

마리아 일리프 우드 지음
김혜연 옮김

멘탈력
정신적 강인함에 대한 최초의 이론적 접근
Developing Mental Toughness :
Coaching strategies to improve performance,
resilience and wellbeing

더그 스트리챠크직, 피터 클러프 지음
안병욱, 이민경 옮김

코치 앤 카우치
Coach and Couch

맨프레드 F.R. 케츠 드 브리스 등 지음
조선경, 이희상, 김상복 옮김

리더의 정치학
: 조직개혁과 시대전환을 위한 창발 리더십 모델
Leading Change: How Successful Leaders
Approach Change Management

폴 로렌스 지음
최병현, 윤상진, 이종학,
김태훈, 권영미 옮김

고용 가능성
고용+가능성 업그레이드 전략
Developing Employability and Enterprise:
Coaching Strategies for Success in the Workplace

더그 스트리챠크직, 샬롯 보즈워스 지음
조현수, 최현수 옮김

게슈탈트 코칭
바로 지금 여기
Gestalt Coaching: Right here, right now

피터 브루커트 지음
임기용, 이종광, 고나영 옮김

강점 기반 리더십 코칭
: 조직 내 긍정적 리더십 개발을 위한 가이드
Strength_based leadership Coaching
in Organization An Evidence based guide to
positive leadership development

덕 매키 지음
김소정 옮김

영화, 심리학과
라이프 코칭의 거울
The Cinematic Mirror for
Psychology and Life Coaching

메리 뱅크스 그레거슨 편저
앤디 황, 이신애 옮김

영웅의 여정
자기 발견을 위한 NLP 코칭
The Hero's Journey: A voyage of self-
discovery

스테판 길리건, 로버트 딜츠 지음
나성재 옮김

VUCA 시대의
조직문화와 피어코칭
Peer Coaching at Work

폴리 파커, 팀 홀, 캐시 크램,
일레인 와서먼 공저
최동하, 윤경희, 이현정 옮김

정신역동 마음챙김 리더십
: 내면으로의 여정과 코칭
Mindful Leadership Coaching : Journeys
into the interior

맨프레드 F.R. 케츠 드 브리스 지음
김상복, 최병현, 이혜진 옮김

실존주의 코칭 입문
:알아차림·용기·주도적 삶을 위한
철학적 접근
An Introduction to Existential Coaching

야닉 제이콥 지음
박신후 옮김

공감으로 완성하는 코칭
: 평범함에서 탁월함으로
Coaching with Empathy.

앤 브록뱅크, 이안 맥길 지음
김소영 옮김

내러티브 코칭
: 새 스토리의 삶을 위한 확실한 가이드
Narrative Coaching : The Definitive Guide to Bringing New Stories to Lif

데이비드 드레이크 지음
김상복, 김혜연, 서정미 옮김

ADHD 코칭
: 정신건강 전문가를 위한 가이드
ADHD Coaching: A Guide for Mental Health Professionals

프란시스 프레벳,
아비가일 레브리니 지음
문은영, 박한나, 가요한 옮김

시스템 코칭
: 개인을 넘어 가치로
Systemic Coaching: Delivering Value Beyond the Individual

피터 호킨스, 이브 터너 지음
최은주 옮김

글로벌 코치 되기
: 코칭 역량과 ICF 필수 가이드
Becoming a Coach

조나단 페스모어,
트레이시 싱클레어 지음
김상학 옮김

시스템 코칭과 컨스텔레이션
Systemic Coaching & Consitellations

존 휘팅턴 지음
가향순, 문현숙, 임정희, 홍삼렬, 홍승지 옮김

10가지 코칭 주제와 사례 연구
: 20개 사례, 40개 논평, 720개 주석, 19개 실습 사례
Complex Situations in Coaching

디마 루이스, 폴린 파티엔 디오숑 지음
김상복 옮김

유연한 조직이 살아남는다
포스트 코로나 시대 뉴노멀이 된 유연근무제
Flexible Working

클라우디아 나겔 지음
최병헌, 윤재훈 옮김

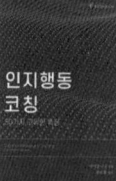

인지행동 코칭
: 30가지 고유한 특징
Cognitive Behavioural Coaching: Distinctive Features

마이클 니난 지음
엘리 홍 옮김

쿼바디스
: 팬데믹 시대 리더의 실존적 도전
QUO VADIS?

맨프레드 F. R. 케츠 드 브리스 지음
고태현 옮김

코칭과 트라우마
: 생존 자기를 넘어 나아가기
Coacjing and Trauma

줄리아 본 스미스 지음
이명진, 이세민 옮김

단일 회기 코칭과 비연속 일회성 코칭
: 30가지 고유한 특징
Single-Session Coaching and One-At-A-Time Coaching: Distinctive Features

윈디 드라이덴 지음
남기웅, 안재은 옮김

리더십 팀 코칭
: 변혁적 팀 리더십 개발을 넘어
Leadership Team Coaching

피터 호킨스 지음
강하룡, 박정화, 박준혁, 윤선동 옮김

코칭과 정신 건강 가이드
: 코칭에서 심리적 과제 다루기
A Guide to Coaching and Mental Health : The Recognition and Management of Psychological Issues

앤드류 버클리, 캐롤 버클리 지음
김상복 옮김

팀 코칭 이론과 실천
: 팀을 넘어 위대함으로
The Practitioner's handbook of TEAM COACHING

데이비드 클러터벅, 주디 개년 편집
강하룡, 박순천, 박정화, 박준혁, 우성희, 윤선동, 최미숙 옮김

리더의 속살
: 추악함, 사악함, 기괴함에 관한 글
Leadership Unhinged: Essays on the Ugly, the Bad, and the Weird

맨프레드 F. R. 케츠 드 브리스 지음
강준호 옮김

생의 마지막 여정을 돕는
웰다잉 코칭
Coaching at End of Life

돈 아이젠하워, J. 발 헤이스팅 지음
정익구 옮김

정신역동 코칭
: 30가지 고유한 특징
– 현대 정신분석 코칭의 기초2
Psychodynamic Coaching: Distinctive Features

클라우디아 나겔 지음
김상복 옮김

(출간 예정)

경영자의 마음
: 리더십, 인생, 변화에 대한 명상록
The CEO Whisperer: Meditations on Leadership, Life, and Change

맨프레드 F. R. 케츠 드 브리스 지음
강준호 옮김

리더의 일상적 위협
: 모래 늪에서 허우적거릴 때 살아남는 방법
The Daily Perils of Executive Life: How to Survive When Dancing on Quicksand

맨프레드 F. R. 케츠 드 브리스 지음
고태현 옮김

코칭심리학(2판)
실천연구자를 위한 안내서
Handbook of Coaching Psychology

스티븐 팔머, 앨리스 와이브로 엮음

수퍼바이지와 수퍼비전
: 수퍼비전을 위한 가이드
Being Supervised A Guide for Supervision

에릭 드 한, 윌레민 레구인 지음
한경미, 박미영, 신혜인 옮김

코칭수퍼비전의 이론과 모색
Coaching and Mentoring Supervision : Theory and Practice

타티아나 바키로버, 피터 잭슨, 데이빗 클러터벅 지음
김상복, 최병현 옮김

인지행동 기반 라이프코칭
Life Coaching : A Cognitive behavioural approach

마이클 니난, 윈디 드라이덴 지음
정익구 옮김

코칭 이론과 실천
The SAGE Handbook of Coaching

타티아나 바흐키로바, 고든 스펜스, 데이비드 드레이크 엮음

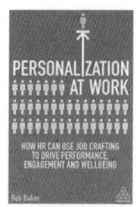
잡크래프팅
Persnalization at Work

롭 베이커 지음
김현주 옮김

임원코칭
: 시스템 - 정신역동 관점
- 현대 정신분석 코칭의 기초 3
Executive coaching: System-psychodynamic persfective

하리나 버닝 편집
김상복 옮김

정신역동 코칭의 이해와 활용
: 현대 정신분석 코칭의 기초 2
Psychodynamic Coaching : focus & depth

울라 샤롯데 벡 지음
김상복 옮김

호모스피릿쿠스

나르시시스트와 직장생활하기
Narcissism at Work: Personality Disorders of Corporate Leaders

마리 린느 제르맹 지음
문은영 · 가요한 옮김

정신분석 심리치료의 기본과 실천
: 정신분석·지지적 심리치료와의 차이

아가쯔마 소우 지음
최영은 · 김상복 옮김

조력 전문가를 위한
공감적 경청
共感的傾聽術
:精神分析的に"聴く"力を高める

고미야 노보루 지음
이주윤 옮김

코로나 시대의 정신분석적 임상
'만남'의 상실과 회복
コロナと精神分析的臨床

오기모토 카이, 키타야마 오사무 편집
최영은, 김태리 옮김

라캉 정신분석 치료
이론과 실천의 교차점
ラカン派精神分析の治療論

아가사가 가즈야 지음
김상복 옮김

트라우마와
정신분석적 어프로치
トラウマの精神分析的アプローチ

마쓰기 구니히로 지음
김상복 옮김

코칭 A to Z

누구나 할 수 있는 코칭 대화 모델
: GROW_candy 모델 이해와 활용

김상복 지음

세상의 모든 질문
: 아하에서 이크까지, 질문적 사고와 질문 공장

김현주 지음

첫 고객·첫 세션 어떻게 할 것인가
(1) 윤리적 가이드라인과 전문가 기준에 의한 고객 만남
(2) 코칭 계약과 코칭 동의 수립하기

김상복 지음

코칭방법론
: 조직 운영과 성과 리더십 향상을 돕는 효과성 코칭의 틀

이석재 지음

코치 100% 활용하는 법
: 코칭을 만난 당신에게

김현주, 박종석, 박현진, 변익상,
이서우, 정익구, 한성지 지음

코칭 하이브리드

영화처럼 리더처럼
: 크고 작은 시민리더 이야기

최병현, 김태훈, 이종학,
윤상진, 권영미 지음

마음챙김 코칭
: WHO에서 실행까지
Mindfulness Coaching: Have Transformational Coaching Conversations and Cultivate Coaching Skills Mastery

사티암 베로니카 찰머스 지음
김종성, 남관희, 오효성 옮김

슬픈 나를 위한 코칭
사랑하는 사람의 상실로 슬픈 나를 위한 셀프 코칭

돈 아이젠하워 지음
안병욱, 이민경 옮김

고통의 틈 속에서 아름다움 찾아내기
: 슬픔과 미망인의 여정에 대한 회고

펠리시아 G Y 램 지음
강준호 옮김

〈코쿱북스〉

코칭의 역사
Sourcebook Coaching History

비키 브록 지음
김경화, 김상복 외 15명 옮김

101가지 코칭의 전략과 기술
: 젊은 코치의 필수 핸드북
101 Coaching Strategies and Technique

글래디나 맥마흔, 앤 아처 지음
김민영, 한성지 옮김

리더십을 위한 코칭
Coaching for Leadership

마샬 골드 스미스,
로렌스 라이언스 등 지음
고태현 옮김

집필자 모집

- 멘토링 기반 코칭 방안과 사례 연구
- 컨설팅 기반 코칭 방안과 사례 연구
- 조직개발 코칭 방안과 사례 연구(일대일 또는 그룹 코칭)
- 사내 코치 활동 방안과 사례 연구
- 주제별·대상별 시네마 코칭 방안과 사례 연구
- 시네마 코칭 이론과 실천 방안 연구
- 아들러 심리학 기반 코칭 방안과 사례 연구
- 코칭 기획과 사례 개념화(중심 이론별 연구)
- 코칭에서 은유와 은유 질문
- '갈굼과 태움', 피해·가해자 코칭
- 미루기 코칭 이해와 활용
- 코치의 젠더 감수성과 코칭 관계 관리
- 정서 다루기와 감정 관리 코칭 및 사례 연구
- 코칭 장場field·공간과 침묵
- 라이프 코칭 핵심 과제와 사례 연구(청년 및 중년)
- 커리어 코칭 핵심 과제와 사례 연구(청년 및 중년)
- 노년기 대상 라이프 코칭 방안과 사례 연구
- 비혼·혼삶 라이프 코칭 방안과 사례 연구
- 코칭 스킬 총정리와 적용 사례
- 부모 리더십 코칭과 사례 연구(양육자 연령별)
- 코칭 이론 기반 코칭 방안과 사례
- 커플 코칭 방안과 사례
- 의식확장과 영성코칭
- 군 리더십 코칭
- 코칭 ROI 연구

■ 동일 주제라도 코칭 대상과 방식, 코칭 이론별 집필이 가능합니다.
■ 최소 기준 A4 기준 80페이지 이상. 코칭 이론과 임상 경험 집필 권장합니다.
■ 편집위원회와 관련 전문가 심사로 선정됩니다.
■ 선정 원고는 인세를 지급하며, 무료로 출판합니다.

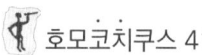 호모코치쿠스 41

정신역동 코칭: 30가지 고유한 특징
현대 정신분석 코칭의 기초 2

초판 1쇄 발행 2023년 6월 14일

펴낸이	김상복
지은이	클라우디아 나겔
옮긴이	김상복
편 집	정익구
디자인	이상진
제작처	비전팩토리
펴낸곳	한국코칭수퍼비전아카데미
출판등록	2017년 3월 28일 제2018-000274호
주 소	서울시 마포구 포은로 8길 8. 1005호

문의전화 (영업/도서 주문) 카운트북
    전화 | 070-7670-9080   팩스 | 070-4105-9080
    메일 | countbook@naver.com
    편집 | 010-3753-0135
    편집문의 | hellojisan@gmail.com 010-3753-0135
www.coachingbook.co.kr
www.facebook.com/coachingbookshop

ISBN 979-11-89736-56-9
책값은 뒤표지에 있습니다.